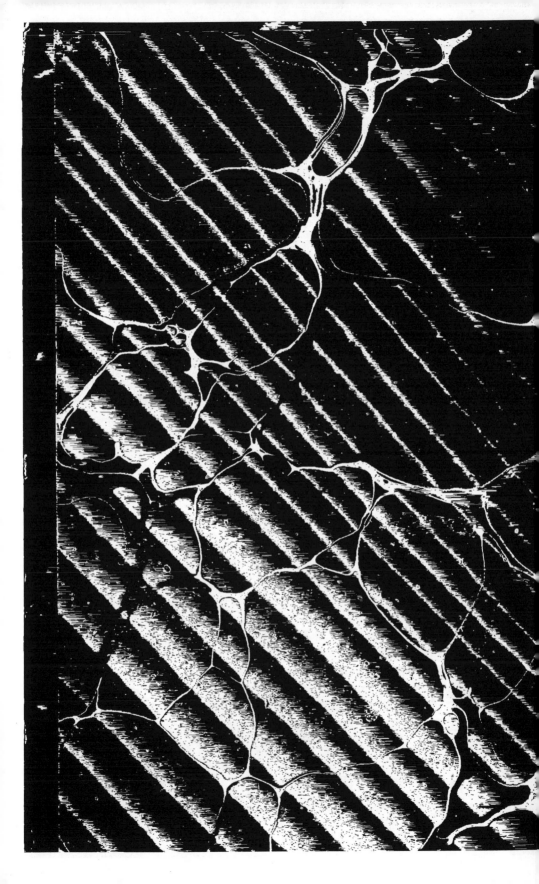

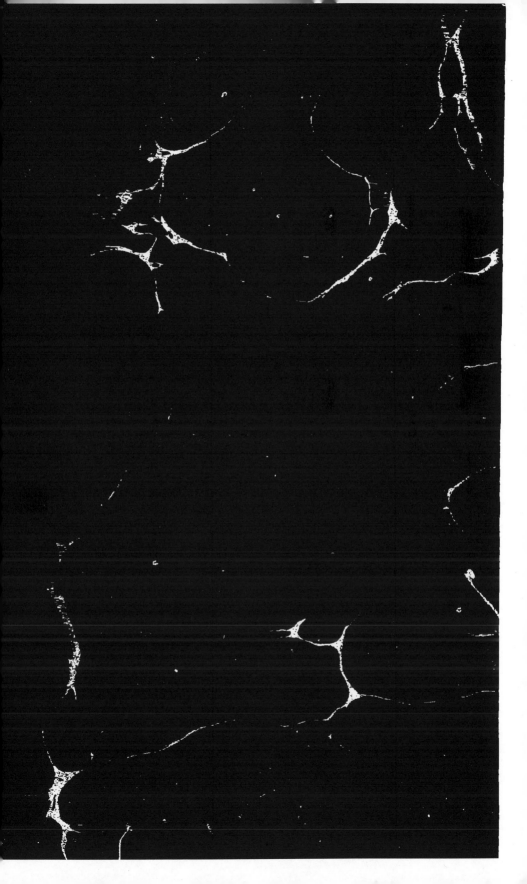

HISTOIRE

DE

LA RÉVOLUTION
FRANÇAISE

PARIS. — IMP. SIMON RAÇON ET COMP., RUE D'ERFURTH, 1.

HISTOIRE

DE LA

RÉVOLUTION

FRANÇAISE

PAR M. LOUIS BLANC

—

TOME ONZIÈME

DEUXIÈME ÉDITION

———

PARIS

FURNE, JOUVET ET CIE

LIBRAIRES-ÉDITEURS

RUE SAINT-ANDRÉ-DES-ARTS, 45

PAGNERRE

LIBRAIRE-ÉDITEUR

RUE DE SEINE, 18

1870

HISTOIRE

DE

LA RÉVOLUTION

FRANÇAISE

LIVRE DOUZIÈME

CHAPITRE PREMIER

CAMPAGNE DE 1794

La coalition tend à se dissoudre. — Pitt la ranime. — Objet de la guerre, pour le gouvernement anglais. — Débats sur la guerre dans le parlement anglais. — Suspension de l'*Habeas corpus*. — Redoublemen d'efforts de la part de Pitt. — Vacillations de la Prusse. — Traité de subsides. — Insurrection en Pologne. — Ouverture de la campagne dans le Nord. — Forces respectives. — L'empereur d'Autriche à Bruxelles. — La terreur monarchique. — Opérations militaires. — Les commissaires de la Convention dans le camp. — Saint-Just à l'armée. — Saint-Just et Levasseur. — Formation de l'armée de Sambre-et-Meuse. — Jourdan en reçoit le commandement. — Discorde au camp des coalisés. — Robespierre considéré dans les Cours étrangères comme l'homme qui veut mettre un terme à la Terreur. — L'Autriche désire la paix ; égoïsme de ses motifs. — Avantage remporté par le prince d'Orange sur Jourdan. — Siége de Charleroi. — Levasseur et Marescot. — Inflexibilité de Saint-Just. — Reddition de Charleroi. — Victoire de Fleurus. —

Coup d'œil sur toute la ligne des frontières. — La République victorieuse aux Pyrénées, aux Alpes et sur le Rhin. — Bataille navale du
13 prairial (1er juin) 1794. — Note critique.

Pendant ce temps, la Révolution poursuivait au dehors
le cours de ses prodiges militaires ; et au nord, comme
au midi, à l'est, comme à l'ouest, sur ses frontières et au
delà, sur l'Océan même, partout enfin, elle faisait face
à ses ennemis. Jamais peuple ne s'était montré capable
d'efforts plus gigantesques. Pour la campagne de 1794,
la France révolutionnaire, toute déchirée qu'elle était par
la guerre civile, n'enfanta pas moins de treize armées,
formant un ensemble de près d'un million de soldats,
dont sept cent mille présents sous les armes[1].

Quant à son attitude, elle avait quelque chose de si indomptable, que ce fut dans les conseils des souverains
un sujet de stupeur d'abord, et ensuite de désespoir[2].

La sourde mésintelligence qui régnait entre l'Autriche
et la Prusse avait été cruellement envenimée par les désastres de la campagne de 1793, dont on vit le duc de
Brunswick et Wurmser se renvoyer la responsabilité avec
une aigreur qui, parmi les officiers de l'une et de l'autre
armée, éclata bientôt en provocations scandaleuses et en
duels[3]. Le duc était tombé dans un découragement si
profond, qu'il demanda un successeur, et fut remplacé,
à la tête des troupes prussiennes, par le vieux maréchal
Mallendorf : événement qui vint assombrir d'une manière
étrange les perspectives de la coalition[4]. De leur côté,
les conseillers de l'empereur d'Autriche, Thugut, Lascy,
Colloredo, déploraient la guerre, qu'ils avaient si mal

---

[1] Document des archives du ministère de la guerre, cité dans l'*Histoire parlementaire*, t. XXXIII, p. 271 et 272.

[2] Voy. un peu plus loin.

[3] *Mémoires tirés des papiers d'un homme d'État*, t. II, p. 442-443

[4] *Annual Register*, vol. XXXVI, chap. I, p. 8.

dirigée[1]. La France leur apparaissait maintenant comme
un immense nid de guerriers ; ils s'étonnaient de cet infatigable enthousiasme qui ignorait l'impossible, s'exal-
tait jusqu'au délire devant la mort, et trouvait tout simple
qu'on *décrétât la victoire*. Le génie des hommes qui, en
France, conduisaient les affaires n'était pas pour l'Europe
un moindre sujet d'épouvante ; car les plus violents adversaires des membres du Comité de salut public, au dehors,
étaient forcés de s'incliner devant leur haute intelligence
et leur fier courage[2]. Adieu ces rêves d'invasion et de partage de nos provinces, si complaisamment caressés au
début ! Depuis que Lyon et Toulon avaient succombé, la
seule invasion qui ne parût pas chimérique était celle...
des Français en Allemagne[3]. Ce qui est certain, c'est que
Thugut fit faire au Comité de salut public des ouvertures
détournées, et qu'elles furent rejetées avec hauteur[4]. « Il
faut la fermentation de la liberté aux Républiques, »
avait dit Barère en pleine assemblée[5].

Pitt fut l'homme qui, dans cette crise, ranima et soutint la Coalition expirante. Il attisa autour de lui le feu
des vieilles animosités nationales ; il fit peur aux Anglais,
tantôt de nos assignats, tantôt de nos principes ; sa politique haineuse sut s'imposer à l'Espagne et à la Hollande,
qui servaient ses froides fureurs sans en partager l'excès ;
il acheta par un subside annuel de 200,000 livres sterling
la continuation de l'alliance armée du roi de Sardaigne[6] ;

[1] *Mémoires tirés des papiers d'un homme d'État*, t. II, p. 455.

[2] On peut voir, à cet égard, les très-remarquables aveux de leurs ennemis, dans les Mémoires du prince de Hardenberg, t. II, p. 541. —
L'*Annual Register*, vol. XXXVI, chap. I, p. 3, dit en propres termes :
« Their most determined adversaries could not forbear admiring the cou-
« rage and capacity of those who were at the head of that nation. »

[3] Le mot *chimérique* appliqué à l'invasion de la France, en 1794, est
du prince de Hardenberg lui-même, t. II, p 455.

[4] *Ibid.*

[5] Séance du 22 janvier 1794.

[6] Le début de Canning, à la Chambre des Communes d'Angleterre, eut

contre les puissances neutres, la Suède, le Danemark, la
Suisse, pour les asservir à son parti-pris d'affamer la
France, il employa tour à tour la violence et la menace[1];
enfin, il trouva moyen, comme on va le voir, de retenir
les armées allemandes sur les champs de bataille qu'elles
avaient arrosés déjà de tant de sang.

Et tout cela, dans quel but? A la question, éternellement reproduite par l'Opposition : *What is the object of
the war*, jamais le ministre et ses partisans ne répondirent d'une manière uniforme. Selon Burke, l'objet de la
guerre était la restauration de l'ancienne monarchie en
France ; selon M. Canning et M. Jenkinson, c'était la
destruction du parti Jacobin[2]; selon Pitt, c'était quelquefois l'un, quelquefois l'autre, ou bien, l'objet de la guerre
était simplement de conquérir la paix[3]. Un jour que
l'Opposition pressait le ministère de s'expliquer sur ce
point avec précision, Canning, perdant patience, s'écria :
« Mais, en vérité, ces messieurs parlent de l'*objet* de la
guerre comme si c'était une chose matérielle, qu'on pût
prendre dans sa main, placer sur la table, tourner, retourner, examiner en ouvrant bien les yeux. Cela étant,
je me déclare, quant à moi, incapable de les satis-
faire[4]. »

L'embarras venait de l'impossibilité d'avouer décemment qu'après avoir mis le feu au monde sous prétexte de
sauver d'une irruption nouvelle de barbarie la religion, la
morale, la justice, l'humanité, on ne poursuivait en réa-

lieu à l'occasion des débats que provoqua dans le Parlement cette question
d'un subside à accorder au roi de Sardaigne. Voy. Robert Bell, *The life of
Canning*, p. 103.

[1] C'est ce que Fox lui reprocha sur le ton de l'indignation la plus véhémente dans les débats sur la guerre, janvier 1794. Voy. *Parliamentary History*, vol. XXX, p. 1273.

[2] Robert Bell, *The life of Canning*, p. 108.

[3] *Ibid.*

[4] *Ibid.*, p. 109.

lité à travers l'embrasement général que l'accroissement de la puissance anglaise, par la destruction de notre marine, la ruine de notre commerce, et l'anéantissement définitif de notre système colonial, tant aux Antilles que dans les Indes. Pudeur ou hypocrisie, cette réserve est chose dont on est presque tenté de savoir gré à Pitt, quand on songe avec quelle insolence la Russie et la Prusse, pendant ce temps, se partageaient les lambeaux de la Pologne, et que les Autrichiens ne se faisaient nul scrupule de prendre possession de Condé et de Valenciennes, *au nom de l'Empereur* [1].

Les débats qui, en Angleterre, signalèrent, au mois de janvier 1794, l'ouverture de la session, méritent d'arrêter un moment nos regards.

Le discours de la Couronne contenait ce passage caractéristique :

« Nous sommes engagés dans une lutte, du succès de laquelle dépendent le maintien de notre Constitution, le maintien des lois, le salut de la religion, et la sécurité de toute société civile [2]. »

De son côté, Pitt, dans le cours de la discussion, déclara que le principal but de la guerre était la destruction du système adopté par les Français, système, dit-il, « incompatible avec l'ordre général de la société et l'existence de tout gouvernement régulier [3]. »

Dans la Chambre des Communes, lord Mornington alla plus loin. Après avoir tracé de la Révolution française un épouvantable et calomnieux tableau, il affirma « qu'il ne fallait entendre à aucune proposition de paix,

---

[1] L'indignation de Fox, à ce sujet, honorera éternellement sa mémoire. Voy. plus loin.

[2] *The King speech on the opening the session.* Voy. *Parliamentary History*, vol. XXX, p. 1046.

[3] *Ibid.*, p. 1278.

tant qu'il existerait en France un gouvernement Jacobin[1]. »

Cette fois, les explications étaient précises, sinon com-
plètes.

Ainsi, à en juger par les motifs qu'on avouait, il importait que des trésors immenses fussent engloutis et
que l'Europe ruisselât de sang, parce que les idées politiques des Jacobins et le mode de gouvernement établi
en France ne se trouvaient pas être du goût de M. Pitt!

Mais que devenait alors le principe, tant de fois proclamé par lui-même[2], qu'un pays n'a pas le droit de se
mêler du gouvernement intérieur d'un autre pays?

Le ministre avait une étrange façon d'éluder ce di-
lemme : c'était de prétendre qu'en France il n'y avait
pas, à proprement parler, de gouvernement. Or voici en
quels termes lord Lansdown, dans la Chambre des lords,
faisait justice de cette argumentation misérable : « Ah!
il n'y a pas de gouvernement en France? Demandez au
général Wurmser! Demandez au duc de Brunswick et au
roi de Prusse! Demandez à lord Hood et à sir Gilbert
Elliot! Demandez aux royalistes de la Vendée! Demandez
aux Espagnols en fuite!... Non, il n'est pas vrai que
cette guerre soit née de la nécessité de repousser une
agression injuste : ce qu'on veut, c'est prescrire des lois
à une nation indépendante[3]. »

On mettait en avant les grands mots de civilisation, de
justice, etc... M. Courtenay, dans la Chambre des Communes, déchira le voile d'une main violente. Mettant
à nu sans détour le côté hypocrite de la Coalition : « Est-
ce que l'Empereur, dit-il, ne s'est pas emparé de Condé

---

[1] Voy. en quels termes Fox releva cette phrase. *Parliamentary History*, vol. XXX, p. 1252.

[2] *The life of Canning*, p. 109.

[3] *Debate in the Lords on the address of thanks.* Voy. *Parliamentary History*, vol. XXX, p. 1083.

et de Valenciennes, comme d'une propriété à lui? Est-ce
que cet acte, si contraire à ses déclarations solennelles,
n'a pas excité l'indignation de tout émigré généreux?
Est-ce que l'abbé de Maury lui-même, à Rome, n'a pas
dit, en présence d'un cercle nombreux : « Ne souffrons
pas le partage de la France. Celui de la Pologne est sous
nos yeux. Pour conserver notre pays, faisons-nous plutôt
Jacobins[1] ? »

Fox ne fut pas moins véhément : « Si la haine du
vice, dit-il, était une juste cause de guerre entre nations, avec lequel de nos présents alliés serions-nous
donc en paix, juste ciel? En Pologne, on foule aux pieds
la liberté ; le despotisme a saisi dans ses serres cette belle
portion de la création, et voilà que les malheureux habitants sont réduits à la condition qui pèse sur les autres
esclaves de leurs nouveaux maîtres ; que dis-je? On
ajoute ici l'insulte à la cruauté, et l'on force les victimes à célébrer par un *Te Deum* la douceur de leur destinée!... Rappellerai-je les démarches du gouvernement
anglais et ses menaces pour contraindre la Suisse, le
Danemark et la Suède à rompre tout commerce avec la
France : infraction scandaleuse aux droits des Neutres?
O honte! ô souillure ineffaçable imprimée au nom anglais! Vraiment, quand j'examine la politique adoptée
aujourd'hui par les diverses Cours, quand je regarde
l'infâme conduite de la Russie et de la Prusse à l'égard
de la Pologne, je tremble, je l'avoue, pour le sort de
l'Europe[2]. »

Vaines protestations! Dans la Chambre des Communes, la noble politique de Fox n'eut que 29 voix,
contre 277 accordées à son rival; et, dans la Chambre
des lords, les conclusions du discours de la Couronne

---

[1] *Debate in the Commons on the address of thanks.* Voy. *Parliamentary History,* vol. XXX, p. 1107.

[2] *Ibid.,* p. 1272 et 1273.

passèrent à une majorité de 97 voix contre 12[1]. Ces douze hommes, — une place leur est due dans l'histoire de la France et dans celle de l'humanité, — furent les ducs de Norfolk et de Bedford ; le marquis de Lansdown; les comtes de Derby, de Lauderdale, de Cholmondely, de Guilford, d'Albemarle et d'Egmont ; lord Saint-John, lord Chadworth, et enfin le comte Stanhope[2], de tous les amis de la Révolution française au dehors, le plus ardent et le plus infatigable.

Il ne faut pas croire, au reste, que l'opposition de Fox, de Stanhope, de Shéridan, manquât d'appui parmi le peuple. Lorsque le roi était allé ouvrir la session, des rassemblements fort animés s'étaient formés autour de sa voiture, réclamant le renvoi de Pitt, les provisions à bon marché, et criant : « Pas de guerre ! » Quelques-uns assurent qu'on cria : « Pas de roi[3] ! » Le gouffre financier creusé par cette guerre dévorante s'élargissait en effet de jour en jour ; le peuple, désespéré, pliait sous le poids des taxes ; et le mécontentement revêtit bientôt des formes si alarmantes, que Pitt, décidé à ne reculer devant rien, proposa la suspension de l'*Habeas corpus*. Il aurait proposé de fermer la Chambre des Communes et d'en jeter les clefs dans la Tamise, que l'étonnement n'aurait pas été plus profond, l'émotion plus vive[4]. Pour comble, il exigeait une décision immédiate. « Je ne suis pas sanguinaire, s'écria Shéridan hors de lui ; mais je ne serais pas fâché que le ministre qui conseille à Sa Majesté de presser à ce point l'adoption d'un bill de cette importance perdît sa tête sur l'échafaud[5]. » Le bill fut emporté presque de haute lutte, mais non sans provo-

---

1 *Parliamentary History*, vol. XXX, p. 1287.
2 *Ibid.*, p. 1085.
3 Robert Bell, *The life of Canning*, p. 116.
4 *Ibid.*, p. 117.
5 *Parliamentary History*, vol. XXXI, p. 517.

quer des protestations brûlantes. Stanhope motiva la
sienne de la manière suivante : « Parce que j'abhorre
l'idée d'établir dans ce pays un système dangereux et in-
constitutionnel de *lettres de cachet* [1]. »

Et quel argument Pitt mettait-il en avant, pour renverser de la sorte le grand palladium des libertés anglaises ? La nécessité ! Lui qui jamais n'avait admis l'empire de la nécessité, quand il s'était agi de juger les actes
violents auxquels une situation sans exemple poussa la
Révolution française !

Quoi qu'il en soit, la continuation de la guerre ainsi
résolue, le gouvernement anglais y apporta une singulière vigueur. Les forces de mer qui, à l'origine des hos-
tilités, n'étaient que de treize vaisseaux de ligne et trente
frégates, avaient été portées, depuis, à quatre-vingts
vaisseaux de ligne et cent frégates, ce qui formait, en y
comprenant les vaisseaux armés au service du public, un
ensemble de plus de trois cents voiles [2] : on redoubla
d'efforts. Pitt appela la France *une nation armée*, et
obtint du Parlement que les forces employées dans la
marine britannique fussent augmentées jusqu'à quatre-
vingt-cinq mille hommes et celles de terre jusqu'à
soixante mille [3]. En même temps, il combattait avec
succès auprès de l'empereur d'Autriche l'influence de
Thugut, porté à la paix [4].

En conséquence, un tacticien renommé, le baron de
Mack, ayant été mis à la tête de l'état-major autrichien,
la question d'un nouveau plan de campagne, plus décisif
que les précédents, fut vivement agitée, à Bruxelles d'a-
bord, puis à Londres. S'emparer de Landrecies, au centre

---

[1] *Parliamentary History*, vol. XXXI, p. 603.
[2] Déclaration du secrétaire d'État Dundas. — *Ibid.*, vol. XXX, p. 1247.
[3] *Mémoires tirés des papiers d'un homme d'État*, t. II, p. 470.
[4] *Ibid.*, p. 472.

de la ligne française, marcher ensuite directement sur
Paris par Guise et Laon, et, pour assurer le flanc droit
de l'armée envahissante, inonder la Flandre maritime,
seul moyen péremptoire d'empêcher les Français de
tourner la masse des assaillants, tel était le plan que
Mack proposa[1].

Mais le moment était mal choisi pour une invasion,
quand la France entière était debout l'épée au poing, ce
qui fit dire à Rivarol, alors à Bruxelles : « Les Coalisés
sont toujours en retard d'une idée, d'une année et d'une
armée[2]. »

D'ailleurs, le zèle de la Prusse était loin de répondre
à celui de ses alliés. Le monarque prussien commençait
à être horriblement fatigué d'une lutte où il voyait tomber et disparaître, comme en un gouffre béant, tout son
or et ses armées. Sa pensée fixe désormais était d'être
indemnisé des frais de la guerre par la cour de Vienne[3];
et, les refus de celle-ci l'irritant, le Comité de salut public conçut l'espoir de le détacher de la Coalition. Quelle
ne fut pas la surprise des habitants de Francfort, lorsqu'un beau jour ils virent entrer en triomphe, s'étalant
dans un magnifique carrosse qui avait servi à Louis XVI
et sur les quatre panneaux duquel était peint, en guise
d'écusson, un bonnet rouge[4], les trois commissaires du
Comité de salut public, Ochet, Paris et Fittermann ! Ils
venaient s'aboucher avec le général Kalkreuth, sous
prétexte de traiter d'un échange de prisonniers ; mais
la réception officielle qui leur fut faite éveilla d'étranges
doutes. Mal accueillis par la population, ils obtinrent,
au contraire, de toutes les autorités les plus grands

---

[1] *Mémoires tirés des papiers d'un homme d'État*, t. II, p. 478.
[2] *Ibid.*, p. 479.
[3] Voy. le détail des négociations entamées à ce sujet dans les Mémoires
du prince de Hardenberg, qui y eut un rôle.
[4] *Annual Register*, vol. XXXVI, ch. i, p. 9.

égards; deux sentinelles furent mises à leur porte, et ils mangèrent à la table de Kalkreuth [1].

De là le bruit que leur mission ostensible n'était qu'un prétexte. Il est vrai que le roi de Prusse démentit ces rumeurs, dans l'espoir qu'à défaut de l'Autriche les cercles allemands se chargeraient d'entretenir provisoirement ses troupes; mais, informé que les princes et États auxquels il adressait cette demande préféraient employer leurs propres soldats à en entretenir d'autres qui ne seraient pas à leur disposition [2], sans plus attendre, il envoya ordre à l'armée prussienne de rentrer dans ses foyers, déclarant qu'il fournirait dans la guerre présente son contingent d'empire, vingt mille hommes, et rien au delà [3]!

Les motifs dont il colora cette résolution auprès du gouvernement britannique sont remarquables. « La France, dit-il, est une nation indomptable; ses ressources sont infinies, et l'esprit qui l'anime est absolument irrésistible [4]. »

Devant cette défection imminente, les deux puissances maritimes de la Coalition n'hésitèrent pas. La Hollande, qui tremblait d'être écrasée, et l'Angleterre, qui voulait à tout prix poursuivre le cours de ses avantages sur l'Océan, offrirent de concert à la Prusse ce qu'elle désirait, de l'argent. Par un traité signé à la Haye, le 28 avril 1794, il fut convenu que le roi de Prusse s'engagerait à fournir une armée de soixante-deux mille quatre cents hommes; que cette armée resterait sous le commandement d'un général prussien; qu'elle agirait contre l'ennemi commun, soit séparément, soit concurremment avec un corps de troupes à la solde des puissances mari-

---

[1] *Mémoires tirés des papiers d'un homme d'État*, t. II, p. 474.
[2] *Ibid.*, p. 497.
[3] *Ibid.*, p. 499.
[4] *Annual Register*, vol. XXXVI, chap. I, p. 10.

times; que, de leur côté, l'Angleterre et la Hollande s'engageaient à payer au roi de Prusse un subside mensuel de 50,000 livres sterling jusqu'à la fin de la guerre, et, immédiatement, une somme de 500,000 livres sterling, sans préjudice de 100,000 livres sterling à lui fournir lors de la rentrée des troupes prussiennes dans leur territoire [1]. Les signataires étaient lord Malmesbury, Haugwitz et Fagel [2].

Mais, pendant que l'Angleterre s'épuisait en efforts pour empêcher la Coalition de se dissoudre, un événement inattendu venait rejeter le roi de Prusse dans ses incertitudes. Le 23 mars, Kosciusko était entré à Cracovie; puis, marchant au-devant des Russes, il les avait battus à Raslawice. Le 27 avril, Varsovie se soulève, chasse l'Étranger. La Pologne était en pleine insurrection.

Telle se présentait la situation générale, lorsque la campagne de 1794 s'ouvrit dans les Pays-Bas, principal théâtre de la guerre.

Les Autrichiens, Anglais, Hanovriens et Hollandais, au nombre de cent cinquante mille hommes, s'étendaient depuis la Meuse jusqu'à la mer, et occupaient trois de nos places fortes, Clairfayt, à la droite, tenant la Flandre occidentale avec vingt-cinq mille hommes.

Depuis la Meuse jusqu'à la Moselle, vingt mille soldats, sous les ordres de Beaulieu, couvraient le pays de Liége, de Namur et de Luxembourg.

Soixante-cinq mille Prussiens étaient cantonnés sur la rive gauche du Rhin, autour de Mayence.

Enfin, cinquante-cinq mille combattants, Allemands et émigrés, tenaient la rive droite du Rhin, de Manheim à Bâle, sous les ordres du duc de Saxe-Teschen.

---

[1] *Copies of the treaty with Prussia and Convention with Holland*, april 28. Voy. *Parliamentary History*, vol. XXXI,]p. 453-457.

[2] *Ibid.*

A ces trois cent quinze mille hommes, les Français avaient à opposer :

1° L'armée du Nord, forte de cent cinquante mille hommes, commandée par Pichegru, et campée sur divers points, de Maubeuge à Dunkerque ;

2° L'armée des Ardennes, de trente mille hommes, commandée par le général Charbonnier[1], et répandue depuis Givet jusqu'à Sédan ;

3° L'armée de la Moselle, de quarante-quatre mille combattants, d'abord aux ordres de Hoche et ensuite aux ordres de Jourdan ; elle occupait le terrain compris entre Longwy et Bliescastel.

4° L'armée du Rhin, sous le général Michaud, forte d'environ soixante mille hommes, et qui, ayant sa gauche à Kaiserslautern, son centre sur la ligne de Spirebach, prolongeait sa droite sur Huningue.

D'où il résulte que, contre trois cent quinze mille hommes, la République n'avait à en mettre en ligne que deux cent quatre-vingt-quatre mille ; à quoi il faut ajouter que les Français étaient en majeure partie des troupes de nouvelle levée, et que leur cavalerie était disproportionnée à celle de l'ennemi[2].

Mais ce qui manquait aux alliés, c'était l'accord. L'égoïsme de l'Autriche, qui ne songeait qu'à ses intérêts particuliers, eut à combattre la roideur anglaise. L'idée de servir sous Clairfayt avait paru choquante au duc d'York : il refusa net. Des altercations violentes s'élevèrent, et tout ce qu'on put obtenir du duc fut qu'il servirait sous l'Empereur, si celui-ci venait prendre le com-

---

[1] Placé lui-même sous les ordres de Pichegru.

[2] L'exactitude de ce tableau ne saurait être mise en doute. Nous le tirons d'un manuscrit inédit du maréchal Jourdan, qui est en notre possession. Le maréchal dit en propres termes : « On a répété si souvent que les Français durent à la seule supériorité du nombre les brillants et solides succès de cette campagne, qu'il n'est pas inutile de faire remarquer que cet avantage, au contraire, était du côté des alliés. »

mandement en personne[1]. Il fallut donc que l'Empereur
quittât sa résidence, son inauguration comme duc de
Brabant offrant du reste un prétexte plausible[2]. Le 15 germinal (4 avril), il était à Bruxelles. Une étrange ordonnance l'y avait précédé : « Quiconque sera convaincu de
conspiration tendant à propager le système français sera
mis à mort[3]. » En quoi la Terreur monarchique le cédait-
elle ici à la Terreur révolutionnaire?

Les armées se mirent en mouvement. Le 28 germinal
(17 avril), l'ennemi repousse les divisions du centre de
l'armée du Nord, et le prince d'Orange investit Landrecies. Pour secourir cette place, Pichegru envoie le général Chapuy avec la division de Cambray, pendant que
lui-même tente une diversion sur Courtray. Chapuy rencontre le duc d'York devant les redoutes de Troisville,
éprouve un sanglant revers, et meurt sur le champ de
bataille[4]. Plus heureux dans la Flandre occidentale, Pichegru bat Clairfayt près de Mouscron et s'empare de
Menin. Il y avait dans cette ville un corps d'émigrés : par
un coup d'audace qui fut fort admiré, ils se firent jour
l'épée à la main[5], prouvant ainsi qu'en France la bravoure est de tous les partis.

La prise de Menin fut compensée, pour les alliés, par
celle de Landrecies, qui eut lieu le même jour, 11 floréal
(30 avril). Landrecies ouvrit ses portes à l'ennemi, après
un bombardement de cinquante heures, qui ne laissait
plus que des ruines. Et il ne tint pas aux habitants que
ces ruines ne leur servissent de tombeau. « Ils opposè-

---

[1] *Annual Register*, vol. XXXVI, chap. I, p. 12-13.

[2] *Ibid.*, p. 13.

[3] Voy. le texte de cette ordonnance dans les *Mémoires tirés des papiers
d'un homme d'État*, t. II, p. 521.

[4] Manuscrit inédit du maréchal Jourdan. — Les auteurs du *Tableau
historique* des guerres de la Révolution disent que Chapuy fut fait prisonnier.

[5] *Annual Register*, vol. XXXVI, p. 17.

rent à la trahison et à la lâcheté d'une garnison de huit
mille hommes une bravoure et une fidélité républicaines
que les femmes partagèrent, et qui seules auraient sauvé
la place, si leur énergie n'eût été enchaînée par cette
indigne troupe, punie aujourd'hui de son crime par une
captivité que le témoignage d'une bonne conscience n'a-
doucit point et que le remords doit rendre plus pénible[1]. »

Le moment que Mack avait attendu avec tant d'impatience était donc arrivé : la Coalition occupait le point
d'où, selon lui, le mouvement d'invasion devait s'accomplir : il demanda l'exécution de son plan. Mais dans ce
plan, comme on l'a vu, entrait l'inondation de la Flandre
maritime ; et c'est à quoi les habitants s'opposèrent, préférant un débordement de républicains, et, en outre,
secrètement excités, dit-on, par Clairfayt, auquel la réputation de Mack portait ombrage[2].

Pichegru avait échoué au centre, et réussi à la gauche : il en conclut qu'il devait s'attacher à agir sur les
ailes. Cela revenait à vouloir envelopper une armée immense, une armée qui ne comptait pas moins de cent
cinquante mille hommes : tentative hasardeuse à l'excès !
Et c'est ce dont Pichegru aurait fait, peut-être, la fatale
expérience, si le généralissime autrichien, le prince de
Cobourg, eût suivi sa première idée, qui était de marcher rapidement sur Courtray, avec cent vingt mille
hommes, de se placer entre les frontières de France et
Pichegru, et de le forcer à combattre dans une position
d'où il n'aurait pu se retirer, s'il eût été battu ; auquel
cas, la masse des alliés revenant sur l'armée des Ardennes, qui opérait à la droite, l'eût infailliblement
écrasée[3]. Heureusement, le prince de Cobourg, chan-

---

[1] Rapport de Carnot. Voy. *Moniteur* du 4 vendémiaire an II.
[2] *Mémoires tirés des papiers d'un homme d'État*, t. II, p. 529.
[3] Telle est l'opinion d'un juge expert en ces matières, celle du ma-

geant d'avis, se mit à distribuer ses forces entre tous les points menacés, comme si son rôle eût été de garder la défensive. Tandis qu'il restait lui-même à Landrecies, il envoya le duc d'York à Tournay, au secours de Clairfayt, et donna ordre au prince d'Orange d'aller renforcer le prince de Kaunitz qui, vers la Sambre, tenait tête à l'armée des Ardennes[1].

Cependant Clairfayt, après avoir passé la Lys et s'être réuni au général Harmeslein, s'avançait sur Courtray, s'emparait du faubourg de Bruges, et coupait la communication avec Menin, en occupant le village de Wevelghem. Le général Souham, parti de Courtray, pour une expédition que le mouvement des Autrichiens contraria, revint sur ses pas précipitamment, rejoignit Vandamme dans Courtray, et, détachant Macdonald et Malbranck sur Menin pour y franchir la Lys et tourner Clairfayt, il se tint prêt à l'attaquer de front. L'engagement eut lieu le 22 floréal (16 mai). Depuis la chaussée de Bruges jusqu'à celle de Menin, le front des Autrichiens était couvert par sept batteries, qui foudroyaient les deux seuls débouchés par où les Français pussent opérer leur sortie, sans compter que les tirailleurs ennemis se trouvaient embusqués dans les maisons des deux faubourgs, dans les blés, dans les colzas, jusque sous les moulins[2]. L'intrépide impétuosité des républicains surmonta tous ces obstacles. Deux fois repoussés, ils reviennent au combat, et, à la troisième charge, enfoncent à la baïonnette l'aile gauche de l'ennemi. Il était alors dix heures du soir. Clairfayt, profitant de l'obscurité, se retira sur Thielt[3].

---

réchal Jourdan, dont nous n'avons presque fait que copier les expressions.

[1] Manuscrit inédit du maréchal Jourdan.

[2] *Tableau historique des guerres de la Révolution*, cité dans l'*Histoire parlementaire*, t. XXXIII, p. 289.

[3] *Ibid.*

C'est alors qu'à l'état-major autrichien, Mack proposa ce qui fut appelé *Plan de destruction*[1]. Les alliés pouvant disposer de quatre-vingt-dix mille hommes, il s'agissait de couper la gauche de l'armée française de Lille et des frontières, et de la contraindre à combattre ayant la mer du Nord à dos. En conséquence, le 26 floréal (15 mai) l'Empereur et le prince de Cobourg portent le quartier général à Tournay[2].

Pichegru, alors en tournée à son aile droite, du côté de la Sambre, avait laissé ses troupes dans les positions que voici : la division Souham était à Menin, la division Moreau à Courtray, la division Bonnaud à Sainghien ; des détachements occupaient Lannoy, Leers, Waterloo, Tourcoing, Lincelles, Werwick et Mouscron.

Quant aux alliés, leurs principales forces campaient à Lamain et Marquain. Le général Clairfayt était à Thielt et le prince Charles à Saint-Amant.

Souham et Moreau, jugeant par les préparatifs de l'ennemi qu'une attaque est imminente, se rapprochent de Lille, tandis que l'armée ennemie se met en mouvement.

A la suite de divers engagements, les alliés se trouvèrent établis, le 28 floréal (17 mai) entre les corps de Souham et Moreau, et la frontière ; mais leurs troupes étaient tellement disséminées, qu'il n'y avait pas lieu à de grandes alarmes[3].

Toutefois, il importait de prévenir la réunion des colonnes ennemies. C'est pourquoi, dès le 29 floréal (18 mai), les généraux français prirent l'offensive.

Moreau, avec environ huit mille hommes, marche à la rencontre de Clairfayt, qui en commandait vingt-cinq mille, et engage hardiment le combat. Les républicains

---

[1] *Mémoires tirés des papiers d'un homme d'État*, t. II, p. 555.
[2] *Ibid.*
[3] Manuscrit inédit du maréchal Jourdan.

déployèrent une valeur qui n'eut d'égale que l'habileté
de leur général. Le nombre l'emporta néanmoins ; et
Moreau se retira sur Bousbeck, où il sut se maintenir[1].

Pendant ce temps, Souham, ayant sous ses ordres
quarante-cinq mille combattants, dispersait, à Tourcoing, la colonne du général Otto ; et Bonnaud, qui n'a-
vait laissé que des détachements en présence du prince
Charles, courait attaquer, dans Lannoy et Roubaix, le
duc d'York. Celui-ci croyait les Français retenus dans
Lille par l'archiduc : il s'étonne de les voir sur ses derrières, tient bon cependant, mais, informé bientôt de
l'approche de Souham, et craignant d'être enveloppé,
donne le signal de la retraite[2]. Elle dégénéra en déroute,
tant la fougue des républicains devint irrésistible ! Une
prodigieuse quantité de blessés et de morts, quinze cents
prisonniers, soixante canons, chevaux de selle, chevaux
d'artillerie, bagages, caissons, deux drapeaux et deux
étendards, tel fut, pour les Français, le prix de la
victoire, et, pour l'ennemi, le fruit des savantes combinaisons de Mack[3]. Le duc d'York courut risque d'être
pris : la vitesse de son cheval et une centaine de Hessois
qui tiraillaient à l'arrière-garde le sauvèrent[4].

Pichegru, arrivé le lendemain, ne reprit pourtant son
mouvement offensif que quatre jours après. Il voulait investir Tournay, en l'attaquant par le côté de la Flandre ;
mais il trouva les alliés occupant le terrain sous Tournay, depuis Marquain jusqu'à l'Escaut. De quelques attaques d'avant-postes l'extrême ardeur des républicains fit

---

[1] Manuscrit inédit du maréchal Jourdan.

[2] *Ibid.*

[3] On lit dans l'*Annual Register*, vol. XXXVI, ch. I, p. 20 : « The precise
loss of the allies in the battle which was fought near Tourcoing was never
satisfactorily ascertained ; but it must have been very great. The British
troops alone lost a thousand men, besides a considerable train of artil-
lery. »

[4] *Mémoires tirés des papiers d'un homme d'État.*

sortir une bataille terrible. Commencée au soleil levant,
elle dura tout un jour. L'empereur d'Autriche, qui resta
à cheval pendant douze heures, ne cessait de parcourir
les rangs, criant à ses soldats fatigués : « Courage ! courage ! » Le village de Pont-à-Chin, pris par les Français,
fut repris par le duc d'York. La nuit seule mit fin au
carnage. Il était immense. Vingt mille hommes, dit-on,
furent mis hors de combat, sans qu'aucune des deux
armées eût perdu un pouce de terrain[1].

Des combats non moins meurtriers et tout aussi peu
décisifs se livraient pendant ce temps sur la Sambre. Là
étaient les représentants du peuple Levasseur, Guyton
de Morveau, Goupilleau (de Fontenay), Saint-Just et
Lebas.

Inutile de dire que l'influence dominante était celle
de Saint-Just, et qu'il l'exerça, selon son habitude, de
manière à faire trembler les violateurs de la discipline,
les lâches et les traîtres. Dans une lettre par laquelle lui
et Lebas appelaient Joseph le Bon à Cambrai « pour y
surveiller les manœuvres de l'aristocratie en faveur de
l'ennemi, » on lit cette phrase caractéristique : « Nous
t'invitons à annoncer dans Cambrai une résolution iné-
branlable de ne laisser aucun crime contre la Révolution
impuni. Que le tribunal soit civil et militaire ; qu'il
mette dans la ville *et dans l'armée* le redoutable aspect
de la Révolution[2]. » De pareilles allures ne pouvaient
pas être du goût des généraux, sur qui pesait plus particulièrement la volonté de fer de Saint-Just[3]. Ils frémis-

---

[1] *Mémoires tirés des papiers d'un homme d'État*, t. II, p. 538 et 539.

[2] *Lettres de Joseph le Bon à sa femme*, avec une préface historique
par son fils Émile le Bon, p. 31.

[3] Levasseur, dans ses *Mémoires*, t. II, dit en passant la « *prétendue* volonté de fer de Saint-Just. » Mais les témoignages abondent qui contredisent sur ce point l'appréciation de Levasseur, qu'un sentiment dont il ne
se rendait peut-être pas bien compte poussait à nier la prépondérance de
son collègue.

saient d'avoir à subir, eux gens d'épée, l'ascendant de
ce fier jeune homme qui n'avait jamais porté l'épaulette.
La part qu'il accordait dans les succès militaires à la
spontanéité, à l'amour de la République et à l'enthousiasme, les irritait, parce qu'elle paraissait rabaisser la
science des camps. Mais ils étouffaient leurs murmures.
Lui, les devinait, et s'en inquiétait peu. Dès son arrivée,
il avait pris, de concert avec Lebas, un arrêté qui chas-
sait les femmes de mauvaise vie. Le mécontentement fut
extrême parmi les officiers et les soldats ; mais malheur
à qui eût désobéi ! Un soldat qui avait gardé sa maîtresse
au delà du terme fixé, et l'avait, de sa personne, recon-
duite à Guise, paya cette bravade de sa tête[1].

En revanche, il ne s'épargnait pas lui-même, prati-
quant ce qu'il prescrivait aux autres, et partageant tous
les travaux, tous les périls de l'armée. Son courage, du
reste, ne tenait en rien à l'ardeur du tempérament ; c'é-
tait un courage froid et réfléchi, très-différent de celui qui
portait Levasseur à chercher des dangers inutiles, et qui,
en certaine occasion, lui attira de la part de Kléber, auquel il semblait reprocher de s'attarder loin du feu,
cette réponse dédaigneuse, et, dans la bouche d'un tel
guerrier, foudroyante : « Est-ce que vous croyez que
nous avons peur[2] ? » Pas un coup de fusil ne se tirait
que Levasseur ne brûlât d'être de la partie ; et, pour
peu qu'on hésitât à servir son impatience, où quelque

---

[1] *Histoire parlementaire de la Révolution*, t. XXXIII, p. 309.
C'est cet acte d'excessive sévérité militaire, renouvelé de Frédéric II,
qui a servi de point de départ aux déclamations des historiens militaires,
dont un appelle Saint-Just ce *commissaire-tigre*. On n'a jamais appelé
tigre, que nous sachions, le grand Frédéric, qui, en fait de discipline, se
montra au moins aussi inflexible que Saint-Just.

[2] Levasseur raconte lui-même la scène dans ses *Mémoires*, t. II, ch. xiv,
sans paraître comprendre qu'elle accuse ce qu'il y avait quelquefois d'un
peu puéril dans sa bravoure, très-réelle d'ailleurs, et assez semblable à
celle de Merlin (de Thionville).

frivolité se mêlait à l'héroïsme, il s'en étonnait. « Est-ce
que l'odeur de la poudre t'incommode? » demanda-t-il
un jour à Saint-Just, qui refusait d'aller courir à sa
suite une aventure sans but. Là-dessus, il donne de l'é-
peron à son cheval, arrive où il croit qu'il y a danger,
et reçoit du général qui commandait là cet avis décisif :
« Il n'y a rien à faire ici. » C'était précisément ce que lui
avait dit Saint-Just[1].

Une circonstance à rapporter, parce qu'elle montre
que le cœur de ces révolutionnaires si terribles n'était
pas fermé aux émotions de l'amitié, c'est celle que
Levasseur raconte en ces termes.

« Le lendemain, Saint-Just vint dans ma chambre...
Pendant que j'écrivais, il aperçut ma carabine, s'en empara et s'amusa à en examiner la batterie : elle était
chargée, le coup partit, la balle passa près de moi et alla
percer mon porte-manteau, qui était sur une chaise, à
cinq ou six pas. Je me levai aussitôt. Le fusil était tombé
des mains de Saint-Just ; il pâlit, chancela et tomba dans
mes bras. Il me dit ensuite d'un ton pénétré : « Ah! Levasseur, si je t'avais tué! — Tu m'aurais joué un vilain
tour ; si je dois mourir, que ce soit au moins d'une main
ennemie[2]. »

L'homme qui, à l'idée qu'il aurait pu involontaire-
ment tuer un ami, pâlissait et chancelait, était le même
auquel, près de Strasbourg, un grenadier avait dit, après

---

[1] Cela résulte du récit de Levasseur lui-même. Voy. ses *Mémoires*,
t. II, ch. xiv, p. 233.

[2] *Mémoires* de Levasseur, t. II, ch. xiv, p. 234. — Il est tout à fait ridicule de supposer qu'en racontant cette anecdote Levasseur ait voulu
donner à entendre que le bruit d'une arme à feu suffisait pour alarmer
Saint-Just. Comment un homme que sa présence presque continuelle à
l'armée et dans les combats avait familiarisé au bruit du canon aurait-il
pu s'émouvoir de si peu ? D'ailleurs, les circonstances du récit et le péril
couru par Levassseur expliquent de reste l'émotion de Saint-Just, émotion
qui l'honore et trahit un côté peu connu de sa nature, le côté tendre.

l'enlèvement d'une redoute : « F..., nous sommes contents de toi, citoyen représentant ; ton plumet n'a pas
remué un brin ; nous avions l'œil sur toi. Tu es un bon
b...; mais avoue qu'il faisait chaud à cette redoute[1]. »

Reprenons le récit des opérations militaires. Le général Charbonnier, commandant de l'armée des Ardennes,
avait une première fois, pressé qu'il était par les som-
mations de Saint-Just, passé la Sambre et balayé le pays
d'entre Sambre et Meuse ; mais il n'avait pu se maintenir sur la rive gauche. Des renforts du centre étant arrivés, il effectua un second passage, le 22 floréal (11 mai),
et fut de nouveau rejeté sur l'autre rive. Ces deux échecs
ne faisant qu'animer Saint-Just, Charbonnier, qu'il do-
mine, franchit une troisième fois la rivière, le 1er prairial (20 mai), et forme l'investissement de Charleroi.
Mais le prince d'Orange et le comte de Kaunitz, marchant à la rencontre des Français, les forcent à repasser
encore la Sambre. Un quatrième passage eut lieu, et le
siége de Charleroi venait d'être repris, lorsque le
15 prairial (3 juin), une bataille où les républicains perdirent deux mille hommes les mit dans la nécessité d'a-
bandonner leurs positions[2].

Ainsi, à la droite de la grande armée du Nord, comme
à la gauche, le sang coulait par torrents depuis un mois,
sans résultat définitif. On ne peut prévoir quel eût été
la suite d'une lutte à ce point acharnée, si Carnot, cet
homme d'un génie si pénétrant et si sûr, n'eût, au moment décisif, appelé des renforts sur le théâtre où le sort
de la France était en suspens. Effrayé de la perte de
Landrecies, et résolu à frapper un grand coup du côté

---

[1] M. Édouard Fleury, dans son *Étude sur Saint-Just*, t. II, p. 257, a
raison de rappeler ce fait, mais non comme réponse à Levasseur, auquel
M. Édouard Fleury attribue injustement, selon nous, l'intention de ca-
lomnier le courage de Saint-Just.

[2] Manuscrit inédit du maréchal Jourdan.

de la Sambre, il envoie l'ordre au général Michaud de faire passer seize mille hommes de l'armée du Rhin à celle de la Moselle, et prescrit à Jourdan, nommé au commandement de la dernière en remplacement de Hoche, de marcher sur Liége et Namur[1].

La bataille du 1ᵉʳ prairial (3 juin) était à peine livrée, qu'on vit paraître les têtes de colonnes des quarante-neuf mille hommes qu'amenait Jourdan. Ces quarante-neuf mille hommes, réunis à deux divisions du Nord, et à l'armée des Ardennes, composée aussi de deux divisions, formèrent une armée distincte, qu'on appela de Sambre-et-Meuse. Les Commissaires de la Convention mirent ces troupes sous un seul commandement, celui de Jourdan[2]. Leur ensemble s'élevait à environ quatre-vingt mille hommes, ayant à leur suite cent trente bouches à feu, dont quarante-huit d'artillerie légère. Marceau commandait l'aile droite; Kléber, l'aile gauche[3].

Une pareille augmentation de forces eût assuré aux Français un avantage considérable, s'il n'eût été balancé en partie par le débarquement de dix mille Anglais à Ostende, et par l'arrivée du général Beaulieu, à Namur. Toutefois les Français conservaient une supériorité d'environ trente mille hommes entre la Meuse et la mer[4].

D'un autre côté, la discorde était au camp des Coalisés. L'Angleterre et la Hollande demandaient que les Prussiens, au lieu d'agir dans la Lorraine et l'Alsace, se portassent en hâte sur la Sambre, au secours de la Belgique.

C'est ce qu'elles ne purent jamais obtenir. Vainement le marquis de Cornwalis, lord Malmesbury et l'amiral Kinckel insistèrent-ils avec force, disant que les deux

[1] *Mémoires du maréchal Jourdan.*
[2] *Ibid.*
[3] *Ibid.*
[4] *Ibid.*

puissances maritimes ne payaient pas des subsides pour
que leurs auxiliaires soudoyés n'en fissent qu'à leur tête :
le maréchal Mallendorf répondait que le meilleur moyen
de protéger la Belgique était d'attaquer en flanc la Lorraine et l'Alsace ; que le traité de la Haye stipulait
expressément, en faveur de la Prusse, le droit d'avoir un
général prussien à la tête des soldats prussiens, et n'accordait nullement à l'Angleterre et à la Hollande l'exor-
bitant privilége de disposer à leur gré des forces d'un
grand peuple[1]. L'aigreur s'en mêla ; on en vint aux récriminations mutuelles, et rien ne fut décidé.

Si du moins l'Angleterre et la Hollande eussent trouvé
dans l'empereur d'Autriche un appui sincère ! Mais non :
bien convaincu, depuis son voyage, que les provinces
belges nourrissaient une haine profonde à l'égard de
l'Autriche, l'empereur était secrètement résigné à les
abandonner ; et son retour subit à Vienne le prouva. La
mort du vieux prince de Kaunitz, arrivée sur ces entrefaites, fortifia le parti de la paix, à Vienne, en rendant
Thugut l'arbitre unique des affaires. Mais, — et ceci est
très-digne de remarque, — ce qui, plus que toute autre
chose, contribua à faire naître ces dispositions pacifiques,
qui déjouaient la politique de Pitt, ce fut la persuasion,
répandue au dehors, que Robespierre était « disposé à
mettre un terme aux excès révolutionnaires et au règne
de la Terreur. » Tels sont les propres termes qu'em-
ploie le prince de Hardenberg[2]. Le décret qui proclamait

---

[1] Les rédacteurs du traité de la Haye, par le vague des dispositions
convenues, avaient laissé la porte ouverte à toutes ces difficultés. Voici
en effet ce que disait le traité : « The said army shall be employed, *accor-
ding to a concert* on military points between his Britannic Majesty,
his Prussian Majesty, and their high Mightinesses the States general of
the united Provinces, wherever it shall be judged to be most suitable
to the interests of the maritime powers. » Voy. *Parliamentary History*,
vol. XXXI, p. 433-434. — Art. 1st. of the *treaty with Prussia and
convention with Holland.*

[2] *Mémoires tirés des papiers d'un homme d'État*, t. III, p. 10.

l'existence de l'Être suprême avait beaucoup frappé l'Europe, comme révélant dans celui qui l'avait provoqué l'intention de fonder quelque chose de durable[1]. On croyait savoir, en outre, que Robespierre s'alarmait de l'ascendant des généraux victorieux ; et en cela les Cours étrangères étaient bien informées. « Le soir d'une nouvelle de victoire apportée par un courrier, racontent Billaud-Varenne, Collot d'Herbois et Barère, Robespierre parlait de trahisons prochaines. Il nous paraissait poursuivi par les victoires comme par des furies[2]. » A part l'exagération manifeste de la forme, il y a du vrai dans ces paroles. Où les Cours étrangères se trompaient, c'était dans l'idée qu'elles se faisaient de l'énorme pouvoir de Robespierre, l'intérieur des Comités restant couvert d'un voile qui ne se déchira que plus tard.

Quoi qu'il en soit, une fois amenée à regarder la paix comme possible, l'Autriche la désirait, et d'autant plus vivement, que ses préoccupations commençaient à se tourner vers la Pologne ; car la Russie, pour empêcher que sa part de la proie lui fût enlevée, avait songé à s'assurer un nouveau complice et fait briller aux yeux de la cour de Vienne la perspective d'un autre partage dans lequel le lot des Autrichiens se composerait des palatinats de Chelm, Lublin, Sandomir et Cracovie[3]. Voilà les gens qui prétendaient défendre, contre la Révolution française, la cause de la religion, de la justice et de l'humanité !

La présence de Jourdan sur la Sambre ne s'annonça pas d'abord sous d'heureux auspices. Informé que le prince de Cobourg avait tiré des renforts de sa gauche

---

[1] *Mémoires tirés des papiers d'un homme d'État*, t. III, p. 11.

[2] *Réponse des membres des anciens comités aux imputations renouvelées contre eux par Laurent Lecointre*, note 6. Bibl. hist. de la Rév., — 1097-8-9. (*British Museum.*)

[3] *Mémoires tirés des papiers d'un homme d'État*, t. III, p. 15.

pour secourir la ville d'Ypres que Pichegru assiégeait,
Jourdan passe une fois encore la rivière et court avec
toutes ses forces investir Charleroi. Le prince d'Orange
ayant marché à la rencontre des Français, le combat
s'engage. Jourdan fait charger une colonne qui s'avançait par deux régiments de cavalerie, sous les ordres du
général Dubois. La colonne ennemie est culbutée, perd
sept pièces de canon, et laisse entre nos mains six cents
prisonniers. Jourdan croit tenir la victoire, lorsqu'il apprend tout à coup que le général Lefebvre, ayant consommé
ses munitions, a été obligé de battre en retraite, ce qui
a permis à Beaulieu de pénétrer entre Marceau et Championnet, forcés ainsi de reculer à leur tour. Ce mouvement décidait du sort de la journée, en ce sens du moins
que les alliés purent rester en possession pendant vingt-
quatre heures du terrain qu'avaient occupé les Français. Cet avantage fut le seul que l'ennemi retira du
combat du 28 prairial (16 juin), la perte étant d'environ
trois mille hommes de part et d'autre, et les Français
emmenant sept pièces de canon, outre six cents prisonniers[1]. Mais ce qui fut un semblant de défaite eût été
une victoire, sans l'imprévoyance des officiers chargés
de veiller à l'approvisionnement des parcs. Saint-Just,
irrité, parlait de les faire fusiller à l'instant. Jourdan
eut beaucoup de peine à l'apaiser, et n'y parvint qu'en
prenant l'engagement de vaincre[2]. Au reste, cette tentative eut cela de bon qu'elle contribua à la prise d'Ypres,
qui, le lendemain même, capitula entre les mains du
général Moreau[3].

Clairfayt n'était plus en état de protéger les villes
flamandes entre Gand et la mer. Bruges, le 6 messidor
(24 juin), reconnut la souveraineté de la République, à

---

[1] Manuscrit inédit du maréchal Jourdan.
[2] Ibid.
[3] Ibid.

la grande satisfaction des habitants, qui détestaient
l'Autriche; et, quelques jours après, Tournay, que le
duc d'York se vit contraint d'abandonner, reçut les
Français avec des transports de joie[1].

Un événement considérable avait eu lieu dans le court
intervalle qui sépara ces deux conquêtes[2].

Immédiatement après le combat du 28 prairial
(16 juin), Jourdan avait fait venir en hâte de Maubeuge
les munitions nécessaires, et, dès le surlendemain, se
portant de nouveau au delà de la Sambre, il reprit ses
anciennes positions.

La garnison de Charleroi avait déjà comblé un quart
des tranchées, brûlé gabions et fascines. Les travaux furent poussés avec cette audace qu'on a remarquée dans
tous les siéges dirigés par Marescot. Un fait montrera
quelle confiance animait ce hardi soldat. « Au siége de
Charleroi, raconte Levasseur, Marescot, qui commandait
le génie, était monté sur une rosse. Je lui offris de lui
prêter mon cheval, ajoutant : « Si nous prenons Charle-
« roi, je vous prierai de l'accepter. —Alors, il est à moi, »
répondit Marescot ; et il était si persuadé de ce qu'il disait, qu'il ne me le rendit pas[3]. » Sous l'œil de Saint-
Just, d'ailleurs, manquer à son devoir, c'était jouer sa
tête. Un officier d'artillerie, coupable de négligence
dans la construction d'une batterie, fut, par l'ordre du
proconsul, fusillé dans la tranchée. Saint-Just cédait
quelquefois cependant; mais, dans ce cas, il fallait que
l'événement vînt prouver qu'il avait eu tort. C'est ainsi

---

[1] *Annual Register*, 1794, vol. XXXVI, ch.i, p. 25-26.

[2] On a de la fameuse bataille de Fleurus divers récits dont les détails
sont loin de s'accorder. Le récit de la bataille par celui-là même qui la
gagna étant sous nos yeux et n'ayant jamais vu le jour, nous avons cru ne
pouvoir mieux faire que de l'adopter en l'abrégeant. Nous indiquerons en
note tout ce qui ne sera pas emprunté au manuscrit du maréchal.

[3] *Mémoires* de Levasseur, t. II, ch. xiv, p. 241.

que, Jourdan ayant refusé d'envoyer au secours de Pichegru des troupes qu'il jugeait plus utiles devant Charleroi :
« Eh bien, dit Saint-Just, soit; mais, si Pichegru est
battu, votre tête tombe. »

Le 7 messidor (25 juin), le commandant de Charleroi
écrivit que, n'étant pas secouru, il demandait à entrer
en arrangement. Les généraux voulaient qu'on entamât
la négociation, représentant que l'ennemi s'avançait à
grands pas, et qu'il était d'une extrême importance d'être
maître de la place, au moment d'une bataille, peut-être
décisive. Saint-Just, qui appréciait mieux que les généraux l'effet de cette attitude superbe dont la politique
romaine avait tiré tant de fruit, se contenta de dire :
« Il faut que la ville se rende à discrétion. » Et la ville
se rendit[1].

Le prince de Cobourg, à qui l'on avait présenté comme
une victoire complète l'avantage insignifiant remporté le
28 prairial, fut fort étonné d'apprendre que Jourdan
avait, dès le surlendemain, repassé la Sambre, et sentit
qu'il devait porter ses principales forces contre l'armée
qui menaçait le plus directement ses communications.
Laissant donc au duc d'York le soin d'appuyer Clairfayt,
qui était toujours à Thielt, il conduisit le restant de ses
troupes à Nivelles, où il fit sa jonction avec le prince
d'Orange. Le 7 messidor (25 juin), il se rapprocha de
l'armée française. Il était suivi de quatre-vingt mille

---

[1] Ainsi le résultat donna raison à Saint-Just contre les généraux. Jourdan,
qui ne peut s'empêcher de le constater, n'en blâme pas moins la présomption de Saint-Just. Ce qu'il appelle ici présomption nous eût été
donné sans doute, de la part d'un homme d'épée, comme une preuve de
pénétration et eût pris le nom de coup d'œil. Ceci est un exemple, entre
mille, de cet esprit de corps qui a porté presque tous les historiens militaires de la Révolution à atténuer systématiquement, ou, quelquefois même,
à nier la part glorieuse qu'eurent, dans nos triomphes, le génie du Comité
de salut public et l'énergie des représentants en mission.

combattants. Jourdan n'avait en ligne que soixante-seize mille hommes[1].

Au delà de la ville de Charleroi, située sur la Sambre, une suite de positions, imparfaitement liées entre elles, décrivent un demi-cercle d'environ dix lieues d'étendue, dont les extrémités s'appuient à la rivière.

Voici comment l'armée française fut distribuée le long de cette ligne retranchée.

A la gauche, une brigade aux ordres du général Daurier, fut postée en avant de Landelies, derrière Fontaine-l'Évêque ; la division du général Montaigu occupa Trazégnies, et celle de Kléber se plaça en avant du moulin de Jumel et du village de Courcelles.

A la droite, les troupes que commandait Marceau défendaient les postes de Baulet, Wanfercée et Velaine.

Au centre étaient les généraux Lefebvre, Championnet et Morlot : le premier un peu en arrière, et sur la gauche de ce village de Fleurus qui a donné son nom à quatre batailles mémorables[2] ; le second, au delà d'Heppignies, et le troisième, en avant de Gosselies.

Le prince d'Orange et le général Latour firent face à notre gauche ; l'archiduc Charles et le général Beaulieu à notre droite ; le comte de Kaunitz et le général Kosdanowich à notre centre.

Le 8 messidor (26 juin), l'action s'engagea dès le point du jour. Tandis que le prince d'Orange marchait contre Daurier, le général Latour, passant le Piéton, ruisseau qui traverse le champ de bataille, se dirigea vers le château de Trazégnies, dont il se rendit maître, à

---

[1] Et non cent mille, comme l'ont avancé quelques auteurs. — Nous ferons observer ici que, dans le manuscrit sous nos yeux, il n'est pas de chiffre qui ne soit appuyé sur des *états de situation* officiels.

[2] Entre Gonzalès de Cordoue et le bâtard de Mansfeld, en 1622 ; — entre le duc de Luxembourg et le prince de Waldeck, en 1690 ; — entre Jourdan et le prince de Cobourg, en 1794 ; — entre Napoléon et Blücher, en 1815 : — cette dernière bataille, plus connue sous le nom de *Ligny*.

la suite d'un combat opiniâtre. La première ligne déboucha; mais, à peine formée, elle est chargée par la cavalerie française et recule. Reportant aussitôt en avant son infanterie, Montaigu reprend sa première position, contre laquelle le général Latour se hâte d'appeler sa réserve. La position de Montaigu étant très-exposée, Jourdan avait prévu qu'il lui serait difficile de s'y maintenir, et lui avait donné pour instructions, s'il était pressé trop vivement, d'effectuer sa retraite, partie sur le général Daurier, partie sur Marchienne, pour défendre le passage de la Sambre. C'est ce qui eut lieu. Renonçant à une lutte inégale, Montaigu traverse le bois de Monceaux, envoie une brigade au général Daurier, se retire avec l'autre sur Marchienne, fait reployer les pontons, et place sur la rive droite de la Sambre des batteries chargées de répondre à celles que Latour, après s'être avancé sur la Cense de Judonsart, établit sur la hauteur de Saint-Fiacre.

Pendant ce temps, le prince d'Orange, ayant repoussé les avant-postes français de Fontaine-l'Évêque, cherchait à culbuter Daurier, qui couvrait les hauteurs de Lernes. Inutiles efforts! Ses attaques furent repoussées, ses troupes écrasées par la mitraille, et, la brigade envoyée par Montaigu arrivant, il eut si peur d'être attaqué à son tour avec succès, qu'il se replia sur Forchies, au lieu de déboucher sur Rus, comme il en avait l'intention, pour se lier au général Latour, lequel, en s'avançant sur Jundonsart sans être soutenu, courait risque d'être enveloppé. En effet, Kléber, d'après les instructions du général en chef, fait occuper l'abbaye de Sart par deux bataillons d'infanterie, et le pont de Roux par une division de gendarmerie appuyée de quatre compagnies de grenadiers; il détache en même temps Bernadotte sur Baymont, et, avec trois bataillons, deux escadrons, quelques pièces d'artillerie, se porte plus à gauche, à la tête du bois. Bientôt l'artillerie française fait taire la batterie qui tirait sur Marchienne ; Berna-dotte attaque la droite des ennemis ; Duhem tourne leur gauche. Il fallut que Latour, pressé de toutes parts, se retirât précipitamment sur Forchies, d'où il continua sa retraite avec le prince d'Orange sur Haine-Saint-Paul, pendant que Montaigu, renforcé de quelques troupes de la division de Kléber, se portait en avant et reprenait sa position de Trazégnies.

Sur la droite, l'aspect des choses était moins favorable. Beaulieu avait emporté Wanfercée, Velaine et Baulet : il s'avance contre les retranchements du bois de Copiaux, les tourne, et force les troupes de Marceau à se reployer sur le village de Lambusart, poste contigu à la Sambre, et nécessaire appui de notre extrême droite. La cavalerie française fit mal son devoir : elle recula devant celle de l'ennemi ; mais celle-ci, voulant pousser jusqu'à l'infan-terie, fut reçue la baïonnette en avant et repoussée. Les escadrons français, ralliés à la gauche de Lambusart, firent reculer à leur tour ceux que Beaulieu avait lancés pour tourner le village, et le feu des redoutes foudroya ceux qui tentèrent d'en approcher. Malheureusement, le prince Charles arrivait : il avait chassé les avant-postes de Lefebvre et put opérer sa jonction avec Beaulieu. Que la droite de notre armée fût tournée par Lambusart, c'en était fait. Jourdan, attentif au danger, appelle en toute hâte au secours de Lefebvre et de Marceau la cavalerie aux ordres du général Dubois et la réserve placée à Ran-sart sous le commandement du général Hatry. Mais, avant que ces renforts paraissent, Beaulieu attaque de nouveau e village de Lambusart. Vainement Marceau déploie-t-il une valeur héroïque ; ses troupes, accablées par des forces supérieures et vivement chargées par la cavalerie, se re-tirent en désordre de l'autre côté de la Sambre, à l'ex-ception de quelques bataillons qui, se serrant autour de leur général, se maintiennent dans les haies. L'arrivée de trois bataillons de la division Lefebvre et de trois autres appartenant à celle de Hatry permit à Marceau de rétablir le combat. Dans l'impuissance de pénétrer plus avant, Beaulieu laisse dans Lambusart quelques bataillons soutenus d'une forte réserve, et, par un mouvement sur sa droite, se réunit avec le surplus de ses troupes à une colonne qui, débouchant de Fleurus, attaquait le camp retranché, défendu, à droite de Wagné, par les divisions Lefebvre et Hatry. Là le combat fut terrible. Ne pouvant tourner les retranchements, Beaulieu les aborde de front. Trois fois ses troupes arrivent jusqu'à portée de pistolet; trois fois la mitraille et la mousqueterie jonchent la terre de morts. Aussitôt que l'ennemi tournait le dos, il était chargé en queue par les escadrons qui débouchaient des lignes, au moyen des passages qu'on y avait ménagés. L'artillerie tirait, de part et d'autre, avec tant de vivacité, que, les baraques du camp et les blés venant à s'enflammer, on se battit dans une plaine en feu. Beaulieu dut faire replier ses colonnes ; et, Lefebvre s'étant alors porté rapidement sur Lambusart avec la 80ᵉ demi-brigade, tandis que Marceau s'avançait contre le bois à droite de ce village, l'ennemi essaya, mais en vain, de résister à cette attaque combinée. Peu de temps après, le général Mayer, qui avait rassemblé les troupes rejetées au delà de la Sambre, arriva, et l'aile droite reprit la position qu'elle occupait avant la bataille.

Au centre, pendant ce temps, le général Kosdanowich et le comte de Kaunitz bornaient leurs efforts à une vive canonnade, précédée de quelques engagements d'avant-postes et d'une tentative infructueuse pour emporter les retranchements défendus par Championnet. Ce fut à quatre heures du soir seulement que le comte de Kaunitz, renforcé d'une partie de la réserve, renouvela son attaque. La division Championnet, bien retranchée, appuyée

à une forte redoute, et soutenue par la réserve de cavalerie et quatre compagnies d'artillerie légère, ne pouvait
être dépostée. Cependant, Championnet ordonne la retraite, trompé qu'il était par un faux avis annonçant que
Lefebvre avait été forcé d'abandonner son camp retranché. Déjà la grande redoute était désarmée, déjà les troupes françaises sortaient d'Heppignies, lorsque Jourdan
accourt avec six bataillons et huit escadrons de la division Kléber. Il détrompe Championnet, lui ordonne de
reprendre le terrain abandonné, fait rentrer l'artillerie
dans la redoute, et dispose en colonne serrée à la droite
du village l'infanterie venue avec lui. Championnet,
impatient de réparer sa faute, se précipite sur les bataillons ennemis qui ont pénétré dans les jardins, dans
les haies, et les chasse. D'un autre côté, les lignes qui
s'avançaient entre Heppignies et Wagné sont foudroyées
par le feu de l'artillerie. Jourdan, témoin de la confusion qui y règne, ordonne au général Dubois de les
charger, et Dubois part au galop avec les premiers régiments qui se trouvent sous sa main. La première
ligne des Autrichiens fut culbutée ; mais pour cette
charge, exécutée avec plus d'audace que de talent, la
cavalerie française s'était ébranlée en désordre; de sorte
que la cavalerie des alliés, fondant à son tour sur nos
escadrons épars, les força de reculer et reprit les pièces
que l'ennemi avait perdues. Il était alors sept heures
du soir.

Le prince de Cobourg avait vu toutes ses attaques
repoussées : il donna le signal de la retraite. Il avait
commis une faute capitale en essayant d'envelopper la
position demi-circulaire des Français, au lieu de concentrer ses forces sur un seul point d'attaque. La perte
des républicains s'éleva, en tués et blessés, à environ
cinq mille hommes; celle des alliés fut évaluée au
double.

Dans la soirée et le lendemain, la cavalerie française ramassa plus de trois mille traînards[1].

Tel fut le résultat de cette journée : elle décidait du sort de la campagne, et la nouvelle qui s'en répandit causa dans toute l'Europe une sensation immense.

Des historiens ont avancé que le prince de Cobourg ignora la reddition de Charleroi jusqu'à quatre heures du soir, et n'ordonna la retraite qu'en apprenant cette reddition, attendu que la bataille devenait ainsi sans objet. Dans le manuscrit sous nos yeux, Jourdan répond en ces termes : « D'abord, le prince de Cobourg, instruit par ses avant-postes que les batteries de siége avaient cessé de tirer depuis la veille à dix heures du matin, a dû présumer que le commandant avait capitulé. Ensuite, s'il est vrai qu'il ait appris la reddition de la place à quatre heures du soir, on se demande pourquoi il prolongea le combat jusqu'à sept. D'ailleurs, à qui persuadera-t-on que, si le général ennemi eût touché à la victoire, il se fût retiré par la seule raison que Charleroi avait ouvert ses portes? Certes, il avait à remplir un objet bien plus important que celui de sauver une bicoque; il s'agissait de battre l'armée qui prenait la Flandre à revers, et s'il eût été en son pouvoir de la rejeter au delà de la Sambre, il n'en eût pas laissé échapper l'occasion. »

On sait que ce fut à la bataille de Fleurus qu'on fit usage, pour la première fois, d'un aérostat, au moyen duquel, dit-on, le général français fut instruit de tous les mouvements de l'ennemi. Jourdan écrit, à ce sujet : « Quant au ballon, il fut si peu utile que, depuis, on n'en a plus fait usage. » De son côté, Levasseur dit :

---

[1] Ce récit de la bataille de Fleurus n'est, nous le répétons, qu'une reproduction presque textuelle de celui qui, dans le manuscrit du maréchal Jourdan, forme le ch. IV du premier volume. Nous l'avons donné sans en rien retrancher d'essentiel, parce que c'est un document de grande valeur, et tout nouveau pour l'histoire militaire de la Révolution.

« Guyton de Morveau, un des plus grands chimistes de l'Europe, était venu à l'armée pour essayer l'effet d'un aérostat. Il monta dans la nacelle avec un officier nommé Lomet. Beaucoup d'historiens militaires n'ont pas daigné le nommer, comme si l'aérostat était de l'invention de Jourdan ! Est-ce parce que Guyton de Morveau était un conventionnel[1] ? »

Ce n'était pas sur les frontières du Nord seulement que la République triomphait.

Aux Pyrénées orientales, les Espagnols, commandés par La Union depuis la mort du brave Ricardos, furent chassés par Dugommier de leur camp du Boulou[2], et, après avoir perdu quinze cents prisonniers, cent quarante pièces de canon, huit cents mulets et des effets de campement pour vingt mille hommes, se virent rejetés au delà des montagnes.

Aux Pyrénées occidentales, la vallée de Bastan, assaillie par les trois principaux passages qui y donnent accès, fut enlevée[3].

Aux Alpes, les Français, sous la conduite du général Baguelone, s'emparèrent des trois redoutes du mont Valaisan, de celles du Petit-Saint-Bernard[4], et occupèrent le poste important de la Tuile[5].

Du côté de Nice, grâce à des manœuvres habiles suivies de pressantes attaques, Dumerbion, secondé par Masséna et par le nouveau général de brigade Bonaparte, força les Piémontais à abandonner Saorgio, et à se replier, d'abord sur le col de Tende[6], puis à Limone, au delà de la grande chaîne. Si bien que, vers le commencement

---

[1] *Mémoires de Levasseur*, t. II, ch. xv, p. 247.
[2] 11 floréal (30 avril).
[3] 15 prairial (3 juin).
[4] 6 floréal (25 avril).
[5] 7 floréal (26 avril).
[6] 6-21 floréal (25 avril — 10 mai).

de mai, la République était victorieuse sur toute la chaîne
des Alpes.

Avant de se mesurer à Fleurus, Beaulieu et Jourdan
s'étaient déjà rencontrés à Arlon, poste auquel les Autrichiens attachaient beaucoup d'importance comme cou-
pant ou facilitant les communications entre Luxembourg
et les Pays-Bas. Jourdan était alors à la tête de l'armée
de la Moselle.

L'action, commencée le 28 germinal (17 avril), mais
suspendue par la nuit, fut reprise le lendemain avec un
redoublement de vigueur, et se dénoua par une charge à
la baïonnette qui mit les Autrichiens en fuite. Arlon
tomba au pouvoir de l'armée de la Moselle; et, quelques
jours après, celle du Rhin, sous le commandement du
général Michaud, remportait, près de Kirweiller, entre
Landau et Neustadt, un avantage qui coûta aux ennemis
huit cents hommes, tués ou blessés[1].

Sur mer, pendant ce temps, la valeur républicaine se
déployait, sinon avec autant de succès, du moins avec
autant d'éclat.

Vers la fin du mois de mai, une quantité considérable
de grains et de denrées coloniales était attendue d'Amé-
rique, et le gouvernement anglais, qui ne négligeait rien
pour affamer la France, guettait le convoi. A le sauver,
il y avait, de la part du Comité de salut public, nécessité
suprême. En conséquence, ordre est envoyé au contre-
amiral Villaret-Joyeuse, qui commandait, à Brest, une
flotte de vingt-six vaisseaux de ligne[2], de sortir du port
et de se porter à la rencontre du convoi. Ses instructions
lui enjoignaient de croiser à la hauteur des îles de Coves
et de Flores, et d'éviter un engagement, s'il était possible[3]. Mais Jean-Bon Saint-André, qui était embarqué

---

[1] 4 floréal (23 avril).

[2] *Moniteur* du 17 messidor (5 juillet) 1794.

[3] Voy. la *Biographie universelle*, art. VILLARET-JOYEUSE.

sur le vaisseau amiral, où il représentait la Convention, insista pour la bataille. Du reste, quoique nos équipages se composassent en partie de paysans qui n'avaient jamais vu la mer, ils demandaient à grands cris le combat ; et leur joie fut extrême lorsque, le 9 prairial (28 mai), ils aperçurent la flotte anglaise. Elle se composait, comme la nôtre, de vingt-six vaisseaux de ligne, sous le commandement de l'amiral Howe [1]. Les forces étaient donc à peu près égales.

La journée du 9 prairial se passa en manœuvres. Mais un vaisseau français, le *Révolutionnaire*, ayant diminué de voiles à l'apparition de l'ennemi, soit impatience d'en venir aux mains, soit tout autre motif, demeura sous le vent, à l'arrière de la flotte, et si fort exposé, qu'à l'entrée de la nuit il se trouva engagé par les vaisseaux anglais le *Bellérophon*, le *Leviathan* et l'*Audacious*, sans compter qu'il eut à subir le feu éloigné de trois autres vaisseaux ennemis, le *Russel*, le *Marlborough* et le *Thunderer* [2]. Sa défense fut héroïque, et, quoique désemparé, il parvint à échapper à l'ennemi ; si bien que, rencontré, le lendemain, par le vaisseau français l'*Audacieux*, il fut pris à la remorque et conduit à Rochefort [3]. Il avait mis le *Bellérophon* hors d'état de continuer la lutte, et à tel point maltraité l'*Audacious*, que ce dernier fut obligé de regagner Plymouth [4].

Le départ de l'*Audacious* et du *Révolutionnaire* ne changeait rien au rapport numérique des deux flottes, et cependant la flotte française s'en trouvait affaiblie, le *Révolutionnaire* étant un vaisseau de cent dix canons, et

---

[1] Voy. les noms de ces vaisseaux dans l'ouvrage de William James, *the Naval History of Great Britain, from* 1793 *to* 1820.

[2] *James's Naval History*, t. I, p. 189.

[3] Le vaisseau qui secourut le *Révolutionnaire*, portant le même nom qu'un de ceux qu'il avait combattus, il en résulta beaucoup de confusion dans les rapports.

[4] Voy. *James's Naval History of Great Britain*, vol. I, p. 191.

l'*Audacious* un vaisseau de soixante-quatorze seulement[1].

Les deux armées demeurèrent en observation toute la nuit. Suivant les auteurs de l'ouvrage intitulé *Victoires et Conquêtes*, la flotte française avait hissé des fanaux à tous ses mâts d'artimon, et l'ennemi en cela ne fit que l'imiter[2]. Suivant William James, au contraire, seuls les vaisseaux anglais portaient une lumière[3]. Ce qui est certain, c'est que, de part et d'autre, il y avait impatience fiévreuse de se mesurer.

Le 10 prairial (29 mai), la position du vent, que Villaret-Joyeuse voulait conserver, l'ayant forcé de virer de bord par la contre-marche, l'amiral Howe manœuvra d'après cette nouvelle disposition. Villaret fait alors signal à son avant-garde de serrer l'ennemi au feu et de commencer le combat. Le *Montagnard*, vaisseau de tête, envoie sa première volée vers dix heures du matin, et l'engagement ne tarde pas à devenir très-vif. L'avant-garde ennemie, forcée de plier, vire sur son arrière-garde et se porte sur celle de la flotte française. D'après le rapport officiel de Jean-Bon Saint-André, si deux de nos vaisseaux, l'*Indomptable* et le *Tyrannicide*, se trouvèrent alors entourés de forces supérieures, la faute en fut au retard apporté dans l'exécution des ordres de l'amiral. Quoi qu'il en soit, les deux vaisseaux compromis étaient déjà désemparés : Villaret donne le signal de virer de bord pour se porter à la queue. Mais le vaisseau de tête ne bouge pas et arrête le mouvement de toute la ligne. Villaret prend alors son parti hardiment ; il vire de bord le premier, ordonnant à la flotte de le suivre, et de prendre la ligne de vitesse sans observer de rang. Tous les vaisseaux suivirent, un seul excepté. Cette manœuvre, exécutée avec

[1] Cette remarque est de l'historien anglais. *Naval History of Great Britain*, vol. I, p. 203.

[2] *Ibid.*, vol. III, p. 15.

[3] *Ibid.*, vol. I, p. 191.

une célérité et une précision remarquables, eut un plein
succès : l'*Indomptable* et le *Tyrannicide* furent dégagés,
et l'ennemi dut s'éloigner en tenant le vent [1]. Il était sept
heures du soir, et l'action avait commencé à dix heures
du matin. Une brume épaisse s'étant élevée sépara les
deux flottes, qu'elle mit pendant deux jours dans l'impossibilité de rien entreprendre [2].

Dans cet intervalle, la flotte française fut rejointe par
le *Trente-un-mai* et par trois vaisseaux de ligne qu'amena
le contre-amiral Nielly, savoir : le *Trajan*, le *Téméraire*
et le *Sans-Pareil*. Villaret profita de la circonstance pour
renvoyer, en le faisant escorter par le *Mont-Blanc*, l'*Indomptable*, qui ne pouvait plus tenir la mer. On se rappelle que l'*Audacieux* avait reconduit le *Révolutionnaire*
à Rochefort. La flotte française restait donc composée de
vingt-six vaisseaux de ligne [3]. Tel était l'état des choses,
lorsque se leva ce soleil du 13 prairial (1er juin) qui allait
éclairer le plus furieux combat qu'ait jamais vu l'Océan.
Entre neuf heures un quart et neuf heures et demie,
l'avant-garde française ouvrit son feu sur l'avant-garde
anglaise, et, au bout d'un quart d'heure, le feu devint
général. Bientôt, la *Montagne*, montée par Villaret-Joyeuse
et Jean-Bon Saint-André, se trouva aux prises avec la
Reine-Charlotte, que montait l'amiral Howe. Une fausse

---

[1] *Naval History of Great Britain*. Voy. aussi la biographie de Villaret-
Joyeuse, par Hennequin, évidemment composée sur des pièces fournies par
un homme de la profession, et, peut-être, par Villaret lui-même.
Voici en quels termes William James, vol. I, p. 197, rend justice à la
manœuvre en question :
« The French admiral, finding his signal not obeyed, wore out of the
« line, and, as gallantly as judiciously, led his own fleet on the starboard
« tack to the rescue of his two disabled ships. Nor could Lord Howe pre-
« vent the complete success of the well designed and, as acknowledged by
« many in the British fleets, prettily executed manœuvre. »

[2] *Moniteur* du 17 messidor (5 juillet) 1794.

[3] *James's Naval History of Great Britain*, vol. I, p. 206, 207.

manœuvre du *Jacobin*, matelot d'arrière[1] de l'amiral
rançais, en mettant à découvert la *Montagne*, permit à
Howe de couper la ligne derrière ce dernier vaisseau et
de le battre par la hanche du vent. D'autres vaisseaux
avaient suivi le mouvement de l'amiral Howe : la situation
de la *Montagne* devint terrible, et n'eut d'égale que l'intrépidité de son équipage. Villaret est renversé de son banc
de quart, qui saute en éclats ; il se relève sans se déconc-
certer, et fait rétablir le banc de quart[2]. Un nommé Cor-
dier reçoit un boulet qui lui brise en esquilles le tibia ; il
demande, il obtient qu'on le comprime avec un ceinturon
d'épée, et reste à son poste[3]. Un jeune homme, Bouvet
de Cressé, voyant des caisses remplies de cartouches s'enflammer sur la dunette, et tuer en éclatant la moitié des
timoniers, court au milieu de la confusion, et quoique
couvert de blessures, mettre le feu à la caronade de trente-
six à tribord[4]. Le capitaine Bazire, ayant les deux cuisses
emportées, dit au chirurgien qui le pansait : « Dites au
représentant du peuple que le seul vœu que je forme en
mourant, c'est le triomphe de la République[5]. »

Pendant ce temps, au centre et à l'arrière-garde, les
autres vaisseaux français se battaient avec un acharnement sans exemple. Ils avaient arboré cette devise, inscrite en lettres d'or sur des pavillons bleus : *la Victoire
ou la Mort !* et, depuis l'amiral jusqu'au dernier des matelots, tous montrèrent qu'ils comprenaient le sens profond de cette devise. Du côté des Anglais, égale bravoure
et résolution égale. Au milieu de tant de milliers de pièces

---

[1] En termes de marine, vaisseau qui suit ou précède un autre vaisseau.

[2] *Victoires et Conquêtes*, t. III, p. 20.

[3] *Ibid.*

[4] *Ibid.* Les auteurs de *Victoires et Conquêtes* attribuent à ce fait des
résultats merveilleux dont William James relève avec raison la ridicule
inexactitude.

[5] Rapport de Jean-Bon Saint-André, *Moniteur* du 17 messidor (5 juillet) 1794.

de canon vomissant ensemble la mort, on n'eût pas entendu la foudre, et les tourbillons de fumée qui enveloppaient le champ de bataille étaient tels qu'on ne se voyait
plus. A environ onze heures trente minutes, les Anglais
se trouvèrent avoir onze de leurs vaisseaux plus ou moins
démâtés, et les Français en comptaient douze dans le
même état[1]. La *Montagne* était parvenue à se faire abandonner ; mais lorsque, le feu cessant, la fumée se dis-
sipa, et que le vaisseau amiral français se vit libre sur
une mer couverte de gaz phosphorescent, de débris et de
cadavres, un spectacle douloureux se présenta aux yeux
de Villaret-Joyeuse. Son avant-garde avait plié, elle était
à une demi-lieue sous le vent. Si elle eût gardé son poste,
il eût pu, en virant de bord, couvrir tous les vaisseaux
désemparés des deux nations, et la journée était à lui ;
mais forcé d'arriver pour rallier l'avant-garde, il perdit du
terrain par cette manœuvre même, qui l'empêcha de s'é-
lever assez dans le vent pour sauver tous ses vaisseaux[2].
Dans cette situation, il mit en panne et y demeura au
moins cinq heures, envoyant ses frégates et ses corvettes
remorquer ceux des vaisseaux français qui étaient désemparés. Quatre furent dégagés de cette façon, le *Mucius*,
le *Républicain*, le *Scipion* et le *Jemmapes* ; un cinquième,
le *Terrible*, avait rejoint l'amiral, en se frayant un chemin au travers de la flotte anglaise[3]. Malheureusement,
tout ne put être sauvé ; et le *Sans Pareil*, le *Juste*, l'*A-
merica*, l'*Impétueux*, le *Northumberland*, l'*Achille*, restèrent au pouvoir de l'ennemi, auquel, selon l'énergique
expression de Jean-Bon Saint-André, ils ne livraient que
des carcasses abîmées[4].

---

[1] *James's Naval History of Great Britain*, vol. I, p. 216.
[2] Ce sont les propres termes dont Jean-Bon Saint-André se sert dans son
rapport. Voy. le *Moniteur* du 17 messidor (5 juillet) 1794.
[3] *James's Naval History of Great Britain*, vol. I, p. 216.
[4] *Moniteur* du 17 messidor (5 juillet) 1794.

Ici se place le glorieux et touchant épisode du *Vengeur*.

Ce vaisseau, après un combat à mort avec le *Brunswick*, combat qui n'avait laissé aux deux antagonistes qu'un souffle de vie, commença, vers six heures et demie du soir, à couler bas. C'en était fait de tous ceux qui le montaient, si, frappés de ce spectacle terrible, les Anglais n'eussent mis généreusement à la mer leurs canots disponibles pour sauver l'équipage en détresse. Sur le nombre des personnes que ces canots recueillirent, les récits sont en désaccord — à tel point même, que l'appréciation varie de quarante ou cinquante à plus de quatre cents [1]. Toujours est-il que, parmi ces personnes, figurait Renaudin, le capitaine du *Vengeur*. Quant à ceux qui restaient à bord au moment où le vaisseau s'enfonça, leur agonie fut sublime. Réunis sur le pont, ils attachent le pavillon français, de peur qu'il ne surnage, et le visage tourné vers le ciel, agitant en l'air leurs chapeaux, ils descendent comme en triomphe dans l'abîme, aux cris de : *Vive la République ! vive la France* [2] !

C'était une cruelle perte que celle de sept vaisseaux ; mais les Anglais avaient payé bien cher cet avantage ! Le *Queen Charlotte*, que l'amiral Howe montait en personne, avait perdu son mât de hune d'avant, il avait vu son grand mât de hune tomber sur le côté ; et la plupart des autres vaisseaux de la flotte anglaise étaient, aux termes de la dépêche de l'amiral Howe, tellement désemparés, qu'ils durent laisser passer trois des nôtres qui, privés de leurs agrès, se dégagèrent, sous une voile de beaupré ou une

---

[1] Voy. pour le premier chiffre, *Victoires et Conquêtes*, t. III, p. 24 et 25 ; et, pour le second, *James's Naval History of Great Britain*, vol. I, p. 235. — Nous devons dire que l'assertion de l'historien anglais nous paraît beaucoup plus près de la vérité. Il a pu y avoir exagération de part et d'autre en sens inverse ; mais on ne peut nier que les Anglais n'eussent naturellement le moyen de savoir au juste le nombre des personnes recueillies dans leurs canots.

[2] Voy. la note critique placée à la fin de ce chapitre.

voile plus petite encore, attachée à un tronçon de mât de misaine[1].

Ainsi se trouve confirmé par l'amiral anglais lui-même le passage suivant du rapport officiel de Jean-Bon Saint-André :

« L'amiral français a mis en panne et y a demeuré au moins cinq heures ; il a envoyé toutes ses frégates et toutes ses corvettes pour donner des remorques, sans que ces petits bâtiments aient été inquiétés. Le *Pavillon*, corvette de huit canons de quatre, est allé prendre un de nos vaisseaux sous la volée de l'ennemi et il ne lui a pas été tiré un coup de canon. Immobiles pendant toute cette opération, nous avions l'armée anglaise au vent à nous ; nous ne pouvions par aller vers elle, mais elle pouvait venir vers nous ; pourquoi ne l'a-t-elle pas fait ? La vérité est que l'ennemi était plus maltraité que nous, et il est bien forcé d'avouer qu'il était hors d'état de tenir la mer[2]. »

Un fait qu'il importe de ne pas perdre de vue, c'est que, tandis que, le 13 prairial (1er juin), les deux flottes se mesuraient, le convoi attendu passait sur le champ de bataille du 10 prairial (29 mai), à travers les débris du combat, hunes, pièces de sculpture des galeries, figures brisées[3]. Les Anglais se croyaient si sûrs d'intercepter le convoi, qu'à Londres il était déjà vendu, et que les capitaines anglais dont Vaustabel avait, chemin faisant, capturé les navires, lui disaient : « Vous nous prenez en détail, mais l'amiral Howe vous prendra en gros[4]. » Non-seulement ces espérances hautaines furent déjouées, non-seulement le convoi entra sain et sauf dans les ports de

---

[1] Voy. *London Gazette*, Dépêche de l'amiral Howe, écrite à bord du *Queen Charlotte*, à la date du 2 juin 1794.

[2] Rapport de Jean-Bon Saint-André, *Moniteur* du 17 messidor (5 juillet) 1794.

[3] *Ibid.*

[4] *Ibid.*

France, mais, le 21 prairial (9 juin), Villaret-Joyeuse,
avec une flotte délabrée, réduite à dix-neuf vaisseaux démâtés et en remorque, eut la satisfaction de donner la
chasse à une escadre anglaise qui croisait sur Pen-
mark, couvrant les ports de Brest et de Lorient [1]. Cette
escadre, commandée par le contre-amiral Montagu, se
composait de neuf vaisseaux de ligne et de trois frégates [2]. Elle était toute fraîche, ce qui lui aurait permis
de tenter la lutte sans trop de présomption, malgré son
infériorité numérique. Elle n'en jugea point de la
sorte. « Ils se sont couverts de voiles, raconte Jean-Bon
Saint-André ; et lorsque, voyant l'impossibilité de les
atteindre, nous avons repris notre route, ils ont gagné le
large [3]. »

Telle fut cette rencontre fameuse, si l'on en dégage le
récit des exagérations auxquelles elle donna lieu de part et
d'autre, et qu'un esprit étroit de nationalité inspira. Il
fallait certes toute la forfanterie de Barère pour chanter
victoire, comme il le fit dans son rapport du 21 messidor
(19 juillet); et quand on lit ce rapport, non moins inexact
que pompeux, on ne s'étonne plus que Robespierre,
esprit grave, « reprochât au rapporteur du Comité de
salut public la longueur et l'exaltation de ses comptes
rendus touchant le triomphe de nos armées [4]. » La victoire ! nul doute qu'elle n'appartînt aux Anglais, puisque
nous avions perdu sept vaisseaux, sans qu'ils en eussent

---

[1] *Moniteur* du 17 messidor (5 juillet) 1794.

[2] Et non pas de douze vaisseaux de ligne, comme il est dit dans le rapport de Jean-Bon Saint-André. On trouve les noms des vaisseaux et des
frégates dont se composait l'escadre de Montagu, dans *Brenton's Naval
History of Great Britain*, vol. I, p. 146.

[3] *Moniteur* du 17 messidor (5 juillet) 1794.

[4] Ce fut un de ses crimes, aux yeux de Barère, Billaud-Varenne et Collot-d'Herbois. Voy. *Réponse des membres des anciens comités aux imputations renouvelées par Lecointre*. Note 6, Bibl. hist. de la Rév.,
1097-8-9. (*British Museum.*)

perdu un seul [1]. Mais il est certain, d'un autre côté, que la flotte française avait combattu avec un héroïsme impossible à surpasser [2] ; que son triomphe avait tenu à peu de chose [3] ; qu'elle ne s'était pas retirée après le combat devant l'ennemi, et l'avait attendu pendant cinq heures; qu'elle lui avait fait payer cruellement la capture de six vaisseaux [4], et qu'enfin elle avait accompli sa mission, qui était le salut d'un convoi attendu avec angoisse par la France affamée.

Les deux peuples pouvaient donc se montrer fiers à bon droit du dévouement et du courage qui venaient d'être mis à leur service.

Lord Howe fut reçu en Angleterre avec enthousiasme. La famille royale se rendit à Portsmouth au-devant de lui, et là, sur le tillac du vaisseau *Queen Charlotte*, le roi offrit à l'amiral une épée du prix de trois mille guinées. Des gages, proportionnés, de l'approbation du monarque furent donnés aux amiraux et aux capitaines. Les premiers reçurent des médailles d'or qu'ils furent autorisés à porter autour du cou, suspendues à une chaîne d'or. L'amiral Graves fut créé pair d'Irlande, avec le titre de lord Graves. Sir Alexandre Hood fut fait vicomte de Bridport. Aux contre-amiraux Gardner, Curtis, Bowyer et Pastley, on

---

[1] Sur le chiffre total des morts et des blessés du côté des Français, rien de certain et d'officiel. Les auteurs de *Victoires et Conquêtes* disent trois mille morts, mais l'exagération est manifeste ; et ce nombre est donné dans le livre en question à l'appui d'une diatribe contre Jean-Bon Saint-André. Du côté des Anglais, il y eut, suivant William James, vol. I, p. 217, deux cent quatre-vingt dix morts et huit cent cinquante-huit blessés.

[2] Voici les propres termes dont se sert l'*Annual Register* : « It was « hard contest. The valour of the French could not be exceeded ; and it is « but justice to say that the victory turned on the British admiral's supe- « rior knowledge of naval tactics. » *Annual Register*, vol. XXXVI, p. 282.

[3] On lit dans *Brenton's Naval History of Great Britain*, vol. I, p. 153 : « Villaret assured me that he attributed his defeat to the captain of the « *Jacobin* allowing his line to be broken. »

[4] Ceci résulte surabondamment de la dépêche même de l'amiral Howe.

conféra la dignité de baronnet, avec une pension de mille livres sterling pour les deux derniers, dont chacun avait perdu une jambe[1].

En France, la Convention ordonna qu'une image du vaisseau le *Vengeur* serait suspendue à la voûte du Panthéon[2].

L'épisode du *Vengeur* ayant donné lieu à des appréciations en sens inverse, les unes exagérées, les autres très-injustes, il convient de les signaler.

On lit, dans *Victoires et Conquêtes*, que l'équipage du *Vengeur*, au lieu de chercher à se sauver en se rendant prisonnier au moment où le vaisseau menaçait de couler bas, déchargea sa bordée quand déjà les derniers canons étaient à fleur d'eau. Ceci n'est pas admissible, quand on considère que les Anglais, voyant le vaisseau enfoncer, envoyèrent au secours de ceux qui le montaient plusieurs chaloupes, dans lesquelles fut recueillie une partie de l'équipage, et, entre autres, le capitaine Renaudin, son frère, et quelques officiers.

Mais si l'on peut accuser d'exagération certains récits français, que dire de certains récits anglais? Que dire de celui de Brenton, par exemple, qui s'écrie rondement : « There was no cry of *Vive la nation!* so « falsely stated in the Convention. The French colour were struck, « and she (le *Vengeur*) sank down with the English *Jack* over the « *Republican?* » Est-ce donc à sa qualité de capitaine dans la marine royale anglaise, que Brenton doit d'ignorer que le fait en question ne fut pas affirmé à la Convention seulement, mais dans plusieurs journaux *anglais* de l'époque, notamment dans le *Morning* du 16 juin (quinze jours après le combat); que ce fait fut détaillé dans une lettre écrite à un autre journal *anglais*, par un officier *présent à l'action*, et qu'il fit grand bruit, en ce temps-là, dans la presse *anglaise*, où il fut cité maintes et maintes fois comme une preuve de ce qu'il fallait craindre d'un peuple animé à ce point du fanatisme des idées nouvelles? Mais quoi! cet ouvrage de Brenton, qui est sous nos yeux, respire un trop mauvais esprit et est semé de trop d'erreurs pour inspirer la moindre confiance, partout où les susceptibilités nationales sont en jeu. Quelle foi ajouter à un historien qui, parlant du combat du 1er juin, montre notre flotte en fuite, *flying enemy* (vol. I, p. 154)? Quelle foi ajouter à un historien qui, avec la dépêche de l'amiral Howe sous les yeux, écrit : « The damage sustained by « our fleet, was *inconsiderable*, except with a few ships » (vol. I, p. 151),

---

[1] *Brenton's Naval History of Great Britain*, vol. I, p. 154.
[2] *Histoire parlementaire*, t. XXXIII, p. 319.

et qui reproche à l'amiral Howe d'avoir laissé échapper cinq vaisseaux de ligne français, lesquels, selon notre auteur, n'attendaient, pour se rendre, qu'une sommation (*ibid.*, p. 154) : fanfaronnade ridicule, qui fait de l'amiral Howe un imbécile ou un traître!

Quant au compétiteur de Brenton, William James, il ne va pas, lui, jusqu'à tout nier dans l'affaire du *Vengeur ;* mais, animé contre les révolutionnaires d'une haine qui l'aveugle, il s'étudie de son mieux à atténuer, puis à effacer par une supposition arbitraire, tranchons le mot, une supposition basse, ce qu'il n'ose pas nier péremptoirement. Le passage mérite d'être cité :

« When the ship went down a few minutes after the last boat pushed
« off from her, very few besides the badly wounded could have perished
« with her. Among the thirty of fourty unhurt by wounds, doubtless there
« were several, who, as British sailors frequently do in similar cases of
« despair, had flown to the spirit-keg for relief. Thus inspired, is it extra-
« ordinary that, when the ship was going down, some of them should
« exclaim : *Vive la nation! vive la République !* or that one, more fu-
« riously patriotic than the rest of his drunken companions, should at
« this painful moment to the spectators (and something of the kind we
« believe did happen) wave to and fro the tricoloured flag? » (Vol. I,
p. 234 et 235.)

D'abord nous tenons, quant à nous, en trop haute estime le courage des matelots anglais, pour croire, ainsi que l'historien anglais l'assure, qu'ils aient besoin, en cas d'extrême danger, de recourir au *spirit-keg*, afin de se donner du cœur. Ensuite, de quel droit, pour déprécier un acte héroïque en soi, vient-il mettre à la place de ce qu'*il ne sait pas et qu'il ne peut pas savoir*, ce qu'il *suppose ?* Est-ce que, par hasard, William James regarde comme impossible qu'on meure avec enthousiasme dans un combat, si l'on n'est pas ivre? Est-ce qu'à ses yeux il n'y a d'autre ivresse admissible que celle qu'on puise dans une bouteille d'eau-de-vie ? Il faudrait le plaindre, s'il était incapable de comprendre celle qui a sa source, en certaines grandes circonstances, dans l'enthousiasme de la patrie et de la liberté! Et, pour prouver que les Français sont très-accessibles à cette dernière espèce d'ivresse, nous n'avons pas besoin d'aller chercher nos exemples ailleurs que dans ce combat même du 13 prairial, où l'on vit des marins, grièvement blessés, refuser, avec une magnanime obstination, de quitter leur poste, et y épuiser le danger.

L'injustice que nous venons de signaler est d'autant plus frappante, que l'auteur à qui elle est imputable est en général assez favorable aux Français, du moins en tant que Français, car il déteste cordialement les Jacobins, et c'est sur le ton de la plus véhémente indignation qu'il dénonce cette rage jacobine, *jacobinical rage*, à laquelle furent sacrifiés, pendant la Révolution, les officiers de marine appartenant au parti contraire, *to the disaffected party* (vol. I, p. 174). Mais la preuve que des actes de sévérité outrée peuvent être commis à l'égard des marins, même dans des pays où ne règne pas la *rage jacobine*, et qui ne se trouvent pas dans les circonstances exceptionnelles où cette *rage jacobine* prit naissance, c'est qu'en Angleterre, l'amiral Byng fut fusillé par arrêt de cour martiale, *pour une simple erreur de jugement,* ce que William James rappelle en ces termes : « Admiral Byng, shot on board the *Monarch* in Portsmouth « harbour, March 14, 1757, by a sentence of a court martial, *for an* « *error of judgment* (having been acquitted of cowardice and *disaffec-* « *tion*), in an engagemennt with a French fleet, off Minorca, May 20, « 1756. » (Vol. I, p. 177.)

Au reste, cette absence d'équité se remarque, il faut bien le dire, dans presque tous les livres d'histoire, à quelque pays qu'appartiennent leurs auteurs, et c'est à peine si l'antipathie de l'historien anglais pour les hommes qui tinrent entre leurs mains les destinées de la Révolution française égale celle qu'exhale, presque à chaque page, le livre intitulé *Victoires et Conquêtes.* Dans ce livre, comme dans presque tous ceux qui ont été écrits au point de vue exclusivement militaire, la Révolution n'échappe à l'anathème qu'à la condition de porter l'uniforme. Là, non-seulement on s'étudie à voiler tout ce que le Comité de salut public et les commissaires de la Convention ont fait de bien, mais on rejette systématiquement sur eux tout ce qui est arrivé de mal.

C'est ainsi qu'au récit emphatique du combat naval du 13 prairial se mêle, dans *Victoires et Conquêtes,* une diatribe contre Jean-Bon Saint-André, qu'on y accuse formellement de s'être réfugié, pendant le combat, dans la première batterie (t. III, p. 26).

Avant d'aller plus loin, et pour montrer tout d'abord quel degré de confiance mérite, en ce qui touche les conventionnels, l'ouvrage dont il s'agit, nous citerons le passage suivant (t. III, p. 30) : « Jean-Bon Saint-André, dans son rapport, peignit cette journée comme une victoire signalée sur les Anglais, et osa même assurer que les six vaisseaux, amarinés par l'ennemi, avaient été laissés en pleine mer pour poursuivre les Anglais. » Eh bien, qui le croirait ? il n'y a pas un mot de cela dans le rapport de Jean-Bon Saint-André, et quiconque veut se convaincre de l'audacieuse fausseté de cette accusation, n'a qu'à consulter le *Moniteur* du 17 messidor (5 juillet) 1794. Non-seulement Jean-Bon Saint-André ne présente pas l'affaire navale du 13 prairial comme une victoire signalée, mais il l'appelle en propres termes un *revers militaire,* ajoutant, et c'est vrai, que ce revers militaire peut être considéré comme une victoire politique, en ce sens que le salut du convoi, qui était l'objet de l'engagement, a été assuré. Quant aux six vaisseaux laissés en pleine mer pour poursuivre les Anglais, qui les avaient capturés..., ceci est une invention pure. Jean-Bon Saint-André était incapable de ce grossier mensonge et ne s'en est point rendu coupable. Son rapport mentionne la chasse qui fut donnée, le 9 juin, à l'escadre du contre-amiral Montagu, non avec les six vaisseaux pris par Howe, mais avec les dix-neuf qui restaient aux Français après le combat. Encore un coup, le rapport est là, et chacun peut le lire.

Revenons maintenant au fait de pusillanimité reproché à Jean-Bon Saint-André. Pour ne rien dissimuler, nous commencerons par reconnaître

qu'on lit dans *Brenton's Naval History of great Britain*, vol. I, p. 19 :
« Villaret, in speaking of Jean-Bon Saint-André to me, said : « Ah ! le co-
« quin : à l'instant de la bordée de *Queen Charlotte*, il descendit dans la
« caille (c'est sans doute la cale que l'auteur anglais veut dire), et nous ne
« le vîmes plus pendant le combat. » Si cela est vrai, il reste à expliquer
comment Jean-Bon Saint-André, dans son rapport à la Convention, put
pousser l'impudence et la bêtise jusqu'à recommander à la reconnaissance
nationale de jeunes marins qui, dans le combat, *blessés à côté de lui*, ne
témoignèrent d'autre émotion que celle des périls courus par le représentant du peuple. (Voy. le rapport.) A quel homme de sens fera-t-on jamais
croire que Jean-Bon Saint-André, après s'être caché pendant tout le temps
de l'action, eût osé parler ainsi en pleine assemblée, alors qu'il eût pu
être démenti et couvert de confusion, et par l'amiral, et par tout l'équipage du vaisseau la *Montagne* ? Et d'où vient qu'au lieu d'aller confier le
secret de la lâcheté d'un représentant du peuple français à un capitaine
anglais, dans un voyage qu'ils firent ensemble à la Martinique, Villaret-
Joyeuse, homme de courage, ne se hâta pas d'opposer à l'assertion effrontée de Jean-Bon Saint-André un démenti formel, auquel le témoignage
de tous ceux qui montaient le vaisseau eût donné un poids écrasant? Ce
n'est pas tout : l'ultra-royaliste Beaulieu, grand ennemi des Jacobins, a
écrit la biographie de Jean-Bon Saint-André, biographie dans laquelle il lui
est très-défavorable. Or que dit-il de sa conduite à bord de la *Montagne*,
le 13 prairial? Le voici : « Jean-Bon Saint-André, *au milieu des feux
terribles qui l'entouraient*, criait de tous ses poumons : Mes amis, sauvez la *Montagne*, sauvez la *Montagne* [1] ! » Un fait qui n'est pas nié, c'est
que Villaret-Joyeuse, conformément aux instructions du Comité de salut
public, voulait éviter un engagement, et que ce fut Jean-Bon Saint-André
qui, prenant tout sur lui, insista, coûte que coûte, pour qu'on en vînt
aux mains. Ce n'est guère là, il faut en convenir, la conduite d'un homme
qui a peur du feu ! Au surplus, que Jean-Bon Saint-André fût un homme
d'une remarquable énergie, incapable de reculer devant le danger, c'est
ce que prouve toute sa vie, et mieux encore, sa mort ; car il mourut, à
Mayence, où il avait été nommé préfet, d'une maladie contagieuse qu'il
affronta intrépidement pour soigner les prisonniers et les blessés entassés par la guerre dans cette ville [2].

Comme conclusion, nous ferons remarquer que c'est un triste moyen
de rehausser l'éclat des services militaires que de déprécier injustement
les services civils. Il n'y aura d'espoir pour l'ordre et pour la liberté, dans
notre pays, que le jour où tous ceux qui sont appelés à le servir se re-
garderont d'une manière absolue, qu'ils portent ou non l'épaulette, comme
les enfants d'une même mère, la France.

[1] *Biographie universelle.*
[2] *Ibid.*

CHAPITRE II

HORRIBLES MACHINATIONS CONTRE ROBESPIERRE

Parti pris de tout rejeter sur Robespierre; système inique. — Robespierre s'absente du Comité pour secouer une responsabilité qui lui est odieuse. — Artifices de ses ennemis; mot frappant de Billaud-Varenne. — Robespierre accusé d'être un mystagogue. — Basse intrigue ourdie contre lui. — Catherine Théot. — Ce qu'était réellement dom Gerle. — En quoi consistaient les relations de dom Gerle et de Catherine Théot. — Récit de dom Gerle. — Récit de Senar, espion du Comité de sûreté générale. — Conspiration mystique inventée par le Comité de sûreté générale. — Lettre à Robespierre, supposée. — Rapport de Vadier sur cette affaire; Barère l'avait rédigé. — Le rapport, applaudi dans la Convention. — Indignation des Jacobins. — Lettre de Payan à Robespierre. — Autre machination. — Interrogatoire de Cécile Renault. — Les meneurs du Comité de sûreté générale, pourvoyeurs de l'échafaud. — Lettre du frère de Cécile Renault à Robespierre. — Madame de Sainte-Amaranthe. — Prétendues relations de Robespierre et de madame de Sainte-Amaranthe, fable ignoble. — L'acteur Trial. — Scène inventée. — Rapport d'Élie Lacoste. — Les *chemises rouges*, machination du Comité de sûreté générale contre Robespierre. — Exécution épouvantable préparée par les meneurs de ce Comité. — Ils triomphent du sentiment d'horreur qu'elle cause dans tout Paris. — Critique historique.

« En développant cette accusation de dictature mise à l'ordre du jour par les tyrans, on s'est attaché à me charger de toutes leurs iniquités, de tous les torts de la fortune, ou de toutes les rigueurs commandées par le salut de la patrie... Quand les victimes de leur perversité se plaignent, ils s'excusent en leur disant : « C'est Robes-« pierre qui le veut; nous ne pouvons nous en dis-« penser... » On disait aux nobles : « C'est lui seul qui

« vous a proscrits; » on disait en même temps aux patriotes : « Il veut sauver les nobles. » On disait aux prêtres : « C'est lui seul qui vous poursuit ; » on disait aux
fanatiques : « C'est lui qui détruit la religion. » On disait aux patriotes persécutés : « C'est lui qui l'a ordonné.»
On me renvoyait toutes les plaintes dont je ne pouvais
faire cesser les causes, en disant : « Votre sort dépend de
« lui seul. » Des hommes apostés dans les lieux publics
propageaient chaque jour ce système ; il y en avait dans
le lieu des séances du Tribunal révolutionnaire, dans les
lieux où les ennemis de la patrie expient leurs forfaits ;
ils disaient : « Voilà des malheureux condamnés : Qui en
« est cause ? Robespierre. » On s'est attaché particulièrement à prouver que le Tribunal révolutionnaire était un
« Tribunal de sang, » créé par moi seul, et que je maî-
trisais absolument, pour faire égorger tous les gens de
bien, et même tous les fripons, car on voulait me susciter
des ennemis de tous les genres... Tous les fripons m'ou-
tragent; les actions les plus indifférentes et les plus légitimes sont pour moi des crimes; il suffit de me connaître
pour être calomnié ; on pardonne aux autres leurs forfaits;
on me fait un crime de mon amour pour la patrie. Otez-
moi ma conscience, et je suis le plus malheureux des
hommes [1]. »

C'est en ces termes que, dans le discours admirable
qui fut son testament de mort, Robespierre a raconté
lui-même le noir complot dont il allait périr victime. Et
ce complot, il s'est prolongé dans l'Histoire. Ouvrez, par
exemple, les *Mémoires sur les prisons;* ouvrez-les au
hasard, vous y lirez, t. I, p. 232 : « Bergot, *un des
compagnons de Robespierre.* » Et la preuve ? — Plus bas,
p. 234 : « Les fureurs des Comités révolutionnaires, *enfants de Robespierre.* » Et de quelle manière enfants de

---

[1] Dernier discours de Robespierre, prononcé le 8 thermidor an II. *Histoire parlementaire*, t. XXXIII, p. 420 et 421.

Robespierre? — Ailleurs, p. 237 : « L'administration de police, ou Robespierre, *ce qui est la même chose.* » — Ailleurs, p. 248 : « *Les agents de Robespierre,* détenus en apparence. » Plus loin : « *Les détenus de Robespierre...* » Ainsi du reste.

Or l'homme dont, avec tant d'astuce, on proclamait l'omnipotence n'avait dans le maniement effectif du pouvoir qu'une part très-limitée. A l'exception de Saint-Just, presque toujours en mission, et du podagre Couthon, souvent absent, le Comité de salut public tout entier lui était hostile[1] ; il comptait dans le Comité de sûreté générale, sauf David et Lebas, autant d'ennemis mortels que de membres[2]. L'agent le plus redoutable du Tribunal révolutionnaire, Fouquier-Tinville, nourrissait contre lui une haine profonde[3], et c'était là certes une influence bien capable de contrebalancer celle de Dumas. Il est vrai que Robespierre, à la Commune, s'appuyait sur Payan ; mais, depuis la mort de Chaumette et d'Hébert, la Commune avait perdu son importance politique. Restaient donc le club des Jacobins, où il dominait par la parole, et la Convention, sur laquelle il n'exerçait, après tout, d'autre empire que celui de l'éloquence unie à un grand caractère. En réalité, il n'avait que les apparences d'un pouvoir dont les ressorts étaient entre les mains de ses ennemis.

Malheureusement, l'autorité morale de son nom, la supériorité de son talent, son intégrité, son attachement indomptable à la Révolution, tout concourait à faire de

---

[1] « Tu ne te souviens donc pas, Billaud, que toi et Barère vous avez dit que l'intelligence des membres de la majorité contre Robespierre était telle dans le Comité de salut public, que d'un coup d'œil leur parti était pris et la majorité acquise ? » *Laurent Lecointre au peuple français,* p. 172. *Bibl. hist. de la Rév.* — 1100-1. (*British Museum.*)

[2] Voyez plus haut le chapitre sur la *Terreur.*

[3] *Ibid.*

lui l'homme le plus en vue, et, par suite, à concentrer sur sa tête la responsabilité des malheurs publics.

Et comment la secouer, cette responsabilité terrible? En quittant la scène pour s'ensevelir dans la vie privée? Mais c'eût été déserter le champ de bataille avant la fin du combat, fuir le danger, renoncer au triomphe de la justice, et laisser maîtres de la situation des hommes dont quelques-uns étaient couverts de crimes. Ne valait-il pas mieux se préparer à attaquer le mal, dans un suprême effort, après avoir montré par une démarche significative qu'on le répudiait? C'est à quoi se décida Robespierre, pressé qu'il était entre l'horreur des excès qui usurpaient son nom, et le devoir de ne pas trahir la cause révolutionnaire en s'annulant[1].

Vaine ressource! Il eut beau s'absenter du Comité de salut public, cette absence, attribuée par les uns au dépit de l'orgueil blessé, et interprétée par les autres comme une menace, ne fit que mettre ses ennemis, de l'un et de l'autre Comité, plus à l'aise pour multiplier leurs coups, et ne les empêcha pas de continuer de dire : « C'est Robespierre qui le veut! »

Ce qu'il voulait, et il ne s'en cacha point, c'était le châtiment exemplaire de certains agents impurs de la Terreur, tels que Vouland et Vadier[2]; ce qu'il voulait,

---

[1] Comme, sur la nature des motifs qui purent déterminer intérieurement Robespierre, on ne saurait invoquer de meilleure autorité que la sienne, nous renvoyons les lecteurs à son discours du 8 thermidor. M. Thiers, qui, probablement, savait mieux ce qui se passait dans la pensée de Robespierre que Robespierre lui-même, attribue sa retraite (t. V, ch. VI, p. 367) à la *vanité blessée*, ce qui ne l'empêche point, quelques pages plus bas (p. 392), de l'attribuer au désir, tout politique, « de discréditer le gouver-« nement en n'y prenant plus aucune part. » Quant à ce que ces deux assertions présentent de contradictoire, M. Thiers ne paraît pas s'en être inquiété le moins du monde.

[2] Voy. les *Causes secrètes de la Révolution du 9 au 10 thermidor*, par Vilate, p. 201. Collection des Mémoires relatifs à la Révolution française.

c'est qu'à certains proconsuls, tels que Carrier, Fouché,
Fréron, Barras, on demandât compte de « la tyrannie
qu'ils avaient exercée dans les départements [1]. » Mais une
solidarité trop étroite liait Collot-d'Herbois et Barère aux
Fouché, aux Vadier, aux Vouland, pour que les premiers
consentissent à abandonner les seconds ; et, quant à Billaud-Varenne, c'était avec une sincère et sombre sollicitude que, dans la personne de tous les Terroristes connus,
il protégeait le Terrorisme.

Inutile de demander si le secret des délibérations du
Comité de salut public fut gardé. Ceux à qui Robespierre
imputait d'avoir déshonoré la Révolution en furent avertis,
jurèrent sa perte, et recoururent, pour la préparer, à d'infâmes artifices.

Un mot bien frappant a échappé à Billaud-Varenne,
après le 9 thermidor ; le voici : « Parlons franchement,
et convenons qu'attaquer Robespierre plus tôt, c'eût été,
aux yeux de l'opinion égarée, *attaquer la patrie* [2]. »
Ainsi, on pouvait bien le rendre odieux aux victimes de
la Terreur, on pouvait bien le charger du poids des excès
mêmes qu'il déplorait et voulait arrêter ; mais l'attaquer
dans son honneur, dans sa probité, dans son dévouement
absolu à la cause du peuple, voilà ce qui paraissait impossible à ses ennemis ; et, avec une anxiété croissante, ils se
mirent à chercher en lui quelque point vulnérable.

Ce qui les irritait le plus, c'était l'empire qu'il exerçait sur les femmes ; et, comme il n'avait rien de ce qui,
vulgairement, explique cet empire, ils voulurent y voir
un sentiment qui tenait de la dévotion ; si bien que le
mot *dévotes de Robespierre* devint une de leurs expres-

---

[1] Barère en fait l'aveu dans ses Mémoires, en se servant des expressions mêmes que nous venons d'employer. Voy. *Mémoires de Barère*,
p. 187. Édition Méline.

[2] *Réponse de J. N. Billaud à Laurent Lecointre*, p. 49. — Bibl. hist.
de la Rév., 1100-1. (*British Museum.*)

sions favorites. On se rappelle l'accusation de Louvet, et la réponse foudroyante qu'elle provoqua, réponse qui n'avait aucune espèce de rapport ni aux prêtres ni à la religion. Eh bien, le fait suivant, raconté par Vilate, donnera une idée des manœuvres employées contre Robespierre, même du temps des Girondins : « Quand, sur l'accusation de Louvet, il débita sa défense à la Convention nationale, les tribunes étaient remplies d'une foule prodigieuse de femmes extasiées, applaudissant avec le transport de la dévotion. A l'issue de la séance, je me trouvai près du café Debelle avec Rabaud-Saint-Étienne. « Quel homme que ce Robespierre avec toutes ses « femmes ! C'est un prêtre qui veut devenir Dieu. » Entrés au café Payen, nous abordâmes Manuel, « qui n'aime « pas les rois, car ce ne sont pas des hommes ; » il dit : « Avez-vous vu ce Robespierre avec toutes ses dévotes ? » Rabaud reprend : « Il faut un article demain dans la « *Chronique*, et le peindre comme un prêtre[1]... »

De sorte qu'il fallait le peindre comme un prêtre, parce qu'un discours de lui, exclusivement *politique*, avait excité l'enthousiasme des femmes présentes à la séance où il fut prononcé !

Or, si telle avait été la tactique des ennemis de Robespierre, même *avant* son rapport sur la fête de l'Être suprême, on pense bien que cette tactique ne fut point abandonnée *après*. Vainement avait-il flétri le charlatanisme des prêtres, bafoué les superstitions de tout genre, traduit les fanatiques à la barre de la raison, et basé la reconnaissance de l'Être suprême sur des considérations politiques et sociales où n'entrait pas le moindre grain de mysticisme : ses détracteurs n'étaient pas gens à s'arrêter pour si peu ! Comment ! Il croyait en Dieu ! Mais quoi de

---

[1] VILATE. *Mystères de la Mère de Dieu dévoilés*, ch. xv, p. 311. Voy. la note critique placée à la suite de ce chapitre.

plus clair? Il y avait du prêtre en lui. Quel autre qu'un
prêtre eût pu dire : « Si Dieu n'existait pas, il faudrait
l'inventer? » Quel autre qu'un prêtre eût pu consentir à
présider la Convention le jour de la Fête de l'Être suprême?
Et puis, on avait remarqué qu'aux Jacobins, c'était souvent du milieu des femmes que partait le signal des applaudissements qu'on lui prodiguait[1] ; donc, pas de doute
possible : c'était un prêtre, et, qui pis est, un mystagogue!

On comprend ce qu'une semblable accusation renfermait de venimeux, chez un peuple que Voltaire avait
marqué à l'empreinte de son merveilleux génie ; d'autant
qu'on prenait soin de prononcer en même temps ce mot
meurtrier : *dictature*. Mais un prêtre-dictateur, c'est pire
qu'un roi, c'est un pape. Et voilà par quelle série de
déductions astucieuses on arrivait à opposer à la Révolution son plus dévoué défenseur, un homme dont tout le
mysticisme consistait, comme celui de Jean-Jacques, son
maître..., à croire en Dieu et à le dire[2] !

Toutefois, il fallait un fait pour donner du corps à
ces imputations : on eut recours à une véritable ignominie.

Il y avait à Paris une vieille femme, nommée Catherine Théot, qui, se prétendant prophétesse et Mère de
Dieu, se livrait dans son coin, depuis longues années, à
des momeries dont, déjà en 1779, la police avait eu la
puérilité de s'occuper. On la mit alors à la Bastille; on
l'interrogea ; et son interrogatoire, qui existe, est un
parfait certificat d'insanité[3]. Aussi fut-elle transférée de
ia Bastille dans une maison de fous, d'où elle sortit
en 1782. Bientôt, la Révolution éclatant, l'imagination

---

[1] VILATE. *Mystères de la Mère de Dieu dévoilés*, ch. xv, p. 311.

[2] Voy. la note critique placée à la suite de ce chapitre.

[3] On peut le lire à la suite des *Mémoires* de Vilate, dans la collection
sus-mentionnée.

de cette pauvre idiote s'exalta au point qu'elle ne mit
plus en doute sa vocation céleste ; et, comme il arrive en
matière de religion, sa folie fit quelques prosélytes. Au
nombre des visiteurs de Catherine Théot était l'ex-chartreux Christophe Gerle, ancien constituant, bon homme,
très-naïf, faible d'esprit, excellent patriote d'ailleurs,
et fort attaché à la Révolution. Non content d'opiner
pour la suppression de l'état monastique, il avait été le
premier à se soumettre aux décrets relatifs au clergé, le
premier à prêter les serments requis, à quitter le costume ecclésiastique, à cesser les fonctions de prêtre ; et
ce qui prouve qu'en tout cela il était sincère, c'est qu'il
avait toujours montré le désintéressement le plus absolu, jusque-là qu'il refusa le vicariat de l'évêché de
Meaux[1].

Il est vrai qu'à l'Assemblée constituante, quand
la Révolution était encore dans ses langes, il avait présenté en faveur de la religion catholique une motion
que Bonnal et Cazalès appuyèrent ; mais, le lendemain
même, éclairé par les représentations de ses collègues
de la gauche, il s'était empressé de la retirer, au grand
désappointement des gens d'Église[2]. Et dès ce moment,
gagné de plus en plus à l'esprit nouveau, il n'avait
cessé de figurer parmi ceux des Jacobins dont le patriotisme était inattaquable[3]. De là l'attestation de civisme
obtenue par lui de Robespierre, avec qui, du reste, il
n'avait jamais été lié, et dont les amis lui étaient si

---

[1] Voy. les pièces justificatives à la suite du rapport de Courtois sur les
papiers trouvés chez Robespierre, n° LVII. — Bibl. hist. de la Rév.,
856-7-8. (*British Museum*.)

[2] *Ibid.*

[3] C'est ce qui résulte du témoignage de Barère lui-même, qui, dans le
rapport qu'il rédigea contre Catherine Théot sous le nom de Vadier, dé-
plore la *confiance* que dom Gerle inspirait aux *patriotes*. Voy. l'*Hist.
parlem.*, t. XXXIII, p. 248.

étrangers, qu'il ne connaissait pas Saint-Just, même de
vue[1].

Eh bien, qui le croirait? un certificat de civisme
donné par Robespierre à un membre du club des Jacobins, à un patriote reconnu pour tel, à un homme qui
en était venu à ne professer d'autre croyance que la
croyance en Dieu[2], et dans les papiers duquel on trouva
des vers qui commençaient ainsi : « Ni culte, ni prêtres,
ni roi[3], » tel devint, de la part du Comité de sûreté générale, dans ses machinations contre Robespierre, le pivot de l'intrigue la plus basse qui fut jamais.

Informé qu'il se tenait chez Catherine Théot des réunions d'un caractère superstitieux, et que dom Gerle la
fréquentait, les meneurs du Comité de sûreté générale,
de concert avec Barère, bâtirent là-dessus l'échafaudage
d'une prétendue conspiration mystique dont ils espérè-
rent tirer parti pour couvrir tout au moins Robespierre
de ridicule, en y mêlant implicitement son nom.

En quoi consistaient les relations de dom Gerle avec
Catherine Théot? Voici ce qu'il en a dit lui-même : « Je
connaissais cette femme depuis plus de deux ans ; et le
matin, quand je sortais, j'entrais chez elle pour lui dire
le bonjour ; je restais un quart d'heure et me retirais.
L'origine de la connaissance que je fis de cette femme
était celle-ci : j'entendis parler d'une femme qui, depuis
nombre d'années, combattait la doctrine des prêtres et
leur présageait une chute prochaine : je voulus la connaître. J'ai trouvé chez elle un mélange de vrai et de
faux... Mais elle portait au suprême degré l'amour de
la patrie, la soumission aux lois, et jamais, dans les
conversations, on ne s'entretenait de révolutions. Dans

---

[1] Voy. à cet égard sa propre déclaration, n° LVII des pièces justificatives
à la suite du rapport de Courtois.

[2] Voyez la note critique à la suite de ce chapitre.

[3] *Ibid.* Rapport de Vadier, *Hist. parlem.*, t. XXXIII, p. 250.

le dernier mois, j'avoue que j'ai aperçu chez elle des hommes dont la figure était nouvelle pour moi..., et j'ai vu, par tout ce qui s'est passé depuis, que ces gens-là, malintentionnés et voulant trouver un rassemblement où il n'y en avait pas l'ombre, étaient forcés de le former eux-mêmes. Ce qu'on a raconté de « baisers des « sept dons, » de « sucement du menton, » est si ridicule, que je n'ai rien à répondre. Je me réduis à dire que, quand j'allais chez elle, je la baisais au front ou sur les joues, voilà tout. S'il y en a eu davantage pour les autres, cela les regarde. L'histoire de la conspiration est une invention d'un bout à l'autre[1]. »

Tel est, dans toute sa naïveté, le récit de dom Gerle, récit probablement incomplet, mais qui donne la clef des manœuvres du Comité de sûreté générale, par la dénonciation de ces hommes qui, « voulant trouver un rassemblement où il n'y en avait pas l'ombre, étaient forcés de le former eux-mêmes. »

Et en effet, la nouvelle église de la Mère de Dieu se composait en partie... de qui? d'espions aux gages du Comité de sûreté générale. Laissons parler Senar qui fut, avec Héron[2], le principal instrument de cette intrigue. En supposant même la relation de Senar véridique, rien de plus propre à flétrir l'hypocrisie de ceux qui, dans des momeries de béate imbécile, signalèrent un dangereux complot ourdi contre l'existence de la République : « L'indicateur du rassemblement, raconte Senar, m'introduisait sous prétexte de me faire recevoir comme frère

---

[1] N° LVII des pièces justificatives, à la suite du rapport de Courtois sur les papiers trouvés chez Robespierre.

[2] Nous ferons remarquer, en passant, que ce Héron, employé ici dans une machination contre Robespierre, est le même que certains historiens, M. Michelet entre autres, ont voulu faire passer pour l'homme du Robespierrisme! Il était si peu cela, que nous le verrons dans le chapitre suivant figurer parmi ceux sur lesquels les Hébertistes comptaient pour leur délivrance, quand ils furent mis en prison.

de la Synagogue. Nous convînmes d'affecter un air dévot
et que je me dirais de la campagne. Nous entrâmes dans
une espèce d'antichambre. Arriva un homme vêtu d'une
robe blanche. On nous dit : « Frères et amis, asseyez-
« vous. » Mon conducteur fut introduit seul dans une pièce
à côté, et revint peu après avec une femme qui me dit :
« Venez, homme mortel, venez vers l'immortalité. » Je
riais intérieurement de ces singeries, et je gardais, exté-
rieurement, un sérieux d'admiration. Je fus introduit
dans l'appartement de la Mère de Dieu. Une femme arriva, et, quoiqu'il fût huit heures du matin et que l'appartement fût éclairé, elle alluma un réverbère à trois branches, plaça dessous un fauteuil, et mit un livre sur ce
fauteuil. On regarda à la pendule et l'on dit: « L'heure
« s'avance; la Mère de Dieu va paraître... » On sonna,
et alors sortit de dessous une alcôve fermée par deux rideaux blancs une vieille femme qu'on soutenait sous les
bras et dont les mains et la tête étaient dans un tremblement perpétuel. On la monta dans un grand fauteuil,
on l'assit ; les deux femmes qui la conduisaient baisèrent
sa pantoufle, ses deux mains, et se relevèrent en disant:
« Gloire à la Mère de Dieu ! » Puis on lui donna pour
déjeuner une tasse de café au lait, avec des tartines...
Survint Gerle, le Chartreux. Il s'agenouilla, baisa la joue
de la Mère de Dieu, qui lui dit: « Prophète de Dieu,
« prenez séance... » Une femme nommée Geoffroy
remplissait un rôle qu'on appelait celui de l'*Éclaireuse;*
elle prit le livre placé sur le fauteuil, et le plaça, au
milieu des récipiendaires, près de Gerle. Plus bas, sur
un autre siége, était une belle femme blonde que l'on
nommait la *Chanteuse,* et, de l'autre côté, une superbe
femme brune, jeune, fraîche, désignée sous le nom de
Colombe... » Ici Senar raconte comme quoi les assistants
jurèrent soumission aux prophètes de Dieu, et, après
avoir cité un passage inintelligible de l'Apocalypse dont

il prétend que l'*Éclaireuse* fit lecture, il ajoute : « Gerle
leva les mains. Alors on nous conduisit à la Mère de
Dieu, et là, à genoux sur un gradin, une femme me
prit la tête, et Catherine Théot me dit : « Mon fils, je
« vous reçois au nombre de mes élus ; vous serez immor-
« tel. » Puis elle me baisa le front, les oreilles, les joues,
les yeux, le menton, et prononça les mots sacramentels :
« La Grâce est diffuse[1]... » On devine la conclusion de
ces incroyables bouffonneries. Des agents de police
avaient été apostés dans le voisinage. « J'ouvris une fenêtre, continue Senar, je donnai le signal, et à l'instant
accoururent les observateurs (c'est le mot pudique dont
il se sert) et la force armée[2]. » Les quelques niais qui
étaient là furent arrêtés en grande pompe ; on fit semblant de fouiller partout avec anxiété, comme pour découvrir des papiers importants, qui, cela va sans dire,
ne furent pas découverts[3]; mais ce que les agents du
Comité de sûreté générale trouvèrent naturellement dans
le lit de la Mère de Dieu, ce fut une lettre qu'ils y avaient
eux-mêmes glissée, lettre où Robespierre était appelé
« le Fils de l'Être suprême, le Verbe éternel, le Messie
désigné par les prophètes[4]. » Vilate, que ses conversations avec Barère mirent au courant de cette machination
ignoble, écrit : « Il ne faut pas croire que cette lettre
fût de la main de Catherine Théot ; la vieille béate ne
savait pas même signer son nom[5]. »

Ainsi, pour mêler le nom de Robespierre à un prétendu complot de contre-révolution mystique ; pour faire

---

[1] Révélations puisées dans les cartons des Comités, ch. xv, p. 175-180.
[2] *Ibid.*, p. 181.
[3] « Je cherchai des papiers, il n'y en avait pas. » SENAR, ch. xv, p. 182.
[4] Voy. la note critique placée à la suite de ce chapitre.
[5] *Les Mystères de la Mère de Dieu dévoilés*, ch. iv, p. 309. — Senar
lui-même n'ose pas dire que cette lettre fût de Catherine Théot : « *Une
certaine lettre*, dit-il, écrite à Robespierre, *au nom de la Mère de Dieu.*»
Voy. *Révélations*, etc., ch. xv, p. 187.

de lui le complice d'une vieille folle qu'il ne connaissait
pas; en un mot, pour le livrer à la risée publique
comme pape et comme Messie, on avait... le certificat
de civisme et la lettre; sans compter que, ainsi que lui,
dom Gerle demeurait chez un menuisier[1] : quelle coïncidence frappante ! Et comment, après cela, conserver des
doutes ! En vérité, on rougit d'avoir à raconter de telles
choses.

Restait à donner à cette ridicule affaire le plus d'importance et de retentissement possible : Vadier fut chargé
du rapport, et ce fut Barère qui, en secret, le rédigea[2].
La sibylle se nommait *Théot* : pour mieux lier la farce
dont elle était l'héroïne à la proclamation de l'Être suprême, Barère substitua dextrement au nom de *Théot*
celui de *Théos* (en grec *Dieu*), et il présenta son thème
de manière à mettre Robespierre en scène, sans le
nommer.

Or il advint que ce dernier occupait précisément le
fauteuil, lorsque, le 27 prairial (15 juin), Vadier parut à la tribune, affectant un air sérieux et froid, destiné à rendre d'autant plus piquante la lecture qu'il
allait faire. Dans ce travail, tout avait été défiguré ou
exagéré avec un singulier mélange d'étourderie et d'astuce. Dom Gerle y apparaissait sous les traits d'un
moine hypocrite, calculateur et plein de prestiges; on y
rappelait complaisamment sa motion en faveur de l'É-
glise catholique, mais sans ajouter qu'il l'avait retirée
presque aussitôt, et l'on passait sous silence toutes les
marques de patriotisme qu'il avait données[3] ; on y mul-
tipliait à plaisir le nombre des dévots engoués de la
vieille diseuse de bonne aventure, tandis qu'en réalité
ce nombre s'élevait à trente ou quarante idiots, femmes,

---

[1] VILATE, ch. v, p. 285.
[2] *Ibid.*
[3] Voy. le rapport dont il s'agit, *Hist. parlem.*, t. XXXIII, p. 248.

vieillards et enfants[1]; on y faisait figurer parmi les ini-
tiés « beaucoup de militaires[2], » lesquels en réalité se
réduisaient à un vieux soldat borgne[3]; on y donnait
comme autant de preuves d'un complot contre-révolutionnaire certains bijoux et livres, — trouvés, non pas
même chez Catherine Théot, mais chez une marquise
de Chastenois, accusée, elle aussi, de se livrer à des pratiques superstitieuses, — savoir les prophéties de Nostra-
damus, un portrait de Marie-Antoinette, une médaille
représentant Lucifer terrassé par l'archange Michel, un
livre de sorcellerie, intitulé *Les clavicules du rabbi Salo-
mon*[4], etc..., etc... Il va sans dire que le rapporteur
appuyait avec délices sur le côté burlesque des scènes
auxquelles le galetas de la pythonisse avait servi de
théâtre. Et pendant ce temps, ce n'étaient le long des
bancs de l'Assemblée qu'applaudissements railleurs,
violents éclats de rire[5]; et tous les regards de se porter
sur Robespierre, cloué sur son fauteuil, obligé de présider lui-même à ces pasquinades indécentes, condamné
enfin au supplice d'en dévorer l'outrage. Vadier conclut
en demandant que dom Gerle, Catherine Théot, un médecin nommé Lamotte, la veuve Godefroy, et la marquise de Chastenois, fussent traduits au Tribunal révolutionnaire. C'est ce que l'Assemblée décréta, ordonnant,

---

[1] *Hist. parlem.*, t. XXXIII, p. 231.— Rapprocher de ce passage du rapport ce que Vilate affirme tenir de Barère lui-même, ch. XII des *Mystères
de la Mère de Dieu dévoilés.*

[2] Rapport présenté par Vadier, *ubi suprà*, p. 251.

[3] VILATE, ch. XII, p. 302. — Il est à remarquer qu'en tout ceci Vilate
est peu suspect de partialité envers Robespierre, qu'il avait alors le plus
grand intérêt à injurier et à attaquer, ce à quoi il ne manque pas dans
le cours de son ouvrage, bien qu'il n'ait pas un seul *fait* à donner à l'appui de ses injures intéressées.

[4] Rapport présenté par Vadier, *ubi suprà*, p. 252 et 253.

[5] Voy. le compte rendu de la séance, dans l'*Hist. parlem.*, t. XXXIII,
p. 245-259.

en outre, l'envoi du rapport aux armées et à toutes les communes de la République[1].

Le soir même, encouragé par son succès, Vadier court lire son rapport aux Jacobins. Mais quel fut son désappointement, de n'y rencontrer que visages sombres, et de n'entendre retentir autour de lui que murmures[2]! Il sentit que là l'intrigue était percée à jour.

Cependant, Fouquier-Tinville se préparait à porter l'affaire au Tribunal révolutionnaire, lorsque l'ordre de la différer lui fut donné par Robespierre, « au Comité de salut public, et au nom de ce Comité[3]. » Fouquier, dont cette intimation déconcerte les antipathies, ne manque pas d'insister; il représente qu'il y a un décret, qu'il faut l'exécuter, et, ne pouvant se faire entendre ce jour-là, comme il l'a raconté lui-même, il va rendre compte au Comité de sûreté générale de ce qui vient de se passer. Les mots dont il se servit sont caractéristiques; ils rentrent dans le système de calomnie employé alors contre Robespierre, par ses ennemis : « Il, il, il, au nom du Comité de salut public, s'y oppose. — C'est-à-dire Robespierre, » répliqua un des membres, Amar ou Vadier[4].

La chose n'alla pas plus loin : le coup était porté.

C'est ce que sentirent amèrement les partisans de Robespierre, et Payan lui écrivit, à cette occasion, une longue lettre, où il l'engageait d'une manière pressante à combattre la mauvaise impression que le rapport de Vadier pouvait avoir produite, par un autre rapport conçu à un point de vue élevé, vaste, philosophique, pré-

---

[1] *Hist. parlem.*, t. XXXIII, p. 259.

[2] *Ibid.*, p. 259 et 260.

[3] Déclaration de Fouquier-Tinville lui-même dans son procès. *Hist. parlem.*, t. XXXIV, p. 246.
Voy. à ce sujet la note critique placée à la suite de ce chapitre.

[4] *Ibid.*

sentant le tableau de toutes les factions et indiquant le lien qui les unissait. Dans cette lettre de Payan, remarquable à divers titres, l'inconvénient de laisser le pouvoir révolutionnaire flotter entre deux Comités était signalé avec beaucoup de sagacité et de force. Les meneurs du Comité de sûreté générale y étaient peints comme des hommes dont la portée politique était loin de justifier l'ambition. La nécessité de l'unité d'action, et, par conséquent, celle de subordonner entièrement le Comité de sûreté générale au Comité de salut public, y était vivement mise en relief. « Il faut, continuait Payan, attaquer le fanatisme, donner une nouvelle vie aux principes sublimes développés dans votre rapport sur les idées religieuses; faire disparaître les dénominations de la superstition, ces *Pater*, ces *Ave*, ces épîtres prétendues républicaines; organiser les fêtes publiques; favoriser surtout l'opinion éclairée du peuple qui prend la Mère de Dieu pour une folle; frapper néanmoins les auteurs, les imprimeurs, les journalistes et Bouland, qui ont profité de cette circonstance pour défigurer la fête à l'Être suprême; punir aussi quelques défenseurs officieux, Chauveau-Lagarde, par exemple, duquel j'ai une pièce parlante contre Marat; attaquer tous ceux qui ont essayé de pervertir la morale publique, renverser enfin Bourdon et ses complices[1]. » Payan insistait pour que Robespierre ne perdît pas de temps; car, selon lui, l'heure du danger allait sonner.

Il voyait juste en ceci : l'intrigue qui vient d'être retracée fut suivie d'une autre d'un caractère encore plus criminel : celle des *Chemises rouges*.

On se rappelle la tentative d'assassinat commise par Admiral sur la personne de Collot-d'Herbois, et la visite

---

[1] Cette pièce est une de celles qui furent publiées à la suite du rapport de Courtois sur les papiers de Robespierre. Elle se trouve reproduite en entier dans l'*Hist. parlem.*, t. XXXIII, p. 594-599.

étrange faite à Robespierre par Cécile Renault, le même
jour. Le crime d'Admiral n'était pas nié : l'assassin s'en
vantait ; et, quant à Cécile Renault, ses propres déclarations ne permettaient guère de doute. Citons son interrogatoire par Dobsen, Fouquier-Tinville et Josse.

« Quelles étaient vos opinions? — Je voulais un roi.
— Comment pensiez-vous que la royauté pût être réta-
blie?—Par le succès des Puissances coalisées.— N'aviez-
vous pas le dessein de concourir au rétablissement de la
royauté? — Oui. — Comment? — Par des secours en
argent, et par les moyens en mon pouvoir. — Quel était
votre but en allant chez Robespierre? — De lui parler.
— Quel était l'objet sur lequel vous vouliez parler à Robespierre. — Je ne veux donner à cet égard aucune explication. — N'aviez-vous pas deux couteaux? — Oui. —
N'aviez-vous pas dessein de vous en servir pour l'assassiner? — Non. Au surplus, vous pouvez en juger comme
il vous plaira. — Je vous somme de nouveau de déclarer
pourquoi vous êtes allée chez Robespierre.—Je n'en dirai
pas davantage; c'est à vous de deviner le reste[1]. » Déjà,
par la plus sanglante des ironies, Cécile Renault avait
dit : « J'avais intention de lui demander des instructions
sur l'affermissement de la République[2]! » Elle déclara
que, pour renverser le gouvernement républicain et aider
au triomphe des armées coalisées, elle aurait vendu jusqu'à ses hardes[3].

Avant de pousser plus loin, nous devons remarquer
que Robespierre demeura complétement étranger à l'instruction dont le tableau va être présenté. D'abord, c'é-
tait l'affaire du Comité de sûreté générale, composé de

[1] Les *Chemises rouges*. Voy. le dossier des *Chemises rouges*, t. II,
p. 6, 7 et 37. Paris, an VII.

[2] *Ibid.*, p. 7.

[3] *Ibid.*, p. 40. — Les interrogatoires d'où tout ceci est tiré sont signés
de Cécile Renault.

ses plus implacables ennemis, et le récit de Senar, agent de ce Comité, suffirait seul pour prouver que tout fut concerté entre les Vouland, les Jagot, les Louis (du Bas-Rhin), etc.... Ensuite, qu'on lise d'un bout à l'autre, soit les papiers produits plus tard contre Robespierre, soit l'ensemble des documents publiés sous le titre de *Chemises rouges*, et l'on n'y découvrira pas la moindre trace de son intervention. Comment, d'ailleurs, eût-il pu n'être pas étranger à une procédure qui, ainsi qu'on va le voir, ne fut qu'une abominable machination dont le but était de le perdre ?

Cécile Renault avait contre elle ses aveux et la loi. Ce qu'elle avait pour elle, c'était sa jeunesse, sa qualité de femme, son courage : considérations puissantes sans doute, mais peu de nature à toucher le cœur d'un Vadier, d'un Vouland, d'un Jagot, d'un Fouquier-Tinville.

Chargés, par la nature même de leurs fonctions, de tout ce qui concernait la haute police politique, les meneurs du Comité de sûreté générale et l'accusateur public ne se contentèrent pas de destiner Cécile Renault à la guillotine : ils lui cherchèrent partout des complices. Coup sur coup, ils firent arrêter :

Le père et le frère de la jeune fille, parce que, en fouillant leur maison, on y trouva deux tableaux représentant Louis XVI et Marie-Antoinette [1] ;

Un maître d'école nommé Cardinal, parce que, huit jours après l'attentat d'Admiral, il s'était exprimé d'une manière injurieuse sur le compte de Robespierre [2] ;

Un chirurgien nommé Saintanax, parce que, à la nouvelle du danger couru par Collot-d'Herbois, il s'était répandu, dans un café de Choisy-sur-Seine, en propos

---

[1] Procès-verbal de l'arrestation de Renault père et fils. Dossier des *Chemises rouges*, p. 203-207.
[2] Réquisitoire de Fouquier-Tinville. *Ibid.*, p. 239.

diffamatoires et menaçants à l'égard de Robespierre et de Collot[1] ;

Un certain Pain d'Avoine, parce que, le 3 ou le 4 prairial, il avait dîné avec Admiral[2] ;

Une dame Lamartinière, parce que, maîtresse d'Admiral, elle avait retiré chez elle les meubles de son amant, la veille de l'attentat[3] ;

Un nommé Portebœuf, parce que, en apprenant l'arrestation de l'assassin, il s'était échappé à dire : *C'est bien malheureux*[4] ;

Et enfin, une dame Crécy Lemoine, parce que c'était en sa présence que Portebœuf avait parlé[5].

Cécile avait deux frères à l'armée : ils furent sur-le-champ mandés à Paris et jetés en prison[6] !

Il semble que ces avides pourvoyeurs de l'échafaud eussent pu s'arrêter là ; mais non : sachant qu'il n'était pas une goutte de sang versé dont l'opinion publique, égarée, ne fût prête à rendre Robespierre responsable, ils imaginèrent de faire de Cécile Renault l'agent d'une vaste conspiration, de manière à rendre son supplice effroyablement solennel, et à présenter Robespierre comme un tyran à la conservation duquel on était forcé d'immoler victimes sur victimes.

Et n'est-ce pas aussi pour perpétuer cette impression que des historiens font mourir sur la guillotine les deux frères de Cécile Renault[7] ? Or, non-seulement cela est faux, mais il est à remarquer que ce fut à Robespierre lui-même que l'un des deux frères, quartier-maître du

---

[1] Dossier des *Chemises rouges*, t. II, p. 112.

[2] *Ibid.*, p. 115-116.

[3] *Ibid.*, p. 16-23, et t. I, p. 198.

[4] *Ibid.*, t. I, p. 208-209.

[5] Son silence fut interprété dans le sens d'une adhésion par Fouquier-Tinville. Voy. son réquisitoire, *ubi supra*, t. II, p. 231.

[6] *Chemises rouges*, introduction, p. xliij.

[7] M. Alison, par exemple, dans son *Histoire de l'Europe*.

2ᵉ bataillon de Paris, confia le soin de protéger et de
défendre son innocence. La lettre existe. Ce que Robespierre fit en ces circonstances, on l'ignore, ses ennemis
ayant eu le pouvoir de supprimer tout ce qui aurait ho-
noré sa mémoire[1]; mais ce qui est certain, c'est que
les deux frères de Cécile Renault ne périrent pas, d'où
il est permis de conclure qu'ils durent, sinon leur liberté
immédiate, — elle leur fut rendue le 1ᵉʳ fructidor seulement, — au moins leur vie, à cet appel du jeune
Renault : « Robespierre, tu es généreux, sois mon
avocat[2]. »

Nous avons mentionné dans un des précédents chapitres les manœuvres contre-révolutionnaires du baron de
Batz, de l'épicier Cortey, du commissaire Michonis. A
l'époque où, pour déjouer les recherches de la police, le
baron de Batz avait à Paris plusieurs domiciles, il avait
logé rue Helvétius, chez un nommé Roussel. On le sut;
et ce dernier, soumis à un interrogatoire, déclara qu'il
avait connu le baron de Batz chez l'actrice Grand-Maison ;
que celle-ci, avec laquelle le baron avait des liaisons de
plaisir, possédait à Charonne une maison de campagne
que fréquentait, entre autres personnes, le marquis de
Guiche, caché sous le nom emprunté de Sévignon ; que
de Batz entretenait une active correspondance ; qu'il dé-
couchait souvent ; qu'il passait pour fort aisé[3]... Dans
tout cela, pas un mot qui indiquât le moindre rapport
entre les menées de l'insaisissable conspirateur et l'affaire de Cécile Renault, affaire qui elle-même ne semblait avoir avec l'attentat d'Admiral qu'un rapport de

---

[1] On sait que le thermidorien Courtois ne se fit pas scrupule de dé-
rober au public et à l'histoire ceux des papiers de Robespierre qu'il jugea
convenable de laisser dans l'ombre.

[2] *Papiers inédits trouvés chez Robespierre, Saint-Just, Payan, etc.*;
supprimés ou omis par Courtois, t. II, p. 196 et 197.

[3] Dossier des *Chemises rouges.* Interrogatoire de Roussel, t. I, p. 136,
et 147-154.

coïncidence. Et cependant le Comité de sûreté générale
s'empressa d'amalgamer les causes, à l'aide de cette formule générique : *Conjuration de l'étranger*. Dans cette
conjuration, il eut soin de comprendre, pour lui donner
encore plus d'éclat, le jeune Laval de Montmorency, le
prince de Rohan-Rochefort, le comte de Pons, le vicomte
de Boissancourt, Sombreuil, son fils, et enfin, par un
raffinement de perfidie qu'il nous reste à expliquer, toute
la famille Saint-Amaranthe[1].

Madame de Saint-Amaranthe, née Saint-Simon d'Ar-
pajon, avait épousé M. de Saint-Amaranthe, officier de
cavalerie. Le ménage ne fut pas heureux. Le mari était
débauché, la femme coquette. Saint-Amaranthe, ruiné,
disparut un beau jour et alla mourir en Espagne, cocher
de fiacre, selon quelques-uns ; d'autres disent qu'il revint
à Paris, où il exerça le métier de boutonnier. Sa femme,
restée veuve de fait, se consola ; elle eut des amants,
entre autres le vicomte de Pons, et l'on trouve sur cette
liaison, dans les Mémoires du comte Alexandre de Tilly,
des détails qui, à les supposer authentiques, ne sont pas
de nature à figurer ici[2]. Une chose est certaine, toutefois,
c'est qu'au commencement de la Révolution, madame de
Saint-Amaranthe avait la réputation d'une femme ga-
lante. Elle était belle, et avait une fille plus belle encore.
L'*Almanach des honnêtes femmes*, espèce de calendrier
obscène publié en 1790, met mademoiselle de Saint-
Amaranthe au rang des jeunes filles très-émancipées, et
c'est sous ce jour qu'elle est présentée, en termes du
reste qui ne veulent pas être malveillants, soit dans le
Journal général de la cour et de la ville, connu aussi
sous le nom du *Petit Gautier*, soit dans la *Chronique*

[1] Voy. la liste des accusés, à la suite du rapport d'Élie Lacoste, n° 267
du *Moniteur*, an II (1794.)
[2] Ceux qui seraient curieux de les connaître n'ont qu'à consulter les
Mémoires de Tilly, t. III, p. 158 et suiv.

scandaleuse, journal royaliste rédigé par Champcenets, Tilly et Rivarol. La Révolution survenant, les dames de Saint-Amaranthe continuèrent le même genre de vie; seulement, leur société changea. Au lieu de comtes et de marquis, elles reçurent des représentants du peuple, qu'elles surent attirer par leur beauté et retinrent par toutes les séductions d'une vie de plaisir. On faisait chez elles bonne chère; on y jouait, et très-gros jeu. Dès 1789, Mirabeau est signalé comme ayant perdu au *creps*, chez madame de Saint-Amaranthe, une somme de deux mille louis. Plus tard, dans les salons que la dame occupait, au Palais-Royal, n° 50, indépendamment de son habitation de la rue Vivienne, n° 7, on vit affluer et se mêler aux acteurs Fleury, Elleviou, Trial, tous les révolutionnaires de mœurs faciles ou légers de scrupules : Danton, par exemple, Chabot, Desfieux, Héraut de Séchelles. Successivement, le n° 50 devint un réceptacle de patriotes douteux, de libertins à la mode et d'escrocs de bon ton [1]. Desfieux était un des principaux souteneurs de la banque [2], et Chabot se montrait fort assidu aux soupers fins. C'était à l'époque où ce dernier faisait partie du Comité de sûreté générale : aussi parvint-il sans peine à détourner l'effet de plusieurs dénonciations dirigées contre le tripot qu'abritait son patronage [3].

Madame de Saint-Amaranthe, d'ailleurs, ne négligeait rien, à ce qu'il paraît, pour se protéger elle-même, jusque-là qu'elle avait des espions à sa solde [4]. Sartine, fils de l'ancien lieutenant de police, et déjà décrié pour ses

---

[1] *Escroc* est le mot même dont se sert Chrétien dans sa déposition touchant les salons de madame de Saint-Amaranthe. Voy. le dossier des *Chemises rouges*, t. I, p. 140-144.

[2] *Ibid.*

[3] *Ibid.*

[4] Chrétien affirma tenir ce fait de Desfieux lui-même. Voy. sa déposition, *ubi supra*, p. 140-144.

mœurs bien avant la Révolution[1], épousa mademoiselle
de Saint-Amaranthe, qui n'en continua pas moins à faire
les honneurs du salon de sa mère, dont l'amant était
connu dans la maison sous le nom d'Eugène[2].

Maintenant, que les ennemis de Robespierre aient osé
inventer la fable, prodigieusement absurde, qui le montre se faisant introduire par l'acteur Trial dans une maison de cette espèce, y soupant, s'y enivrant et y laissant
échapper au milieu des fumées du vin de redoutables
secrets, voilà ce qui est incompréhensible ; mais ce qui
confond l'esprit, c'est qu'une pareille fable se soit répandue, ait été recueillie, et se lise dans certains livres qui
se piquent d'être sérieux[3]. L'acteur Trial, qui, dans cette
pitoyable invention, joue le rôle d'introducteur de Robespierre, ne cessa d'opposer à la calomnieuse rumeur dont
il s'agit, et cela, même après le 9 thermidor, les plus
énergiques, les plus solennels démentis ; et quant à son
intimité avec Robespierre, on en peut juger par ce fait
qu'il fut un de ceux qui, le 9 thermidor, déployèrent
contre lui le plus de zèle. Ceci, du reste, ne lui profita
guère. Aux yeux des réactionnaires triomphants, sa persévérance à confondre une imposture qui servait leurs
fureurs fut un crime irrémissible ; ils montèrent une
cabale pour le chasser de la scène à force de sifflets, et
le malheureux en mourut de chagrin[4].

[1] Voy. dans les Mémoires de Bachaumont ses aventures avec Adeline,
de la Comédie-Italienne, et autres filles à la mode.

[2] Voy. la déposition de Chrétien.

[3] Voy. la note critique placée à la suite de ce chapitre.

[4] De tous les auteurs anglais qui ont écrit sur la Révolution, celui qui
a eu sous la main le plus de matériaux est M. Wilson Croker, le même
qui a vendu au British Museum la précieuse collection où nous avons tant
puisé. Mais M. Croker était un tory fanatique, un libelliste sans scrupule,
l'insulteur par excellence de la France, de la Révolution française, et nom-
mément de Robespierre. Eh bien, M. Croker lui-même, fait justice en ces
termes de la fable dont il s'agit : « It would be easy to disprove this story,
« but it cost Trial his livelihood and his life ; for, after the 9 thermidor,

Mais de l'incroyable audace du mensonge en question une preuve existe, plus décisive encore. Les inventeurs de la scène où ils font figurer « le monstre qui se met en pointe de vin » ont commis l'inadvertance de placer cette scène à l'époque où il fut question de la conspiration du baron de Batz, c'est-à-dire dans les premiers jours de prairial. Or il était difficile qu'à cette époque madame de Saint-Amaranthe reçût Robespierre à sa table, par la raison bien simple qu'elle et sa fille étaient alors en prison!... Elles avaient en effet été arrêtées près de deux mois auparavant, sur la proposition du Comité révolutionnaire de la Halle au Blé, et sur la dénonciation circonstanciée de Chrétien, délégué de la Convention aux Iles-du-Vent[1]. On lit dans les Mémoires d'un prisonnier de ce temps-là : « *Dans les premiers jours de floréal*, on amena de Sainte-Pélagie à la prison des Anglaises douze prisonnières au nombre desquelles se trouvaient les citoyennes Saint-Amaranthe[2]. »

Ainsi l'on a représenté Robespierre *s'enivrant* vers la fin du mois de *mai* chez une femme qui avait été arrêtée à la fin du mois de *mars*, et qui, au commencement du mois d'*avril*, avait été transférée de Sainte-Pélagie à la prison des Anglaises, qu'elle ne quitta plus que pour aller à l'échafaud.

Mais quoi ! le sombre, l'austère, le sobre, le circonspect Robespierre égarant sa vertu dans une maison de jeu, se risquant au milieu des amours, et confiant les secrets de sa politique à des femmes galantes, dans une orgie... c'était une histoire si piquante, surtout rap-

---

« the public hissed him off the stage, which, it seems, broke his heart. » Voy. *Essays on the early period of the French Revolution*, by the late Right Hon. John Wilson Croker, p. 496, 1857.

[1] Elles furent arrêtées le 10 germinal (30 mars) 1794.

[2] Foignel, *Encore une victime, ou Mémoires d'un prisonnier de la maison dite des Anglaises, rue de l'Oursine*.

prochée de la lettre découverte dans le lit de la prophétesse Théot! Elle eut donc cours, en dépit de sa monstrueuse absurdité; et le Comité de sûreté générale,
par la perfidie avec laquelle il impliqua les Saint-Amaranthe dans le procès intenté à Cécile Renault, fournit
un affreux complément à la calomnie. Puisque Robespierre s'était livré à table, quoi de plus clair? rendu à
lui-même, il avait dû craindre les révélations et cherché
à faire disparaître les témoins; dès lors, tout était parfaitement expliqué : la Saint-Amaranthe périssait victime de la nécessité où était le *monstre* d'effacer à jamais
les vestiges de ses déportements!

Les choses préparées de la sorte, ce fut Élie Lacoste,
un des membres du Comité de sûreté générale, et un des
plus hardis ennemis de Robespierre, qui se chargea de
porter à la Convention le rapport relatif à la « *Conjuration de l'étranger.* » Ce rapport constatait, à côté d'assertions sans preuves, plusieurs faits vrais, et n'était pas,
ainsi qu'on s'est trop plu à le dire, un pur roman ; mais
il avait cela d'horrible, qu'il confondait dans la même
accusation, comme coupables du même crime, des personnes entièrement étrangères l'une à l'autre, et rapprochait madame de Saint-Amaranthe de Cécile Renault.
« Violent, cruel coup de parti, s'écrie avec raison un
illustre historien de nos jours, de placer juste au milieu
des assassins de Robespierre ces femmes royalistes qu'on
disait ses amies, pour que leur exécution l'assassinât
moralement[1]. »

La liste lue par Élie Lacoste[2], comprenait quarante et
un noms : on y en ajouta successivement huit autres, de

---

[1] Michelet, *Histoire de la Révolution*, liv. XX, ch. II.

M. Michelet, avec lequel nous regrettons amèrement de ne pas nous
trouver plus souvent d'accord, a démêlé ici les manœuvres astucieuses du
Comité de sûreté générale avec une sagacité rare.

[2] Voy. le *Moniteur*, n° 267, an II. (1794.)

sorte que, le matin du jour où les accusés devaient comparaître devant le Tribunal révolutionnaire, leur nombre s'élevait à quarante-neuf.

Ce jour-là, quelques instants avant l'ouverture de l'audience, une lettre est remise au président ; elle était signée : *ci-devant comte de Fleury*, et se terminait par ces mots : « Tremblez, vils monstres ! le moment arrive où vous expierez tous vos forfaits[1]. » L'auteur demandait à être mis en jugement avec ses amis. Fouquier-Tinville venant à entrer : « Tiens, lui dit le président, lis ce poulet que je viens de recevoir. » Fouquier aperçoit sur la suscription le mot *pressé*, et s'écrie aussitôt : « Eh bien, puisque ce monsieur est pressé, il faut l'envoyer chercher. » Et il en donna l'ordre[2].

L'audience s'ouvrit à dix heures, le 29 prairial (17 juin). Quatre administrateurs de police, Froidure, Soulès, Dangé et Marino, étaient, en cet instant, au greffe des huissiers, avec le comte de Fleury, qu'on venait d'amener. Fouquier-Tinville fait signe qu'on les introduise tous ensemble. A leur entrée dans la salle, les administrateurs saluent le président ; mais quelle est leur surprise, lorsque tout à coup Fouquier-Tinville demande acte de l'accusation qu'il déclare porter contre eux[3] ! Ceci était un nouveau coup de poignard à l'adresse de Robespierre. L'arrestation inattendue de ces hommes, connus pour être ses ennemis personnels, quoique rangés dans la classe des patriotes, tendait à accréditer de plus en plus l'opinion que l'ordonnateur et le bénéficiaire de ce drame sanglant, c'était *lui*[4].

---

[1] Voy. cette lettre dans le dossier des *Chemises rouges*, t. II, p. 210-211.

[2] *Ibid.*, introduction, p. xlv.

[3] *Ibid.*, p. xlvj.

[4] « Froidure a été guillotiné en chemise rouge, comme complice du prétendu assassinat de Robespierre. C'est un mystère que je ne comprends pas, et je regrette Froidure, qui détestait Robespierre, mais qui ne pouvait

Le procès ne fut pas long, devant avoir lieu sous l'empire des formes, odieusement expéditives, consacrées par la loi du 22 prairial. Si l'affaire eût pu être publiquement discutée, si les prévenus eussent été admis à faire entendre leurs défenseurs, nul doute qu'on n'eût percé à jour la trame que les meneurs du Comité de sûreté générale avait ourdie ; mais non, la possibilité d'égorger les prévenus rapidement et dans l'ombre fit qu'on les égorgea selon le plan et en conformité avec les vues des artificieux ennemis de Robespierre ; de sorte qu'il se trouva avoir forgé, dans la loi du 22 prairial, une lame acérée, qu'ils saisirent avec une joie farouche et lui plongèrent tout entière dans le cœur : exemple à jamais mémorable de l'expiation réservée à quiconque s'écarte, quels que soient ses motifs, des règles fondamentales de la justice !

Et ici l'expiation fut effroyable. Il avait été récemment décidé que la guillotine serait transférée de la place de la Révolution à la barrière du Trône, ce qui donnait aux fatales charrettes tout le faubourg Saint-Antoine à traverser : pour mieux frapper les imaginations, pour que rien ne manquât à l'horreur du tableau, Fouquier-Tinville, instrument d'une idée émise dans le Comité de sûreté générale par un de ses membres, Louis (du Bas-Rhin) [1], donna ordre à l'exécuteur de faire emplette de l'étoffe nécessaire à la confection de cinquante-quatre chemises rouges. La chemise rouge, c'était le vêtement des parricides ; et plus on affectait, en cette occasion, de porter haut Robespierre, le *dictateur*, le *roi*, le *pontife*,

---

pas l'assassiner. » Déposition de Réal, dans le procès Fouquier-Tinville, t. XXXIX de l'*Hist. parlem.*, p. 385.

[1] C'est ce qu'affirme Senar, qui était présent. Dans l'introduction aux *Chemises rouges*, p. xlvij, on lit : « Fouquier étant monté à la buvette du tribunal, un membre des Comités révolutionnaires lui fit observer qu'il devait envoyer les condamnés à la guillotine revêtus de chemises rouges. Fouquier adopta cette idée, » etc.

plus on était sûr de le rendre odieux. Cinquante-quatre
personnes, parmi lesquelles des femmes, des jeunes filles,
persque des enfants, traînées lentement à l'échafaud dans
le costume des parricides, parce qu'un beau jour Robespierre avait reçu une visite suspecte ! On juge de l'effet !
Vouland était si fier du succès de cette machination et
si heureux du triomphe promis à sa haine, qu'il résolut
de savourer tout à son aise l'horrible spectacle. « *Allons,
dit-il, auprès du grand autel, voir célébrer la messe
rouge*[1]. » Allusion ironique et féroce dirigée contre le
grand prêtre de l'Être suprême ! De son côté, désirant
jouir du coup d'œil, Fouquier-Tinville s'était rendu dans
la chambre de Richard, concierge de la maison d'arrêt
de la Conciergerie, dont la fenêtre donnait sur la porte
de la prison[2]. Voyant la jeune Saint-Amaranthe monter
courageusement dans la charrette : « Parbleu, s'écria-
t-il, voilà une b........ bien effrontée[3] ! » Et, au moment
du départ des voitures, il ajouta : « *Voilà un cortége qui
a l'air d'une fournée de cardinaux*[4] ; » autre allusion au
pape Robespierre !

De tout ce qui pouvait rendre l'exécution épouvantable, rien n'avait été négligé, et rien ne manqua au funèbre appareil, pas même les canons roulant de compagnie avec les charrettes. Chose frappante ! il semble
que la présence d'Admiral dans le cortége eût dû faire
penser à Collot-d'Herbois ; mais on avait si habilement
préparé les esprits à regarder l'exécution des cinquante-
quatre comme une hécatombe à Robespierre, qu'en
voyant passer le cortége la foule ne pensait qu'à lui.

---

[1] Senar rapporte le mot, comme ayant été dit « au coin de la rue de
la Loi, qui donne sur la rue Saint-Honoré, » ce qui fait supposer qu'il l'a
entendu de ses propres oreilles.

[2] Introduction aux *Chemises rouges*, p. xlvij.

[3] *Ibid.*, p. xlviij.

[4] *Ibid.*

Et quel cortége, grand Dieu ! Là figuraient, entassés
pêle-mêle, le vieux Sombreuil, qu'une seconde fois, mais
en vain, sa fille avait essayé de sauver [1]; Sartine, auquel
on n'avait eu à imputer que son nom, inscrit, à une
époque déjà éloignée, sur la liste des chevaliers du poignard [2]; sa femme, si jeune encore et si belle; madame
de Saint-Amaranthe, qu'on croyait sacrifiée à un barbare
calcul de prudence; Cécile Renault, aussi intéressante
par son courage que par sa jeunesse; le banquier Jauge,
qui avait autrefois mis son crédit et sa bourse au service
de Paris affamé [3]; et enfin, à côté de l'actrice Grand-
Maison, une pauvre petite couturière de dix-sept ans,
nommée Nicolle [4] !

De cette dernière, Senar a écrit : « Je la trouvai dans
un grenier, au septième, couchée sur un matelas et une
paillasse, sans couchette ; des haillons dans un panier
d'osier, une table, une chaise, un tabouret, voilà tout
ce que possédait cette malheureuse victime que rien, dans
les pièces, ne présentait comme coupable ou suspecte.
Mais Vouland, ce cruel extravagant, voulait sa mort,
parce que, disait-il, elle portait à manger à la Grand-
Maison, et, pour ce fait-là, disait l'hypocrite Louis (du
Bas-Rhin), elle ira l'accompagner [5]. »

L'impression produite, est-il besoin de la décrire? Et
l'homme contre lequel grondèrent au fond des cœurs
la pitié et l'indignation, est-il besoin maintenant de le

[1] Voy. sa lettre à Fouquier-Tinville, dans le dossier des *Chemises
rouges*.

[2] *Ibid.*, t. II, p. 257.

[3] Voy. dans le dossier des *Chemises rouges* les pièces qui le prouvent,
t. II, p. 197 et suiv.

[4] Voy. sur l'innocence de Nicolle ce que dit Senar, que le Comité de sûreté générale chargea de l'arrêter.

[5] Nous avons déjà fait observer que Senar ne mérite aucune confiance,
en tout ce qui est de sa part affaire d'appréciation ou assertion pure et
simple. Mais il parle ici de ce qu'il sait pour l'avoir vu ou entendu, et
comme attaché au Comité de sûreté générale.

nommer? Cependant il avait cessé alors de prendre une part officielle aux affaires, il s'était éloigné du Comité de salut public, et il s'apprêtait dans la retraite à livrer aux terroristes de la trempe de Louis (du Bas-Rhin) et de Vouland un dernier combat! L'âme s'émeut au souvenir de tant d'injustice; et toutefois il y avait un côté équitable dans ce châtiment si terrible. Les cinquante-quatre avaient été condamnés sous l'empire de la loi du 22 prairial, et l'auteur de cette indigne loi, c'était Robespierre !

De tous les faits de la Révolution, il n'en est peut-être pas qui aient été aussi étrangement défigurés que ceux dont le tableau précède. Je ne m'arrêterai pas ici au récit de M. de Lamartine, l'*Histoire des Girondins* n'étant, sous aucun rapport, une *histoire;* mais je crois important de ne pas laisser passer le récit de M. Michelet, à qui ses connaissances historiques, aussi bien que son grand talent et l'élévation de son âme, donnent naturellement beaucoup d'autorité sur la jeunesse.

Dans le livre XX, ch, ii, de son livre, M. Michelet, ayant à raconter la ridicule affaire de Catherine Théot, s'est étudié d'abord à représenter Robespierre comme un homme qui faisait servir le mysticisme du temps à ses vues d'ambition, et qui souffrait que certaines gens le prissent pour Dieu. Voilà certes une accusation grave : sur quels *faits* M. Michelet l'a-t-il appuyée ? A la place de *faits*, il donne ses suppositions, exemple : « Nous parlions en 92 de la vieille idiote de la rue Montmartre, marmottant entre deux plâtres : « Dieu, sauve Manuel et Pétion ! » Et cela, douze heures par jour. Nul doute qu'en 94 elle n'ait autant d'heures marmotté pour Robespierre. »

En admettant que M. Michelet sût, ce qu'il ne prétend pas lui-même savoir, ce que faisait en 1794 la vieille dévote de la rue Montmartre, il est malaisé de comprendre en quoi Robespierre pourrait être responsable des prières marmottées par une folle dans son grenier, et l'on ne comprend pas davantage pourquoi, à ce compte, Manuel et Pétion n'auraient pas été aussi coupables que lui. Ce qu'il faudrait prouver, au moins, c'est que Robespierre était au courant des momeries pratiquées, dit-on, à son égard, et dont on n'établit la réalité sur aucune base historique; c'est qu'il s'y prêtait ; c'est qu'il les encourageait. Or, sur ce point, M. Michelet cite-t-il un seul mot de Robespierre? Non. Un seul acte? Non. Met-il en avant une autorité quelconque, dont on puisse analyser le témoignage? Non. Après avoir affirmé purement et simplement, sans la moindre indication des sources, que « une *infinité de personnes* avaient les portraits de Robespierre appendus chez elles, comme une image sainte; que des femmes, des *généraux* même, portaient un Robespierre dans leur sein, baisaient, priaient la miniature sacrée, » etc. M. Michelet ajoute : « Que ce fût le fils même de Rousseau et du rationalisme qui *acceptât, encourageât* de son silence ces outrages à la raison, cela était honteux et triste. »

Mais où est la *preuve* que ces outrages à la raison furent commis par cette *infinité de personnes* dont on nous parle, et par ces *généraux* qu'on ne nomme pas? Et où est la *preuve* que Robespierre accepta, encouragea ces outrages à la raison? Nous n'avons découvert trace de cela dans aucun des nombreux documents qui ont passé sous nos yeux, et il est à regretter que M. Michelet ne fasse rien pour aider ses lecteurs dans leurs recherches. Où a-t-il pris, par exemple, que les « *saintes femmes* » de Robespierre, une madame de Chalabre entre autres, qu'il nous montre joignant les mains, et disant : « *Oui, Robespierre, tu es Dieu !* » le « voyaient sans cesse » et étaient les personnes qui « l'approchaient de plus près? » En fait de documents historiques, nous avons celles des lettres adressées à Robespierre, qui, après sa mort, furent trouvées parmi ses papiers, et publiées à la suite du rapport de Courtois. Eh bien, ces lettres, dont les auteurs vantent beaucoup le patriotisme de Robespierre, ses talents, son courage, ne contiennent rien, absolument rien qui ressemble à un éloge mystique, si l'on en excepte une où il est traité de « Messie annoncé par l'Être éternel pour réformer toute chose, » et ceci émané d'un fou qui se qualifie lui-même *jeune homme de quatre-vingt-sept ans.* (Voy. n° XII des pièces à la suite du rapport de Courtois.) Est-ce, par hasard, sur cette ettre d'un fou, que M. Michelet fonde tout ce qu'il dit du culte supersti-t dont, selon lui, Robespierre était l'objet?

Quant au crime qui aurait consisté à ne pas repousser assez vivement es louanges, s'il est un homme dans la Révolution qu'on n'ait pas le droit d'accuser de ce crime-là, c'est lui. Nous citons : « Les ennemis de la patrie m'accablent de louanges exclusivement, mais je les répudie. » (Discours de Robespierre, dans la séance des Jacobins, du 15 frimaire 1793.) A propos d'un discours de Robespierre contre la proclamation du duc d'York, le *Moniteur* ayant dit : « *Chaque mot de ce discours vaut une phrase, chaque phrase un discours,* » Robespierre, aux Jacobins, s'éleva fortement contre ce système de flatterie, et dit : « Les flagorneries font douter de la vérité des écrivains; un écrivain véridique et patriote doit rapporter avec exactitude et littéralement, afin que ce qu'il rapporte puisse éclairer l'opinion publique, ou qu'elle juge ce qu'il rapporte, si c'est mauvais. » (Séance des Jacobins, du 6 messidor (24 juin.) — Est-ce là le langage d'un homme qui veut à tout prix être encensé?

M. Michelet écrit : « L'amer Cévenol, Rabaut-Saint-Étienne, avait trèsbien indiqué que ces momeries ridicules, cet entourage de dévotes, cette patience de Robespierre à les supporter, c'était le point vulnérable, le talon d'Achille, où l'on percerait le héros... n'était-ce pas le sujet de cette comédie de Fabre *qu'on* fit disparaître, et pour laquelle peut-être

Fabre disparut? » Nous avons cité textuellement le récit de Vilate, et le lecteur sait maintenant que, lorsque Rabaut-Saint-Etienne dit à Vilate : « Il faut un article demain dans la *Chronique*, et le peindre comme un prêtre, » ce fut à la suite et à propos du discours de Robespierre en réponse à Louvet, et de l'enthousiasme que ce discours excita parmi les femmes présentes à la séance. (Voy. les *Mystères de la Mère de Dieu dévoilés*, ch. xv, p 511.)

Donc, lorsque l'amer Cévenol, par une manœuvre de parti plus habile que loyale, disait : « Peignons-le comme un prêtre ; » il prenait pour point de départ, non pas des *momeries ridicules* et *cet entourage de dévotes*, mais l'effet produit sur la partie féminine de l'auditoire par un discours tout *politique*, où le *mysticisme* et la *religion* n'entraient pour rien. En ce qui touche la comédie de Fabre *qu'on* fit disparaître, nous avons déjà eu occasion de montrer dans le dixième volume de cet ouvrage, que cet *on*, par lequel M. Michelet désigne ici indirectement Robespierre, ne pourrait, en tout état de cause, s'appliquer qu'à Billaud-Varenne.

M. Michelet parle de papiers relatifs à la secte des illuminés que Robespierre aurait emportés, et refusé de rendre, mais dont le Comité de sûreté générale se serait procuré des doubles. Et que prouve cela? Senar, à qui M. Michelet emprunte ce fait, sans citer son autorité, sachant bien qu'elle n'a pas grand poids ; car un peu plus loin, il dit : « Senar ne mérite pas la moindre confiance ; » — Senar assure que les originaux de ces pièces étaient au ministère de l'intérieur et à la municipalité ; que c'est de là que le Comité de sûreté générale les obtint. (Voy. le livre de Senar, p. 187.) Il n'y avait donc pas lieu de les cacher ! Et, si elles contenaient quoi que ce soit contre Robespierre, d'où vient que, même après sa mort, le contenu n'en a jamais été révélé par le Comité de sûreté générale, qui possédait les originaux ?

De dom Gerle, M. Michelet ne manque pas de dire que, dans l'Assemblée constituante, il avait demandé qu'on déclarât le catholicisme religion d'État ; mais ce que l'historien aurait dû ajouter, ce qu'il passe sous silence, et ce qui explique le certificat de civisme donné à dom Gerle par Robespierre, c'est que l'ex-chartreux retira sa motion le lendemain du jour où il l'avait présentée ; c'est qu'il rompit avec les prêtres ; c'est qu'il fut le premier à quitter le costume et à cesser les fonctions ecclésiastiques ; c'est qu'enfin l'on trouva chez lui une pièce de vers de sa composition commençant par ces mots très-peu *mystiques* : « Ni culte, ni prêtres, ni roi. » (Note de Christophe Gerle, n° LVII des pièces justificatives à la suite du rapport de Courtois.) Du moins, si dom Gerle avait été en relations intimes avec Robespierre ! M. Michelet l'affirme de sa propre autorité ; mais dom Gerle, qui devait en savoir quelque chose, le nie : « Jamais je n'ai été lié avec Robespierre ; je ne connais pas même Saint-Just de figure. » (*Ibid.*)

Au sujet de la lettre trouvée chez Catherine Théot, M. Michelet dit : « Était-ce réellement la minute d'une lettre qui fut envoyée? Ou bien faut-il croire que ceux qui, pour servir Robespierre, attribuèrent un faux à Fabre d'Églantine, ont pu, pour perdre Robespierre, faire aussi un faux?

Les deux suppositions ont une telle égalité de vraisemblance, qu'on ne peut,
je crois, décider. » Rien, au contraire, de plus facile, en présence des documents. Voici, en propres termes, le témoignage de Vilate, que Barère
mit au courant de toute cette affaire et qui n'est certes pas ici suspect de
partialité : « *Il ne faut pas croire que cette lettre fût de la main de
Catherine Théot ; la vieille béate ne savait pas même signer son nom.*»
(Voy. les *Mystères de la Mère de Dieu dévoilés*, ch. IV, p. 309.)

Nous avons retracé, d'après Fouquier-Tinville, une scène où, rendant
compte au Comité de sûreté générale d'un ordre reçu « *dans le Comité
de salut public et en son nom,* » Fouquier avait dit : *Il, il, il* ; sur quoi
un des membres, Amar ou Vadier, s'était écrié : « C'est-à-dire Robespierre. » Cette scène, où Robespierre ne figure que parlant au Comité de
salut public et en présence de ses collègues, M. Michelet la commente de
la sorte : « Le grand mot *je veux* était rétabli, et la monarchie existait ! »

Je suis heureux de pouvoir terminer ces remarques critiques en rendant
hommage à la sagacité avec laquelle M. Michelet a su démêler, dans
l'affaire des *Chemises rouges*, une horrible machination du Comité de sûreté générale contre Robespierre. Le récit de l'illustre historien, sur ce
point intéressant, ne demandait qu'à être complété ; et j'ai dû de pouvoir
le faire, aux précieux renseignements qu'a bien voulu me fournir un biblio-
phile très-distingué, l'homme du monde, peut-être, qui possède le mieux
l'histoire de la Révolution française, M. Charles Ménétrier.

Que si, au lieu de m'en tenir aux derniers ouvrages publiés sur la Révolution française, j'avais voulu remonter à ceux qui furent écrits à l'époque
même, sous l'impression des haines et des fureurs du moment, que d'erreurs énormes, ou, plutôt, que de prodigieuses calomnies à relever ! Mais
il faudrait pour cela un livre à part. Croirait-on que les auteurs du libelle,
connu sous le titre de *Histoire de la Révolution, par deux amis de la
liberté*, t. XIII, p. 313, ne rougissent pas de nous donner, comme de
l'histoire, l'immonde roman de Robespierre s'enivrant chez madame de
Saint-Amaranthe, et la faisant guillotiner à cause de cela ? Croirait-on que
les mêmes écrivains (p. 309 et 310) mettent en doute si Robespierre ne
sacrifia pas Cécile Renault, *parce qu'elle le fatiguait de son amour ?* Devant un tel mélange de turpitude et de bêtise, la critique s'arrête un
instant, étonnée, et ne peut que passer outre.

Un mot encore cependant. Nous avons fait justice de l'assertion prétendue historique qui attribue à Robespierre la mort de madame de Saint-
Amaranthe. Mais il est une autre version non moins calomnieuse qui présente le supplice de madame de Saint-Amaranthe comme la conséquence
d'une ignoble vengeance de Saint-Just.

On lit dans les *Mémoires* de Senar (p. 102) : « Le cruel et féroce Saint-
Just avait fait arrêter la Saint-Amaranthe par ressentiment de n'avoir pu
jouir d'elle, et par crainte ou soupçon qu'un autre, en cet instant, ne lui
eût été préféré. Elle était en prison ; elle avait osé se plaindre du despotisme révoltant de ce monstre : Saint-Just demanda sa tête en la déclarant
complice de cette conspiration à laquelle elle était absolument étrangère.

Saint-Just l'exigea, et on la lui sacrifia sans preuve, sans aucun indice de suspicion. »

Cette fable grossière rééditée depuis, sous prétexte d'histoire, a été récemment modifiée par M. Édouard Fleury, qui, pour la rendre plus vraisemblable sans doute, s'est plu à substituer la fille à la mère. « Saint-Just, dit-il, livrera aux baisers de la guillotine la jeune madame de Sartine qui a repoussé son amour. » Et plus loin : « Saint-Just aime mademoiselle de Saint-Amaranthe, se voit repoussé et jure de se venger. » (*Saint-Just et la Terreur*, t. II, p. 9 et 226.)

Après les calomniateurs, voyons les historiens. Les auteurs de l'*Histoire parlementaire* disent que madame de Saint-Amaranthe fut poursuivie à la diligence de Saint-Just (t. XXXIII, p. 237, note 1), et M. Michelet dit qu'elle fut arrêtée sur une note accusatrice transmise par Saint-Just au Comité de sûreté générale.

Cette opinion s'appuie :

D'une part, sur une note de police relative à madame de Saint-Amaranthe et trouvée après le 9 thermidor dans les papiers de Saint-Just. (*Hist. parlem.*, ubi supra);

D'autre part, sur ce passage du rapport de Saint-Just contre les Dantonistes : « Danton dînait avec Gusman, Espagnol, trois fois par semaine, et avec l'infâme Saint-Amaranthe, le fils de Sartine et Lacroix. » (*Hist. parlem.*, t. XXXIV, p. 99.)

Mais l'excellente histoire de Saint-Just de M. Ernest Hamel nous met à même d'établir que Saint-Just ne prit qu'une part en tout cas très-indirecte à l'*arrestation* de madame de Saint-Amaranthe.

En effet, les membres des Comités de salut public et de sûreté générale étaient assaillis de dénonciations que ceux qui les recevaient transmettaient à leur comité respectif, où ces pièces étaient examinées et où il y était donné suite, s'il y avait lieu. Or, Saint-Just ne se servit pas de la note de police retrouvée dans ses papiers, car s'il en avait fait usage, elle serait aujourd'hui parmi toutes les autres dénonciations aux archives de la préfecture de police, où elle manque à la collection. (*Hist. de Saint-Just*, p. 485.)

De plus, madame de Saint-Amaranthe fut arrêtée sur la proposition du comité révolutionnaire de la Halle au Blé (*Hist. de Saint-Just*, p. 485), le 10 germinal an II (30 mars 1794) (*Archives du Comité de sûreté générale, Registre 642.* — Michelet, *Hist. de la Révol.*, t. VII, p. 356), et le rapport de Saint-Just contre Danton est du 11 germinal (31 mars).

Enfin ce ne fut que deux mois plus tard, le 26 prairial an II (14 juin 1794), quand Saint-Just était en mission dans le Nord, et que déjà la scission avait éclaté entre les divers membres des deux comités, que madame de Saint-Amaranthe fut comprise dans *la conjuration de l'Étranger*, et envoyée au tribunal révolutionnaire, sur le rapport d'Élie Lacoste, thermidorien des plus ardents, qu'il serait souverainement absurde de faire passer pour un complaisant de Saint-Just. (*Hist. parlem.*, t. XXXIII, p. 233.)

CHAPITRE III

LES PRISONS DE LA RÉVOLUTION

Prisons *muscadines*. — La vie de prison, vie de château. — Comment on passait le temps dans la prison du Luxembourg, dans celle de Port-Libre, dans la maison d'arrêt de la rue de Sèvres, dans celle des Madelonnettes. — Prison du Plessis, la plus dure de toutes. — Comment les prisonniers déjouaient la surveillance des gardiens. — Pas de système à l'égard des prisons. — Les concierges et administrateurs de police, brutaux dans certaines prisons, et, dans d'autres, pleins d'humanité. — Bureau de police générale. — Robespierre essaye de l'opposer au Comité de sûreté générale, mais en vain. — Le Bureau de police générale soustrait à son influence, au plus fort de la Terreur. — Commissariat des administrations civiles, police et tribunaux. — Hermann ; à quoi se réduisirent ses rapports avec Robespierre. — Changements dans le régime des prisons. — Prétendu complot de Bicêtre. — Derniers moments d'Osselin. — L'audience, dans l'affaire de Bicêtre, présidée par Naulin. — Rumeurs sur ce qui se passe dans les prisons. — Le spectre du soupçon partout. — Les *faiseurs de listes* au Luxembourg. — Boyenval, Beausire, Vernet. — Le concierge Benoît ; le concierge Guyard. — L'administrateur de police Wilcheritz. — Vernet dénonce une conspiration dans la prison du Luxembourg. — Rapport d'Hermann au Comité de salut public. — Arrêté du Comité de salut public, ordonnant des recherches. — Lanne se rend au Luxembourg. — Son entrevue avec le général Baraguay-d'Hilliers. — Liste dressée par Boyenval, Beausire et Vernet. — Cinquante-neuf prisonniers traduits au tribunal révolutionnaire. — On multiplie les gradins dans l'enceinte du tribunal. — Jugement en trois fois. — Transfèrement des prévenus à la Conciergerie. — Impudeur des *faiseurs de listes*. — L'audience du 22 messidor, présidée par Sellier ; sa dureté en cette circonstance ; témoignage de Réal en sa faveur. — Nicolaï et Fouquier-Tinville. — Horrible trait de Boyenval. — Complot dénoncé dans la prison des Carmes. — Critique historique.

Pendant ce temps, que se passait-il dans les prisons ? Leur histoire, il ne faut pas l'oublier, ne nous est connue

que par les récits de prisonniers tous plus ou moins ennemis de la Révolution, et naturellement portés à exagérer
leurs souffrances, soit pour mieux émouvoir la pitié, soit
pour mieux assurer le triomphe de leurs ressentiments.
Et néanmoins, ce que prouve l'ensemble de leurs récits,
c'est qu'à une époque marquée par un déchaînement de
passions jusqu'alors sans exemple, le régime des prisons
fut beaucoup moins rigoureux qu'il ne l'a été, en des
temps calmes, sous le gouvernement monarchique.

L'attente de la mort avec ce qu'elle contient d'angoisses, voilà, pendant la Révolution, le trait vraiment
caractéristique et terrible du tableau des prisons : quant
au reste, on n'a qu'à s'étonner des progrès faits, depuis,
par le génie de la haine armée du pouvoir !

En réalité, les seules prisons politiques dures à habiter,
durant la plus grande partie de la période révolutionnaire, furent celles de la Conciergerie, de Sainte-Pélagie,
des Madelonnettes, de la Force et du Plessis. Pour ce qui
est du Luxembourg, de Port-Libre, des Carmes, des Bé-
nédictins anglais, de Saint-Lazare, des Anglaises du Faubourg Saint-Antoine, « c'étaient des prisons *muscadines*
où les détenus ne connurent longtemps d'autres chaînes
que celles de l'amour, et où ils coulaient des jours déli-
cieux dans les bras des belles prisonnières, leurs compa-
gnes, au milieu des jardins, des vergers, des berceaux et
des présents de la nature; » car c'est en ces termes
mêmes que s'exprime l'auteur du récit qui se rapporte à
la Conciergerie[1].

Nous avons mentionné le Luxembourg : cette prison,
réservée d'abord aux députés prévenus de fédéralisme, ne
tarda pas à recevoir un brillant contingent de suspects de
qualité ; nobles accompagnés de leurs domestiques, dames

---

[1] On peut le lire dans le tome XXXI de l'*Histoire parlementaire*, p. 67
et suiv.

du plus haut rang « traînant à leur suite de fringantes
femmes de chambre[1]. » Là aussi furent renfermés des
Anglais et des Anglaises. La vie qu'on y mena jusqu'au
moment où le régime de la Terreur atteignit ses extrêmes
limites fut, on pourrait presque dire, charmante. Selon
le témoignage même d'un des captifs, « les petits vers,
les couplets, le jeu, la médisance et la musique remplissaient les journées[2].... » sans oublier l'amour, dont on
goûtait les douceurs avec si peu de contrainte, qu'il en
courut au dehors toutes sortes de rumeurs piquantes
assaisonnées de vifs commentaires[3]. L'aventure suivante
donnera une idée des libertés que prenaient, au Luxembourg, prisonniers ou prisonnières. « Un jeune homme
du dehors s'était, à prix d'argent, ouvert les portes de la
prison ; et, caché derrière un paravent, seule barrière à la
curiosité indiscrète, il goûtait tranquillement et en plein
jour, dans les bras de sa maîtresse, les plaisirs de l'amour.
La dame, surprise en flagrant délit, feint de se fâcher,
jette les hauts cris, se dit frappée, crie au viol et s'éva-
nouit. Pendant cette scène, l'Adonis s'échappe avec la
légèreté d'un trait, et se fait ouvrir le guichet, à la faveur d'arguments que le bon Basile appelait irrésis-
tibles[4]. » La mode des aventures galantes prit si bien,
que l'administrateur de police dut en venir à séparer les
deux sexes[5].

A Port-Libre, où étaient réunis riches et pauvres, aristocrates de naissance et aristocrates d'opinion, les choses
se passaient avec beaucoup plus de décence[6]. Mais là

---

[1] *Mémoires sur les prisons*, t. II, p. 137. —- Collection des Mémoires
relatifs à la Révolution française.
[2] *Ibid.*, p. 138.
[3] *Ibid.*
[4] *Ibid.*, p. 139 et 140.
[5] *Ibid.*, p. 139.
[6] *Ibid.*, p. 5.

aussi, pendant longtemps, la vie de prison ne différa
point de la vie de château. Point de grilles, point de
verrous; les portes n'étaient fermées que par un loquet[1].
Pour subvenir aux dépenses de la maison, on avait établi
une administration intérieure fort bien organisée, et qui
subsista jusqu'en prairial, époque à laquelle la Commune
prit à son compte l'administration intérieure des prisons.
Les frais généraux étaient à la charge des riches, dont
chacun contribuait en raison de ses facultés. Ceux qui ne
pouvaient se nourrir recevaient trente sous par jour[2]. Le
soir, on se rassemblait au salon; les hommes, rangés
autour d'une grande table, lisaient ou écrivaient; les
femmes travaillaient aux ouvrages de leur sexe. A des
jours déterminés, on faisait de la musique. Le baron de
Wirback, réputé la première viole-d'amour de son temps,
figurait parmi les prisonniers, et se prêtait de bonne
grâce à charmer leurs loisirs. Pourtant, dans cette prison,
gouvernée d'une manière si douce, la République comptait nombre d'ennemis qui ne se donnaient même pas la
peine de dissimuler leur fureur. « A la nouvelle d'une
victoire, les figures pâlissaient; des soupirs étouffés, des
contractions de nerfs, des trépignements de pied, annonçaient l'aristocratie incorrigible[3]. » Il est vrai que les
heures sombres arrivèrent. Quand la Terreur eut atteint
son point culminant, et précisément à l'époque où Robespierre n'allait plus au Comité de salut public, la condition des prisonniers renfermés à Port-Libre changea de
face. Dès le 26 prairial (14 juin), on leur signifie l'ordre
de ne plus se servir de lumière. — Ordre, du reste, révo-
qué le lendemain — et, ce jour-là, ils soupent, ils se
couchent à la lueur du réverbère[4]. Le 2 messidor (20 juin),

---

[1] *Mémoires sur les prisons*, t. II, p. 5.
[2] *Ibid.*
[3] *Ibid.*, p. 8.
[4] *Ibid.*, p 115.

défense d'écrire et de recevoir des lettres[1]. Le 16 messidor (4 juillet), les instruments de musique sont enlevés[2].
Le 2 thermidor (20 juillet), l'usage des couteaux de
table est défendu[3]. Grandes rigueurs sans doute, mais
qui n'embrassent qu'une courte période de temps, et dont
il importe de ne point oublier la date.

Une prison qui fournit à la Révolution peu de victimes
fut la Maison d'arrêt de la rue de Sèvres. Jusqu'au 7 thermidor (25 juillet), sur cent soixante détenus, deux seulement en étaient sortis pour aller au Tribunal révolutionnaire[4]. Et cependant, la plupart de ces détenus étaient
des hommes appartenant à l'ancien régime[5], et dont la
haine à l'égard du nouveau n'était point un mystère.
Dans la retraite où ils restèrent si longtemps à l'abri de
l'orage, leur vertu la plus nécessaire était la patience, et
le pire de leurs maux fut l'ennui[6].

Aux Madelonnettes, l'existence n'était pas à beaucoup
près aussi douce qu'au Luxembourg ou à Port-Libre.
Toutefois, le régime n'en était pas tel, qu'il ne se prêtât,
de l'aveu du prisonnier qui en a tracé le tableau, à toutes
sortes de scènes divertissantes, et qu'on n'y passât « des
moments assez agréables[7]. » L'auteur va jusqu'à dire,
en parlant des premiers jours de sa captivité — derniers

---

[1] *Mémoires sur les prisons*, t. II, p. 117.

[2] *Ibid.*, p. 120.

[3] *Ibid.*, p. 127.

[4] Ce qui n'empêche pas l'auteur du récit qui se rapporte à cette prison
de le commencer en ces termes : « Dans le nombre considérable des maisons d'arrêt de Paris, où Robespierre avait fait enfermer les victimes qu'il
dévouait à la mort. » On retrouve ici le système que nous avons déjà signalé, de tout attribuer à Robespierre, et à lui seul. Voy. le *Précis historique sur la maison d'arrêt de la rue de Sèvres. — Mémoires sur les
prisons*, t. II, p. 188.

[5] *Ibid.*

[6] *Ibid.*, p. 188, 189.

[7] *Madelonnettes*, dans les *Mémoires sur les prisons*, t. II, p. 210.

mois de 1793 — que ce fut « le siècle d'or[1]. » On faisait
de la musique ; on jouait aux bouts-rimés ; « on exécutait
tant bien que mal des quatuors de Pleyel[2]. » Non-seulement les prisonniers eurent, pendant un certain temps,
la permission de recevoir leurs femmes, leurs parents,
leurs amis, mais ils purent librement communiquer avec
leurs maîtresses, comme cela résulte des lignes suivantes
écrites à l'occasion d'une visite des administrateurs de
police, que suivit la défense de communiquer avec le
dehors : « Il fallut donc nous séparer de vous, maîtresses
adorées !... On ne connut plus, dans notre prison, les
douces étreintes de l'amour[3] ! » Il faut remarquer, en
outre, que les Madelonnettes, où se trouvaient entassés en
grand nombre des fabricateurs de faux assignats et des
voleurs, ne présentèrent pas du moins l'affreux spectacle
d'hommes politiques confondus avec les plus vils scélérats. Aux Madelonnettes, les voleurs et les faussaires,
qu'on désignait sous le nom de *pailleux*, étaient enfermés
à part. La *paille* avait d'abord logé au troisième étage :
à la suite d'une tentative d'évasion, elle descendit au rez-
de-chaussée[4].

La plus dure prison de Paris, c'était le Plessis : d'abord,
parce qu'elle renfermait, non pas de simples suspects,
mais des hommes contre lesquels s'élevaient des charges
sérieuses de conspiration ; et ensuite, parce qu'elle était
placée immédiatement sous la discipline de Fouquier-
Tinville. Là, chaque prisonnier était soumis, en entrant,
à une opération infâme, connue sous le nom de *rapiotage*,
c'est-à-dire qu'on le fouillait de la tête aux pieds pour
lui enlever tout ce qu'il pouvait avoir sur lui : couteaux,

---

[1] *Madelonnettes*, dans les *Mémoires sur les prisons*, t. II, p. 205.
[2] *Ibid.*, p. 221.
[3] *Ibid.*, p. 208.
[4] *Ibid.*, p. 202.

ciseaux, argent, assignats, bijoux[1]. Et ce qui rendait cet
acte de tyrannie non moins indécent qu'odieux, c'est que
les femmes y étaient assujetties[2]. Au Plessis, toute communication avec le dehors était interdite. Les détenus
n'avaient d'autres meubles utiles qu'un pot, un couvert
de bois, une coupe ; privés de couteaux, ils étaient condamnés à l'humiliante nécessité de déchirer avec leurs
doigts la viande qu'on leur servait[5]. On ne laissait jamais
pénétrer les journaux à deux pas de la rue. La seule
correspondance permise était la demande de linge[4]. Le
Plessis, comme aujourd'hui le mont Saint-Michel, c'était
le tombeau.

Il ne paraît pas qu'en général la surveillance fût très-
active dans les prisons de la Révolution, si l'on en juge
par la nature des ruses qu'on employait, et avec plein
succès. Voulait-on faire tenir un journal aux prisonniers,
on n'avait qu'à le faire servir à envelopper du beurre ou
des œufs. Voulait-on faire franchir le guichet à une lettre
d'amour, il suffisait de la cacher dans une botte d'as-
perges ou de la coudre dans un ourlet. Pendant longtemps, un prisonnier correspondit avec sa femme, en
employant pour messager un chien dont le collier servait
de boîte aux lettres[5]. La boîte aux lettres, à la Force,
c'était le bec d'un pigeon[6]. On doit reconnaître que la
science à l'usage des geôliers a fait, depuis, des progrès
considérables !

La différence qu'on remarque entre le régime adopté
dans telle prison et le régime suivi dans telle autre dit
assez qu'à l'égard des prisonniers il n'existait rien qui

---

[1] *Mémoires sur les prisons*, t. II, p. 261.
[2] *Ibid.*, p. 260.
[5] *Ibid.*, p. 265.
[4] *Ibid.*, p. 268.
[5] *Luxembourg, Mémoires sur les prisons*, t. II, p. 161, 162.
[6] *Ibid.*, p. 246.

ressemblât à une politique de rigueur systématique. De fait, les hommes qui habitaient les hauteurs de la Révolution étaient loin de connaître tout ce qui se passait au-dessous d'eux. Le Comité de salut public n'avait jamais été chargé ni de l'administration des prisons, ni de leur surveillance. La loi confiait ce soin aux municipalités; et, à Paris, c'était la police municipale qui, sous le contrôle du Comité de sûreté générale, s'occupait de ce qui concernait les prisons[1].

De son côté, la police municipale n'ayant pas de parti pris, et laissant flotter son pouvoir aux mains des subalternes, c'était du caractère, tantôt humain, tantôt cruel, de ces derniers, que le sort des détenus dépendait.

Il ne faut pas croire, en effet, qu'une pensée implacable présidât invariablement au choix des agents révolutionnaires. Parmi ces agents, plusieurs s'attirèrent les bénédictions des prisonniers. Si certains concierges, celui du Plessis, par exemple, se montrèrent féroces[2], d'autres, tels que Huyet à Port-Libre[3], le septuagénaire Benoît au Luxembourg[4], Vaubertrand aux Madelonnettes[5], déployèrent beaucoup de mansuétude et de sensibilité. La femme de Vaubertrand veillait avec une sollicitude infatigable à ce que rien ne manquât aux détenus; et son fils, charmant enfant, s'étudiait de son mieux à les consoler, les appelant, dans son doux langage, *nos pigeonniers*[6].

Même remarque à faire, concernant les administra-

---

[1] *Réponse des membres de l'ancien Comité de salut public, dénoncés aux pièces communiquées par la Commission des Vingt et un*; p. 18 et 19. Voy. la *Bibl. hist. de la Rév.* — 1100-1 (*British Museum.*)

[2] *Mémoires sur les prisons*, t. II, p, 256.

[3] *Ibid.*, p. 40.

[4] *Ibid.*, p. 137.

[5] *Ibid.*, p. 203.

[6] *Ibid.*, p. 212.

teurs de police : il y en eut de très-durs, et il y en eut de très-humains ; il y en eut qui, comme Marino, firent redouter leurs visites [1], et d'autres qui, comme Grandpré, mettaient de l'affabilité à recevoir les plaintes qu'on leur adressait, de l'empressement à y faire droit [2]. « Dès le matin, nous fûmes honorés d'une visite de Grandpré, secrétaire du ministre de l'intérieur, qui s'informa de quelle manière on était chauffé ; il ordonna de placer, dans le jour, des poêles dans les grandes pièces, aux dépens de qui il appartiendrait ; de mettre des carreaux de vitres où il en manquait ; enfin, il donna les instructions nécessaires pour que nous fussions logés d'une manière salubre. Le soir, autre visite de Biquet, administrateur de police, qui donna les mêmes ordres : ces actes d'humanité nous réjouirent beaucoup [3]. »

Une institution dont le régime des prisons nous amène naturellement à parler était celle du « Bureau de police générale. »

Le Bureau de police générale avait été établi, non par le Comité de salut public, mais par la Convention ; il existait, en vertu d'un décret, celui du 26 germinal (15 avril) [4]. Robespierre ayant été chargé momentanément, en l'absence d'un de ses collègues, de la surveillance de ce bureau [5], songea tout d'abord à l'opposer au Comité de sûreté générale, dont il voulait tenir en échec la tyrannie, en

[1] J'ignore pourquoi M. Michelet, liv. XX, ch. I, de son *Histoire de la Révolution*, dit que Marino « était assez aimé aux prisons. » C'est précisément le contraire qui résulte des *Mémoires sur les prisons*, où on le qualifie de *hardi scélérat*, d'*antropophage administrateur*, de *Néron écharpé*, etc... Voy. les *Mémoires sur les prisons*, t. II, p. 207.

[2] *Maison d'arrêt de Port-Libre*, p. 35.

[3] *Ibid.*, p. 16 et 17. — Ceci avait lieu le 3 nivôse (23 décembre) 1793.

[4] *Observations de Barère sur le rapport fait le 12 ventôse par Saladin*, p. 2 et 3, dans la *Bibl. hist. de la Rév.* — 1097-8-9. (*British Museum.*)

[5] Discours de Robespierre, en date du 8 thermidor an II (29 juillet 1794). Voy. l'*Hist. parlem.*, t. XXXIII, p. 433-434.

attendant l'occasion d'y mettre un terme[1]. Mais ce dessein, dans l'accomplissement duquel il n'avait pour appui que Couthon et Saint-Just, ne pouvait être du goût de ceux des membres du Comité de salut public en qui les Jagot, les Vadier, les Vouland, avaient des protecteurs, sinon des complices. La courte gestion de Robespierre se borna donc à provoquer une trentaine d'arrêtés, dont les uns déterminèrent l'arrestation de quelques contre-révolutionnaires, et les autres la mise en liberté de patriotes persécutés[2]. Après le 9 thermidor, en pleine réaction, et lorsque les membres des anciens Comités avaient besoin pour sauver leurs têtes, de tout rejeter sur Robespierre, ils s'étudièrent à représenter comme l'œuvre exclusive de Robespierre, ou de ses amis Couthon et Saint-Just, chacun des actes émanés du Bureau de police générale; mais leurs diverses assertions s'entre-détruisent. Ainsi, c'est Barère lui-même qui nous apprend que « par les usurpations des trois conspirateurs, le Bureau de police générale ayant entrepris sur les fonctions du Comité de sûreté générale, ce furent les membres du Comité de salut public qui forcèrent Saint-Just à *rétablir* ce qui avait été usurpé[3] : » d'où il résulte bien évidemment que, durant la période qui précéda la mort de Robespierre, de Couthon et de Saint-Just, alors que la Terreur était à son apogée, le Bureau de police générale avait cessé d'être sous leur dépendance. Saladin, dans le rapport

---

[1] Billaud-Varenne, dans sa *Réponse à Laurent Lecointre*, dit : « Si, depuis, Robespierre, marchant à la dictature par la compression et la terreur, avec l'intention de trouver peut-être moins de résistance au dénoûment, *par une clémence momentanée*, dénatura l'attribution de ce bureau, » etc. Quel aveu ! et à quelle époque! et dans quelle bouche ! *Bibl. hist. de la Rév.* — 1100-1. (*British Museum.*)

[2] Discours de Robespierre, en date du 8 thermidor an II. — *Hist. parlem.*, t. XXXIII, p. 434.

[3] *Observations de Barère sur le rapport fait le 12 ventôse par Saladin*, p. 3, dans la *Bibl. hist. de la Rév.* — 1097-8-9. (*British Museum.*)

qu'il présenta plus tard, au nom de la Commission des
Vingt et un, dit expressément : « Robespierre ne pouvait
diriger le Bureau de police générale dans le temps que,
de l'aveu des membres dénoncés, il était absent du Comité,
c'est-à-dire depuis la fin de prairial jusqu'au 9 thermidor.
Pendant cet intervalle, Saint-Just fut presque continuel-
lement à l'armée. D'ailleurs, les actes de ce bureau
portent aussi les signatures de Billaud, Collot, Barère[1], » etc...

Voici, sur ce point, la déclaration de Fouquier-Tinville : « Je n'ai jamais eu connaissance que le Bureau de
police générale fût un établissement distinct du Comité
de salut public, d'autant que j'ai vu plusieurs fois Lejeune,
l'un des secrétaires de ce bureau, venir faire approuver
son travail dans le lieu des Séances du comité. Tous les
ordres m'ont été donnés dans ce lieu, intitulés : « Extraits
« des registres du Comité de salut public, » et signés de
plus ou moins de membres de ce comité[2]. »

Au reste, plus directement que du Bureau de police
générale, les prisons relevaient du commissariat des administrations civiles, police et tribunaux, poste important auquel Hermann[3] avait été élevé après le procès de
Danton, et, selon toute apparence, sur la recommandation
de Robespierre[4]. Aux yeux de ce dernier, en effet, Hermann passait pour un homme éclairé et pour un honnête

---

[1] Rapport de Saladin au nom de la commission des Vingt et un, p. 10.
Voy. *Bibl. hist. de la Rév.* — 1097-8-9 (*British Museum.*)

[2] *Ibid.*, p. 11.

[3] Ou Herman; car, dans les documents révolutionnaires que nous avons
eus sous les yeux, ce nom est écrit tantôt d'une façon, tantôt d'une autre : ce
qui est le cas pour beaucoup de noms appartenant à cette époque.

[4] Thierriet-Grandpré, dantoniste exalté, et ennemi personnel d'Hermann,
s'exprima ainsi dans sa déposition, lors du procès de Fouquier-Tinville :
« Ce fut au Comité de salut public, et principalement à Robespierre, que
Hermann dut son élévation. » Mais le témoignage de Thierriet-Grandpré est
suspect : c'est celui de la haine et de la vengeance.

homme[1]. Mais qu'il existât entre eux aucune relation
d'où l'on soit en droit d'inférer que l'un fût l'instrument
de l'autre, c'est ce que les déclarations subséquentes d'Hermann, très-formelles et non démenties, ont prouvé être
absolument faux. Durant les quatre mois qu'il demeura
commissaire des administrations civiles, Hermann ne vit
Robespierre que trois fois, par occasion, parce qu'on
le mena chez lui, et sans qu'un seul mot de confidence
fût échangé[2].

Quoi qu'il en soit, à peine nommé, il prit des mesures
qui modifièrent fort le régime des prisons.

Dès le 27 floréal (16 mai), un arrêté de police était
affiché dans les corridors de la maison Lazare, portant
« que le défaut de surveillance dans les prisons y avait
introduit un luxe immodéré; que les tables y étaient servies avec une profusion indécente; que les sommes que
les détenus s'étaient procurées pouvaient y devenir dangereuses; que la police avait cru sage de faire une visite
générale dans les prisons, de laquelle était résultée une
saisie de huit cent soixante-quatre mille livres, indépendamment des bijoux; qu'elle espérait que les sommes
saisies et à saisir iraient au moins à un million deux cent
mille livres; que ces différentes sommes seraient dépo-
sées dans une caisse particulière, pour être délivrées aux
détenus qui obtiendraient leur liberté, déduction faite
préalablement de trois livres par jour pour frais de garde
et de nourriture; que, pour mettre de l'uniformité entre
les détenus, et faire cesser toute distinction, il serait établi un réfectoire, auquel, tous indifféremment, seraient
obligés d'aller manger; que jusqu'alors il serait payé à

---

[1] C'est le jugement que porte de lui Robespierre, dans une note
trouvée parmi ses papiers. Voy. les pièces à la suite du rapport de
Courtois.

[2] Voy. le *Mémoire justificatif pour le citoyen Hermann*, dans la *Bibl.
hist. de la Rév.* — 947-8. (*British Museum.*)

chacun d'eux trois livres par jour, sous la déduction de
dix sous pour les frais de garde ; qu'enfin, il serait établi
dans la maison une boîte dans laquelle les lettres, les
paquets et le linge seraient mis, pour être ensuite portés
à leur adresse par des commissionnaires [1]. »

En conséquence de cet arrêté, chaque prisonnier tou-
cha cinquante sous par jour, à partir du 20 prairial
(8 juin) ; et, le 24 messidor (12 juillet), le réfectoire
annoncé fut établi, au grand désespoir de ceux des détenus à qui leur position de fortune avait assuré jusqu'alors
toutes les jouissances de table que la fortune permet. Nul
doute que le nouveau système n'eût l'inconvénient de
faire dépendre, en partie, le bien-être des détenus de la
cupidité, plus ou moins en éveil, des entrepreneurs particuliers ; mais, sans parler de la tendance inévitable des
prisonniers à assombrir le plus qu'ils peuvent le tableau
de leur captivité, surtout là où la passion politique et la
vengeance tiennent la plume, des plaintes mêmes qui
nous ont été transmises résulte la preuve qu'au plus fort
de la Terreur la condition matérielle des prisonniers politiques était meilleure qu'elle n'a été depuis au milieu
d'une paix profonde [2].

[1] *Tableau historique de la maison Lazare*, dans les *Mémoires sur les
prisons*, t. I, p. 240 et 241.

[2] Voici, tel que le décrit, dans un paroxysme d'indignation, un des détenus, le menu du dîner à la maison Lazare (*Mémoires des prisons*, t. I,
p. 246 et 247) : « La table de trente personnes, à laquelle je me trouvais,
fut servie de deux plats de soupe aux légumes très-lavés, de trois livres
de bouilli, de deux livres de foie de veau, de trente œufs légèrement ornés
de farce, d'un plat de haricots d'un litron, et de soixante abricots qu'on
qualifia de bouquet du traiteur. » Que ce dîner ait pu paraître « *exigu* » à
celui qui le mentionne, on le conçoit. Et cependant, combien cette description ferait envier à beaucoup de prisonniers d'aujourd'hui, — la crainte
de la mort mise à part, — le sort des prisonniers de ce temps-là ! Or il
est à noter que ceci est donné comme une preuve décisive de « la scélératesse de Robespierre ! » Robespierre rendu responsable des spéculations cu-
linaires du traiteur Périnal ! en vérité, le ridicule ici le dispute à l'odieux.

D'autres changements firent à Hermann de nombreux ennemis. Des inspecteurs furent établis pour contrôler le travail des employés; les traitements furent soumis à une réduction que réclamait le malheur des temps; l'entrée des bureaux fut interdite aux femmes que leur mise et leurs manières annonçaient comme appartenant à la classe des « jolies solliciteuses. » Heureux si Hermann n'avait à répondre devant l'Histoire que de ces actes, lesquels ne purent être transformés en crimes, quand la réaction triompha, que par l'absurde fanatisme de la haine [1]. Mais ce qui le condamne, lui et Lanne, son adjoint, c'est la facilité avec laquelle ils ouvrirent l'oreille à de basses dénonciations contre une foule de prisonniers que ces dénonciations vouaient à la mort.

Le signal de la Terreur dans les prisons fut donné à Bicêtre, que peuplaient des misérables, condamnés aux fers pour crimes qui n'avaient nullement trait à la politique. Parmi eux se trouvait un peintre, de la section des Thermes, nommé Valagnos. Cet homme, étant au cachot avec sept scélérats, entendit un jour deux de ses compagnons, serruriers de leur état, dire que, sous vingt-quatre heures, ils seraient libres. Ils commencèrent effectivement à limer les grilles, et, sur l'observation de Valagnos

---

[1] La déposition de Thierret-Grandpré, dans le procès de Fouquier-Tinville, fournit un curieux et navrant exemple de ce fanatisme de la haine et du changement apporté par la réaction, soit dans les idées, soit dans le langage : « Plusieurs chefs, dit le témoin, du nombre desquels j'étais, avaient un traitement de cinq mille livres. Hermann nous réduisit à quatre mille livres, et voulait niveler les appointements des chefs, des sous-chefs et des rédacteurs de correspondance ; cependant il s'en tint à une réduction générale et proportionnée. Je n'ai pas besoin de caractériser ce trait; il décèle assez (quelle induction!) l'intention de forcer à la retraite des hommes purs et instruits pour faire place à ce qu'il appelait de vrais sans-culottes, des pères de famille de la classe indigente. » Ainsi, avoir de la sympathie pour *des pères de famille de la classe indigente* était devenu un crime ! — Voy. le procès de Fouquier dans l'*Hist. parlem.*, t. XXXV, p. 48 et 49.

qu'il y avait à éluder la surveillance de deux faction-
naires : « N'importe, s'écria un des bandits, je les tuerai
à *l'anglaise*[1]. » De son côté, l'administrateur de police
Dupaumier saisit dans le cachot des condamnés chaînes
et couteaux, et découvrit un trou pratiqué pour l'évasion des détenus[2]. Valagnos fit un rapport de ce qu'il
avait appris ; Dupaumier dressa procès-verbal de ce
qu'il avait découvert, et le tout fut envoyé au Comité de
sûreté générale. C'était d'un simple projet d'évasion
qu'il s'agissait[3], et la loi du 23 ventôse ne menaçait de
la peine de mort que ceux qui auraient tenté « d'ouvrir
les prisons[4] ; » mais quelques propos violents échappés
aux détenus suffirent à Dupaumier, homme féroce, pour
construire le roman d'un vaste complot tendant au massacre des membres les plus marquants de la Convention
et des Comités[5]. En conséquence, un arrêté du Comité de
sûreté générale chargea Fouquier-Tinville et Lanne de se
transporter à Bicêtre pour y recevoir les dénonciations[6].
Ils obéissent, se rendent à la prison, interrogent Valagnos ; puis un bureau est dressé dans la cour ; on y amène
des condamnés à la chaîne, qu'on a fait déferrer et dont
on prend par écrit les témoignages ou les réponses. Le
résultat fut la translation à Paris de trente-sept prisonniers[7]. Ceci se passait le 26 prairial (14 juin) ; le 7 messidor (25 juin), trente-huit autres subirent le même sort[8].

---

[1] Déposition de Valagnos, dans le procès de Fouquier-Tinville, t. XXXIV
de l'*Hist. parlem.*, p. 414.

[2] Déposition de Dupaumier, *ibid.*, p. 344.

[3] « J'ai dénoncé une évasion, et non une conspiration. » Déposition de
Valagnos, *ubi supra*.

[4] Déposition de Fouquier-Tinville, dans son procès. *Hist. parlem.*,
t. XXXIV, p. 344.

[5] Déposition de Brunet, chirurgien en chef de Bicêtre, *ibid.*, p. 558.

[6] Déclaration de Fouquier-Tinville dans son procès, *ibid.*, p. 555.

[7] Déposition de Deschamps, économe provisoire de Bicêtre, *ibid.*, p. 542
et 343.

[8] *Ibid.*, p. 343.

La première fournée ne se composait que de scélérats, que d'hommes condamnés à dix, douze ou vingt ans de fers [1] ; dans la deuxième se trouvaient compris un fils naturel de Sillery ; Senlis, vicaire de la paroisse de Saint-Louis-en-l'Isle, et le montagnard Osselin.

Ces enlèvements répandirent à Bicêtre une si grande terreur, qu'un vieillard, au bruit des voitures roulant sur le pavé, s'ouvrit le ventre avec un rasoir [2]. Le délit de contre-révolution était le seul qu'on eût à reprocher au fils de Sillery et à Senlis. Quant à Osselin, il avait commis un noble crime, en violant une loi qui, elle-même, violait l'humanité ; il avait caché, dans une maison isolée du bois de Boulogne, une madame Charry, dont le nom figurait sur la liste des suspects. Les lois de l'hospitalité sont de celles que la conscience humaine proclame saintes, et pour lesquelles il est beau de mourir. Là ne fut point, toutefois, la cause qui fit conduire Osselin à l'échafaud ; condamné d'abord à dix ans de fers, il périt victime de sa prétendue complicité dans le prétendu complot de Bicêtre. Et quel spectacle affreux que celui de ses derniers moments ! Il s'était enfoncé un clou dans la poitrine, il se mourait ; on craignit qu'il n'expirât si on arrachait le clou de la blessure, et, barbarie à jamais exécrable ! on le traîna ainsi devant les juges [3] !

Il y eut aussi cela d'horrible dans cette affaire, que, parmi les témoins entendus, deux avaient déjà été flétris comme faux témoins [4]. Or, non-seulement on reçut leur témoignage, mais ils furent récompensés d'avoir joué le rôle de délateurs, ordre ayant été donné de les mieux

[1] Déclaration de Fouquier-Tinville, *Hist. parlementaire*, t. XXXIV, p. 344, et déposition de Brunet, chirurgien en chef de Bicêtre, *ibid.*, p. 358.

[2] Déposition de Deschamps, *ibid.*, p. 359.

[3] Déposition de Langeac, homme de lettres, *ibid*, p. 567.

[4] Déposition de Dupaumier, *ibid.*, p. 345.

nourrir et de les mettre dans une chambre particulière, sur la porte de laquelle ces mots : *Amis de la patrie!*

Une chose qui étonne, c'est que Naulin est l'homme qu'on rencontre présidant aux débats de cette affaire de Bicêtre, ce même Naulin dont tant de témoins, lors du procès de Fouquier-Tinville, s'accordèrent à vanter l'humanité. Il y a plus : Naulin, dans ce procès, déclara formellement qu'un des condamnés pour le complot de Bicêtre était convenu, en sortant de l'audience, qu'une conspiration avait en effet existé; qu'il s'agissait de s'emparer du pont Neuf, de marcher sur la Convention, etc. Un autre condamné dit à un gendarme que, si jamais le Tribunal révolutionnaire avait rendu un jugement juste, c'était celui-là [1].

Pendant ce temps, des rumeurs menaçantes couraient sur l'esprit qui régnait dans les prisons politiques. Les prisonniers, disait-on, couvaient certainement des projets sinistres. On avait remarqué parmi eux beaucoup d'allées et venues, des chuchotements, un air de mystère. En toute occasion, ils affichaient leur horreur pour l'égalité. S'adressaient-ils la parole l'un à l'autre, ce n'était jamais que : « Monsieur le prince, Monsieur le comte, etc. » Les armées de la République venaient-elles à remporter une victoire, une sacrilége tristesse se peignait sur les visages, et quelquefois éclatait en exclamations gémissantes [2].

Qu'il y eût du vrai en ceci, les relations des prisonniers eux-mêmes ne permettent pas d'en douter [3]; mais il y avait loin de là à un complot ayant pour but l'extermination des patriotes. Malheureusement, la Terreur, selon

---

[1] Déclaration de Naulin, dans le procès de Fouquier-Tinville. — Voy. l'*Hist. parlem.*, t. XXXIV, p. 515.

[2] Rapport, non signé, et attribué à Lejeune. Rapport de Saladin, n° XX des pièces à l'appui.

[3] Voy. les *Mémoires des prisons*, t. II, p. 8.

l'affreuse grammaire du moment, était à l'ordre du jour.
« Épurer la population » paraissait nécessaire au parti
qui avait Barère pour orateur[1], et ce dernier cachait si
peu sa pensée à cet égard, qu'il lui était arrivé de s'é-
crier en pleine Convention que le Comité de salut public
avait pris ses mesures, et que, dans deux mois, « les
prisons seraient évacuées[2]. » Ceux-là même qui ne cherchaient pas dans la Terreur un point d'appui pour leur
politique s'abandonnaient alors aux plus noires inquiétudes. La moindre menace proférée par un contre-révolutionnaire prenait tout de suite des proportions fantasti-
ques. Un des voleurs enfermés à Bicêtre ayant dit, ou
étant accusé d'avoir dit, qu'il fallait se rendre aux comités,
en poignarder les membres, leur « arracher le cœur, le
griller et le manger ; » ce propos, très-certainement atroce,
mais qui, en le supposant vrai, ne pouvait guère être
attribué qu'à une explosion accidentelle de rage, devint la
preuve d'un projet bien arrêté de la part des prisonniers
de Bicêtre de griller en effet le cœur des membres du
Comité et de le manger : Fouquier-Tinville écrivit gravement cela dans son réquisitoire[3].

Inutile de demander si le soupçon, présent partout,
hantait le Comité de sûreté générale, lui qui avait dans
ses attributions spéciales la surveillance des prisons et la

---

[1] *Épurer la population* fut le mot même dont Barère se servit dans la
séance du 28 messidor. Voy. le rapport de Saladin, p. 21. — Bibl. hist. de
la Rév., 1097-8-9. (*British Museum.*)

[2] Procès de Fouquier-Tinville, déposition de Trinchard. *Hist. parlem.*,
t. XXXIV, p. 337.

[3] Voy. le procès de Fouquier-Tinville, réquisitoire d'Antoine Judicis,
accusateur public alors, dans l'*Hist. parlem.*, t. XXXV, p. 53.

J'ignore et ne puis comprendre pourquoi, dans son *Histoire de la Révolution*, liv. XX, ch. III, p. 391, M. Michelet suppose que Fouquier-Tinville mit en avant ce chef d'accusation par *malice* et pour rendre le
procès *ridicule*. On ne conçoit pas quel intérêt il pouvait avoir à rendre
ridicule ce qui était son œuvre, là surtout où le ridicule était une aggravation de l'horrible.

découverte des complots. La défiance s'étendant jusqu'aux
geôliers, plusieurs d'entre eux furent remplacés par
d'autres. Changements qui se rapportent à l'initiative
d'Amar[1]; et, comme il est dans la nature de la défiance,
quand la haine s'y mêle, de ne jamais vouloir s'avouer
qu'elle est en défaut, le Comité de sûreté générale poussa
son penchant à accueillir les dénonciations jusqu'à les
provoquer, témoin une lettre écrite à Laurent Lecointre
par Ferrières, emprisonné à la Force, lequel raconte
comme quoi il fut une nuit mandé au Comité de sûreté
générale, où Fouquier-Tinville voulut le contraindre à
avouer qu'il y avait à la Force une conspiration. Lui nia,
et il ajoute que les membres du Comité en conservèrent
de l'irritation contre lui[2].

A Rome, la délation, encouragée, fit pulluler la race
ignoble des délateurs; semblable cause, à l'époque dont
il s'agit, produisit semblable résultat.

On a vu à quoi se réduisait la conspiration qui, lors
du procès des Dantonistes, fut imputée à Dillon, enfermé
alors au Luxembourg. Des menées bien autrement constatées et beaucoup plus sérieuses avaient été ourdies
dans cette prison par les Hébertistes, Grammont, Lapallu,
Durey, Savard, lorsqu'ils y étaient détenus, et avant la
ruine définitive de leur parti. S'appuyant au dehors sur
des hommes aussi violents qu'eux-mêmes, Héron, par
exemple, Évrard et le représentant Javogues, ils avaient
cru un moment toucher au triomphe, et, non contents

---

[1] Laurent Lecointre, ennemi mortel de Robespierre, et qui contribua
tant à le renverser, est formel sur ce point. Voy. son appel au *Peuple
français, à l'univers, à la postérité*, p. 134. — Bibl. hist. de la Rév.,
1100-1. (*British Museum.*) Et cependant, qu'on lise les *Mémoires des
prisons*, rédigés par des détenus qui ne savaient rien de ce qui se passait au dehors, et l'on verra que le changement des concierges est partout attribué à Robespierre !

[2] Voy. l'appel de Laurent Lecointre au *Peuple français*, p. 134, *ubi
supra.*

de nourrir des pensées de révolte ou de vengeance, ils les
avaient épanchées en paroles imprudentes qui les perdirent[1]. Leur dénonciateur fut un nommé Beausire, qui,
impliqué jadis dans la fameuse affaire du collier, avait été
l'amant d'Oliva, l'audacieuse courtisane, si étrangement
mêlée à cette intrigue[2]. Beausire était donc rompu d'avance
au rôle de la délation, lorsque, dans les premiers jours
de messidor, il eut le malheur d'être choisi pour complice par deux hommes encore plus méchants que lui,
un porte-clefs de la prison, nommé Vernet, et un certain
Boyenval, tailleur.

Dès le milieu du mois de prairial, on avait remarqué que
Boyenval négligeait ses occupations journalières, qu'il
passait son temps, dans la prison, à rôder de chambre en
chambre, à fureter partout, à s'enquérir des noms et des
opinions de chaque détenu[3]. Il n'avait pas non plus échappé
à ses compagnons de captivité que cet homme avait avec le
porte-clefs Vernet des conférences particulières, et qu'il
jouissait, ainsi que Beausire, de certains priviléges suspects[4]. On ne devait avoir que trop tôt le mot de l'énigme.
Vernet, Boyenval, Beausire, étaient occupés à inventer la
fable d'une conspiration qui pût faire suite à celle des
Grammont, Dillon, etc.[5].

Sur ces entrefaites, un changement eut lieu qui ter-
rifia les malheureux hôtes du Luxembourg; le concierge
Benoît leur fut enlevé pour être traduit devant le Tribunal

[1] Voy. sur ce point, en les rapprochant, le récit de ce qui se passa
au Luxembourg, dans les *Mémoires des prisons*, t. II, p. 141-144, et
la déposition de Beausire, procès de Fouquier-Tinville, dans l'*Hist. parl.*,
t. XXXIV, p. 321-323.

[2] Voy. la déposition de Beausire, *ibid.*, p. 329.

[3] Déposition du général Baraguey-d'Hilliers, dans le procès de Fouquier-Tinville. — Voy. l'*Hist. parlem.*, t. XXXV, p. 62.

[4] *Ibid.*

[5] Voy. le procès de Fouquier-Tinville, *passim*, et notamment la déposition de Vauchelet, négociant, *Hist. parlem.*, t. XXXV, p. 68.

révolutionnaire. C'était un bon vieillard, à l'âme compa-
tissante et douce[1]. Le Tribunal révolutionnaire l'acquitta;
mais le 1er messidor (19 juin), sa place avait été donnée
à un certain Guyard[2], qui, à Lyon, avait servi, comme
concierge de la *Cave des morts*, la dictature farouche de
Collot-d'Herbois et de Fouché[3]. A dater de ce moment, le
régime de la prison devint si tyrannique, que de désespoir
un des détenus se précipita, du haut des plombs, sur une
balustrade de marbre où il se tua; la place, rouge de
son sang, fut couverte de fleurs par une main inconnue[4].
Vainement les prisonniers se plaignirent-ils de la brutalité
du nouveau venu; à leurs plaintes, l'administrateur de
police Wilchéritz, cordonnier allemand, ne savait répondre
que ces mots burlesques : « La justice est juste, la vérité
est véridique; prenez patience, c'est un petit moment de
durerie à passer[5]. »

Or, tandis que les rapports journaliers du mouvement
des prisons les représentaient comme paisibles, d'autres
rapports secrètement adressés, soit à la police, soit aux
Comités, parlaient de délibérations ardentes, de projets
sinistres[6]. Vernet, l'âme du complot, trop réel, qui
consistait à en supposer d'imaginaires, prétendait savoir
qu'il existait dans l'intérieur de la prison une conspiration
à la tête de laquelle étaient huit citoyens de la commune
d'Orléans; que les ramifications de cette trame s'étendaient au loin; qu'elle était servie par des nobles et des
prêtres; qu'au dehors, des femmes vendaient certaines

---

[1] *Mémoires sur les prisons*, t. II, p. 156.

[2] Procès de Fouquier, déposition de Guyard. *Hist. parlem.*, t. XXXIV,
p. 362.

[3] Ce Guyard appartenait au parti hébertiste.

[4] Déposition de Réal, dans le procès de Fouquier-Tinville. *Hist. parl.*,
t. XXXIV, p. 386 et 387.

[5] Discours de Réal, note B, des *Mémoires des prisons*, t. II.

[6] Déposition d'Hermann dans le procès de Fouquier-Tinville. *Hist.
parlem.*, t. XXXV, p. 44.

boîtes à l'effigie de Louis XVI, et que ces boîtes étaient le signe de ralliement convenu[1]. Il assurait, en outre, qu'il y avait au Luxembourg des rassemblements, dont il se faisait fort de prouver l'existence[2]. Tout ce qu'on peut dire, c'est que, depuis quatre mois, il y avait des mouvements au Luxembourg[3].

Là-dessus, le 3 messidor (21 juin), Hermann, en sa qualité de Commissaire des administrations civiles, police et tribunaux, adressa au Comité de salut public un rapport par lequel il demandait qu'on l'autorisât à faire la recherche des complots dans les prisons. Ce rapport, écrit dans le style de l'époque, contenait ces mots odieusement caractéristiques : « Il faudrait peut-être en un instant purger les prisons[4]. »

La réponse ne se fit pas attendre : le 7 messidor (25 juin), l'autorisation demandée par Hermann lui était accordée par un arrêté du Comité de salut public, portant les signatures de tous les membres, y compris celles de Prieur, de Lindet, de Carnot, à l'exception de celle de Saint-Just, absent[5].

En conséquence, Lanne, adjoint de la Commission des administrations civiles, se rendit au Luxembourg, accompagné d'un commis[6], pour y recevoir les déclarations annoncées. C'était le 12 messidor (30 juin). Vernet fait aussitôt descendre chez le concierge ceux dont il s'était promis d'invoquer le témoignage, le général Baraguey-d'Hilliers, d'abord. Interrogé par Lanne, ce dernier déclare ne rien savoir. Alors, tirant de sa poche une grande demi-feuille de papier sur laquelle figuraient une soixan-

---

[1] Déposition du général Baraguey-d'Hilliers. *Hist. parl.*, t. XXXV, p. 61.

[2] Déclaration d'Hermann. *Ibid.*, p. 42.

[3] Voy. la note à la suite de ce chapitre.

[4] Voy. le texte, dans l'*Hist. parlem.*, t. XXXV, p. 43.

[5] Voy. le rapport de Saladin, n° XXV des pièces à l'appui, dans la Bibl. hist. de la Rév., 1097-8-9. (*British Museum.*)

[6] Voy. la note placée à la suite de ce chapitre.

taine de noms marqués d'une croix rouge, Lanne somme
le général d'indiquer sur cette liste les noms de ceux qui
avaient coutume de fréquenter Dillon. Baraguey-d'Hilliers
se nomma le premier, répondit *oui* touchant les uns,
non touchant les autres, et se retira, non sans être
grondé par Vernet pour la sécheresse et le laconisme de
ses réponses[1]. Il paraît que les dénonciations du féroce
porte-clefs n'atteignaient pas moins de trois cents victimes[2]. Aussi Lanne avait-il dit brusquement à Baraguey-
d'Hilliers : « Il y a deux cents complices de ces trames
dans la prison[3]. »

Le lendemain, dans la matinée, Boyenval et Beausire
sont mandés chez le concierge par Vernet; et là fut dressée
par ces trois misérables la liste qui allait envoyer cent
cinquante-cinq personnes à l'échafaud. Au nombre des
victimes désignées étaient le prince d'Hénin, le duc de
Gêvres, trente-neuf nobles, l'ex-prieur des Chartreux,
trois prêtres dont un portant le beau nom de Fénelon,
trois généraux, sept officiers, cinq journalistes, trois
banquiers, deux hommes de loi, un notaire, un marin,
un marchand de tableaux, un marchand de vin, un huissier, un coiffeur, un domestique[4].

A cette liste, déjà si nombreuse, quatre noms furent
ajoutés, ce qui donnait à juger au Tribunal révolutionnaire, comme impliqués dans le même attentat, cent
cinquante-neuf individus[5].

Les jugerait-on à la fois? C'est l'idée qui, d'abord,
sembla prévaloir, et des dispositions furent prises en

---

[1] Déposition de Baraguey-d'Hilliers, dans le procès de Fouquier-Tinville. *Hist. parlem.*, t. XXXV, p. 60-61.

[2] Déposition de Beausire, *ibid.*, p. 66-67. — Déposition de Fouquier,
ibid., t. XXXIV, p. 355.

[3] Déposition de Baraguey-d'Hilliers, *ibid.*, p. 60.

[4] Voy., dans le rapport de Saladin, les n°s XX et XXI des pièces à
l'appui.

[5] *Ibid.*

conséquence. On construisit des gradins destinés à recevoir cette grande foule de prévenus; on fit disparaître le fauteuil fatal; on enleva les tables qui garnissaient le pourtour de l'enceinte, et les gradins furent multipliés de façon à s'élever jusqu'à la corniche du plafond, sans compter qu'aux extrémités on avait mis, pour pierre d'attente, des poutrelles[1]. Cet énorme échafaudage, qui remplissait une partie de l'enceinte et reléguait l'accusateur public à l'est de la salle, avait quelque chose de si effrayant, que Fouquier-Tinville lui-même s'en émut, et en écrivit au Comité de salut public[2]. Ne recevant point de réponse, il s'y rend. Dans la salle des délibérations, il trouve Carnot, qui sortait, Billaud-Varenne, Collot-d'Herbois et Saint-Just. Ce dernier ne voulait pas qu'on exécutât ensemble tous ceux qui pouvaient être condamnés; mais, sur l'observation que c'était impossible, la loi prescrivant l'accomplissement de la sentence dans les vingt-quatre heures, on décida que la mise en jugement s'effectuerait en trois fois, savoir : les 19, 21 et 22 messidor, ce qui eut lieu[3].

Dans l'intervalle, une vive inquiétude régnait au Luxembourg, et cette inquiétude avait même dégénéré en fermentation. Le concierge Guyard se hâta d'écrire à l'administration de police une lettre qui faisait pressentir la possibilité d'un soulèvement, et l'imagination d'Hermann était si frappée, qu'il crut devoir mander au Comité de sûreté générale d'une part, et d'autre part au maire de Paris, que des mesures de précaution étaient nécessaires, et qu'il fallait se tenir prêt à tout événement[4].

---

[1] Note du rédacteur du compte rendu du procès de Fouquier-Tinville.
[2] *Réponse de Fouquier-Tinville aux différentes accusations*, etc., dans la Bibl. hist. de la Rév., 947-8. (*British museum*.)
[3] *Ibid.*
[4] Voy. le texte de ces diverses lettres dans le procès de Fouquier-Tinville, dans l'*Hist. parlem.*, t. XXXIV, p. 454-457; et, à ce sujet, la note critique placée à la suite de ce chapitre.

Ceci se passait le 18 messidor (6 juillet); et ce jour-là même, à onze heures du soir, les prisonniers du Luxembourg virent une force armée très-nombreuse entrer dans la cour de la prison. On devine l'épouvante! Pendant toute la nuit, on entendit des appels dans les chambres; des pas précipités retentissaient le long des escaliers. C'était le transfèrement à la Conciergerie des malheureux désignés pour la première fournée[1]. Elle comprenait deux prêtres du Vexin, arrivés au Luxembourg depuis deux semaines seulement, et que les *faiseurs de listes* avaient eu néanmoins l'impudeur de dénoncer comme complices de Grammont, exécuté cinq mois avant leur arrivée[2]. Figurait aussi, parmi les prétendus conspirateurs, un pauvre plaideur qui n'était occupé que de son procès, et que la mort vint réclamer au moment où il se réjouissait de l'avoir gagné[3].

Le Tribunal révolutionnaire acquitta quelques-uns des accusés, le général Baraguey-d'Hilliers entre autres[4], mais tout se fit avec une précipitation scandaleuse, et ce qui montre bien quelle influence peuvent exercer sur les hommes la situation qui les enveloppe, l'atmosphère qu'ils respirent, c'est que Sellier, un des juges qui, dans cette affaire, déployèrent le plus de dureté[5], et celui qui présida l'audience du 22 messidor (10 juillet)[6], était un homme sur le compte duquel Réal, le plus notable des témoins à charge dans le procès de Fouquier-Tinville, déposa en ces termes : « J'ai connu Sellier au Tribunal du 17 août. Il y remplissait les fonctions de commissaire

---

[1] Déposition de Réal, dans le procès de Fouquier-Tinville. *Hist. parlem*, t. XXXIV, p. 387.

[2] *Ibid.*, p. 389.

[3] *Ibid.*, p. 389 et 590.

[4] Voy. sa déposition, *ubi supra*, t. XXXV, p. 62.

[5] Voy. la déposition de Martin, homme de loi, *ubi supra*, t. XXXIV. p. 539.

[6] *Hist. parlem.*, t. XXXV, p. 67

national. Il partageait les opinions de Maire, et montrait
alors des sentiments de sincère humanité. Pendant que
j'étais détenu au Luxembourg, il eut occasion de voir
mon fils dans une maison tierce. Cet enfant y chanta avec
quelque énergie des couplets patriotiques. J'ai su qu'en
l'entendant Sellier versa des larmes; qu'il donna à ma
femme d'excellents conseils; que, dans un temps où l'on
fuyait les femmes des détenus comme des pestiférées, il
l'a reçue toujours bien. Je veux, disait-il, conduire votre
enfant dans des sociétés où il sera entendu; je veux qu'il
sauve son père[1]. »

Nicolaï, ex-président du grand conseil, et son fils,
faisaient partie de la seconde fournée, qui fut jugée le
21 messidor (9 juillet). Après l'audience, ils traversaient,
entre deux haies de gendarmes, la cour de la Conciergerie, lorsque, de la fenêtre du greffe, Fouquier-Tinville,
apercevant deux détenus qui donnaient des marques de
compassion, les fit enfermer dans la chambre noire[2]. La
pitié, un crime !

Nicolaï père avait été tiré de la prison de Port-Libre,
dès le 8 floréal (27 avril). Quand on vint l'y chercher
pour le conduire à la Conciergerie, il était à table. On
lui dit qu'un gendarme l'attendait en bas. Il acheva de
dîner, prit un verre de liqueur, et descendit au greffe.
Il avait une douleur à l'épaule; comme on l'engageait à
consulter un médecin : « Non, répondit-il, cela n'est pas
nécessaire; le mal est trop près de la tête, l'une empor-
tera l'autre[3]. » Un trait qu'on voudrait pouvoir omettre,
parce qu'il fait horreur, mais l'histoire n'a le droit de rien
taire, c'est celui que Réal rapporte à propos de Boyenval.

---

[1] Déposition de Réal, dans le procès de Fouquier-Tinville. *Hist. parlem.*,
t. XXXIV, p. 398 et 399.

[2] Déposition du général Baraguey-d'Hilliers, *ubi supra*, t. XXXIV,
p. 331.

[3] *Mémoires sur les prisons*, t. II, p. 90 et 91.

Ce délateur infâme avait inscrit sur la liste homicide un nommé Gant, dont la femme était aussi enfermée au Luxembourg. Il déposa contre l'infortuné, et, le soir, il était aux pieds de la femme épouvantée; et, deux jours après, on le voyait, avec une amoureuse insolence, donner le bras à celle dont il venait d'envoyer le mari à la mort[1].

La prison des Carmes ne tarda pas, elle aussi, à fournir son contingent à l'échafaud. Le 2 thermidor (20 juillet), un arrêté au bas duquel on lit les noms de Saint-Just, de Carnot, de Prieur, de Billaud-Varenne, et auquel manquent les signatures de Robespierre et de Couthon[2], traduisit devant le Tribunal révolutionnaire quarante-neuf détenus des Carmes, et, de ce nombre, le prince de Montbazon, le comte de Champagnet, le prince de Salm, le marquis de Grammont, Alexandre Beauharnais, et d'Autichamp, frère du chef vendéen[3]. Environ deux semaines auparavant, un rapport avait été adressé au Comité de salut public par l'administrateur de police Faro, rapport où il était dit: qu'un projet d'évasion avait été conçu dans la prison des Carmes; que des tentatives d'évasion y avaient été faites; que le comte de Champagnet était monté à l'escalier du dôme, et qu'on avait trouvé une corde cachée sous son lit; qu'on avait découvert des emblèmes de la royauté dessinés sur un poêle, et que le chirurgien Virolle, accusé d'avoir tenu des propos séditieux, s'était tué, à la suite de son interrogatoire, en se jetant par la fenêtre[4]. Nous voici au plus fort de la Terreur. Essayons de rassembler tous les traits qui en composent l'effrayant tableau.

[1] Déposition de Réal. *Hist. parlem.*, t. XXXIV, p. 393.
[2] Rapport de Saladin, n° XXIII des pièces à l'appui, dans la Bibl. hist. de la Rév., 1097-8-9. (*British Museum.*)
[3] *Ibid.*
[4] *Ibid.*

Le seul document de quelque importance auquel on puisse recourir en ce qui touche les conspirations des prisons est malheureusement le *Procès de Fouquier-Tinville*; nous disons malheureusement, parce que ce procès eut lieu sous l'empire d'un mouvement de réaction très-fougueux; parce que la plupart des dépositions qu'il provoqua sont marquées au coin de la haine, de la vengeance ou de la peur; parce qu'enfin le compte rendu témoigne du parti pris de donner un développement immense à l'attaque, en étranglant ou même en supprimant la défense.

Le plus notable des personnages mis en cause dans ce procès, après Fouquier-Tinville, c'est Hermann. Or, de tout ce qui put, justement ou injustement, être allégué contre lui, rien désormais ne sera perdu pour l'Histoire, grâce au luxe des accusations dirigées contre lui et enregistrées *in extenso* par le rédacteur du compte rendu. Mais à ces accusations, quels faits opposa-t-il? Voilà ce que, de propos délibéré, le compte rendu supprime. A une seule déposition, celle d'un ennemi personnel d'Hermann, il consacre douze pages, par exemple; et la réponse d'Hermann est rapportée en ces termes : « *Hermann a expliqué ou nié les faits qui lui sont reprochés.* » (Voy. l'*Hist. parlem*, t. XXXV, p. 57.) Quelques mots de lui semés çà et là, et noyés dans un déluge d'attaques, voilà tout ce que le compte rendu fournit à qui recherche consciencieusement la vérité; et, lorsqu'à travers une série de dépositions qui s'étendent sur quatre cents pages, le lecteur arrive au point où il s'attend à voir ce qu'Hermann dira pour sa justification, tout ce qu'il trouve, c'est ceci : « *Hermann a été entendu.* » (*Ibid.*, p. 144.)

Maintenant, que la défense d'Hermann, si elle nous eût été conservée, eût été pour l'Histoire un document précieux et eût jeté beaucoup de jour, un jour nouveau peut-être, sur toute cette affaire des prisons, c'est au moins probable. Dans le *Moniteur*, qui ne donne pas non plus la défense d'Hermann, il est dit : « qu'elle renfermait des observations pleines d'une philosophie profonde, annonçant un homme exercé à réfléchir, et qu'il y faisait de sa vie privée des tableaux qui, quoique assez touchants, furent mal accueillis du public. » (Voy. le *Moniteur*, an III, n° 230.) Il eût été d'un grand intérêt historique de savoir quels étaient ces tableaux, qui, quoique assez *touchants*, furent mal accueillis d'un public réactionnaire, et quelles étaient ces observations que le *Moniteur*, écrivant au plus fort du triomphe des ennemis de l'accusé, reconnaissait être *pleines d'une philosophie profonde*.

Au reste, même en prenant pour base un compte rendu qui lui est si évidemment et systématiquement hostile, nous ne croyons pas qu'on en puisse tirer, contre lui, autre chose que ce qui figure dans le précédent chapitre. Les lettres qu'il adressa le 18 messidor au Comité de sûreté générale et au maire de Paris pour leur dire de se tenir prêts à tout événement, ces lettres dont la haine, maladroite en ceci, de Thierret-Grandpré lui fit un crime, montrent que, si la conspiration du Luxembourg était chimérique, lui du moins croyait réellement à l'existence de

projets sinistres, ce qui n'a rien d'inconcevable quand on se reporte à
l'époque, d'autant qu'il existait effectivement, depuis quatre mois, au
Luxembourg, des « mouvements » (voy. la déposition de Martin, homme
de loi, *Hist. parlem.*, t. XXXIV, p. 358) que l'esprit soupçonneux du
temps n'était que trop porté à transformer en complots. Quoi qu'il en
soit, qu'on accuse Hermann d'avoir prêté une oreille trop complaisante à
des dénonciations viles dont il aurait dû se défier, et d'avoir par suite
provoqué des recherches qui assurèrent le triomphe des délateurs, rien
de plus juste; mais qu'il ait voulu trouver des coupables où il savait
n'exister que des innocents, voilà ce qui, dans le procès de Fouquier-
Tinville, fut allégué, mais non *prouvé*. Un exemple montrera combien il
est nécessaire de bien peser, avant de les adopter, les accusations que dicte
la haine. Dans le réquisitoire du substitut Cambon (voy. l'*Hist. parlem.*,
t. XXXV, p. 37), il est dit, en propres termes : « A certaines époques, Hermann et Lanne, en compagnie de Fouquier-Tinville, visitèrent les prisons.» Et M. Michelet part de là pour dire à son tour (liv. XX, ch. IV,
p. 396) : *Le philanthrope Hermann, cette fois, ne s'en fia à personne.
Il alla lui-même, avec Lanne, au Luxembourg, faire une battue de prisonniers.* »

Or cela est tout à fait inexact. Et d'abord, voici ce que Hermann déclara formellement, en plein tribunal, devant Lanne, devant Boyenval,
devant Vernet, devant vingt ou trente témoins qui, s'il n'avait pas dit la
vérité, auraient pu le démentir et ne le démentirent pas : « *Je n'ai jamais été dans les prisons avec Lanne.* Vers le milieu de messidor, Lanne
vint avec Vernet dans mon cabinet : le premier me dit qu'il se faisait des
rassemblements chez la Bois-Gelin, au Luxembourg ; j'en avertis le Comité de salut public : il existe à ce sujet un rapport. Je ne connais que
cela sur les prisons. » (Voy. le procès, *Hist. part.*, t. XXXIV, p. 400-401.)
Or quelle fut la déposition de Boyenval? « Le 12 ou 13 messidor, Lanne,
accompagné d'un *autre*, vint au Luxembourg. » (*Ibid.*, t. XXXV, p. 40.
Et cet *autre*, était-ce Hermann? Non; car la déclaration de Lanne fut
celle-ci : « J'ai été au Luxembourg *avec un commis* de la Commission des
administrations civiles, police et tribunaux. » (*Ibid.*, p. 41-42.) Sur ce
point, du reste, les preuves qu'on peut tirer du compte rendu lui-même
affluent. Et qu'on ne dise pas que ce sont là de simples détails, des circonstances d'une importance secondaire. C'est par des erreurs de ce
genre, en effet, et faute d'avoir creusé le sujet suffisamment, que M. Michelet est arrivé, d'induction en induction, ou, plutôt, de supposition en
supposition, à établir tout un système historique d'où il résulterait, contrairement aux *faits* : que Robespierre, Saint-Just et Couthon furent exclusivement et jusqu'à la fin les directeurs du Bureau de police générale ;
qu'à eux seuls remonte la responsabilité de tout ce qui partit de ce Bureau ;
que toute la sanglante affaire des prisons se rapporte à l'intervention personnelle et aux « machinations d'Hermann ; que celui-ci était l'âme damnée
de Robespierre ; que par conséquent, » etc., etc... Or, pas une de ces assertions qui résiste à un examen approfondi et impartial des témoignages.

Par exemple, on a vu à quoi s'était bornée en réalité la part de Robespierre dans les actes émanés du Bureau de police générale, qu'il avait
espéré pouvoir faire servir de contre-poids à la tyrannie du Comité de sûreté
générale. Or, non-seulement le Comité de salut public s'était hâté d'enlever
ce bureau à l'influence des Robespierristes, comme Barère lui-même le
déclara [voy. ses *Observations sur le rapport de Saladin*, p. 3, dans la
Bibl. hist. de la Rév., 1097-8-9 (*British Museum*)]; mais voici l'important aveu que Billaud, Collot et Barère laissent échapper dans leur *Réponse aux inculpations renouvelées contre eux par Laurent Lecointre*,
p. 66 et 67 [v. la Bibl. hist. de la Rév., 1097-8-9 (*British Museum*)] :
« Sur les réclamations du Comité de sûreté générale à la fin de messidor,
le Comité de salut public délibéra de réunir le bureau de police générale
tout entier avec ses papiers au Comité de sûreté générale, *ce qui fut
exécuté.* »

Ainsi donc, il est impossible d'attribuer, en tout cas, à l'influence de
Robespierre, même indirectement et en ayant recours aux suppositions les
plus forcées, les exécutions qui marquèrent la fin de messidor et la première décade de thermidor. Or, il se trouve que c'est précisément la période où l'horrible activité de la guillotine s'est développée avec le plus de
fureur, le nombre des victimes s'étant élevé, dans les cinq derniers jours
de messidor et jusqu'au 9 thermidor, à cinq cent treize! (Voy. dans le
chapitre suivant le tableau des exécutions.) Ce ne sont pas là des *suppositions* : ce sont des *faits* et des *chiffres*.

M. Michelet écrit (liv. XII, ch. II, p. 426) : « Les listes de messidor et
thermidor ont été généralement détruites, sans doute par les comités, et
probablement parce qu'elles ne portaient pas la signature de Robespierre.
Hermann, son homme, *qui faisait signer ses listes au Comité de salut
public, se gardait bien de faire signer son maître.* » Étrange hypothèse! Et pourquoi donc Hermann se serait-il bien gardé de faire signer
son maître? Mais enfin, Hermann avait-il en effet Robespierre pour
maître? Était-il son *homme?* Voici qui tranchera la question. Au n° XIV
des pièces justificatives, imprimées à la suite du rapport de Courtois sur
les événements du 9 thermidor, on lit un rapport de Degesne, lieutenant
de gendarmerie, adressé au directeur de Paris, et qui commence en ces
termes : « Je vous rends compte que le 9 du courant, sur les cinq heures
du soir, il me fut remis un paquet par une ordonnance,... je l'ouvris, et
*j'y trouvai une lettre du citoyen Hermann, qui enjoignait d'exécuter
sur-le-champ le décret de la Convention nationale, qui mettait Henriot, son état-major et plusieurs autres individus en état d'arrestation!* » Et, plus loin, Degesne raconte qu'ayant porté cette lettre d'Hermann à Payan et Lescot-Fleuriot, ils la chiffonnèrent avec colère, et le firent aussitôt arrêter pour avoir voulu obéir. Il est clair que M. Michelet a
complétement ignoré ce fait, dont la connaissance lui eût épargné tout un
échafaudage de suppositions fausses et d'appréciations erronées.

CHAPITRE IV

LA TERREUR A SON APOGÉE

Effroyable aggravation du régime de la Terreur pendant la retraite de Robespierre. — Les ennemis de Robespierre, Terroristes furieux. — De quels hommes Fouquier-Tinville fut l'instrument. — Précipitation des jugements. — Affreuses méprises. — La vérité sur l'affaire de la veuve Maillet, et sur celle de Loizerolles. — Calomnies historiques. — Histoire de la guillotine. — Statistique funèbre. — Déplacement de la guillotine. — Hallucinations de Fouquier-Tinville. — Tableau de la Terreur et de ses effets. — On se familiarise avec la mort. — Les cimetières. — Bals, concerts, amusements publics, étalage de luxe, galanterie. — La Terreur en province. — Lequinio à Fontenay-le-Peuple. — Joseph Le Bon à Arras. — Politique violente servie par Le Bon. — Calomnies répandues contre lui. — Service important qu'il rend à la France, dans sa mission à Cambrai. — Caractère de l'impulsion partie de Paris. — Arrestation et mort de Guadet, de Salles, de Barbaroux. — Comment le régime de la Terreur doit être jugé. — Les faux assignats. — Lettre inédite et curieuse de Fouquier-Tinville. — Chiffre des condamnations et des acquittements. — Rapprochements historiques. — Critique historique.

Longtemps après la mort de Robespierre, Rewbell disait de lui : « Je ne lui reproche que d'avoir été trop doux[1]. »

Ce qui est certain, c'est que la Terreur redoubla, dès qu'il se fut éloigné de la scène. Pendant les quarante-cinq jours qui précédèrent sa retraite du Comité, le nombre des personnes guillotinées avait été de 577 : il fut, suivant Laurent Lecointre, de 1,285[2] pendant les qua-

---

[1] Mot rappelé par M. de Barante, dans son *Histoire du Directoire*, p. 16, et tiré des *Mémoires de Carnot*.

[2] Encore ce chiffre est-il au-dessous de la vérité. On verra plus bas que

rante-cinq jours qui la suivirent, c'est-à-dire depuis le 23 prairial jusqu'au 9 thermidor.

Le 23 prairial, les prisons contenaient 7,321 personnes ; et, le 9 thermidor, bien que, dans l'intervalle, ce chiffre eût subi, par les exécutions, les acquittements, et les morts naturelles, une diminution de 1,663, il ne s'élevait pas à moins de 7,800.

En d'autres termes, la retraite de Robespierre fut marquée par une augmentation comparative de 708 dans le nombre des personnes qui périrent sur l'échafaud, et par une augmentation de 893 dans le nombre des personnes qui furent jetées en prison[1].

Aussi l'écrivain royaliste Beaulieu n'hésite-t-il pas à dire : « Il reste pour constant que les plus grandes violences, depuis le commencement de l'année 1794, ont été provoquées par ceux-là mêmes qui ont écrasé Robespierre... Une chose sue de tout le monde, c'est que, six semaines avant la révolution du 9 thermidor, Robespierre ne paraissait plus aux Comités ; et c'est à cette époque que les arrestations furent plus multipliées et les exécutions plus épouvantables[2]. »

Est-il vrai, ainsi qu'un historien de nos jours se hasarde à l'affirmer, que, quoique Robespierre n'allât plus au Comité, il n'en exerçait pas moins un grand pouvoir attendu qu'il « gardait sa signature et signait chez lui[3]? »

On va juger de l'exactitude de cette assertion par la

le nombre des personnes guillotinées, depuis le 23 prairial jusqu'au 9 thermidor inclusivement, s'élève à treize cent cinquante et une.

[1] Ces chiffres, tous tirés des documents officiels, sont ceux dont Laurent Lecointre, tout ennemi mortel de Robespierre qu'il était, se servit, pour établir qu'il y avait eu un redoublement de la Terreur, dès qu'il avait cessé de se rendre au Comité. — Voy. *Laurent Lecointre au peuple français*, p. 129-131, dans la Bibl. hist. de la Rév., 1100-1. (*British Museum.*)

[2] BEAULIEU, *Essai historique sur la Révolution de France*, t. VI, p. 5.

[3] M. Michelet, *Histoire de la Révolution*, t. VII, liv. XX, ch. 1, p. 350.

déclaration suivante de Billaud-Varenne, Barère et Collot-
d'Herbois : « Robespierre a pu assister à la signature lorsqu'il a été mandé deux fois au Comité, en messidor et
thermidor, pour répondre à quelques faits à lui imputés
par les deux Comités. Il a pu signer quelques extraits,
lorsque, pour se ménager une réponse aux reproches qu'il
prévoyait sur son absence, il affectait de passer quelquefois dans les salles à cinq heures, quand la séance était
levée[1]. » Là se borna l'intervention politique de Robespierre, pendant les quatre dernières décades, de l'aveu
même de ceux de ses collègues qui le renversèrent ; et ils
nient formellement que, durant cette période, ils aient
présenté les arrêtés ou extraits à sa signature[2]. Aussi les
investigations de Laurent Lecointre ne lui fournirent-
elles que douze arrêtés signés par Robespierre, durant
les quatre dernières décades ; et c'est lui-même, Laurent
Lecointre, qui fait observer que, de ces douze arrêtés, il y
en a onze qui ne touchent en rien au régime de la Terreur. Ils portent : sur les taxes révolutionnaires, — sur
les ouvriers venant à Paris pour fabriquer des fusils, —
sur le rappel de Dubois-Crancé, — sur un concours
d'artistes, — sur la quantité de cordages provenant de la
descente des cloches, sur les valeurs métalliques, — sur
la déclaration des fabriques de toile, — sur les citoyens
réfugiés du département du Nord, — sur les ouvriers de
clouterie mis en réquisition, sur l'exportation des soies
non ouvrées, — sur les citoyens mis en réquisition pour
les chargements[3].

C'est encore Laurent Lecointre, un des ennemis les

---

[1] Réponse des membres des deux anciens comités aux imputations renouvelées contre eux par Laurent Lecointre, p. 61. Bibl. hist. de la Rév.,
1097-8-9. (*British Museum.*)

[2] *Ibid.*

[3] *Laurent Lecointre au peuple français*, p. 171 — Bibl. hist. de la
Rév., 1100-1. (*British Museum.*)

plus acharnés de Robespierre, qui a légué à l'Histoire les renseignements que voici :

Arrêté du 1er thermidor, qui envoie au Tribunal révolutionnaire quatorze individus portés sur une liste présentée par la Commission séante au Muséum. Signé Vadier, Amar, Vouland, Élie Lacoste, Rhul, Collot-d'Herbois, Barère, Billaud-Varenne. Absentes, les signatures de Robespierre, de Couthon et de Saint-Just.

Autre arrêté du 3 thermidor, qui envoie au Tribunal révolutionnaire quarante-huit personnes désignées aussi par la Commission séante au Muséum. Signé Vadier, Amar, Vouland, Élie Lacoste, Rhul, Collot-d'Herbois, Billaud-Varenne. Absentes, les signatures de Robespierre, de Couthon et de Saint-Just.

Autre arrêté du même jour qui envoie au Tribunal révolutionnaire trois cents personnes. Signé Vadier, Amar, Vouland, Rhul, Prieur, Collot-d'Herbois, Barère, Billaud-Varenne. Absentes, les signatures de Robespierre, de Couthon et de Saint-Just [1].

Maintenant, quels furent les hommes qui, à cette époque se tenaient prêts à frapper le coup du 9 thermidor? Ces hommes furent, outre Vadier, Amar [2], Vouland, Collot, Billaud et Barère, tous, comme on sait, partisans avoués de la Terreur :

Bourdon (de l'Oise), qui en avait défendu violemment

---

[1] *Laurent Lecointre au peuple français*, p. 152 et 155. — Bibl. hist. de la Rév., 1100-1. (*British Museum*.)

[2] Amar — cette justice est due à sa mémoire — se reprocha plus tard la part qu'il avait prise au 9 thermidor. Une communication qui nous est faite par un ami de sa veuve, corrobore à cet égard ces paroles de Buonarotti : « Au nom de Robespierre, Amar qui au 9 thermidor en avait été un des plus ardents persécuteurs, avoua ses torts, témoigna son repentir et ne chercha à excuser sa faute qu'en alléguant l'ignorance où il prétendit avoir été des vues bienfaisantes de celui qu'il avait calomnié et immolé. » (*Histoire de la Conspiration pour l'Égalité*.)

le principe contre Chabot et Bazire, dans la séance du 20 brumaire 1793[1];

Guffroy, l'auteur de l'obscène et sanguinaire feuille intitulée le *Rougiff;*

André Dumont, qui écrivait à la Convention : « Il y a trois choses qui font trembler les traîtres dans ce département : le Tribunal révolutionnaire, la guillotine et le maratiste André Dumont[2] ; »

Tallien, dont le farouche proconsulat avait pesé sur Bordeaux[3];

Fréron, dont le nom faisait pâlir les Toulonnais[4];

Barras, que Robespierre accusait d'avoir opprimé Marseille[5];

Moyse Bayle, qui avait demandé qu'on déportât la moitié de la ville d'Aix[6];

Rovère, l'apologiste des massacres de la Glacière[7], l'ami et le défenseur de Jourdan *Coupe-tête*[8];

Cambon, enfin, auquel on n'a point à reprocher des actes cruels, il est vrai, mais qui n'en disait pas moins à haute voix : « Voulez-vous faire face à vos affaires? guillotinez! Voulez-vous payer les dépenses immenses de vos armées? guillotinez! Voulez-vous amortir les dettes incalculables que vous avez? guillotinez! guillotinez[9]! »

Parmi les papiers trouvés chez Robespierre, après sa

---

[1] Voy. cette séance dans le *Moniteur.*

[2] *Moniteur*, an II, 1793, n° 268.

[3] Voy. dans le volume précédent le chapitre intitulé les *Proconsuls.*

[4] *Ibid.*

[5] *Mémoires de Barère*, t. IV, p. 14.

[6] *Réponse de Fréron aux diffamations de Moyse Bayle*, p. 13. — Bibl. hist. de la Rév., 995-6-7. (*British Museum.*)

[7] BEAULIEU, *Biographie universelle*, art. *Rovère.*

[8] *Moniteur*, an II, 1794, n° 121.

[9] « Voilà ce que Cambon disait à haute voix, en présence du public et de notre collègue Garnier (de Saintes), qui m'a autorisé à citer ce trait, dont il a été témoin. » *Laurent Lecointre au peuple français, à l'univers, à la postérité*, p. 193. — Bibl. hist. de la Rév., 1100-1. (*British Museum.*)

mort, étaient des notes écrites de sa propre main sur différents députés de la Convention. Voici ce qui concerne
Bourdon (de l'Oise) :

« Bourdon (de l'Oise) s'est couvert de crimes dans la
Vendée, où il s'est donné le plaisir, dans ses orgies avec
le traître Tunk, de tuer des volontaires de sa main... Il y
a à peu près dix jours, il se transporta chez Boulanger,
et trouva chez ce dernier une jeune fille, qui est la nièce
de ce citoyen. Il s'informa des liaisons de son oncle, de
ses moyens d'existence. Elle répondit vaguement. Il prit
deux pistolets sur la cheminée. La jeune fille lui fit observer qu'ils étaient chargés. « Eh bien, répondit-il, si je
me tue, on dira que c'est toi, et tu seras guillotinée. »
Il continua de manier les pistolets, et les tira sur la jeune
fille. Ils ne partirent pas, parce que l'amorce était
ôtée[1]. »

A cette liste un nom manquerait si nous n'y mettions
celui de Fouquier-Tinville, qui, de la même bouche qui
laissait échapper ces mots : « Il faut nous liguer contre
le despotisme de Robespierre pour sauver *nos* têtes[2], »
disait : « Il nous faut du sang ; le peuple veut du sang[3]. »
Ce qui est certain, c'est que Fouquier-Tinville n'avait
aucun rapport avec Robespierre ; c'est qu'il n'entretenait
avec lui aucune correspondance ; c'est qu'il n'était allé
le visiter qu'une fois, à l'occasion des tentatives de
meurtre imputées à Admiral et à Cécile Renault, et parce
qu'il n'avait pu s'en dispenser décemment, d'après ses
propres explications, ayant rendu, ce jour-là, visite à
Collot-d'Herbois ; c'est qu'il ne connaissait même pas la

---

[1] N° LI des pièces à la suite du rapport de Courtois.
Le lecteur se rappelle ce que nous avons raconté, dans l'histoire de la
Vendée, des accès de folie furieuse auxquels Bourdon (de l'Oise) était
sujet.
[2] Déposition de Martel, représentant du peuple, dans le procès de Fouquier-Tinville. *Hist. parlem.*, t. XXXV, p. 15 et 16.
[3] *Ibid.*, p. 131. — Déposition de Gommer, député.

demeure de Couthon, non plus que celle de Saint-Just[1].

Loin d'appartenir à ce parti, il était l'instrument du parti contraire, comme cela résulte de nombreux témoignages. Lors du procès qui lui fut intenté, Ardenne, substitut de l'accusateur public, lut au Tribunal trois lettres que Vadier avait écrites à Fouquier-Tinville pour lui recommander de pousser vivement à la guillotine dix contre-révolutionnaires de Pamiers, envoyés à Paris par les représentants Milhaud et Soubrany. La première de ces lettres portait : « Je te recommande cette affaire ; je t'engage à la conduire à fin avec le zèle, l'activité et le dévouement qui te caractérisent. Je sais qu'il suffit de t'indiquer des ennemis de ton pays, pour être assuré de ton courage et de ton adresse. » Quelques jours après, Vadier écrivait : « Il m'est impossible, mon cher Fouquier, de me rendre au Tribunal, demain matin, comme tu le désires... Je t'ai transmis tout ce que nous avions relativement aux dix scélérats qu'on doit juger... Il n'en est pas un seul sur les dix qui ne soit un ennemi forcené de la Révolution... Ce serait une calamité publique, s'il pouvait en échapper un seul au glaive de la loi[2]. »

Qu'on rapproche ces documents des déclarations de Fouquier-Tinville mettant au défi qu'on trouve, soit dans ses papiers, soit dans ceux de Robespierre, une seule lettre qui établisse leurs rapports[3]; et qu'on décide qui, du second ou de ses ennemis, encouragea le zèle farouche du premier. Lors du procès qui vient d'être rappelé, Étienne Masson, greffier du Tribunal révolutionnaire, s'exprimait en ces termes : « J'ai vu Amar, Vadier, Vouland, Jagot, visiter souvent l'accusateur public, et lui

---

[1] Mémoire pour Antoine Quentin Fouquier, t. XXXIV de l'*Hist. parl.*, p. 239.

[2] Procès de Fouquier-Tinville. *Hist. parl.*, t. XXXV, p. 121 et 122.

[3] Mémoire pour Antoine Quentin Fouquier. *Hist. parl.*, t. XXXIV, p. 239.

recommander de mettre en jugement tels ou tels qu'ils désignaient. Je ne doute pas que le Tribunal n'ait été influencé d'une manière terrible par les sus-nommés[1]. »

Ils furent terribles, en effet, les résultats de cette influence. On a vu qu'à dater de la retraite de Robespierre le nombre des guillotinés s'accrut au point que, dans l'espace de quarante-cinq jours, treize cent cinquante et une personnes périrent sur l'échafaud. Eh bien, c'est à peine si l'impatience meurtrière de Fouquier-Tinville était satisfaite; et à ceux qui la lui reprochaient, il répondait : « Le gouvernement le veut ainsi[2]. » A l'en croire, le gouvernement, — c'est-à-dire les membres des Comités dont il servait les passions, tels que Vadier, Vouland, Amar, — disait que « cela n'allait pas assez vite; » et il était question d'établir quatre tribunaux ambulants, suivis de la guillotine[3].

On frémit en songeant à la manière dont on disposait de la vie des hommes. Un commis greffier du Tribunal révolutionnaire est dénoncé. On l'arrête dans son lit à cinq heures du matin; à sept heures, il est conduit à la Conciergerie; à neuf, il reçoit notification de l'acte d'accusation; à dix, il monte sur les gradins; à deux heures de l'après-midi il est condamné; à quatre heures du soir, il était mort[4] !

On conçoit quelles méprises durent naître de cette précipitation effroyable, alors surtout que des familles entières se voyaient traînées sur le banc des prévenus. Un

---

[1] Procès de Fouquier-Tinville, dans l'*Hist. parlem.*, t. XXXV, p. 89. — Que devient, après cela, cette assertion, si rondement émise, de M. Thiers, t. V, ch. VI, p. 370 : « *Les cruels agents de Robespierre, Fouquier-Tinville*, etc.? »

[2] Déposition d'Auvray, huissier du tribunal révolutionnaire, *Hist. parlem.*, t. XXXV, p. 9.

[3] Déposition de Fouquier, dans son procès, *ibid.*, p. 10.

[4] Déposition de Tavernier, commis greffier du Tribunal révolutionnaire, *ibid.*, p. 4.

ancien conseiller du Parlement, nommé Sallier, fut condamné à la place de son fils[1]. Un tout jeune homme, du
nom de Saint-Pern, le fut à la place de son père[2]. Ce
dernier, le jour où il parut sur les funestes gradins, se
trouvait assis près d'un gendarme, qui, croyant le prisonnier protégé par son âge, et voulant le rassurer, lui
avait pris la main. Le jeune homme, traduit devant le
Tribunal, avec son père, sa mère et sa sœur, sous la pré-
vention d'avoir, au 10 août, trempé dans le massacre
du peuple, demanda de prouver, par la lecture de son
extrait de baptême, qu'il n'avait que dix-sept ans; il
affirmait, en outre, que, le 10 août, il n'était pas à Paris.
Le président lui ayant coupé la parole, par ce motif monstrueux qu'il « n'avait pas besoin de ses certificats, » le
gendarme comprit que le malheureux était perdu. « Je retirais ma main, raconte le gendarme; il me dit : Je suis innocent, je ne crains rien; mais ta main n'est pas ferme[3]...»

Il ne faut pas croire, toutefois, que ces épouvantables
erreurs aient été aussi fréquentes que presque tous les
historiens jusqu'ici ont affecté de le dire; et, sous ce rapport, l'amour de la vérité nous commande d'importantes
rectifications.

Combien de fois n'a-t-on pas dit et répété, d'après un
livre relatif aux conspirations de Saint-Lazare, qu'une
veuve *Maillet* ayant été amenée à l'audience au lieu
d'une veuve *Maillé*, la première fut condamnée et guillotinée, bien que l'erreur eût été reconnue, et sur ce
simple mot de Fouquier-Tinville : « Autant la juger tout
de suite, puisque son tour devait venir bientôt. » Ce qui,
ajoute-t-on, n'avait pas empêché, la nuit suivante, d'aller chercher la veuve Maillé, et de la guillotiner sans
jugement! La réponse de Fouquier-Tinville, qu'il est

---

[1] Déposition de Dobsen, *Hist. parlem.*, t. XXXV, p. 99.
[2] Déposition de la veuve Cornuilhière, née Saint-Pern, *ibid.*, p. 91.
[3] Déposition de Huel, gendarme, *ibid.*, p. 93.

juste de reproduire, est décisive ; la voici : « 1° Je n'ai
point siégé le 7 (date assignée au fait) ; 2° Il n'y a eu ni
méprise, ni substitution de personnes, puisque c'est bien
la veuve Maillet qui avait été dénoncée, qui devait être
mise en jugement, et que son identité a été publiquement
constatée à l'audience ; 3° La veuve Maillé a été si peu
exécutée sans jugement, qu'elle vit encore, et demeure
rue Pelletier, n° 9 [1]. »

Qui n'a lu dans une foule de livres, et vu retracée dans
un des *Tableaux historiques de la Révolution*, la touchante scène de Loizerolles se présentant à la place de
son fils, et mourant pour le sauver ? Ici encore, le roman
a été substitué à l'histoire. Les faits, tels qu'ils se passèrent réellement, sont ceux-ci :

Parmi les détenus de la prison Saint-Lazare figuraient
Jean Loizerolles, vieillard de soixante et un ans, et François, son fils, âgé de vingt-deux ans seulement. Le vieillard avait encouru l'inimitié de l'administrateur Gagnant :
il fut dénoncé par ce dernier, mis sur la liste de ceux
qu'attendait le Tribunal révolutionnaire, et transféré de
la prison Saint-Lazare à la Conciergerie. Mais il advint
que l'huissier chargé d'aller prendre à Saint-Lazare les
prénoms, âge et qualités du père, n'ayant point demandé
s'il y avait plusieurs Loizerolles, prit les prénoms, âge
et qualités du fils, lesquels se trouvèrent, en conséquence,
portés sur l'acte d'accusation, lequel fut signifié à Loizerolles père, après son entrée à la Conciergerie. Il s'aperçut de l'erreur commise, et craignant sans doute, s'il la
faisait remarquer, d'appeler l'attention sur son fils, resté
à Saint-Lazare, il eut la présence d'esprit de se taire.
Mais en cela seul consista son dévouement paternel ; son
fils n'avait pas été dénoncé, tandis que lui l'avait été,
et il ne pouvait, par suite, ignorer que la victime dé-

---

[1] Réponse d'Antoine-Quentin Fouquier-Tinville aux différents chefs d'accusation, p. 17, dans la Bibl. hist. de la Rév., 947-8. (*British Museum*.)

signée, c'était lui-même. Il n'y avait donc pas lieu, pour
lui, de se sacrifier à son fils; et, en réalité, l'affreux
malentendu dont on a fait tant de bruit n'exista pas;
car, à l'audience, Coffinhal, averti de l'erreur commise
par l'huissier qui était allé à Saint-Lazare, la rectifia,
séance tenante, en rétablissant sur la minute le mot
Jean à la place du mot *François*, le mot *père* à la place du
mot *fils*, et le chiffre 61 à la place du chiffre 22. En
résumé, c'était Loizerolles père qui avait été dénoncé,
c'était lui qu'on voulait frapper, et ce fut lui que les juges,
après avoir constaté son identité, condamnèrent. Il n'y
eut donc point, en ce cas, substitution de personnes;
et la rectification à cet égard était d'autant plus nécessaire, qu'il n'est pas de fait dont les ennemis de la Révolution aient tiré meilleur parti, dans leurs efforts pour
la rendre odieuse : témoin le contraste présenté en ces
termes par un narrateur intéressé, que citent avec complaisance, page 265, les éditeurs du Tableau historique
de la maison Lazare : « Quel atroce assassinat, quel sublime sacrifice [1] ! »

La vérité ne sanctionne ni l'un ni l'autre terme de ce
rapprochement, où la vengeance de l'esprit de parti perce
à travers le culte de l'héroïsme; et si nos lecteurs regret-
tent d'avoir un acte touchant de moins à admirer dans les
annales du dévouement, leur regret sera tempéré par la
satisfaction d'avoir une atrocité de moins à maudire dans
les annales de la fureur.

C'est ici le lieu de faire en peu de mots l'histoire de
l'instrument nouveau qui, par la simplicité redoutable de
son mécanisme, imprima tant d'activité à la mort [2].

---

[1] Pour les preuves, — et elles sont décisives, — sur lesquelles s'appuie la réfutation d'une erreur si répandue, voy. la note critique placée à
la suite de ce chapitre.

[2] Il est bien singulier qu'aucun de nos prédécesseurs n'y ait songé; car
cela ne fait que trop partie intégrante de l'histoire de la Révolution, hélas!

Sous l'ancien régime, un des priviléges de la noblesse avait été d'avoir, le cas échéant, la tête tranchée, les gens du commun n'ayant droit qu'à être pendus : du désir d'introduire l'égalité dans les supplices, uni à celui d'abréger les souffrances du patient, naquit la *guillotine*.

Le problème posé, le 10 octobre 1789, devant l'Assemblée constituante, par le docteur Guillotin, un de ses membres, problème qu'il se flattait d'avoir résolu, était celui-ci : « Exécuter tous les condamnés d'une manière uniforme, et par l'effet d'une simple machine. » La décision fut ajournée; et, le 1er décembre, la discussion s'ouvrit. La décapitation n'aurait-elle point pour effet de dépraver le peuple, en le familiarisant avec la vue du sang? Voilà ce que l'abbé Maury objecta; sur quoi, Guillotin s'étant écrié : « Avec ma machine, je vous fais sauter la tête en un clin d'œil, et sans que vous éprouviez la moindre douleur; » il y eut un immense éclat de rire. Hilarité tragique, lorsqu'on songe que la guillotine, cette chose horrible qui n'avait encore ni une forme ni un nom, devait tuer la plupart de ceux qu'alors elle faisait rire ! Et ce qui est non moins tragique, c'est que, l'hilarité se répandant au dehors, la phrase de Guillotin se trouva devenir une source inépuisable de plaisanteries. On s'amusa fort de cette idée de vous faire sauter la tête en un clin d'œil, par philanthropie; Peltier, Rivarol, tout le cénacle des royalistes hommes d'esprit, qui rédigeaient les *Actes des apôtres*, mirent en couplets le docteur et sa machine, qu'ils jugèrent équitable de baptiser, de son nom, *guillotine*. De sorte que l'idée eut son origine dans un sentiment d'humanité, et le nom dans une chanson ! La guillotine n'était encore qu'à l'état de promesse vague et de promesse tournée en ridicule, quand, vers le milieu de janvier 1790, les deux frères Agasse, imprimeurs et propriétaires du *Moniteur*, furent convaincus de faux et condamnés à être pendus. Cette circonstance, qui sem-

blait de nature à raviver la question posée par Guillotin,
n'eut point pourtant ce résultat. Mais elle donna lieu à
une manifestation populaire, d'une exagération étrange,
en faveur d'un des principes que la philosophie du dix-
huitième siècle avait mis le plus en lumière :

Le crime fait la honte, et non pas l'échafaud.

A l'aurore même de la Révolution, la Société des Arts,
à Metz, avait proposé, comme sujet de concours, un
« Essai contre le préjugé qui étend à la famille des condamnés l'opprobre de leur châtiment, » et Robespierre
avait remporté le prix. L'injustice de cette responsabilité
héréditaire avait été, depuis, dénoncée avec émotion, dans
l'Assemblée constituante, par des personnages d'une opinion moins extrême. En réalité, c'était là un principe
définitivement conquis. Mais cette conquête, il faut bien
le dire, fut célébrée à l'occasion de la condamnation des
deux frères Agasse, d'une manière qui manquait de gravité et de décence. Non content d'adresser à l'oncle des
deux condamnés une fastueuse lettre de condoléance, le
bataillon de garde nationale du district Saint-Honoré se
hâta d'élire au grade de lieutenant le troisième des frères
et un de leurs cousins. C'est peu : un banquet solennel
fut donné aux nouveaux élus, banquet où leur place avait
été marquée à côté de Lafayette, qui, pendant le repas,
les embrassa plusieurs fois, et à l'issue duquel la garde
nationale les promena dans Paris, au son d'une musique
triomphale. L'exécution des coupables eut son cours
néanmoins, et selon l'ancien mode, Guillotin n'ayant pas
encore fourni le modèle de la machine qu'il avait annoncée. Le 21 septembre 1791, après d'intéressants débats ouverts quatre mois auparavant, et où ni Duport ni
Robespierre ne purent obtenir de l'Assemblée l'abolition
de la peine de mort, on adopta le nouveau Code pénal,
dont le premier et le troisième article portaient : « La peine

de mort consistera seulement dans la privation de la vie ;
aucune torture ne sera infligée au condamné. — Toute
personne condamnée à la peine capitale aura la tête tranchée. » Restait à décider de quelle façon la décollation
aurait lieu. On pensait alors si peu à la machine dont
avait parlé Guillotin, qu'un nommé Pelletier ayant été
condamné à mort, pour vol et meurtre, Duport Dutertre,
ministre à cette époque, écrivit, le 3 mars 1792, à l'Assemblée, pour lui exprimer l'horreur que lui inspirait la
décollation par le sabre. De son côté, le bourreau Samson
publiait, sur les inconvénients de ce genre de supplice, des
remarques empreintes d'une sorte d'effroi. Une commission fut nommée ; elle consulta Louis, secrétaire du col-
lége des chirurgiens ; ce dernier présenta un rapport où,
sans même mentionner Guillotin, il proposait le mécanisme dont on se sert aujourd'hui, et qui, adopté par
l'Assemblée, garda le nom de *guillotine* [1]. Quant à Guillotin, qui n'avait fait qu'indiquer l'instrument, il n'est
point vrai, comme on l'a prétendu, qu'il ait eu à en éprou-
ver, pour son malheur, l'efficacité sanglante. S'il fut emprisonné pendant la Terreur, pour s'être indigné trop haut
d'une proposition de Danton, relative à la construction
d'une triple guillotine, c'est ce qu'affirme l'auteur d'un
des essais dont ce qui précède est le résumé. Quoi qu'il en
soit, il lui fut donné de survivre à la Révolution, et il
mourut tranquillement dans son lit en 1814 [2].

---

[1] L'instrument n'était pas d'invention *nouvelle*. Un instrument tout à fait
analogue avait été employé, à une certaine époque, dans un district
d'Écosse, sous le nom de « Halifax Gibbet ; » et à Milan, en 1702, ce fut par
une machine du même genre que fut exécuté le comte Bozelli... Voy.
Croker, *Essay VIII.*

[2] Voy. *Notice historique et physiologique sur le supplice de la guillotine,* par G. D. F. (Guyot de Fère). — *Recherches historiques et phy-
siologiques sur la guillotine,* et détails sur Samson, ouvrage rédigé sur
pièces officielles, par Louis Dubois. — *Essays on the early period of the
French Revolution,* by Wilson Croker, *Essay VIII.*

Le nombre total des personnes exécutées depuis le 18 germinal (7 avril) 1793, époque à laquelle le Tribunal révolutionnaire entra en fonctions, ayant été, jusqu'au 9 thermidor inclusivement, de deux mille six cent sept, et celui des personnes exécutées durant la retraite de Robespierre s'étant élevé à treize cent cinquante et une [1], il en résulte que, dans les quarante-cinq jours que dura cette retraite, le nombre des victimes dévorées par l'échafaud égala la moitié du nombre total, correspondant à un espace de seize mois !

Jusqu'au 23 prairial 1794, la guillotine avait fonctionné sur la place de la Révolution, forçant de la sorte ses victimes à la venir trouver le long de la rue Saint-Honoré, très-populeuse, et, dans ce temps-là, très-brillante. Le 23, il fut décidé qu'on n'exécuterait plus désormais que sur la place Saint-Antoine. Quoi ! à l'endroit même qu'avait consacré la chute de la Bastille ! Cela pouvait paraître une profanation ; de sorte qu'une décision du 24, réformant celle de la veille, relégua l'instrument meurtrier à la barrière du Trône. C'était condamner le quartier des pauvres au spectacle du défilé des charrettes. Et quel défilé !

Il est très-vrai, — la remarque en a été faite, — que le nombre des personnes guillotinées, à Paris, pendant toute la Révolution, forme à peine la quarantième partie du nombre de ceux que moissonna la seule bataille de la Moskowa [2]. Mais, au moment d'une bataille, la *certitude* de mourir n'existe pour personne ; et celui qui meurt, il semble que c'est le hasard qui le tue : dans une exécution, au contraire, rien n'est laissé à l'imprévu ; la guerre au principe de la vie s'annonce et s'accomplit avec un sang-froid féroce, avec une lâche solennité, par

[1] M. Ch. Berriat-Saint-Prix, *la Justice révolutionnaire à Paris*, etc., n° vii, p. 28.

[2] M. Michelet, *Histoire de la Révolution*, liv. XXI, ch. i, p. 421.

un acte d'usurpation qui transporte de la nature au bourreau le droit d'être inexorable; de là l'horreur. Elle
fut telle, dans Paris, à de certains moments, que Fouquier-Tinville lui-même ne put s'en défendre. Un soir,
en passant sur le pont Neuf, il lui arriva tout à coup de
pâlir. « Je ne me sens pas à mon aise, dit-il à Senar; je
crois voir les ombres des morts qui me poursuivent. »
Et il se trouva mal[1].

Mais de quelle énergique souplesse n'est point douée
la nature de l'homme, et à quelles situations n'est-elle
point capable de s'adapter ! La fréquence des exécutions
finit par blaser les âmes sur ce que cette fréquence même
avait d'affreux. Suivant le témoignage de Mercier, le bou-
tiquier en vint à dire, quand on lui parlait d'une tête
coupée, ce que disait cet homme auquel on annonçait que
le feu était à sa maison : « Je ne me mêle pas des affaires
du ménage[2]. » La mort fut acceptée comme un hôte inévitable, auquel il convient de faire bon visage, et dont la
présence n'est plus importune dès qu'elle est attendue.
Tout un langage nouveau fut inventé en l'honneur de cet
hôte terrible. La guillotine reçut le nom de « rasoir national[3]. » Le mot de Barère : « battre monnaie sur la place
de la Révolution, » fit fortune ; et, en le rappelant, Mercier ajoute : « Amar tenait le balancier[4]. » La pensée chercha, pour s'exprimer, des formes monstrueuses, analogues
à celle que David employait un jour, dans l'assemblée du
Louvre, lorsque, se plaignant du peu de patriotisme de
ses confrères, il s'écriait : « On peut tirer à mitraille sur
les artistes, sans crainte de tuer un seul patriote[5]. »

On se plut à étaler tout ce qui rappelait des idées de

---

[1] Procès de Fouquier-Tinville, *Hist. parlem.*, t. XXXIV, p. 508.
[2] *Le Nouveau Paris*, t. II, ch. L, *Insouciance*.
[3] Mercier, *Le Nouveau Paris*, t. III, ch. LXXXII.
[4] *Ibid.*, t. II, ch. LII.
[5] *Ibid.*, t. II, ch. XLV.

destruction, à ce point qu'au Tribunal révolutionnaire
Dumas présidait, ayant deux pistolets posés devant lui[1].
La considération morale du bourreau ne pouvait que gagner à ce culte de la mort. Déjà, dans l'Assemblée constituante, le comte de Clermont-Tonnerre, faisant la revue
générale des préjugés à détruire, avait plaidé la réhabilitation de l'exécuteur public[2]. L'importance sociale de ce
personnage s'étant accrue depuis lors, et ses fonctions
l'ayant rapproché des têtes couronnées, Lequinio mit en
pratique la théorie de Clermont-Tonnerre d'une manière
fastueuse : il fit manger le bourreau à sa table, et manda
triomphalement à la Convention qu'il venait de « vaincre
un préjugé de plus[3]. » On se familiarisa si bien avec les
images de la Terreur, que les femmes admirent parmi
leurs objets de toilette des bijoux sinistres, dont leur
coquetterie fit des instruments de séduction. A Nantes,
on en vit qui portaient comme boucles d'oreilles de petites
guillotines de vermeil[4]. Jouer à la guillotine était, dans
les prisons, un des divertissements favoris des détenus[5].
On cessa bien vite de remarquer, tant la chose était devenue commune, ceux qui mouraient de bonne grâce;
et il y en eut même qui allèrent à l'échafaud ainsi qu'à
une partie de plaisir. Dans les Mémoires des prisons, on
cite un soldat qui, après avoir allumé sa pipe avec son
acte d'accusation, mangé des huîtres et bu du vin blanc,
dit à ses compagnons en les quittant : « Maintenant que
nous avons bien déjeuné, il s'agit de souper, et vous

---

[1] Procès de Fouquier-Tinville, déposition de Deliège. *Hist. parlem.*,
t. XXXIV, p. 314.

[2] Séance du 25 décembre 1789.

[3] *La Vie et les Crimes de Carrier*, par BABŒUF, p. 139, dans la Bibl.
hist. de la Rév., 1049-50-1. (*British Museum.*)

[4] MERCIER, t. III, ch. XCVII.

[5] Voy. les *Mémoires sur les prisons*, t. I. — Éclaircissements historiques, note A.

allez me donner l'adresse du restaurateur de l'autre
monde, pour que je vous fasse préparer un bon repas. »
Devant le tribunal, il affirma la parfaite vérité de tous les
chefs articulés contre lui, et son défenseur lui demandant
s'il avait la tête à lui : « Jamais, répondit-il, elle n'a été
plus à moi qu'en ce moment, quoique je sois à la veille
de la perdre[1]. » Parmi les femmes à qui l'amour donna
une soif ardente de la mort, il faut citer la maîtresse de
Boyer-Brun. Apprenant que son amant venait d'être
condamné, la pauvre femme imagina, pour le suivre au
tombeau, d'écrire à la Convention une lettre furieuse,
qu'elle terminait par ces mots : « Vive le roi! » Elle craignait tant de manquer son but, que, dans un *post-scrip-
tum*, elle ajoutait : « N'ayez pas l'air de croire que je suis
folle : je pense tout ce que je viens de dire, et je le signe
de mon sang. » C'était avec du sang, en effet, qu'était
tracée la signature[2].

Il y eut des protestations; elles portaient… sur le nombre des guillotinés? Non, mais sur le danger qui résultait, pour la salubrité publique, de l'engorgement des
cimetières. L'idée que, si l'on n'y prenait garde, les
morts tueraient les vivants, ayant saisi l'imagination
populaire, des plaintes très-vives se firent entendre. Les
cimetières de la Madeleine, de Mousseaux, de Sainte-
Marguerite, avaient successivement reçu les suppliciés,
chassés de poste en poste par les protestations que pro-
voquait leur voisinage : on dut leur chercher à Picpus
une demeure suffisamment spacieuse et assez éloignée;
mais là même, la nature argileuse du terrain se refusant
à l'absorption des dépôts sanglants qui lui étaient confiés, et dont la décomposition, hâtée par de fortes cha-
leurs, répandait au loin une odeur infecte, il fut ques-

---

[1] *Mémoires sur les prisons.* Éclaircissements historiques, note E.
[2] Procès de Fouquier-Tinville, *Hist. parlem.*, t. XXXIV, p. 367-369.

tion de construire un monument pour la combustion des corps [1].

L'action du feu eût complété l'œuvre de destruction commencée par la guillotine.

Qui le croirait? au milieu de tant de scènes et de préoccupations funèbres, bals, concerts et galas allaient se multipliant. Jamais on n'avait fait autant de dépenses inutiles, étalé des costumes aussi brillants. Une foule animée remplissait tous les lieux consacrés à l'amusement public. Le jardin des Tuileries, mieux tenu que dans les temps les plus prospères de la monarchie, présentait un aspect riant qu'on ne lui avait point connu alors. D'élégantes voitures sillonnaient la ville ; le bois de Boulogne était très-suivi. Quand les étrangers, dans leur pays, lisaient nos journaux, ils nous voyaient tachés de sang, couverts de haillons ; et, quand ils arrivaient à Paris, par la route de Chaillot, ils s'étonnaient de trouver la magnifique allée des Champs-Élysées encombrée de phaétons et tout étincelante de parures [2]. En face de la mort, la vie débordait. On se hâtait de vivre. En effet, à nulle époque, peut-être, l'empire de la galanterie ne s'exerça, dans ce qu'on appelle le beau monde, avec moins de retenue ; et, c'est là un trait qui est mis ainsi en relief, avec une profondeur enjouée, par un observateur du temps dont les tableaux n'ont en général de frivole que l'apparence :

« LA MARQUISE, sonnant. — Drelin, drelin.

« MARTON. — Madame appelle ?

« LA MARQUISE. — Allons! Marton, je me lève. Eh bien! mon enfant, que dit-on ?

---

[1] Pour plus de détails sur les cimetières de la Terreur, voyez le livre de M. Michelet, auquel messieurs les employés des *Archives de la préfecture de la Seine* ont fourni des renseignements qu'il a présentés, lui, avec l'énergie pittoresque qui caractérise son beau talent.

[2] MERCIER. *Nouveau Paris*, t. VI. ch. ccxxxiv.

« Marton. — Madame, on nous annonce une insurrection pour ce matin.

« La Marquise. — Quel conte! On dit qu'elle est tombée.

« Marton. — L'on parle de carnage, de destruction et de viol, chose encore pire.

« La Marquise. — Encore pire? Marton, cela vous plaît à dire; car enfin...

« Marton. — Hélas ! J'entends dire partout que les méchants massacreront les femmes; et celles qui seront de leur goût...

« La Marquise, très-vivement. — Je frémis. Vite, habillez-moi donc ! Puisqu'on vous outrage, puisqu'on vous tue... allons, Marton, mon rouge... O ciel! jaune, abattue... je suis affreuse... Ils me tueront [1]. »

En province, on a vu ce que produisit le ressort de la Terreur, tel que le manièrent Collot-d'Herbois et Fouché, à Lyon ; Fréron, à Toulon et à Marseille ; Tallien, à Bordeaux ; Carrier, à Nantes. Pour compléter la nomenclature des villes que le fléau des fureurs politiques frappa d'une manière plus spéciale, nous mentionnerons Fontenay-le-Peuple et Arras.

Du 12 nivôse (1er janvier) 1793 jusqu'au 9 thermidor (27 juillet) 1794, — période de dix-neuf mois, — il y eut, à Fontenay, plus de 230 personnes exécutées, dont deux ou trois seulement de la ville [2], et, sur ce nombre, 198 furent condamnées par une commission militaire que le représentant en mission Lequinio avait substituée, le 21 frimaire (11 décembre) 1793, au tribunal criminel du lieu, dont il trouvait la justice trop lente [3]. C'est

---

[1] Mercier, *Nouveau Paris*, t. I, ch. xxxii.

[2] *Recherches historiques et archéologiques de Fontenay-Vendée*, par Benjamin Fillon, t. I, p. 480.

[3] C'est ce qu'il dit lui-même dans une brochure citée par M. Benjamin Fillon, p. 455.

ce même Lequinio qui, trois jours après, recevant la nouvelle de l'approche des Vendéens, donna ordre d'égorger, à la première apparition de l'ennemi, tous les prisonniers [1].

Et, du reste, il n'avait pas attendu jusque-là pour donner lui-même l'exemple de cette lâche barbarie.

« Les malheureux qu'à Fontenay-le-Peuple on avait entassés à la maison d'arrêt étaient victimes de la cupidité du geôlier, qui spéculait sur le morceau de pain noir donné pour assouvir leur faim... Le 20 frimaire, la geôlière, pendant l'absence de son mari, étant descendue dans la cour, répondit par des menaces et des injures aux observations des détenus, dont l'un la prit à la gorge. Une petite fille jeta l'alarme, appela le citoyen Chisson, officier municipal, et un détachement de ligne, et leur désigna le principal coupable, qui fut mis en pièces. Testard et David Fillon, avertis, parvinrent à en arracher un autre à la rage de la troupe, et firent prévenir le représentant de ce qui se passait. Lequinio accourt immédiatement, saisit une paire de pistolets, et descend dans le préau, suivi du maire, du général Baudry et d'un grand nombre de soldats. Il se fit rendre compte des faits, et, ayant commandé d'ouvrir les cachots, brûla la cervelle à l'un des émeutiers, puis remit le second pistolet à un officier pour qu'il en fît autant à un troisième détenu qu'indiqua la petite fille. Celui auquel il s'adressa voulait refuser : sur une seconde injonction, il s'appuya le long de la porte, détourna la tête et lâcha le coup. Lequinio, indigné de cette *faiblesse*, l'apostropha vivement, et s'écria, en tournant le dos : « B..... de poltron! As-tu peur de regarder un brigand « en face? » Les témoins de cette scène atroce étaient terrifiés, et se taisaient glacés d'horreur. Testard demanda

---

[1] Lettre de Lequinio à la Convention, citée *ubi supra*.

seulement s'il y avait des formalités à remplir : « Rien, »
lui répliqua-t-on[1]. »

L'auteur de ce récit, M. Benjamin Fillon, est le fils
d'un des hommes qui furent témoins du drame. Ce
témoin, qui n'était, à l'époque où le meurtre fut commis, qu'un enfant de six ans, en avait reçu une impression que, jusqu'à sa dernière heure, il garda aussi vivante
qu'au premier jour[2].

Lequinio partit pour Paris le 4 germinal (24 mars)
1794 ; mais la Terreur, qui sortait avec lui de Fontenay-
au-Peuple, ne tarda pas à y rentrer avec Hentz et Francastel[3].

Parmi les documents qui se rattachent à l'histoire de
la Terreur dans les provinces, il en est un singulièrement caractéristique : c'est un certificat accordé par la
municipalité de Fontenay à Marie-Geneviève Brisson,
sœur du savant naturaliste Brisson. Ce certificat est ainsi
conçu :

« Le Conseil de la commune de Fontenay-le-Peuple
déclare que le citoyen M. J. Brisson est natif de cette
commune ; qu'il est né dans la classe ci-devant désignée
sous le nom de *roture ;* que son père, son aïeul et son
bisaïeul sont nés dans la même classe, n'ont jamais été

---

[1] *Recherches historiques et archéologiques sur Fontenay-Vendée,* par
M. Benjamin Fillon, t. I, p. 427 et 428.

[2] Le citoyen dont il est question, père de M. Benjamin Fillon, auquel
nous devons tant de précieux renseignements sur la Vendée, et à qui
revient l'honneur de ce que nous avons dit de neuf sur cet important
chapitre de la Révolution française, est mort le 22 avril 1858, laissant
derrière lui des regrets auxquels toute la population de Fontenay s'est associée. Né au seuil de la Révolution, M. Joseph-Louis Fillon appartenait à
cette époque extraordinaire. D'abord soldat, puis magistrat civil, il déploya sous un double aspect les qualités qui font un grand citoyen. Il est
mort après avoir, selon l'expression de M. Dugast-Matifeux, « combattu le
bon combat, en donnant l'exemple de toutes les vertus que vante le philosophe et que pratique le sage. »

[3] *Recherches historiques, etc., passim.*

nobles, n'ont jamais joui des priviléges de la noblesse, et ont, par conséquent, supporté toutes les charges de la roture.

« Fontenay-le-Peuple, le 12 floréal an II de la République une et indivisible.

«Signé Brisson, maire; Nivard, Hervé, Moreau, Croizé, Fallourd, L. G. Godet, Daniel Lacombe, Cary, Panier, et Vexiau[1]. »

Cette attestation avait pour objet de mettre à l'abri de la proscription un des savants les plus remarquables de France. Étrange effet des vicissitudes humaines ! Dix ans auparavant, combien peu qui ne se fussent estimés heureux d'être rangés au nombre des nobles! Et aujourd'hui, il y allait, quelquefois, de la vie de bien établir qu'on était roturier !

Nous avons prononcé le nom d'Arras. Là siégeait un tribunal révolutionnaire dont Choudieu, dans une de ses lettres, a énergiquement dessiné la physionomie. Selon le tableau qu'il en a tracé, les juges avaient l'air de bourreaux, avec leur chemise décolletée et leurs grands sabres traînant à terre[2]. Joseph Le Bon, qui représentait dans ces contrées le pouvoir du Comité de salut public, portait toujours un pistolet à sa ceinture[3]. Figuraient comme juges ou jurés du tribunal redoutable où s'appuyait sa puissance, son beau-frère et trois oncles de sa femme[4]. Il exerçait autour de lui un tel despotisme, et ce despotisme était si soupçonneux, qu'on put citer un arrêté de lui qui défendait aux femmes d'Arras de s'endimancher[5]. Un jour, à Cambrai, le bourreau s'étant présenté

---

[1] *Recherches historiques,* p. 467.

[2] Lettre de Choudieu, citée dans le rapport de Quirault, au nom de la commission des vingt et un, séance du 1er messidor an III. *Moniteur,* n° 274.

[3] *Ibid.*

[4] Rapport de Quirault. *Moniteur,* messidor an III, n° 274.

[5] *Ibid.*

chez lui avec les juges, il les reçut tous à sa table[1]. Il avait écrit sur sa porte : « Ceux qui entreront ici pour solliciter des mises en liberté n'en sortiront que pour aller en prison. » Cette précaution qui lui fut imputée à crime aux jours de la réaction triomphante, pouvait ne déceler en lui que la ferme volonté d'accomplir son devoir, et il n'y a rien d'inadmissible dans l'explication qu'il en donna lui-même : « On est vertueux de loin ; de près, l'on est homme[2] ; » mais il n'en est pas moins vrai qu'il y avait quelque chose de terrible à avoir tellement peur... de la miséricorde.

Quant aux noirs forfaits dont la dénonciation conduisit Le Bon à l'échafaud, et dont l'horreur est restée attachée à son nom, la justice et la vérité demandent qu'on recherche avec soin s'ils ne furent pas une invention de la haine. Or voici ce qu'en pleine Convention Joseph Le Bon affirma, sans être démenti par celui qu'il mettait en scène.

Guffroy avait attaqué, dans son journal *le Rougiff*, l'accusateur public d'Arras, Desmeuliers, et Desmeuliers avait répondu en exhumant du greffe un faux billet de 6,000 francs, qu'il prétendait avoir été fabriqué par Guffroy. Celui-ci, inquiet, se rend à Arras ; les poursuites sont discontinuées ; d'ennemis qu'ils étaient, Desmeuliers et Guffroy deviennent amis. Bientôt il arrive que, soupçonnant Desmeuliers d'intelligences secrètes avec la contre-révolution, Joseph Le Bon le fait arrêter et transporter à Paris. Ce dernier, furieux, appelle à lui Guffroy, auquel il dépeint le proconsul d'Arras comme un monstre, et qui, sur les renseignements venus de cette source, compose une brochure intitulée *Censure républicaine*[3]. C'était un libelle, dont la contre-révolution, une fois maî-

---

[1] Il avoua lui-même ce fait, dans la séance du 20 messidor 1795.

[2] Défense de Joseph Le Bon. Voy. le *Moniteur*, messidor an III, n° 296.

[3] Voy., relativement à ces faits, le *Moniteur*, messidor an III, n° 294.

tresse du terrain, fit un arrêt de mort. Nous aurons à
raconter plus loin le procès de Joseph Le Bon ; et ce sera
le moment alors de dire par quelle série d'indignités l'on
parvint à donner à ce procès une issue meurtrière ; qu'il
nous suffise de constater ici que les deux accusations les
plus graves lancées contre Le Bon étaient deux calomnies. Fut-il coupable, ainsi que Fréron ne rougit pas de
l'affirmer dans son journal, d'avoir arraché les faveurs
d'une épouse éplorée qui venait implorer la grâce de son
mari? La Commission des 21, chargée plus tard d'examiner la conduite de Le Bon, et où dominaient ses ennemis, fut obligée de reconnaître que l'histoire racontée
par un *journaliste*, — on n'osait pas avouer que le calomniateur était le représentant du peuple Fréron, —
n'avait aucun fondement ; que le fait n'était point attesté,
et qu'aucune des 2,900 pièces analysées par la Commission n'en avait fourni la preuve[1]. Le Bon fût-il coupable,
ainsi que Guffroy osa le publier à diverses reprises, d'a-
voir volé un collier de diamants dans la succession d'une
comtesse qu'avait réclamée l'échafaud ? Les scellés appo-
sés sur la succession de cette comtesse ayant été levés,
le collier y fut retrouvé à sa place et intact[2].

Joseph Le Bon était-il naturellement cruel ? On a des
indications nombreuses du contraire. A Beaune, dans la
congrégation de l'Oratoire, où il passa huit ans avant la
Révolution, on l'avait surnommé le *Bien nommé*[3]. Élu,

---

[1] Rapport de Quirault, au nom de la commission des vingt et un. *Moniteur*, messidor an III, n° 274.

[2] Aussi, lorsque, dans la séance du 22 messidor an III, le rapporteur
de l'affaire de Joseph Le Bon parla de vols, de dilapidations, plusieurs
voix s'écrièrent : « C'est inutile ; il s'en est justifié, » et le rapporteur reprit : « Eh bien, je passe à la fin du rapport. » Voy. le *Moniteur*, an III,
n° 297.

[3] Voy. la brochure intitulée *Lettres de Joseph Le Bon à sa femme*,
publiées par son fils Émile Le Bon, juge d'instruction de l'arrondissement
de Châlons-sur-Saône, p. 126 ; 1845.

à l'âge de vingt-sept ans, maire d'Arras et administrateur du département, il s'était signalé, presque immédiatement après, en faisant arrêter et chasser d'Arras les Commissaires envoyés de Paris pour vanter les massacres de septembre[1]; et Guffroy, qui devait plus tard le dénoncer comme ultrà-révolutionnaire, avait commencé par le dénoncer comme suspect de *modérantisme*[2]. Suivant un témoignage royaliste, il avait une figure douce et agréable; il portait toujours du linge très-blanc; ses mains étaient fort soignées; et sa mise, loin d'annoncer des habitudes de dévergondage, trahissait une sorte de coquetterie[3]. Nous avons sous les yeux les lettres qu'il écrivit à sa femme pendant les quatorze mois de captivité et d'agonie morale qui précédèrent son exécution : rien qui dénote une conviction plus forte, une sérénité plus soutenue, et, en certains passages, un plus grand fonds de tendresse : « O mon amie, ne dis plus que je vais mourir, je vais commencer une nouvelle vie dans tous les cœurs dévoués à la République[4]. »

En réalité, Joseph Le Bon fut un instrument fidèle, trop fidèle certainement, de l'implacable politique née d'une lutte sans exemple; mais il ne fut que cela. Sa violence vint d'un patriotisme exalté outre mesure, et cette exaltation était celle du temps où il vécut. Elles sont vraies de lui comme de beaucoup d'autres révolu-

---

[1] *Lettre de Joseph Le Bon à sa femme*, ch. I.

[2] *Hist. parlem.*, t. XXXV, p. 220.

[3] *Souvenirs d'une actrice*, par madame Louise Fusil, t. II, p. 12. Bruxelles.

Il est vrai que l'auteur, qui ne peut pas comprendre qu'un révolutionnaire ne tienne point de Satan, croit avoir remarqué que la figure « douce et agréable » de Joseph Le Bon, « avait cependant *quelque chose de diabolique.* » — De plus, le portrait se termine par ces mots : « *On disait qu'il mettait du rouge.* »

[4] *Lettre de Joseph Le Bon à sa femme*, en date du 19 vendémiaire an IV de la République.

tionnaires de la même date, ces mots de sa défense : « On me fait un crime ici de n'avoir pas été froid quand vous étiez brûlants[1]. »

Ajoutons que Joseph Le Bon rendit à la France un service dont le souvenir ne doit s'éteindre dans aucune âme française.

Appelé à Cambrai par Saint-Just et Le Bas, au moment même où les Autrichiens se croyaient sûrs de franchir ce dernier boulevard de notre pays, Joseph Le Bon, en ranimant tous les courages et en déconcertant la trahison, ruina les projets de l'ennemi, et commença l'œuvre de délivrance qui fut complétée par l'immortelle victoire de Fleurus. C'est ce dont témoigne le passage suivant du rapport qui annonçait à la Convention cette victoire : « Les représentants du peuple Guyton, Gillet, Laurent, Duquesnoy et Saint-Just, qui ont assisté à la bataille de Fleurus, découvrent en ce moment les beaux traits, les actions de bravoure, qui ont brillé dans cette affaire : nous nous empresserons de les faire connaître à la Convention. Mais ces représentants ne sont pas les seuls qui aient concouru au succès. Le Bon, tant calomnié par les ennemis de la liberté, Le Bon, selon la lettre de Saint-Just, a fait exécuter à Cambrai les espions et les intelligences de l'ennemi. La police faite à Cambrai depuis deux mois, contre laquelle les journaux étrangers et les émigrés vomissent des imprécations horribles, a fait manquer le plan de campagne de nos ennemis. Le fait est attesté par plusieurs officiers prisonniers, qu'ont interrogés Saint-Just, Guyton et Le Bas[2]. »

Cependant, le 25 juin (6 messidor) 1794, Guffroy ayant porté à la Convention ses dénonciations contre Joseph Le Bon, et l'affaire ayant été renvoyée à l'examen du Comité du salut public, Barère, dans un rapport qu'il

---

[1] *Moniteur*, messidor an III, n° 288.
[2] Rapport de Barère, séance du 11 messidor an II.

présenta quelques jours après, s'exprima en ces termes :
« Le résultat et les motifs de conduite, voilà ce que nous
recherchons. Les motifs sont-ils purs, le résultat est-il
utile à la Révolution, profite-t-il à la Liberté ? Les plaintes
ne sont-elles que récriminatoires, ou ne sont-elles que le
cri vindicatif de l'aristocratie ? C'est ce que le Comité a
vu dans cette affaire. Des formes un peu acerbes ont été
érigées en accusation ; mais ces formes ont détruit les
piéges de l'aristocratie. Une sévérité outrée a été repro-
chée au représentant ; mais il n'a démasqué que de faux
patriotes, et pas un patriote n'a été frappé[1]. »

Il fallait que les formes de Joseph Le Bon fussent
acerbes en effet, pour que Barère lui-même les déclarât
telles ; mais, quant aux mesures de salut public adoptées
par le proconsul d'Arras, était-ce Barère qui aurait pu
les condamner, lui dont on trouve la signature au bas de
la lettre suivante adressée à Le Bon, au nom du Comité
de salut public : « Le Comité applaudit aux mesures que
vous avez prises..... Elles sont, non-seulement permises,
mais commandées par votre mission. Rien ne doit faire
obstacle à votre marche révolutionnaire. Abandonnez-vous
à votre énergie. Vos pouvoirs sont illimités. Tout ce que
vous jugerez convenable au salut de la patrie, vous pouvez,
vous devez l'exécuter sur-le-champ. BILLAUD-VARENNE.

« Les membres du Comité de salut public chargés de
la correspondance. CARNOT, BARÈRE, ROBERT LINDET[2]. »

Cette lettre, où respire l'esprit de Billaud-Varenne, et
qui témoigne si vivement de son influence, caractérise
l'impulsion qui partait de Paris : elle explique comment,
de la capitale, la Terreur se répandit dans les provinces.
Avertir les représentants en mission qu'ils devaient se
considérer comme investis d'une autorité sans bornes,

---

[1] Rapport de Barère à la Convention, 21 messidor 1794.
[2] Lettre du 26 brumaire an II de la République française.

c'était donner aux méchants un brevet de tyrannie, et souffler aux bons même la plus dangereuse des tentations.

Que ne nous est-il permis de clore ce funèbre chapitre, sans avoir à rouvrir la plaie creusée au sein de tout enfant de la Révolution par les malheurs de l'illustre Gironde! Ce fut le 28 juin (8 messidor) que la Convention reçut la nouvelle officielle de la mort de Guadet, Salles et Barbaroux. Les trois fugitifs et leurs compagnons Buzot, Pétion, Valady et Louvet, avaient paru, neuf mois auparavant, au Bec-d'Ambès, et l'on avait appris, depuis, que, quittant les lieux où ils s'étaient d'abord aventurés, ils avaient remonté la rivière. On soupçonna qu'ils étaient cachés dans les grottes de Saint-Émilion; sur quoi Julien, agent du Comité de salut public, concerta les mesures nécessaires pour faire cerner au même instant toutes les ouvertures de ces grottes, pendant qu'on les fouillerait avec des chiens. L'horrible expédition fut préparée et conduite avec beaucoup de mystère. Les recherches les plus longues, les plus minutieuses, furent faites dans les souterrains glacés qu'on supposait être le dernier refuge des proscrits; et, pendant ce temps, des perquisitions non moins ardentes avaient lieu en diverses maisons désignées comme suspectes. Celle du père de Guadet avait été déjà visitée plusieurs fois, et toujours en vain, lorsque deux des agents crurent remarquer que le grenier était moins long que le rez-de-chaussée. Ils en conclurent qu'une loge devait être pratiquée à l'extrémité. Montant aussitôt sur les toits, ils travaillent à découvrir la cachette. Tout à coup, le bruit d'un pistolet qui rate se fait entendre. Salles et Guadet, les seuls qui fussent là, crient qu'ils vont se rendre. On les mena à Bordeaux, où ils furent exécutés. A une demi-lieue de Castillon, près d'une pièce de blé, un homme fut trouvé baigné dans son sang. Il venait de se tirer un

coup de pistolet, mais il vivait encore..., c'était Barbaroux. Valady, pris dans les environs de Périgueux, avait
été guillotiné dans cette ville dès le commencement de
décembre 1793. Louvet s'était séparé de ses amis, et parvint à se sauver. Quant à Pétion et Buzot, on rencontra
leurs cadavres, à demi mangés par les loups[1]. Non, jamais
la liberté ne fit expier plus cruellement aux siens la
gloire d'avoir embrassé son culte !

Nous avons raconté la Terreur, sans rien taire, sans
rien voiler, sans chercher à nous soustraire à aucun des
déchirements de cœur auxquels nous condamnaient la
volonté et le courage d'être sincère. C'est pourquoi nous
nous sentons le droit de dire que quiconque, en jugeant
ce régime, refuse de tenir compte des circonstances qui
le provoquèrent, s'expose à porter un jugement peu équitable.

Ces circonstances furent, qui l'ignore ? la guerre contre
toute l'Europe, des complots sans cesse renaissants, la
révolte, la famine, et, parmi les manœuvres infâmes nées
d'une haine sans scrupules comme sans frein, les faux
assignats.

Que le papier-monnaie ait fait naître un étrange esprit de spéculation ; qu'il ait ouvert aux imaginations
vives de dangereuses perspectives ; qu'il ait contribué à
créer ces contrastes que Mercier peint avec tant de relief
lorsqu'il nous montre, à côté d'une marquise devenue
ravaudeuse, une vendeuse d'herbes serrant 20,000 liv.
dans son portefeuille, ou, à côté d'une comtesse donnant
des leçons de musique, des ex-religieuses vendant des
souliers d'hommes, en perruques blondes[2], ces résultats

---

[1] Voy. le compte rendu, lu par Jay-Sainte-Foix, dans la séance de la
Convention du 28 juin (8 messidor); la lettre écrite à la Convention par la
Société populaire de Castillon et reçue par l'assemblée le 7 juillet (19 mes-
sidor); et enfin les *Mémoires de Louvet*, p. 254 et 255.

[2] MERCIER, *Nouveau Paris*, t. III, ch. LXXXV.

sociaux de l'assignat, quelque dignes qu'ils soient d'être
notés, disparaissent devant la grandeur de ses résultats
politiques. On peut dire, sans trop d'exagération, que
l'assignat fut le fondateur de la liberté, le vainqueur de
l'Europe. Mais, à cause de cela même, la contre-révolution n'épargna rien pour le détruire, et la fabrication des
faux assignats vint ajouter, aux fléaux que la France avait
à combattre, un fléau presque pire que la guerre, la
révolte et la famine. Les faux assignats, partis de Londres[1], envahirent la France, du côté de la Suisse et du
Mont-Blanc. On en introduisait par millions ; on les jetait
même par paquets dans les auberges[2]. « On me marque,
écrivait le député Dubouloz au comité d'agriculture, que
la maison Porte de Lausanne, dans le pays de Vaux,
reçoit d'Angleterre des assignats à la manière de Pitt. Ils
inondent les districts frontières, et principalement celui
de Thonon. Tous les Anglais ne sont pas en Angleterre.
Il s'en rencontre plusieurs à Lausanne et à Genève. Genève, où les assignats perdent jusqu'à 80 p. 100, est un
petit Londres. De ce point fangeux, on dessèche les canaux environnants. Les départements du Mont-Blanc et
de l'Ain en font la funeste expérience[3]. » Faut-il s'étonner, après cela, si l'assignat, quoique soutenu longtemps
par le *Maximum*, dut succomber? « J'ai vu, écrit Mercier, un billet de cent francs par terre, et j'ai entendu un
homme du Temple, dire : « Il ne vaut pas la peine d'être
ramassé[4]. »

C'est cette guerre abominable, déclarée sous toutes
les formes aux idées nouvelles, qui explique la Terreur.

[1] Mercier. *Nouveau Paris*, t. III, ch. cvii.
[2] *Ibid.*
[3] Recueil de lettres manuscrites et inédites concernant la Révolution.
— C'est à M. Benjamin Fillon que nous devons communication de ce précieux recueil.
[4] *Nouveau Paris*, t. IV, ch. cxlviii.

L'immensité du péril avait fait du patriotisme une fièvre
dévorante; ceux qui vivaient dans la Révolution y respi-
raient une atmosphère de feu; ils se croyaient sur un
champ de bataille, et lancés dans une guerre à mort.

Malheureusement, la confusion créée par cet esprit de
vertige n'était que trop de nature à servir des instincts
barbares et des passions viles. Le salut public, qui était
le but des uns, ne fut, pour les autres, qu'un moyen ou
un masque; de sorte que vertus et vices, emportements
sincères et basses fureurs, héroïsme et hypocrisie, rou-
lèrent pêle-mêle dans le lit que le torrent révolutionnaire
avait creusé.

Et c'est ce qui rend si délicate, disons mieux si redoutable, la tâche de l'Histoire, sommée de voir clair dans
ce noir imbroglio, et de démêler, parmi des hommes qui
nous semblent avoir été acteurs du même drame, ceux
que son devoir est de réhabiliter, et ceux qui méritent
d'être marqués par elle à l'épaule.

Tous les fanatismes se ressemblent. Il n'est donc pas
surprenant que le fanatisme politique soit venu fournir
son contingent de victimes à l'œuvre de destruction
poussée si avant, sur toute la surface du globe, par le
fanatisme religieux. Mais une chose, du moins, est certaine; c'est que la plupart des malheureux qui furent
frappés, ne le furent que parce que réellement on les *crut*
coupables. Que des gens aient péri, dont le crime unique
était d'être opposés par éducation, par habitude ou par
position sociale, aux idées du jour, cela est affreux sans
doute; mais les historiens qui ont pris plaisir à montrer
la Révolution foulant aux pieds de gaieté de cœur des
hommes qu'elle jugeait innocents, ces historiens-là ont
trahi la vérité. De même qu'à d'autres époques et en
d'autres pays, on avait cru digne d'être brûlé vif quiconque n'admettait pas le dogme de la présence réelle,
de même on crut alors digne de mort — et ce genre

d'intolérance était certes moins inconcevable — quiconque
se révoltait contre le principe de l'égalité et de la fraternité humaine [1]. Le document inédit qu'on va lire mérite
d'autant mieux de trouver sa place ici, que le nom du
signataire le recommande doublement à l'attention du
lecteur :

« Paris, ce 4 pluviôse an II de la République une et indivisible.

*« L'accusateur public près le Tribunal révolutionnaire,
au citoyen ministre de la guerre.*

« Citoyen, une scène attendrissante a eu lieu hier au
tribunal. La veuve Maréchal, maîtresse de pension à Ver-
neuil, près Chantilly, a été traduite au tribunal, sur une
dénonciation faite par un nommé Lefebvre, son ex-insti-
tuteur. L'innocence de cette citoyenne a été reconnue,
elle a été acquittée, et l'imposteur Lefebvre a été accusé à
l'instant et condamné à la peine de mort, que ce monstre
a subie aujourd'hui. Dans le cours des débats, il a été
avéré que le calomniateur Lefebvre t'avait dénoncé le fils
Maréchal, party (*sic*) pour la réquisition du département
de l'Oise; que, d'après cette dénonciation, tu avais donné
des ordres de le faire arrêter, et que ce jeune homme était
en ce moment dans la maison d'arrêt de Douai. Il paraît
que la dénonciation dirigée contre lui est la même que
celle dirigée contre la mère, dont elle a été acquittée. Si

---

[1] En Angleterre, sous le règne de Henri VIII, un pauvre maître d'é-
cole, nommé John Lambert, fut brûlé vif, pour avoir combattu, dans
une dispute solennelle contre les évêques et en présence du roi, le
dogme de la présence réelle. La description de son supplice fait dresser
les cheveux sur la tête. La sentence portait qu'il serait brûlé à petit feu,
que ses jambes seraient consumées les premières. Les tortures qu'il en-
dura furent telles, que, ne pouvant soutenir cette vue, quelques-uns des
gardes mirent fin à l'agonie de ce malheureux, en le soulevant sur la
pointe de leurs hallebardes. Voy. *Goldsmith's History of England*,
vol. II, p. 181-183.

cela est, je ne vois plus aucune raison qui puisse autoriser
la détention. — Il est bien entendu que je ne te parle
de ce jeune homme qu'autant que sa détention aurait la
dénonciation de Lefebvre pour motif. Je ne puis te transmettre encore le jugement parce qu'il n'est pas expédié;
mais, si tu en avais besoin, je te le feray transmettre sans
délay. J'ai cru de mon devoir de t'informer de ce fait,
pour te mettre dans le cas de rendre justice à l'innocence
opprimée, et je ne m'y suis déterminé encore que d'a-
près l'intention du tribunal qui m'y a invité.

« Salut et fraternité,

« A. A. FOUQUIER. »

(Note du ministre. — 4ᵉ division.)

« Écrire à l'accusateur militaire de l'armée du Nord;
lui envoyer copie de cette lettre, et, si la dénonciation n'a
pas d'autre fondement que ce qu'a dit Lefebvre, il jugera
sans doute juste de le mettre en liberté. — Répondre à
l'accusateur public que je fais écrire pour Maréchal[1].»

La vérité est que, si le Tribunal révolutionnaire prononça beaucoup de condamnations, il prononça aussi
beaucoup d'acquittements; et c'est ce que n'ont jamais
dit ceux qui ont voulu faire croire à la postérité que, de
la part de ce tribunal, il y avait toujours eu parti pris de
frapper. Au moment du procès de Fouquier-Tinville, le
nombre des individus mis en jugement s'élevait à 2718,
et, sur ce nombre, 900 personnes avaient été acquittées[2].

Un jour, — et c'est notre plus chère espérance, — un
jour, l'œil fixé sur les siècles écoulés, les hommes se
demanderont avec stupeur comment il a pu arriver qu'à
certaines crises de la vie des peuples, on ait regardé

---

[1] L'original de ce document fait partie de la collection de M. de Girardot, secrétaire général de la préfecture de la Loire-Inférieure.

[2] Voy. la déclaration, non contredite, de Fouquier-Tinville. *Hist.
parlem.*, t. XXXIV, p. 556.

le bourreau comme un agent du progrès, le sang versé
comme un moyen de régénération sociale, et la terreur
comme l'aurore de la liberté! Mais que nous sommes loin
encore de l'état de perfectionnement social qui rendrait
cette stupeur naturelle et légitime! La terreur de 1793
et 1794 est-elle donc le seul événement de l'histoire dont
le souvenir nous fasse frissonner! Dans quel temps et
dans quel pays le déchaînement des passions politiques et
le choc des intérêts en lutte n'ont-ils pas conduit les
combattants à fouler aux pieds les droits de l'humanité et
agrandi outre mesure le domaine de la mort? Les exemples, hélas! se présentent en foule, et, pour en trouver
d'effroyables, il n'est nullement besoin de consulter la
biographie de Catherine de Médicis, ou d'ouvrir les
registres de l'inquisition ou de chercher le sens du
mot *dragonnades*, ou de remonter à ce qu'on nomme les
âges de barbarie, ou de fouiller les annales des nations
réputées barbares. C'est dans l'histoire d'Angleterre, c'est
à propos d'événements qui correspondent à la date de
1689, qu'on lit ce qui suit :

«Les Communes d'Irlande n'eurent pas de cesse qu'elles
n'eussent extorqué la sanction de Jacques II en faveur
d'une épouvantable loi, d'une loi qui n'a point son égale
dans l'histoire des contrées civilisées, le « GREAT ACT OF
ATTAINDER. » Une liste fut dressée contenant de deux à
trois mille noms. En tête figuraient la moitié des pairs
d'Irlande. Venaient ensuite baronnets, chevaliers, hommes
d'Église, gens de condition, marchands, franc-tenanciers,
artisans, et, dans le nombre, des enfants et des femmes.
Nulle investigation. Un membre de l'Assemblée voulait-il
se défaire d'un créancier, d'un rival, d'un ennemi particulier, il faisait passer le nom au bureau, et ce nom était
en général inscrit sans plus ample informé. L'unique
débat dont le souvenir nous ait été transmis concernait
le comte de Strafford. Le comte avait des amis dans la

Chambre, et ils se risquèrent à dire quelque chose en sa faveur. Mais, en peu de mots, Simon Luttrell trancha la question. « J'ai entendu le roi, dit-il, mal parler de ce lord. » Il n'en fallut pas davantage; et, sur les tables de proscription, le nom de Strafford occupe le cinquième rang. Un délai fut fixé avant l'expiration duquel ceux dont les noms étaient sur la liste devaient venir se soumettre à la justice, telle qu'on l'administrait alors aux protestants, à Dublin. Si une des personnes proscrites était en Irlande, il lui était enjoint de se présenter vers le 10 du mois d'août; si elle avait quitté l'Irlande avant le 5 novembre 1688, elle avait à se présenter, au plus tard, le 1er octobre; faute de quoi, elle devait être, *sans jugement préalable*, pendue, traînée le long des rues et écartelée, le tout suivi de la confiscation des biens. Or, parmi les victimes désignées, il y en avait auxquelles il pouvait être matériellement impossible de se présenter à temps; tel pouvait être alité, tel autre aux Indes occidentales, tel autre en prison. De fait, c'était le cas pour certains, et cela au su de tous. Au nombre des lords compris dans le « great act of attainder » était Mountjoy. Trompé par les conseils perfides de Tyrconnel, il s'était rendu à Saint-Germain, avec une aveugle confiance, et on l'avait jeté à la Bastille, où il était encore. Eh bien, le Parlement irlandais n'eut pas honte de décider que si, dans l'espace de quelques semaines, *il ne pouvait s'échapper de sa prison* et se présenter à Dublin, il serait mis à mort[1]. »

Ajoutons que la culpabilité des malheureux portés sur la liste homicide n'avait pas été le sujet du moindre examen, qu'aucun d'eux n'avait été entendu dans sa défense[2]. Et comme on avait la certitude que plusieurs de ceux qu'on sommait ainsi de comparaître étaient dans

---

[1] *Macaulay's History of England*, t. III, p. 216-217.
[2] *Ibid.*

l'impossibilité *physique* de le faire à l'époque fixée[1], le
« great act of attainder » était tout simplement une loi
d'assassins.

Quelque horrible que fût la loi du 22 prairial, qui ose-
rait la comparer à l'acte hideux dont nous venons d'évoquer le souvenir? Et quel feuillet des annales de la Révolution française nous fournira un fait qui dépasse en
atrocité le fameux massacre de tout le clan des Macdonald dans la vallée de Glencoe, sur un ordre signé de
Guillaume III[2]?

Nous préserve le ciel de vouloir de la sorte atténuer la
juste horreur qu'inspirent les excès révolutionnaires dont
l'histoire se mêle si déplorablement à celle de tant d'actes
et d'efforts héroïques! Mais ceux-là sont d'étranges com-
mentateurs du passé, qui parlent de la Révolution française comme si elle eût pris, dans le monde, l'initiative
de la fureur. Son initiative! elle consista dans la proclamation de vérités impérissables ; elle consista dans l'indication d'un but dont la violence même des moyens
employés, toute lamentable qu'elle est, ne fera jamais
oublier la grandeur.

Nous avons promis de discuter l'histoire de Loizerolles. Il est remarquable que les éditeurs des *Mémoires des prisons* adoptent la version
fausse, avec tous les éléments de la version *vraie* sous les yeux. C'est
en effet le *Tableau historique de la maison Lazare* qui fournit la preuve
que la personne dénoncée et portée sur la liste des détenus transférés à la

[1] *Macaulay's History of England*, t. III, p. 217.
[2] Macaulay, admirateur quand même de Guillaume III, voudrait bien
qu'on crût que Guillaume III signa, sans le lire, l'ordre abominable. Mais
cette supposition charitable a été mise à néant par un très-savant travail
inséré dans le *Times* du 18 décembre 1855 ; et, postérieurement à cette
date, l'*Edinburg Review* a publié un article plein de recherches inté-
ressantes, qui lève tous les doutes sur la responsabilité directe de Guillaume et de Marie dans le massacre de Glencoe.

Conciergerie était Loizerolles *père*, et non pas Loizerolles *fils*. En parlant de la condamnation du premier, l'auteur du *Tableau historique* dit en propres termes, p. 267 : « La victoire complète que Gagnant avait remportée sur le citoyen Loizerolles, son ennemi, qui venait d'être condamné à mort, fut annoncée dans la maison. » Quel était le prisonnier qui avait été dénoncé par Gagnant, mis en accusation sur le témoignage de cet administrateur, et, par suite, conduit à la Conciergerie? Loizerolles père. Ainsi se trouve confirmé le récit de Fouquier-Tinville : « C'était Loizerolles *père*, qui avait été dénoncé, lui qui a été jugé et condamné. Seulement, l'huissier qui était allé à Lazare prendre les prénoms, âge et qualités du père, n'ayant pas demandé s'il y avait plusieurs Loizerolles, avait pris les prénoms, âge et qualité du fils. Cela fut rectifié à l'audience. La minute du jugement porte que c'est le père qui fut condamné. *Loizerolles fils n'avait jamais été dénoncé.* » (Voy. *Réponse d'Antoine Fouquier-Tinville aux différents chefs d'accusation, etc.*, p. 20, dans la *Bibl. hist. de la Rév.* 947-8. British Museum.)

Et ce qu'il y a de curieux, de navrant, c'est que Coffinhal, pour avoir fait, à l'audience, une rectification indispensable, a été présenté comme un homme qui avait *employé la voie du faux pour mieux pouvoir tuer le père à la place du fils :* atrocité impossible à supposer, même dans une société d'anthropophages!

Ce n'est pas tout. Si Coffinhal était un faussaire, il est clair que le compte rendu, rédigé par lui, du procès de Danton, n'est qu'un tissu de mensonges : voilà donc ce compte rendu rayé d'une manière absolue du nombre des documents historiques à consulter. Et c'est effectivement de la sorte que M. Michelet a raisonné, pour avoir cru à l'histoire de Loizerolles, telle que nous la donnent tous les historiens royalistes.

Parlerai-je des ornements qu'il a plu à quelques-uns d'y ajouter? M. Thiers, t. V, chap. vi, p. 367, ne se contente pas de faire mourir le père pour le fils; il dit de celui-ci : « Le fils fut jugé à son tour, et il se trouva qu'il aurait dû ne plus exister, car un individu ayant tous ses noms avait été exécuté; c'était son père. *Il n'en périt pas moins.* » Franchement, ceci est un meurtre qui n'a été commis que par M. Thiers. Loizerolles fils *ne périt pas;* et même c'est sa déposition, au procès de Fouquier-Tinville, qui a été l'origine de tous les récits relatifs à cette affaire, y compris celui de M. Thiers. Ce jeune homme comparut dans le procès de Fouquier, et produisit beaucoup de sensation en déclarant que son père était mort pour lui : chose, dit-il, qu'il ne sut que plus tard d'un certain curé de Champigny, qu'il rencontra en passant rue Saint-Antoine! Et il ajouta : « Le lendemain, j'en eus la preuve incontestable. Je traversais le pont de l'Hôtel-Dieu. Un mouvement involontaire de curiosité, mêlé d'horreur, me fait jeter les yeux sur un mur couvert d'affiches; enfin, je me vois condamné à mort, et je sais pour la première fois que, si j'existe encore, c'est au prix d'une vie que j'aurais voulu racheter de la mienne. » (Voy. la déposition de Loizerolles fils au procès de Fouquier-Tinville, *Hist. parlem.*, t. XXXV, p. 113.)

Dans un ouvrage intitulé *la Justice révolutionnaire*, M. Ch. Berriat Saint-Prix, conseiller à la Cour impériale de Paris, maintient la tradition reçue sur les Loizerolles, c'est-à-dire : *le père condamné et exécuté à la place du fils* (*la Justice révolutionnaire*, p. 118 à 126), mais il passe complétement sous silence le témoignage, si clair, si péremptoire, si important, de l'auteur du *Tableau historique de la maison Lazare*.

Quant à la déclaration du *Mémoire* imprimé de Fouquier-Tinville, M. Berriat Saint-Prix lui oppose la réponse dans laquelle le *Compte rendu* du procès de Fouquier lui fait dire : « que c'était le fils Loizerolles qui était traduit en jugement et que son substitut Liendon aurait dû faire mettre le père hors des débats. » (*Hist. parlem.*, t. XXXIV, p. 440.)

Entre ces deux déclarations contradictoires de Fouquier, nous n'avons pas hésité à préférer celle consignée dans un *Mémoire rédigé et signé* par Fouquier, à celle que lui *met dans la bouche* le rédacteur d'un compte rendu de procès, écrit sous l'inspiration et au profit de la réaction victorieuse, comme le prouvent surabondamment les notes ridiculement emphatiques qui lui servent de commentaires, celles-ci entre autres : « Loizerolles père compare ses soixante et un ans aux vingt-deux ans de son fils; il lui donne une seconde fois la vie... Ce père vertueux, contre lequel il n'y avait point d'acte d'accusation, a été mis à mort, le 8 thermidor; et ce père respectable a gardé le silence! Et les buveurs de sang avaient eu la scélératesse de dire que de tels hommes étaient des conspirateurs! » (*Hist. parlem.*, t. XXXIV, p. 488.)

M. Berriat Saint-Prix a pu consulter aux Archives de France des pièces originales dont notre éloignement de Paris nous interdisait l'accès ; et des extraits de ces pièces, cités par lui, il résulte bien que le nom de Loizerolles fils figure sur le registre d'entrée du parquet de Fouquier, dans l'acte d'accusation et dans le jugement rédigé à l'avance, mais ces pièces ne prouvent nullement que Loizerolles père n'eût pas été dénoncé, et, en outre, M. Berriat Saint-Prix le constate lui-même, le nom de Loizerolles n'est suivi d'aucune désignation ni dans l'exposé des faits de l'acte d'accusation, ni dans le réquisitoire d'extraction de la maison Lazare. On ne peut donc conclure rigoureusement des pièces citées par M. Berriat Saint-Prix que ce fut Loizerolles fils et non Loizerolles père que Fouquier entendait envoyer devant le Tribunal révolutionnaire, et que le père fut condamné à la place du fils par ce tribunal. Bien plus, l'opinion contraire, que M. Berriat Saint-Prix combat, se trouve confirmée par les renseignements nouveaux que nous fournit l'*Histoire du Tribunal révolutionnaire de Paris, d'après les documents originaux conservés aux Archives de l'Empire*, par M. Émile Campardon, *archiviste aux Archives de l'Empire* (Paris, Poulet-Malassis, éditeur, 1862.)

M. Campardon déclare que « l'assertion de Fouquier est exacte quand il affirme que c'était bien le père et non le fils qu'on avait voulu traduire au Tribunal. » (*Hist. du Trib. rév.*, t. II, p. 121, note 1) ; il ajoute qu'il n'y a pas lieu de mettre en doute la vérité de ces paroles de Fouquier : « C'est Loizerolles père qui a été dénoncé comme ayant trempé dans la conspiration Lazare : ce fait est prouvé par la dénonciation. » (*Hist. du Trib. rév.*, t. II, p. 120.)

En effet, la conspiration de prison dans laquelle fut compris Loizerolles père eut pour principale base les renseignements fournis sur les détenus de Saint-Lazare par Charles Jeaubert et Robinet, réfugiés belges, et Leymandi, espions attachés à cette prison. Or, sur la liste des prisonniers dressée par eux, on lit : « *Loizerolles père* n'a pas cessé de lancer des sarcasmes contre la Convention et les patriotes, qu'il qualifiait d'hommes de sang. » (*Hist. du Trib. rév.*, t. II, p. 121, note 1.)

Un point sur lequel le doute ne nous semble plus possible, après les renseignements que nous venons de citer, c'est celui-ci : que le tribunal révolutionnaire entendit bien et dûment condamner Loizerolles père, et non Loizerolles fils. En effet, d'après M. Berriat Saint-Prix lui-même, Coffinhal rectifia, à l'audience, non-seulement l'acte d'accusation mais aussi le n° 5 des questions à adresser au jury, et sur ces questions il ne se borna pas à effacer le mot *fils* pour y substituer le mot *père*, » il ajouta, dit le substitut Ardenne, au procès de Fouquier, l'ancienne qualité du père. » (*Hist, parlem.*, t. XXXIV, p. 439.)

Donc, le jury répondit sur ce qui concernait Loizerolles père, et le Tribunal révolutionnaire ne le condamna conséquemment pas à la place de son fils.

Le décret de la Convention du 14 pluviôse an III ordonnant l'annulation de la confiscation des biens de Loizerolles père, prouve également que la condamnation avait été prononcée contre le père et non contre le fils. Ce décret porte : « Le jugement du Tribunal révolutionnaire du 8 thermidor est réputé non avenu contre *Jean*-Simon Loizerolles (le fils s'appelait *François-Simon*); il n'y a lieu à la confiscation des biens dépendant de la succession ; les scellés et séquestre qui pourraient avoir été mis seront levés sur-le-champ partout où besoin sera. » (*Moniteur* du 17 pluviôse an III, p. 564.) Et la liste des condamnations et acquittements prononcés par le Tribunal révolutionnaire, publiée au *Moniteur*, porte, en effet : « Du 8 thermidor... *Loizerolles père*, âgé de 61 ans, né à Paris, ancien lieutenant général du baillliage de l'Arsenal. » (*Moniteur*, an II, n° 330.)

Il est évident que si Loizerolles père avait été condamné et exécuté à la place de son fils, comme dans le cas de Saint-Pern, par exemple, où le fils fut bien réellement exécuté et condamné à la place du père, ses biens n'eussent pas été confisqués, comme ils le furent, en dépit des paroles ridicules, disons mieux, impossibles que le sieur Pranville, ex-curé de Champigny, aurait attribuées plus tard à Loizerolles père : « Je ne fais pas de tort à mon fils, tout le bien est à sa mère. » (*Hist. parlem ,* t. XXXV, p. 113.). En d'autres termes : « *Mon fils ne sera pas ruiné, il ne perdra donc rien à ce qu'on lui sauve la vie !* »

C'est pourtant sur ce que ce curé de Champigny aurait appris un beau jour au fils de Loizerolles qu'a été construite toute cette fable de la substitution de personnes. Et que dire de cette affiche qui se trouve placardée à point nommé sur le passage du fils de Loizerolles, *trois mois après la condamnation ?* Et comment cette affiche put-elle lui donner la conviction que son père avait été condamné pour lui, puisqu'elle portait la rectification, non-seulement faite à l'audience, par Coffinhal, mais inscrite sur la liste des condamnations publiées au *Moniteur*, et prouvait, par conséquent, tout le contraire de ce que le fils de Loizerolles voulut absolument y voir ?

La légende qui a cours sur les Loizerolles est un chaos d'absurdités. La vérité, la voici : Le père et le fils avaient été dénoncés. Le mandat d'extraction ne portant pas d'autre désignation que Loizerolles, le père répondit à l'appel de l'huissier. Lorsqu'on amena Loizerolles devant le tribunal, Coffinhal, qui avait entre les mains l'acte d'accusation, portant la désignation de *fils*, fit, en voyant paraître le père, les rectifications nécessaires sur les pièces, et adressa en conséquence, au jury les questions d'usage, qui dès lors, ne pouvaient se rapporter qu'au père, lequel fut condamné.

Plus tard, Loizerolles fils, désirant ravoir les biens de son père, qui avaient été confisqués, accepta, de bonne foi peut-être, l'idée qui a servi de base à la légende, et qui lui fut suggérée sans doute par quelque ami ou quelque légiste officieux. C'était un coup de fortune pour la réaction. On fit grand bruit de la férocité des cannibales dont les vainqueurs de thermidor avaient délivré la France, et les biens confisqués furent rendus à la grande joie des contre-révolutionnaires, qui venaient de trouver, pour leur arsenal, une calomnie de plus !...

CHAPITRE V

ROBESPIERRE VEUT ARRÊTER LA TERREUR

Programme de Robespierre : guerre aux conspirateurs reconnus tels, protection à l'innocence. — Il invite tous les bons citoyens à dénoncer les actes d'oppression. — Il demande l'indulgence pour ceux qui ne sont qu'égarés. — Il proteste contre l'extension donnée à la Terreur, et contre le système de trouver partout des coupables. — Il se plaint de l'arrestation de pauvres artisans, dont tout le crime est de s'être enivrés. — Il dénonce comme une manœuvre contre-révolutionnaire une pétition demandant la peine de mort contre quiconque mêlera le nom de Dieu à un jurement. — Repas fraternels, dénoncés par Payan. — Robespierre attaque Fouché comme Terroriste. — Dubois-Crancé et Fouché sont exclus de la société des Jacobins. — Couthon s'élève contre la tyrannie exercée à Tours par Senar. — Robespierre jeune dénonce un système universel d'oppression et se fait gloire d'être « un modéré. » — Robespierre attaque indirectement Barère, aux Jacobins. — Barère, au sortir de la séance. — Pourquoi Barère lie sa cause à celle de Vouland et de Vadier; leurs partie de plaisir à Clichy. — Pourquoi Carnot se joint aux ennemis de Robespierre. — Saint-Just revient de l'armée. — Remarquable aveu de Billaud-Varenne. — Développement du complot ourdi contre Robespierre. — Fausses rumeurs répandues sur un second 31 mai. — Faute des Robespierristes. — Hypocrisie de leurs adversaires. — Visite d'Amar et de Vouland aux Madelonnettes. — Mot féroce de Vadier. — Lettre *affectueuse* de Tallien à Couthon. — Javogues rétracte ce qu'il a écrit contre Couthon et en témoigne son repentir. — Payan. — Répugnance de Robespierre à recourir à la force. — Il travaille à son testament de mort.—Lettres de sympathie adressées à Robespierre par la sœur de Mirabeau, par Durand-Maillane. — Lettre de reconnaissance écrite à Robespierre, au nom de soixante-treize députés, sauvés par lui. — Menaces anonymes. — Calomnies. — Détails d'intérieur. — Robespierre à l'Ermitage. — Attitude de Billaud-Varenne dans le comité. — Tentative de conciliation manquée. — Les meneurs des comités font partir de Paris des compagnies de canonniers; pourquoi? — Établissement des commissions populaires pour juger promptement les détenus

Cependant, Robespierre se préparait pour la crise suprême qui allait décider de son sort et des destinées de la République.

Jamais situation ne fut plus formidable que la sienne. Placé entre les ultra-révolutionnaires, dont les excès lui faisaient horreur, et les contre-révolutionnaires, auxquels il s'était bien promis de faire une guerre à mort, il marchait le long d'un étroit sentier, tracé, à une hauteur effrayante, entre deux précipices. Malheur à lui, s'il penchait trop à gauche! Et, s'il paraissait pencher à droite, malheur à lui! Prendre son parti de la Terreur, en accepter la responsabilité à tout risque, se livrer aux furies, en compagnie des Vouland, des Vadier, et plonger la Révolution dans le sang jusqu'à ce qu'enfin elle y pérît suffoquée, sa raison l'en empêchait, alors même que sa conscience ne le lui aurait pas interdit. Il savait que l'extrême violence et la durée sont choses incompatibles ; il comprenait que le ressort de la Terreur avait été manié trop rudement pour n'être point à la veille de se briser.

D'un autre côté, il tremblait, en cherchant une issue à la situation, d'ouvrir une porte à tous les réactionnaires coalisés. Il se rappelait avec quel succès les royalistes étaient parvenus à envelopper dans leur alliance l'imprudente Gironde, et par quelle bruyante affectation de sympathie ils avaient irrévocablement compromis les Dantonistes. Était-il donc réservé à fournir le sujet du troisième acte, dans cette comédie funeste? Donnerait-il aux Terroristes des deux Comités, ses ennemis, l'ocasion de crier : « Le voilà qui mollit à son tour? » On était si porté alors à transformer en trahison la faiblesse, ou ce qui en avait l'apparence! Parmi les révolutionnaires violents, il y en avait de très-sincères, et dont le vertige tenait à une conviction profonde de la nécessité d'être inexorable : cette force, fallait-il risquer de la mettre contre soi, et la livrer aux énergumènes sans conscience, à qui la question était précisément d'arracher leur sceptre d'airain?

Dans ces conjonctures critiques, le programme politique que Robespierre résolut de porter à la Convention, après l'avoir développé dans le club des Jacobins, fut celui-ci : « Guerre persévérante aux contre-révolutionnaires conspirateurs; mais, en même temps, guerre aux Terroristes oppresseurs de l'innocence. »

Dangereux programme, qui créait à Robespierre, dans l'un et l'autre camp, des ennemis mortels, mais qui témoigne de son courage, en expliquant sa chute, et honorera éternellement sa mémoire!

Le 1er juillet (13 messidor), il se rend aux Jacobins, demande la parole, et commence par ces mots solennels, qui montrent assez qu'il ne se faisait aucune illusion sur le péril :

« Il est temps, peut-être, que la vérité fasse entendre dans cette enceinte des accents aussi mâles et aussi libres que ceux dont cette salle a retenti dans toutes les circonstances où il s'est agi de sauver la patrie[1]. »

Puis, allant droit au fait : « Quand les factions sont audacieuses, dit-il, quand l'innocence tremble pour elle-même, la République n'est pas fondée sur des bases durables[2]. » Et, après avoir protesté contre ceux qui taxent de cruauté la sévérité employée à l'égard des conspirateurs, il ajoute : « L'homme humain est celui qui se dévoue pour la cause de l'humanité, et qui poursuit avec rigueur et avec justice celui qui s'en montre l'ennemi :

[1] Séance des Jacobins du 13 messidor 1794. Voy. *Hist. parlem.*, t. XXXIII, p. 320.
[2] *Ibid.*

on le verra toujours tendre une main secourable à la
vertu outragée et à l'innocence opprimée[1]. »

Mais fallait-il que la protection vigilante due à l'innocence allât jusqu'à couvrir d'une indulgence systématique
les ennemis de la Révolution, reconnus tels, et les artisans
de complots? Fallait-il confondre le culte de l'humanité
avec le désarmement de la justice, et favoriser le triomphe
de cette grande calomnie : que le Tribunal révolutionnaire avait été organisé « pour égorger la Convention elle-
même? » Voilà ce que Robespierre désignait comme une
manœuvre révolutionnaire; voilà ce dont il accusait la
« faction des indulgents, » et il avait soin de faire remarquer que l'humanité des agents de cette faction consistait
à parer les coups portés aux ennemis de l'humanité,
en cherchant sans cesse l'occasion de frapper les patriotes [2].

Venant aux calomnies dirigées contre lui : « A Paris,
on dit que c'est moi qui ai organisé le Tribunal révolutionnaire pour égorger les membres de la Convention, et
je suis dépeint comme un tyran, comme un oppresseur
de la représentation nationale; à Londres, on dit qu'on
imagine en France de prétendus assassinats, pour me
faire entourer d'une garde militaire. Ici l'on dit, en parlant de la Renault, que c'est sûrement une affaire d'amou-
rette, et qu'il faut bien croire que j'ai fait guillotiner son
amant. C'est ainsi qu'on absout les tyrans, en attaquant
un patriote isolé qui n'a pour lui que son courage et sa
vertu [3]. »

A ces mots, une voix des tribunes ayant crié : « Robespierre, tu as tous les Français pour toi, » « La vérité est
mon seul asile, reprit-il avec tristesse ; je ne veux ni par-

---

[1] Séance des Jacobins du 13 messidor 1794. Voy. *Hist. parlem.*,
t. XXXIII, p. 321.

[2] *Ibid.*, p. 321-322.

[3] *Ibid.*, p. 323-324.

tisans ni éloges ; ma défense est dans ma conscience[1]. »

Il termina, en « invitant les bons citoyens à dénoncer les actes d'oppression ; » mais en déclarant que, si on le forçait à renoncer à une partie de ses fonctions, il n'en continuerait pas moins, comme représentant du peuple, de « faire une guerre à mort aux tyrans et aux conspirateurs[2]. »

D'une part, on le voit, il annonçait bien haut sa résolution de défendre énergiquement la Révolution, tant qu'elle serait attaquée ; et, d'autre part, il se portait l'adversaire de quiconque tirerait de cette nécessité de la défendre un prétexte de tyrannie, l'adversaire de quiconque osait dire, à l'exemple de Collot-d'Herbois : « Il est bien question, en Révolution, du juste ou de l'injuste[3] ! »

Ce qui indignait surtout Robespierre, et il ne s'en était jamais caché, c'est qu'on fît peser la Terreur sur les pauvres, sur les ignorants, sur beaucoup d'esprits simples, faciles à séduire et à entraîner. Voilà ceux en faveur de qui il aurait voulu voir appliquer cette politique d'indulgence dont on ne parlait que lorsqu'il s'agissait des chefs. Il lui paraissait affreux qu'une Révolution, dont le bonheur du peuple était le but, devînt pour le peuple un sujet d'effroi[4].

Et en effet, quand on consulte les listes du Tribunal révolutionnaire, on y voit, confondus pêle-mêle, princes et concierges, duchesses et femmes de chambre, marquis et charretiers, magistrats et laboureurs, prêtres et arti-

---

[1] *Hist. parlem.*, t. XXXIII, p. 324.

[2] *Ibid.*, p. 325.

[3] Vilate rapporte ce mot de Collot-d'Herbois comme lui ayant été adressé à lui-même. Voy. *les Causes secrètes de la Révolution du 9 au 10 thermidor*, p. 232-233.

[4] Voy. son discours du 8 thermidor dans l'*Hist. parlem.*, à la page 411 du t. XXXIII.

Voy. la note critique placée à la suite de ce chapitre.

sans. Il est même à remarquer que les classes aisées ne
figurent que pour le nombre de six cent cinquante dans le
chiffre total des guillotinés, qui fut de deux mille sept
cent cinquante[1]! Les choses en vinrent à ce point que les
deux Comités durent enfin proposer, par l'organe de Vadier, un décret qui ordonnait la mise en liberté provisoire de ceux des *suspects* qui, dans les campagnes, bourgs
ou communes de moins de douze cents habitants, se trouvaient appartenir à la classe des laboureurs, manouvriers,
moissonneurs, brassiers et artisans[2]. Étaient exceptés
ceux d'entre ces pauvres gens qui avaient été emprisonnés
comme complices d'un « crime de haute trahison[3]! »

Robespierre n'avait cessé de s'élever contre ce système
de porter « la Terreur dans toutes les conditions, et d'é-
riger en crimes, ou des préjugés incurables, ou des choses
indifférentes, pour trouver partout des coupables, et
rendre la Révolution redoutable au peuple même[4]. »

Le 9 juillet (21 messidor), il se plaignit aux Jacobins,
avec beaucoup d'amertume et d'émotion, de ce qu'on
avait arrêté des artisans qui n'étaient coupables que de
s'être enivrés dans un jour de fête. Sans doute l'ivresse
était une maladie dont il fallait guérir les hommes; mais
quel remède, que cette intolérance farouche, qui transformait en attentat un mouvement de gaieté! Était-ce
donc ainsi qu'on entendait l'application de la loi qui avait
mis la probité et la vertu à l'ordre du jour? Ceux qui lui
donnaient cette interprétation méchante et hypocrite ne
pouvaient être que de faux patriotes, d'autant moins

---

[1] M. Wilson Croker en fait la remarque dans ses *Essays on the
French Revolution*, p. 514-515.

[2] Ce décret fut adopté par la Convention le 14 juillet (16 messidor).
Voy. l'*Hist. parlem.*, t. XXXIII, p. 327.

[3] *Ibid.*

[4] Ce sont les expressions mêmes dont il se sert dans son discours du
8 thermidor. Voy. l'*Hist. parlem.*, t. XXXIII, p. 411.

indulgents à l'égard des malheureux, qu'ils l'étaient davantage envers les aristocrates[1].

Avec plus de véhémence encore, Robespierre dénonça un certain Magenthies, auteur d'une pétition qui réclamait la peine de mort contre quiconque prononcerait un jurement dans lequel le nom de Dieu serait mêlé. Dans ces exagérations barbares, un sûr instinct lui faisait deviner une manœuvre de la contre-révolution[2].

Mais, pendant qu'il s'attachait ainsi à briser le masque de vertu dont certains hommes se couvraient, d'autres, prenant le masque de l'égalité, essayaient d'inaugurer l'ère des repas fraternels en plein air. Tel qu'on venait d'entendre parlant, chez lui, à ses domestiques d'une voix rude et méprisante, allait se placer à côté d'eux dans les banquets publics ; et, le verre à la main, criait avec affectation : « A ta santé, Picard[3] ! » Rien, certes, n'eût été plus touchant que ces réunions civiques, s'il eût été possible de croire sincère le sentiment qui les avait provoquées ; mais comment y voir autre chose qu'une stratégie de la réaction, alors que la lutte des idées, des intérêts et des passions se produisait sous ses aspects les plus terribles, alors que la haine grondait au fond des âmes où l'effroi ne dominait pas, alors que le sang ruisselait sur l'échafaud ? « Je ne sais, dit l'agent national Payan devant le Conseil général de la Commune, si ce sont aujourd'hui des sans-culottes qui composent ces repas ; mais j'ai vu des tables splendidement servies... Je démêle vos

---

[1] Séance des Jacobins du 21 messidor. *Hist. parlem.*, t. XXXIII, p. 332-333.

[2] C'est à propos de cette pétition de Magenthies que Saint-Just disait, dans son discours du 9 thermidor : « Ah ! ce ne sont point là des blasphèmes (les juremens que Magenthies voulait proscrire) : un blasphème est l'idée de faire marcher devant Dieu les faisceaux de Sylla. » Voy. l'*Hist. parlem.*, t. XXXIV, p. 16.

[3] Discours de Payan devant le Conseil général de la Commune, séance du 15 juillet (27 messidor) 1794.

intentions du moment, messieurs les aristocrates : depuis le commencement de la Révolution, vous donniez le payement de vos contributions pour preuve de votre civisme ; sous Hébert et Chaumette, vous assuriez que vous aviez pris le bonnet rouge et la carmagnole ; aujourd'hui, vous nous direz que vous avez assisté au repas fraternel de votre section... Je déclare, au reste, que je m'opposerai à toutes les mesures rigoureuses que l'on pourrait proposer contre ces repas prétendus fraternels. Il suffit d'indiquer au peuple le piége, pour qu'il s'en éloigne... Les aristocrates, dévoilés, n'oseront plus se montrer à ces banquets publics, et la petite-maîtresse cessera de venir crier dans les rues : « Voyez comme j'aime l'égalité! Je mange publiquement avec mes domestiques[1]. »

Le lendemain, Barère fit un rapport où il tenait le même langage, et ces manifestations prirent fin.

Nous avons dit que Fouché figurait au premier rang de ceux dont Robespierre se proposait d'attaquer la tyrannie. Il avait suivi, d'un cœur indigné, les progrès de l'oppression, sous laquelle Fouché et Collot-d'Herbois avaient écrasé les Lyonnais ; il se rappelait que devant la terrible « *Commission des cinq*, » créée par les deux proconsuls, l'erreur, l'entraînement, la faiblesse, n'avaient eu que trop souvent de la peine à obtenir grâce. Il s'en était plaint : le passage suivant d'une lettre que Fernex lui écrivait d'Orange, le 1er fructidor (18 août), est un document dont, à cet égard, la portée est décisive :

« . . . . . Je ne puis m'empêcher de te dire que j'ai été un peu affecté de l'espèce de reproche que tu me fais relativement à la Commune-Affranchie... J'atteste ici que j'étais plutôt le défenseur que le juge de ceux qui pouvaient être présumés avoir agi plutôt par erreur que par méchanceté, et je peux t'assurer qu'il n'en est guère péri

_____
[1] Discours de Payan devant le Conseil général de la Commune.

que de ceux qui persécutaient les patriotes, soit en les désarmant, soit en indiquant leur retraite, soit en désarmant ou en les forçant de prendre les armes. Permets-moi, en passant, cette petite justification, car il me serait bien dur d'être connu de toi pour autre que je suis[1]. »

D'où il résulte que Robespierre avait reproché aux membres de la commission lyonnaise des cinq leur inflexible sévérité à l'égard des prévenus qui n'avaient agi que par erreur, et s'était plaint que ceux-là ne trouvassent pas des défenseurs dans leurs juges mêmes[2] ! De là son aversion pour Fouché, qui avait inauguré, à Lyon, le système de la fureur[3]. Aussi résolut-il de commencer la lutte sans tarder davantage, et en choisissant pour lice le club des Jacobins, bien que Fouché y comptât des partisans, y exerçât une influence qu'avait assez prouvée, peu de temps auparavant, sa nomination à la présidence du club. Ce fut dans la séance du 11 juillet (23 messidor) qu'on évoqua le souvenir de l'oppression qui avait pesé sur les Lyonnais. Attentif à ne donner aucune prise aux royalistes, Robespierre ne cacha point que la *Commission temporaire*, à Lyon, avait, après avoir déployé de l'énergie, cédé à la faiblesse humaine, et tourné peu à peu contre les patriotes eux-mêmes le pouvoir dont elle avait été armée contre leurs ennemis. Ce changement, résultat des séductions de certaines femmes, avait entraîné la persécution de citoyens honorables, héritiers de l'enthousiasme révolutionnaire et du dévouement de Chalier. Là était la cause du suicide de Gaillard, qu'il fallait venger,

---

[1] Papiers inédits trouvés chez Robespierre, Saint-Just, Payan, supprimés ou omis par Courtois, p. 194. — Beaudoin frères, 1828.

[2] Séance de la Convention du 16 juillet (28 messidor) 1794.

[3] Nous avons déjà cité, sur les causes de l'aversion de Robespierre pour Fouché, un passage frappant des Mémoires de Charlotte Robespierre, que Fouché avait eu l'intention d'épouser.

ainsi que tous ceux qui, comme lui, avaient succombé
sous les manœuvres de la contre-révolution; mais là n'é-
tait point la justification des crimes d'une faction qui n'é-
tait qu'en apparence opposée à la première. Quant à lui,
Robespierre, ses principes étaient « d'arrêter l'effusion
du sang humain, versé par le crime[1]. »

Comme conclusion, il demanda que Fouché fût invité
à venir répondre aux reproches qu'on lui adressait. C'est
ce que le club des Jacobins décida, après avoir, sur la
proposition de Couthon, rayé de la liste des membres Dubois-Crancé, auquel on imputait d'avoir laissé échapper
Précy et sa bande[2].

Ainsi se dessinait de jour en jour plus vivement la politique du parti robespierriste[3], qui était de couper court

---

[1] Séance des Jacobins du 11 juillet (23 messidor). Voy. l'*Hist. parl.*,
t. XXXIII, p. 341.

[2] *Ibid.*, p. 342.

[3] M. Michelet, en rappelant cette séance, a commis une erreur extrê-
mement grave. Il a cru que la commission à qui Robespierre reprochait
d'avoir faibli était celle des Cinq, qui fut établie par Fouché et Collot-d'Herbois, tandis qu'au contraire c'est de celle qui fut établie par Couthon qu'il
s'agit ici. Sur ce point, nul doute possible. En effet, « ce changement dû
à la séduction de certaines femmes, » dont parle Robespierre, est celui
que Collot-d'Herbois, dans son rapport sur la situation de Lyon, se plaignit d'avoir remarqué dès son arrivée dans cette ville, et qu'il attribua,
lui aussi, à des influences féminines. (Voy. le *Moniteur*, an II (1794),
nᵒˢ 113 et 114.) Il est certain, comme nous l'avons raconté (t. X, p. 162
et 163), que l'extrême modération de Couthon avait encouragé outre mesure les royalistes lyonnais; et, à ce point, que l'accusateur public, qui
avait fait condamner Chalier, se promenait la tête haute. (Voy. le rapport
de Collot-d'Herbois, *ubi suprà.*) Or, c'était précisément de cet état de
choses, qu'ils trouvèrent en arrivant à Lyon, que Collot-d'Herbois et
Fouché s'autorisaient pour justifier la politique sanguinaire qu'ils avaient
adoptée, et que Robespierre condamnait, tout en ayant soin de blâmer le
relâchement qui lui avait servi de prétexte, fidèle en cela à sa résolution
de frapper à la fois, et sur ceux qui tendaient la main aux royalistes, et
sur ceux qui déshonoraient la République par leurs cruautés.

La lettre de Fernex à Robespierre, citée plus haut, montre assez jusqu'à quel point les appréciations de M. Michelet sont erronées.

à la Terreur, sans toutefois rien faire qui donnât aux royalistes l'espoir d'entamer la Révolution.

Fouché, cité au tribunal des Jacobins, n'osa pas comparaître. Le 14 juillet (26 messidor), on lut dans le club
une lettre de lui, par laquelle il priait la société de suspendre tout jugement à son égard, jusqu'à ce que les
Comités de salut public et de sûreté générale eussent sta-
tué sur sa conduite. Indigné, Robespierre se lève et s'é-
crie : « Craint-il les yeux et les oreilles du peuple? craint-
il que sa triste figure ne présente visiblement le crime?
que six mille regards fixés sur lui ne découvrent dans ses
yeux son âme tout entière, et qu'en dépit de la nature qui
les a cachées on n'y lise ses pensées ? » Il continua sur ce
ton, déclarant que Fouché était un imposteur méprisable
et vil ; que sa démarche était l'aveu de ses crimes ; et que
la liberté ne serait pas sacrifiée à des hommes dont les
mains étaient pleines de rapines[1].

Cette véhémente sortie entraîna les Jacobins : Fouché
fut exclu. Mais, à la fin de la séance, le club élut pour
président Élie Lacoste[2], un des ennemis de Robespierre,
qui put juger de la sorte, au sein même d'une victoire,
de tous les périls qui l'attendaient !

Mais son parti était pris, ou d'arracher la Révolution
aux mains impures, ou de périr ; et, dans ce dessein, nul
ne le secondait avec plus de courage que son frère. On
avait essayé de jeter entre eux des germes de division :
Robespierre jeune courut dénoncer lui-même aux Jacobins
ces manœuvres artificieuses : « On a voulu me séparer de
mon frère ; on a été jusqu'à dire que je valais mieux que
lui. Mais tant qu'il sera le proclamateur de la morale et la
terreur des scélérats, je n'ambitionne d'autre gloire que
de partager son tombeau. » A son tour, Couthon ayant

[1] Séance des Jacobins du 14 juillet (26 messidor). Voy. l'*Hist. parlem.*,
t. XXXIII, p. 345-347.
[2] *Ibid.*, p. 354.

déclaré qu'il offrait sa poitrine aux poignards dirigés
contre son ami, toute la salle retentit d'acclamations passionnées[1].

A quelques jours de là, Couthon s'élevait en termes
pleins de force contre la tyrannie qu'on accusait Senar
d'avoir exercée à Tours[2]; et Robespierre jeune disait :
« Il existe un système universel d'oppression... On a eu
l'impudeur de prétendre, dans le département du Pas-
de-Calais, que je suis en arrestation comme modéré.
Eh bien, oui, je suis modéré, si l'on entend par ce mot
un citoyen qui ne se contente pas de la proclamation des
principes de la morale et de la justice, mais qui veut leur
application ; si l'on entend par ce mot un homme qui
sauve l'innocence opprimée aux dépens de sa réputation. » Et, rappelant que la foudre révolutionnaire devait servir à renverser les conspirateurs, non à remplir
d'effroi tous les citoyens, il adjura quiconque saurait affronter la mort d'aller à la racine du mal, en frappant
jusqu'aux autorités qui abuseraient de leur pouvoir pour
écraser le peuple[3].

Déjà, dans la séance du 9 juillet (21 messidor), Robespierre aîné avait attaqué indirectement Barère, en présence de Barère même, qui, ce jour-là, occupait le fauteuil. Celui-ci ne s'attendait pas à être publiquement mis
en cause : il rentra chez lui, atterré. Vilate raconte en
ces termes la scène qui suivit :

« Tout défaillant, Barère s'étend dans son fauteuil ; à
peine il pouvait prononcer ces mots : *Je suis saoul des*
« *hommes ! Si j'avais un pistolet !... Je ne reconnais plus*
« *que Dieu et la nature.* » Après quelques minutes de
silence, je lui fais cette question : « Quelle a pu être sa

---

[1] Séance du 11 juillet (23 messidor). *Hist. parlem.*, t. XXXIII, p. 342.
[2] Séance des Jacobins du 21 juillet (3 thermidor). Voy. *Hist. parl.*,
t. XXXIII, p. 379 et 381.
[3] *Ibid.*

raison de l'attaquer ? » La crainte et la douleur ont besoin de s'épancher. « Ce Robespierre est insatiable, dit
Barère : parce qu'on ne fait pas tout ce qu'il voudrait,
il faut qu'il rompe la glace avec nous. S'il nous parlait
de Thuriot, Guffroy, Rovère, Lecointre, Panis, Cambon,
de ce Monestier, qui a vexé toute ma famille, et de toute
la séquelle dantoniste, nous nous entendrions. Qu'il demande encore Tallien, Bourdon (de l'Oise), Legendre,
Fréron, à la bonne heure !... Mais Duval, mais Audoin,
mais Léonard Bourdon, Vadier, Vouland, il est impossible d'y consentir [1]. »

Un autre passage de Vilate explique pourquoi Barère
liait sa cause à celle de Vadier et de Vouland :

« Barère avait à Clichy une maison de plaisance, tout
à la fois séjour des jeux de l'amour, et repaire odieux où
les Vadier, les Vouland, inventaient avec lui les conspirations que la guillotine devait anéantir. Ils s'y rendaient
deux fois par décade. L'enjouée Bonnefoy y accompagnait
Dupin, aussi fameux dans sa coterie par sa cuisine de
fermier général, qu'il l'est dans la Révolution par son
rapport sur les fermiers généraux... Barère avait cédé
cette *virtuose* à Dupin, et Dupin à Barère, la Demahy,
courtisane logée dans un superbe hôtel, rue de Richelieu... On se tromperait si l'on croyait que j'allasse souvent à Clichy. Hélas ! retiré seul dans ma chambre, des
réflexions cruelles avaient trop fait soupirer mon cœur,
après les deux ou trois fois seulement que j'y étais allé.
J'avais vu avec joie, avec délices, la destruction de la
cour honteuse de Louis XVI et de l'archiduchesse d'Autriche, et je voyais renaître parmi les destructeurs de
cette cour scandaleuse les scènes nocturnes des jardins de
Versailles et du petit Trianon. A son retour de Clichy, le
lendemain d'un quintidi ou d'une décade, Barère, à la

---

[1] *Causes secrètes de la Révolution du 9 au 10 thermidor*, p. 201.
— Collection des Mémoires sur la Révolution française.

première rencontre, me souhaitait ainsi le bonjour :
« *Nous avons taillé hier de l'ouvrage au tribunal, il ne*
« *chômera pas.* » Vouland, quelquefois à côté de lui, approuvait d'un petit sourire doucereux et perfide [1]. »

Un effroyable orage se formait sur la tête de Robespierre. Il avait maintenant contre lui, dans les régions
du pouvoir, outre Barère, Vadier et Vouland, Billaud-
Varenne, qui nourrissait contre lui une haine aveugle
mais sincère; Collot-d'Herbois, qu'une solidarité sanglante
attachait à Fouché, et enfin, Carnot, entraîné dans leur
parti par certaines querelles déplorables qui s'étaient élevées entre lui et Saint-Just.

Nous avons déjà fait allusion à une dispute violente
qui eut lieu, au commencement de floréal, dans le Comité
de salut public. A des reproches amers de Saint-Just sur
la mauvaise administration de l'établissement des poudres
et salpêtres, Carnot avait répondu par d'aigres récriminations touchant les projets de dictature dont Saint-Just
et ses amis étaient soupçonnés. Alors, s'il en faut croire
le récit publié par Billaud-Varenne, Collot-d'Herbois et
Barère, à une époque où celui qu'ils accusaient était
mort, Saint-Just serait entré dans une violente colère, et,
menaçant Carnot de le faire guillotiner, aurait provoqué
de sa part cette réponse : « Je t'y invite! Je ne vous crains
pas. Vous êtes des dictateurs ridicules [2]. »

Une circonstance malheureuse et qui jette quelque
jour sur la part qu'un homme tel que Carnot fut amené
à prendre au 9 thermidor vint ajouter à ces causes d'animosité. Carnot, au moment même où les destinées de la
France allaient se décider à Fleurus, avait commandé,
de son autorité privée, une expédition militaire que
Saint-Just jugea de nature à compromettre le succès de

---

[1] *Causes secrètes de la Révolution,* ubi supra, p. 184-185.
[2] *Réponse des anciens membres des Comités aux inculpations renouvelées contre eux par Laurent Lecointre.* Note 6 des pièces à l'appui.

la campagne et le salut de l'armée. Nous avons devant nous le manuscrit inédit du maréchal Jourdan, et nous y lisons :

« Merlot venait de chasser de Seneff un détachement autrichien, lorsque le général en chef reçut l'ordre d'envoyer seize mille cinq cents hommes dans la Flandre maritime. Il est difficile d'expliquer par quel motif on dégarnissait ainsi l'armée, alors que, d'un instant à l'autre, elle pouvait se trouver aux prises avec la totalité des forces des alliés, — et cela, pour porter des troupes sur un point où il n'y avait pas d'ennemi [1]! » Heureusement, cet ordre, daté du 30 prairial (18 juin), et, par conséquent, antérieur à la bataille de Fleurus, ne fut communiqué par Pichegru à Jourdan que quinze jours après sa date, de sorte que la victoire, qui aurait pu être compromise, put être gagnée dans l'intervalle. Mais, même après ce brillant triomphe, l'ordre de dégarnir l'armée de Sambre-et-Meuse, sans nécessité appréciable, parut si extraordinaire et si dangereux à exécuter, que Gillet et Guyton, commissaires de la Convention près cette armée, prirent hardiment sur eux de désobéir en suspendant le départ des troupes [2].

C'est ce qu'ils firent par arrêté du 15 messidor (3 juillet) 1794, daté de Marchiennes-au-Pont. Le document dont il s'agit, — il est sous nos yeux, — contient l'exposé des motifs qui firent juger l'ordre de Carnot absolument inexécutable, et l'on y remarque cette phrase significative : « Considérant que cet ordre n'est ni conçu avec la précision, ni *revêtu des formes qui caractérisent les résolutions du Comité de salut public* [3]. »

---

[1] Manuscrit inédit du maréchal Jourdan, p. 118.
[2] *Ibid.*
[3] Nous donnons textuellement, dans la note critique placée à la fin de ce chapitre, le document dont il est ici question, et qui figure parmi les pièces officielles qui font suite au récit du maréchal Jourdan.

Et, en effet, la décision avait été prise, sans que Saint-Just eût été consulté[1], bien qu'il fût le représentant spécial du Comité de salut public près l'armée de Sambre-et- Meus

Nul doute que Carnot, grand patriote et grand soldat, ne fût en mesure de fournir, de sa conduite, d'excellentes raisons; mais il n'en est pas moins vrai qu'en s'écartant du système de guerre adopté par le Comité de salut public, il donnait prise à Saint-Just. Et il le savait homme à ne rien pardonner.

Robespierre avait donc tout à craindre, non-seulement des meneurs du Comité de sûreté générale, mais des personnes en qui reposait le pouvoir du Comité de salut public et dont son absence servait les desseins. «L'absence de Robespierre nous a laissé le temps de combiner nos moyens pour l'abattre,» disait, plus tard, Billaud-Varenne[2]!

En de telles circonstances, le retour de Saint-Just à Paris devenait d'autant plus nécessaire, que les infirmités de Couthon enchaînaient souvent sa nature active.

Une première fois déjà, au commencement de prairial, Robespierre avait rappelé Saint-Just de l'armée par la lettre suivante, qu'il fit signer à ses collègues, et dont on a trouvé la minute écrite de sa main.

Paris, 6 prairial an II de la République une et indivisible.

« CHER COLLÈGUE,

«La liberté est exposée à de nouveaux dangers; les factions se réveillent avec un caractère plus alarmant que jamais. Les rassemblements pour le beurre, plus nombreux et plus turbulents que jamais, lorsqu'ils ont le moins de prétextes, une insurrection dans les prisons qui

[1] Discours de Saint-Just, commencé dans la séance du 9 thermidor.

[2] Séance du 13 fructidor, reproduite par Laurent Lecointre, dans son appel à la Convention nationale, au Peuple français, à l'Europe entière.

devait éclater hier, les intrigues qui se manifestèrent au temps d'Hébert, sont combinés avec les assassinats tentés à plusieurs reprises contre les membres du Comité de salut public; les restes des factions, ou plutôt les factions toujours vivantes, redoublent d'audace et de perfidie... Le Comité a besoin de réunir les lumières et l'énergie de tous ses membres. Calcule si l'armée du Nord, que tu as puissamment contribué à mettre sur le chemin de la victoire, peut se passer quelques jours de ta présence. Nous te remplacerons, jusqu'à ce que tu y retournes, par un représentant patriote.

« ROBESPIERRE, PRIEUR, CARNOT, BILLAUD-VARENNE, BARÈRE [1]. »

Saint-Just s'était empressé de répondre à cette invitation pressante; mais, après un court séjour à Paris, il était retourné au camp. Rappelé une seconde fois par Robespierre, il reparut au moment où on l'attendait le moins, c'est-à-dire le lendemain de la bataille de Fleurus, et il ne fut plus possible de le faire repartir [2]. Sa présence était un sérieux embarras pour Barère, Collot-d'Herbois et Billaud-Varenne [3] : elle les contraignit à couvrir leurs manœuvres d'un voile plus épais.

Que le projet de Robespierre et de ses amis fût de rendre la sécurité à toutes les classes de citoyens, d'élargir les suspects, de donner la main aux débris de la Gironde [4], et d'assoupir les anciennes factions par une fusion gé-

---

[1] *Papiers inédits trouvés chez Robespierre, Payan, Saint-Just*, etc., supprimés ou omis par Courtois, t. II, p. 3 et 6. Beaudoin frères, 1828.

[2] *Réponse des membres des deux anciens Comités aux imputations renouvelées contre eux par Laurent Lecointre*. Bibl. hist. de la Rév. — 1097-8-9. — Les historiens qui, comme M. Thiers et M. Wilson Croker, disent que Saint-Just arriva la veille du 9 thermidor, ont commis en cela une grosse erreur.

[3] Séance du 13 fructidor, discours de Billaud, *ubi supra*.

[4] *Mémoires de René Levasseur*, t. III, ch. xi, p. 201. Bruxelles, 1832.

nérale, voilà ce que savaient plusieurs membres de la
Convention, et il n'est pas douteux qu'elle ne présentât,
pour l'accomplissement de semblables vues, les éléments
d'une majorité considérable[1]. Mais, d'un autre côté, il y
avait longtemps qu'au sein de l'Assemblée une conspiration se développait dans l'ombre.

Rapprochement de dates remarquable! C'était le 5 prairial (22 mai) que, sur un ordre du Comité de salut public,
écrit de la main de Robespierre, madame de Fontenay,
aimée de Tallien, avait été arrêtée[2], et c'était le 5 prairial
(24 mai), qu'avait été ourdie, entre Tallien, Courtois,
Laurent Lecointre, Guffroy et Barère, la trame qui devait
se dérouler le 9 thermidor[3]. Le noyau une fois formé, il
se grossit peu à peu d'hommes mus par des motifs divers : ceux-ci, par des ressentiments personnels; ceux-là,
par le désir d'échapper à une vigilance importune ou à
des dénonciations méritées; d'autres, enfin, par le secret
espoir de renverser la République, en sapant ses plus
fermes appuis.

Inutile d'ajouter que les conspirateurs n'épargnèrent
rien pour augmenter leurs forces. Un député en mission,
Ingrand, étant venu un instant à Paris, Billaud-Varenne
lui dit : « Il se passe ici des choses très-importantes. Va
trouver Ruamps, qui t'informera de tout. » Ingrand court
chez Ruamps, qui lui fait part du complot. Lui, recula,
saisi de stupeur, et s'écria : « Si on l'attaque, la République est perdue[4]. »

Le sentiment d'Ingrand était celui des meilleurs pa-

---

[1] *Mémoires de René Levasseur*, ubi supra.

[2] Rapport de Saladin, au nom de la commission des vingt et un,
p. 13. *Bibl. hist. de la Rév.*, nᵒˢ 1097-8-9.

[3] C'est ce qui est constaté dans la brochure de Laurent Lecointre, et
confirmé par une note du rapport de Courtois ; comme le font remarquer
avec raison les auteurs de l'*Hist. parlem.*, t. XXXIII, p. 358.

[4] Les auteurs de l'*Histoire parlementaire*, donnent ce fait comme le
tenant de la bouche de Buonarroti, t. XXXIII, p. 358.

triotes, et parmi les membres les plus modérés de la Convention, beaucoup tournaient leur espoir vers Robespierre. Ils se rappelaient que c'était lui qui avait sauvé de la proscription les soixante-treize députés signataires de la protestation contre le 31 mai, et fait rappeler Carrier; ils songeaient aux nombreux cachots que son frère, Saint-Just et Lebas, avaient ouverts dans les provinces; ils n'ignoraient pas combien la politique de Couthon avait différé, à Lyon, de celle de Fouché et de Collot-d'Herbois; ils jetaient les yeux sur la Commune, et la voyaient tranquille depuis que l'esprit de Robespierre y dominait[1]. Tout cela était aux Comités et à leurs partisans dans l'Assemblée un vif sujet d'alarmes, et leur inspira le genre de tactique qu'ils employèrent; elle consista à faire croire à la Convention que leur cause était la sienne. Dans ce but, ils commencèrent à répandre sourdement le bruit qu'on rêvait contre l'Assemblée un second 31 mai, qu'elle était à la veille d'un égorgement. A chacun de ses membres on eut soin de montrer son danger personnel dans le danger public, de manière à créer l'alternative de frapper ou d'être frappé[2]. On fit courir des listes, tantôt de dix-huit, tantôt de trente députés, sur qui, assurait-on, la hache était à la veille de s'abattre, en attendant une proscription en masse. Pour rassurer les timides contre la crainte d'affronter la plus grande autorité morale du moment, on eut soin de ne leur demander « qu'un acte de volonté simultané qui, enveloppant tout dans un même élan, ne laisserait aucun individu plus remarqué qu'un autre[3]. » Et Barère d'augmenter les inquiétudes, en parlant sans cesse de factions, de trahisons, de Pitt et de Cobourg[4].

---

[1] *Mémoires de René Levasseur*, t. III, ch. xi, p. 201.
[2] Toulongeon, *Histoire de France depuis 1789*, t. II, p. 496.
[3] *Ibid.*
[4] *Laurent Lecointre à la Convention nationale, au Peuple français, à l'Europe entière.* Bibl. hist. de la Rév.— 1100-1. (*British Museum.*)

Vainement Robespierre protesta-t-il contre ces artifices
dont étaient venus l'avertir des députés qui n'osaient plus
habiter leurs maisons, tant la peur les avait gagnés[5];
vainement dénonça-t-il bien haut le système qui tendait à
avilir la Convention par des terreurs imaginaires, affir-
mant, lui, « qu'elle était pure, qu'elle était au-dessus de
la crainte comme du crime[2]; » vainement Couthon dé-
clara-t-il, à diverses reprises, « que lui et ses amis étaient
pleins de respect pour la représentation nationale, passionnés pour sa gloire, et prêts à verser tout leur sang
pour elle[5] : » ni Robespierre ni Couthon ne niaient, après
tout, leur résolution d'appeler devant la justice révolutionnaire les « quelques hommes impurs qui, dans la
Convention, cherchaient à corrompre la morale publique
et à élever un trône au crime[4]. » Ces hommes impurs,
il eût fallu les nommer, et, comme on ne les nommait
pas, la menace, quoiqu'elle ne s'adressât qu'à quelques-
uns, semblait planer sur tous[5].

Là fut la grande faute des Robespierristes, et leurs ennemis en profitèrent avec une habileté pleine d'hypocrisie. On vit des hommes, tels que Vadier, Vouland, Amar,
affecter tout à coup, pour la sûreté ou la dignité des représentants du peuple, une sollicitude qu'ils n'avaient
pas connue quand il s'était agi de frapper Danton, Hérault de Séchelles, Camille Desmoulins, Fabre d'Églantine. Parmi les papiers de Robespierre, trouvés chez lui
après sa mort et publiés par Courtois, il existe un rapport de l'administrateur Faro, sur une visite d'Amar et
de Vouland aux députés détenus aux Madelonnettes. La

---

[1] Discours de Robespierre, séance des Jacobins du 12 messid. (30 juin).

[2] *Ibid.*

[3] Voy. séance des Jacobins du 3 thermidor (21 juillet), et séance du
6 thermidor (24 juillet).

[4] Discours de Couthon dans la séance des Jacobins du 6 thermidor
(24 juillet).

[5] Voy. la note critique placée à la suite de ce chapitre.

scène serait grotesque si elle ne se rapportait à une manœuvre odieuse. Les députés en question avaient écrit au Comité de sûreté générale une lettre où ils se plaignaient d'être « traités avec tant de dureté, malgré leur qualité de représentants du peuple, qu'on leur refusait du sirop de vinaigre et les douceurs propres à l'existence[1]. » Là-dessus, Amar et Vouland courent à la prison, mandent leurs collègues, et, d'une voix attendrie : « Est-il bien vrai qu'on arrête votre correspondance? Vous refuse-t-on les douceurs de la vie, soit en café, soit en sirop, chocolat ou fruits? Parlez, parlez, chers collègues. Le Comité de sûreté générale nous envoie vers vous pour vous apporter des consolations et recevoir vos plaintes, afin de punir ceux qui ont avili en vous les représentants du peuple. » Et Amar se mit à peurer[2]. Il n'avait pas pleuré en rédigeant le rapport qui fit tomber la tête du représentant du peuple Fabre d'Églantine et celle du représentant du peuple Bazire !

Un mot féroce échappé à Vadier peu de temps avant le 9 thermidor montrera ce qu'il y avait au fond de cette sollicitude que les meneurs du Comité de sûreté générale affichaient à l'égard des membres de l'Assemblée. Un jour, Vadier, croyant s'apercevoir que Robespierre cherchait des partisans dans les rangs modérés de la Convention, laissa échapper ce mot féroce : « Si cela continue[3], je ferai guillotiner cent crapauds de son marais. »

Non contents de recourir à ces manœuvres, les conjurés s'étudiaient à endormir par toutes sortes de flatteries la prudence de ceux dont ils préparaient la ruine. Tallien, par exemple, écrivait à Couthon, au moment même

---

[1] Rapport des Administrateurs de police, n° XXXIII des pièces à la suite du rapport de Courtois sur les papiers de Robespierre.

[2] Rapport de l'administrateur Faro. *Ibid.*

[3] *Réponse aux détracteurs du 9 thermidor*, par Courtois. Note 38.

où il aiguisait contre lui les poignards : « Si tu pouvais me recevoir à l'issue de ton dîner, *mon cher Couthon*, je te demanderais *un conseil d'ami. La trop confiante jeunesse a besoin d'être guidée par l'expérience de l'âge mûr* [1]. »

Peu de temps avant, Javogues, autre thermidorien, avait écrit à la Convention : « J'ai outragé notre collègue Couthon dans une proclamation que je désavoue, que je rétracte, que je voue solennellement au blâme de l'opinion publique. Mon cœur n'a jamais cessé d'honorer et d'aimer le citoyen Couthon, ainsi que le citoyen Maignet. Voilà la profession de foi dont je ne me serais jamais écarté si j'eusse toujours été moi. Je prie la Convention de la recevoir et de permettre qu'elle soit insérée dans son bulletin [2]. »

En ce qui touche Robespierre, jamais les conjurés n'avaient été, à son égard, plus prodigues d'éloges ; et cette accusation, tous la méritent, à l'exception de Billaud-Varenne, qui put dire, plus tard, avec vérité : « Ai-je jamais parlé de Robespierre pour le louer [3]? »

Lui, cependant, était-il dupe de ces artifices? Non, sans doute ; et, plus il avançait, plus il se sentait près du couteau. Mais comment en éviter la pointe, lorsque déjà elle touchait à son cœur ?

S'il eût été dans sa nature de recourir à la force, il pouvait aisément avoir une insurrection à ses ordres; car Henriot lui répondait de l'appui de la garde nationale, et le maire de Paris, Lescot Fleuriot, de l'appui de la Commune. Mais mettre ses ennemis hors la loi, en s'y

---

[1] Nous trouvons ce curieux document dans le recueil des lettres manuscrites et inédites dont nous devons la communication à l'obligeance de M. Benjamin Fillon. — La lettre dont il s'agit est datée du 28 prairial, c'est-à-dire qu'elle fut écrite vingt-trois jours après la formation du complot dirigé contre Couthon et ses amis !

[2] *Ibid.*

[3] *Réponse de J. N. Billaud à Laurent Lecointre*, dans la *Bibl. hist. de la Rév.* — 1106-1. (*British Museum.*)

mettant lui-même! Essayer d'un second 31 mai, en se
chargeant, cette fois, de la responsabilité de l'attentat!
Se faire le plagiaire de la dernière tentative hébertiste,
et descendre, lui, l'homme des principes, le régulateur
de l'opinion publique, à n'être plus qu'un conspirateur
et un factieux! c'est à quoi Robespierre ne se put résoudre, quoiqu'il fût poussé à ce parti extrême par quelques-uns de ses partisans les plus décidés, et, entre
autres, par l'agent national Payan, âme ardente et tête
froide.

Ce Payan est une figure qui vaut qu'on s'y arrête. Les
notes de lui qu'on a retrouvées annoncent un esprit qui
n'eût pas été incapable de grandes vues et qui, dans tous
les cas, avait quelques idées fort saines. Convaincu de la
nécessité de combattre le fanatisme et de faire disparaître
ce qu'il appelait, à la manière des hébertistes, les « Petits
Jésus, » il ne croyait pas néanmoins que le vrai moyen
de détruire l'influence des prêtres fût de se livrer, sous
leurs vêtements, à des parodies indécentes ; et les cérémonies de l'Église lui paraissaient impossibles à détruire,
tant qu'on ne les aurait pas remplacées par des fêtes
nationales propres à empêcher un vide de se former dans
les imaginations débiles[1]. C'était parce qu'il regardait
le déréglement des mœurs et la corruption comme les
bases fondamentales du despotisme[2], qu'il ne tolérait
sur les ponts et dans les lieux publics que la vente des
livres de nature à former l'esprit public[3]. A ses yeux,
la paye qui, sur la proposition de Danton, avait été
accordée aux indigents membres des assemblées géné-
rales de section, était avilissante pour le peuple et
immorale ; il voulait en proposer l'abolition, en s'auto-

---

[1] Voy. *Papiers inédits trouvés chez Robespierre, Saint-Just,
Payan*, etc., supprimés ou omis par Courtois, t. II, p. 352 et 394.
[2] *Ibid.*, p. 389.
[3] *Ibid.*, p. 391.

risant de l'exemple des sections des *Droits de l'homme*
et des *Sans-Culottes*, lesquelles n'avaient jamais accepté
rien de semblable [1]. Dans l'aristocratie, il voyait une
maladie dont les germes sont au fond du cœur humain [2]. Il pensait que, chez les peuples libres, on doit
s'attacher à entretenir par tous les moyens l'horreur de
la tyrannie [3], et en conséquence il demandait qu'à la
Croix du Trahoir, nom du carrefour de l'Arbre-Sec,
on substituât *Trahoir Brunehaut*, pour rappeler sans
cesse au peuple que c'était là qu'une reine aux mains
teintes de sang était venue expirer, après avoir été, par
ordre des états généraux, traînée le long des chemins à
la queue d'une cavale indomptée [4]. Ayant la surveillance des prisons, il soumettait à un contrôle inexorable les malversations des économes et des employés,
ne dédaignant aucun détail, vérifiant jusqu'aux comptes
des blanchisseuses, et s'inquiétant de la propreté des
détenus pauvres autant que de leur santé [5]. Il déclarait
antiphysique et antimorale la loi qui, pour une période
prolongée, condamnait des êtres humains au pain et à
l'eau [6], et il disait : « Accoutumer les prisonniers à l'oi-
siveté, c'est les rendre inutiles à la société quand ils y
rentrent [7]. »

Il est aisé de découvrir en tout ceci le lien qui ratta-
chait Payan à Robespierre. Où il semble qu'ils aient différé, c'est dans l'appréciation de la légitimité des moyens,
envisagée au point de vue de la légitimité du but. On lit
dans une lettre de Payan, du 18 brumaire, ces mots hor-

---

[1] *Papiers inédits trouvés chez Robespierre, Saint-Just, Payan, etc.,*
supprimés ou omis par Courtois, t. II, p. 579.

[2] *Ibid.*, p. 594.

[3] *Ibid.*, p. 401.

[4] *Ibid.*, p. 401.

[5] *Ibid* , p. 597 et 598.

[6] *Ibid.*, p. 597.

[7] *Ibid.*, p. 596.

ribles : « Quand bien même Philippe (d'Orléans) eût été
innocent, si sa mort pouvait être utile, il fallait qu'il
pérît[1]. » On comprend de reste que l'homme capable
de tracer de semblables lignes ait pressé Robespierre
de ne point s'arrêter à des scrupules de légalité et d'a-
gir[2]. Mais, outre que ce dernier répugnait à l'emploi de
la violence, il avait exercé jusqu'alors avec trop de succès l'empire de la parole pour se défier de cet instrument de sa puissance, et il mit tout son espoir dans un
discours composé de manière à être, ou son programme
s'il avait le dessus, ou, s'il succombait, son testament de
mort.

Les Comités en prirent alarme. Le 2 thermidor (20 juillet), Barère s'éleva, dans la Convention, contre « ces
citoyens qui ne devaient pas influencer les autres sections du peuple par des *discours préparés*. » Il fallait,
selon lui, les surveiller jusque « dans leur domicile[3]. »

Et pendant ce temps, les Comités faisaient répandre
sous main que des projets sinistres étaient sur le tapis ;
que certaines gens visaient à l'établissement d'une dictature : qu'on connaissait le dictateur[4] ; que le voile était
enfin déchiré ; que dans Robespierre ce qu'il s'agissait
d'abattre, c'était *le tyran : tyran* bien étrange, en vérité,
et certainement unique dans son espèce, que cet homme
qui n'eut jamais ni trésors ni soldats, et dont les *moyens
de tyrannie* consistèrent dans l'effet produit par son
éloquence, uni à l'opinion qu'il avait donnée de sa
vertu !

---

[1] *Papiers inédits trouvés chez Robespierre, Saint-Just, Payan*, etc.,
supprimés ou omis par Courtois, t. II, p. 348.

[2] Nous avons déjà cité la lettre qu'il lui écrivit en messidor.

[3] Voy. *Hist. parlem.*, t. XXXIII, p. 377.

Voy. la note critique placée à la fin de ce chapitre.

[4] Sur le point de savoir s'il est vrai que Saint-Just ait proposé au
Comité de salut public un dictateur, voyez la note critique placée à la
suite de ce chapitre.

Aussi lui adressait-on de toutes parts des lettres où, bien souvent, la sympathie parla le langage de l'admiration, et d'une admiration passionnée.

Voici en quels termes lui écrivait une sœur de Mirabeau :

« Cher Robespierre... Les principes de vertu que tu exprimes autant dans tes paroles que dans tes actions m'ont fait concevoir le projet d'instruire les enfants *gratis*... Mon cher Robespierre, non, je ne te quitterai jamais. J'aurai des vertus en suivant tes conseils et tes exemples ; et loin de toi, peut-être, un autre air que celui que tu habites me perdrait... L'amour du bien est ton cri d'armes ; le mien est que tu vives longtemps pour le bonheur d'une Convention que j'aime... Compte sur mon cœur[1].   RIQUETTI. »

Durand-Maillane — ce nom dit tout — écrivait, à son tour, au *tyran*[2] :

« Mon cher collègue, continue à défendre le faible, l'homme trompé, en n'épargnant, ni les chefs des complots contre-révolutionnaires, ni les traîtres bien assurés. Tu ne voulais pas de la première guerre, et j'étais bien de ton avis. Je l'écrivis à Pétion dans le temps, en janvier 1792, et je lui parlai de toi, dans une lettre, avec beaucoup d'affection, le priant de te la communiquer ; tu m'as appris qu'il n'en fit rien. Oh ! que ton caractère était supérieur au sien ! que ton désintéressement, avec l'indépendance glorieuse qu'il te donne, t'assure d'avantages sur tous les ambitieux, sur tous les républicains à grandes et petites places ! C'est là ma pierre de

---

[1] Lettre du 30 germinal an II. Sur le manuscrit était écrit en marge « *Sœur de Mirabeau*. » Voy. *Papiers inédits trouvés chez Robespierre, Saint-Just, Payan*, etc., supprimés ou omis par Courtois, t. II, p. 163. Beaudoin frères, 1828.

[2] Lettre du 9 ventôse an II. — Recueil de lettres manuscrites et inédites, communiquées à l'auteur par M. Benjamin Fillon.

touche : car si, dans mon obscurité, je ne parle pas, je juge, et je juge sans partialité ni flatterie...

> « Salut et fraternité,
>
> « DURAND-MAILLANE, député.
>
> « Rue Neuve de l'Égalité, cour des Miracles. »

Autre lettre appartenant au dossier de la *tyrannie* de Robespierre, et écrite au nom des 73 députés, débris du parti de la Gironde, qu'il avait arrachés à la mort :

« Citoyen notre collègue, nous avons emporté du sein de la Convention et dans notre captivité un sentiment profond de reconnaissance excité par l'opposition généreuse que tu formas, le 3 octobre, à l'accusation proposée contre nous. La mort aura flétri notre cœur avant que cet acte de bienfaisance en soit effacé, etc.

> « HECQUET, QUIENNEC, RUAULT, SAINT-GRIX,
> DELAMARRE, BLAD, VINCENT[1]. »

Parmi les lettres qu'on chercherait en vain dans le recueil des épîtres laudatives publiées par Courtois, après un triage auquel présidèrent les haines thermidoriennes, nous venons d'en donner deux seulement, faute de pouvoir tout citer; mais elles font deviner le reste.

En revanche, les ennemis de Robespierre le poursuivaient de lettres anonymes[2], toutes gonflées de colère et noires de menaces. « Robespierre ! ah ! Robespierre ! je le vois, tu tends à la dictature... Dis-moi, est-il dans l'histoire un tyran plus tyran que toi ? Et tu ne périras pas ! Et nous ne délivrerons pas notre patrie d'un tel monstre ! Nous mourrons tous, s'il le faut, mais tu n'échapperas pas[3]... Écoute, lis l'arrêt de ton châtiment. J'ai attendu,

---

[1] Lettre en date du 29 nivôse an II. Recueil de lettres inédites, *ubi suprà*.

[2] *Papiers trouvés chez Robespierre*, et publiés par Courtois.

[3] C'est en parlant de ces lettres *anonymes* que les *Deux amis de la Liberté*, t. XIII, p. 376, ont l'ineptie d'écrire : « Des caractères terribles tracés par des mains *courageuses*. »

j'attends encore que le peuple affamé sonne l'heure de
ton trépas ; que, juste dans sa fureur, il te traîne au supplice... Si mon espoir était vain, s'il était différé, écoute,
lis, te dis-je : cette main qui trace ta sentence, et que tes
yeux égarés cherchent à découvrir, cette main qui presse
la tienne avec horreur, percera ton cœur inhumain. Tous
les jours, je suis avec toi, je te vois tous les jours ; à toute
heure, mon bras levé cherche ta poitrine. O le plus scélérat des hommes, vis encore quelques jours pour penser
à moi ; dors, pour rêver de moi ; que mon souvenir et ta
frayeur soient le premier appareil de ton supplice. Adieu !
Ce jour même, en te regardant, je vais jouir de ta terreur [1]. »

Ces menaces répétées et leur caractère mystérieux pro-
voquaient naturellement une surveillance active ; mais,
contre plusieurs députés, tels que Legendre, Thuriot,
Bourdon (de l'Oise), Tallien, elle fut poussée jusqu'à l'espionnage, sans qu'on puisse, du reste, savoir au juste si
cet espionnage fut commandé ou volontaire [2].

Quant à prétendre, comme certains historiens n'ont
pas craint de le faire, que, dans ces jours suprêmes de
messidor et thermidor, où chaque minute était comptée,
Robespierre passait son temps à chercher les plaisirs de
la table, et à faire des courses à Maisons-Alfort, suivi de
Dumas, Coffinhal, Payan, Fleuriot, Henriot et autres,
traversant les routes au galop, renversant tout ce qu'il
rencontrait, et semant partout l'alarme ; la calomnie est
si grossière, si transparente, qu'elle vaut à peine qu'on

---

[1] *Deux amis de la Liberté*, t. XIII, p. 376.

[2] Les auteurs de l'*Histoire parlementaire*, affirment qu'il fut volontaire
et l'attribuent au zèle de « personnes dévouées ; mais ils ne le *prouvent* pas.
Voy. l'*Hist. parlem.*, XXXIII, p. 359. De son côté, Courtois ne manque
pas de parler « d'espions à la solde de nos tyrans, » mais il ne *prouve*
pas son dire davantage, et l'on ne s'explique pas comment Robespierre
aurait pu solder des agents quelconques, en dehors des Comités.

s'arrête à la réfuter [1]. Outre que rien au monde ne pouvait être inventé qui fût plus en contradiction avec la nature de Robespierre, avec ses goûts, avec ses habitudes et sa ligne de conduite, il résulte du témoignage de quelques-uns de ses ennemis, bien connus pour leur acharnement, que jamais il ne se montra plus réservé et ne veilla plus attentivement sur lui-même qu'en approchant de la mort. Et, par exemple, c'est une lettre de Fréron qui nous apprend que, quoique Robespierre aimât le vin et les liqueurs, il y avait renoncé, et ne but que de l'eau pendant les derniers mois de sa vie [2]. On pouvait citer de lui, toutefois, un goût qu'il portait jusqu'à l'excès, mais celui-là fort innocent : il aimait avec passion... les oranges. « Chez Duplay, écrit Fréron, la place qu'il avait occupée à table était toujours marquée par les monceaux d'écorces d'orange qui couvraient son assiette [3]. » Fréron complète ces détails en assurant que Robespierre, vers la fin de sa carrière, s'exerçait tous les jours au pistolet dans son jardin, et était devenu très-adroit à cet exercice [4] ; mais des prétendues cavalcades sur la route de Maisons-Alfort, pas un mot.

Ce que des renseignements puisés à des sources sûres permettent, au contraire, d'affirmer, c'est que l'hôte de Duplay se plaisait aux promenades solitaires. Souvent, sans autre compagnon qu'un grand chien nommé Brount, auquel il était singulièrement attaché, il prenait le chemin des Champs-Élysées et s'en allait rôder tout pensif du côté des jardins de Marbeuf, où il s'oubliait volontiers à entendre de petits Savoyards jouer de la vielle et chanter quelque air des montagnes. Il leur parlait avec tant

---

[1] Voy. au surplus la note critique placée à la suite de ce chapitre.
[2] *Papiers inédits trouvés chez Robespierre, Saint-Just, Payan*, etc., supprimés ou omis par Courtois, t. I, p. 157-158.
[3] *Ibid.*
[4] *Ibid.*

de bonté, et les traitait avec une munificence si assidue, qu'il était connu parmi eux sous ce nom : *le bon Monsieur* [1].

Un autre lieu l'attirait, parce qu'il y rencontrait à chaque pas le souvenir de Jean-Jacques : c'était l'Ermitage, dans la vallée de Montmorency. Ses dernières inspirations lui vinrent de là [2].

On approchait d'une grande catastrophe ; mais ceux-là mêmes qui travaillaient à l'amener ne la voyaient pas venir sans un trouble profond. La division qui régnait maintenant sur la Montagne tendant à donner à ceux du Centre, dans la Convention, le pouvoir de faire pencher la balance, chacun se demandait avec anxiété ce qu'ils décideraient. Eux, paraissaient hésiter. « Pouvez-vous nous répondre du *Ventre?* » dit Billaud-Varenne à un des hommes que les circonstances y avaient placé. A quoi celui-ci répondit : « Oui, si vous êtes les plus forts [3]. » Réponse cynique et terrible !

D'un autre côté, ni Billaud-Varenne, ni Collot-d'Herbois, ni Barère ne se dissimulaient qu'en renversant Robespierre, ils risquaient de renverser la République, et que leur victoire pourrait bien n'être qu'un suicide. Le cri échappé à Ingrand, ils l'entendaient retentir au fond de leur cœur. Ils avaient beau appeler Robespierre un *tyran*, leur conscience les accusait de mensonge et leur annonçait comme inévitables les vengeances du remords. Lorsque, longtemps après, Barère se rappelait cette époque de sa vie, ce n'était jamais qu'avec un frémissement douloureux. Un jour, vieux et déjà un pied dans la tombe, il reçoit la visite de David (d'Angers). L'artiste républicain venait lui faire part d'un projet de couler en bronze le

---

[1] Nous empruntons ces détails à l'*Histoire des Montagnards*, dont l'auteur, M. Esquiros, a connu madame Lebas, et noté sa conversation.

[2] *Ibid.*

[3] TOULONGEON, t. II, p. 493.

portrait des hommes les plus célèbres de la Révolution. Il lui nomme Danton. Barère, qui était couché, se lève brusquement sur son séant, et, le visage animé par la fièvre, s'écrie : « Vous n'oublierez point Robespierre, n'est-ce pas ? Car c'était un homme intègre, un vrai républicain. Son irascible susceptibilité, son injuste défiance envers ses collègues, le perdirent... Ce fut un grand malheur !... » Il s'arrêta très-ému, pencha sa tête sur sa poitrine, et demeura perdu dans ses pensées[1].

Les agitations de Billaud-Varenne, à la veille de ce combat sacrilége, ont été décrites par Saint-Just d'une manière saisissante : « Tout fut rattaché à un plan de terreur. Afin de pouvoir tout justifier et tout oser, il m'a paru qu'on préparait les Comités à recevoir et à goûter l'impression des calomnies. Billaud annonçait son dessein par des paroles entrecoupées ; tantôt c'était le mot de *Pisistrate* qu'il prononçait, tantôt celui de *dangers* : il devenait hardi dans les moments où, ayant excité les passions, on paraissait écouter ses conseils, mais son dernier mot expira toujours sur ses lèvres ; il hésitait, il s'irritait, il corrigeait ensuite ce qu'il avait dit hier ; il appelait tel homme absent *Pisistrate ;* aujourd'hui présent, il était son ami. Il était silencieux, pâle, l'œil fixe, arrangeant ses traits altérés. La vérité n'a point ce caractère ni cette politique[2]. »

Saint-Just assistait à ce spectacle avec une impassibilité apparente, mais non sans y trouver matière à des pressentiments sinistres[3]. Chargé de présenter un rapport sur la situation générale de la République, il laissa entrevoir ses préoccupations au Comité de salut public, dans ce langage laconique, menaçant et fier, qui lui était

---

[1] Notes de David (d'Angers).

[2] Dernier discours de Saint-Just, commencé dans la séance du 9 thermidor. Voy. l'*Hist. parlem.*, t. XXXIV, p. 11.

[3] *Ibid.*, p. 15.

propre. « Je ne puis épouser le mal, dit-il à ses collègues... Tout se déguise devant mes yeux, mais j'étudie-
rai tout ce qui se passe..., et ce qui ne ressemblera pas
au pur amour du peuple et de la liberté aura ma
haine [1]. »

Le lendemain, 5 thermidor (22 juillet) [2], incertains
du résultat de la lutte, les deux Comités se réunissent,
et, pour une dernière explication, mandent Robespierre [3].
On s'aborda d'un air contraint, et, pendant quelque
temps, chacun garda le silence [4]. Enfin, Barère énonce
les faits dont les Comités croyaient avoir à se plaindre, et
dont la note avait été rédigée d'avance [5]. Il y eut échange
de récriminations amères. Saint-Just déclare tenir d'un
officier suisse, fait prisonnier devant Maubeuge, que
« les alliés attendent tout d'un parti qui renversera la
forme terrible du gouvernement; » qu'un grand crédit
militaire, la libre disposition des finances sont nécessaires à quiconque aspire à dominer, et que « ces choses
ne sont point dans les mains de ceux contre qui l'on in-
sinue des soupçons [6]. » David appuya ce discours. Alors,
se tournant vers Robespierre, Billaud-Varenne lui adresse
ces paroles qui firent tressaillir Saint-Just comme dictées
par une dissimulation profonde [7], bien qu'elles ne témoi-
gnassent, peut-être, que des angoisses d'un cœur irré-
solu : « Nous sommes tes amis, nous avons toujours marché ensemble [8]. »

On peut juger de la portée d'une pareille tentative de

---

[1] *Hist. parlem.*, t. XXXIV, p. 15.
[2] Observations de Barère sur le rapport de Saladin, *Bibl. hist. de la
Rév.*, 1097-8-9.
[3] Voy. la note critique placée à la fin de ce chapitre.
[4] Discours de Saint-Just, précité, *ubi supra.*
[5] Observations de Barère sur le rapport de Saladin, *ubi supra.*
[6] Discours de Saint-Just, *ubi supra*, p. 15 et 16.
[7] *Ibid.*
[8] *Ibid.*

conciliation par ce cri contre-révolutionnaire, échappé depuis au Thermidorien Laurent Lecointre : « Cette paix, si elle eût été conclue, perdait à jamais la France[1]. »

Mais, au point où en étaient les choses, pouvait-elle être conclue? « Vous aspirez à former un triumvirat, » avait dit Élie Lacoste aux trois membres de la minorité[2] ; et, à part même les rivalités et les défiances personnelles, l'absence d'homogénéité dans les tendances n'était que trop réelle. Billaud-Varenne et Collot-d'Herbois ne voulaient point qu'on parlât d'Être suprême, d'immortalité de l'âme, de sagesse[3]. De son côté, Saint-Just trouvait indigne qu'on eût l'air de « rougir de la Divinité[4]. » Les conférences furent rompues, et tout se prépara pour un dénoûment tragique[5].

Il y avait à Paris quarante-huit compagnies de canonniers, appartenant aux quarante-huit-sections, et composées d'ardents patriotes. Nul doute que, si une lutte s'engageait, les canonniers ne se rangeassent du parti de Robespierre. Billaud-Varenne, Collot-d'Herbois et Carnot, en ce moment maîtres des affaires, ordonnèrent donc au chef de la commission du gouvernement de faire successivement sortir de Paris un grand nombre de ces compagnies, s'autorisant en cela d'un décret qui ordonnait d'en laisser la moitié à Paris, mais permettait de déplacer l'autre moitié... En même temps, ils envoyaient à trois mille élèves qui, sous le nom d'*École de Mars*, avaient été appelés à former l'établissement des Sablons, une quantité considérable de canons de gros calibre. Les Robespierristes ne se méprirent pas sur le but de ces me-

---

[1] *Laurent Lecointre à la Convention nationale, au peuple français, à l'Europe entière*, p. 194. *Bibl. hist. de la Rév.*, 1100-1.

[2] Voy. le discours d'Élie Lacoste, dans la séance du 9 thermidor. — *Hist. parlem.*, t. XXXIV, p. 55.

[3] Discours de Saint-Just. Voy. l'*Hist. parlem.*, t. XXXIV, p. 16.

[4] *Ibid.*

[5] Voy. sur cette séance la note critique placée à la suite de ce chapitre.

sures. Couthon courut les signaler aux Jacobins, déclarant fort extraordinaire l'idée de former trois mille élèves pour protéger une République qui avait besoin de douze cent mille soldats, et demandant bien haut pourquoi l'on s'appliquait à dégarnir Paris de ses plus fidèles, de ses plus intrépides défenseurs, les canonniers. « Il en partira encore quatre mille demain! » s'écria Sijas. Ceci se passait le 6 thermidor[1].

Ce jour-là fut pris par les deux Comités réunis un arrêté qui établissait, conformément à un décret rendu le 23 ventôse, quatre commissions populaires chargées de « juger promptement les ennemis du peuple détenus dans toute l'étendue de la République. » Les signataires furent : Barère, Dubarran, C.-A. Prieur, Louis (du Bas-Rhin), Lavicomterie, Collot-d'Herbois, Carnot, Couthon, Robert Lindet, Saint-Just, Billaud-Varenne, Vouland, Vadier, Amar, Moyse-Bayle[2].

Quoique ses amis Saint-Just et Couthon eussent signé, Robespierre ne signa pas, tant il était décidé à rompre avec un régime et des hommes que sa conscience condamnait !

Et certes, il ne résulta de son abstention aucun ralentissement dans l'action de la Terreur : loin de là ! car, dans cette journée du 6, on tira des prisons, pour les livrer au tribunal révolutionnaire, quarante-cinq détenus, dont sept furent acquittés, et trente-huit exécutés le lendemain[3]. Parmi ces derniers figuraient deux poëtes : Roucher et André Chénier[4].

On connaît le mot d'André Chénier, avant de mourir :

---

[1] Voy. la séance des Jacobins du 6 thermidor (24 juillet). *Hist. parl.*, t. XXXIII, p. 388.

[2] Voy. l'*Hist. parlem.*, t. XXXIII, p. 393.

[3] Voy. dans le chapitre qui précède la liste des condamnés.

[4] Voy. la liste des prisonniers qui partirent le 6 thermidor (25 juillet) de Saint-Lazare, dans les *Mémoires des prisons*, t. I, p. 258.

« J'avais pourtant quelque chose là[1] ! » Et il se frappait le front. Ah ! de tels souvenirs sont à vous briser le cœur ! Mais il faut tout dire : les hommes qui firent mourir André Chénier avaient en lui un ennemi implacable, un ennemi dont la haine s'était exhalée en cris de rage. N'écrivit-il pas qu'il ne voulait point quitter ce monde

> Sans percer, sans fouler, sans traîner dans la fange,
> Ces bourreaux, barbouilleurs de lois ;

et que, s'il désirait vivre, c'était

> Pour cracher sur leurs noms, pour chanter leur supplice ?

En traçant ces lignes furieuses, André Chénier oubliait que son frère, Marie-Joseph, était un de ces « héros, barbouilleurs de lois; » il oubliait que ceux qu'il brûlait de « percer, de fouler, de traîner dans la fange, » et de voir périr par un supplice qui pût fournir matière à ses chants, représentaient, après tout, la patrie luttant contre la ligue des rois, et avaient, au milieu de violences lamentables, accompli des choses immortelles.

Le 7 thermidor (25 juillet), une députation de la Société des Jacobins parut à la barre. Dans une pétition où l'on retrouve toutes les idées de Robespierre et jusqu'à son style, les Jacobins signalaient la main de l'étranger au fond des machinations intérieures; ils protestaient contre les efforts tentés pour briser l'union des représentants entre eux et de la représentation avec le peuple; ils déclaraient infâme la proposition de punir de mort les jurements désignés comme blasphématoires, et d'ensanglanter de la sorte les pages de la philosophie; ils se plaignaient de voir dégrader le décret contre l'athéisme et

---

[1] Où ce mot fut-il prononcé? Les témoignages sur ce point ne concordent pas. M. Thiers dit : « en montant sur l'échafaud; » d'autres disent : « Dans l'escalier de la Conciergerie. »

l'immoralité, par l'appellation de « prêtres et de prophètes » donnée à ceux par qui ce décret avait été rendu ; ils
manifestaient de vives inquiétudes sur les ténèbres dont
s'environnait le commissaire du mouvement des armées ;
ils invoquaient en faveur des patriotes opprimés et contre
les conspirateurs convaincus... la justice ; ils demandaient qu'on fît trembler les traîtres, mais qu'on rassurât
les gens de bien ; enfin, ils annonçaient que le peuple
« placerait son devoir et sa gloire à respecter, à défendre
ses représentants jusqu'à la mort[1]. »

Rien de plus remarquable que ce document ; rien de
plus frappant que cette démarche. Comment prétendre
sans impudeur, en présence d'une déclaration aussi pré-
cise et aussi solennelle, que Robespierre animait les Jacobins contre l'Assemblée nationale ; qu'il les poussait à un
second 31 mai ; que sa fête à l'Être suprême était un
pas hors du domaine de la philosophie ; et qu'il aspirait
à asseoir sa dictature sur les ruines de la Convention ?
Mais qu'importe tout cela à ceux qui ne l'appelaient tyran
que parce qu'ils le voulaient mort ? La question pour eux
était, non de le juger, mais de le tuer.

Toutefois, comme sa popularité était immense, ils n'eurent garde de se prononcer avant l'heure. Après quelques
vives paroles de Dubois-Crancé sur les soupçons injustes
qui l'enveloppaient et le dur traitement qu'il avait subi,
Barère vint faire l'éloge de Robespierre, de « ce représentant du peuple, qui jouissait d'une réputation patriotique méritée par cinq années de travaux, et par des
principes imperturbables d'indépendance et de liberté[2]. »
Avait-on dit réellement : « Il faut faire un 31 mai ? »
Barère assura que « quelques citoyens » avaient, en effet,
tenu ce propos et qu'on l'avait répété dans les groupes ;
mais ce qu'il ne pouvait nier et ce qu'il reconnut, c'est

[1] Voy. cette pétition dans l'*Hist. parlem.*, t. XXXIII, p. 399-402.
[2] *Ibid.*, p. 405.

que Robespierre avait combattu avec chaleur toute idée
d'attenter à la représentation nationale, disant, dans le
club des Jacobins, que c'était bien mériter de la patrie
que d'arrêter les citoyens qui tiendraient de pareils discours [1].

C'est ainsi que Barère flétrissait lui-même d'avance le
rôle qu'il allait jouer le 9 thermidor. Et quand on lui
reprocha, plus tard, cette conduite artificieuse, quelle
fut sa réponse? Sa réponse fut digne de sa conduite; la
voici : « Robespierre s'était fait une réputation colossale
avec des discours patriotiques et des manœuvres secrètes... Il avait bâti son piédestal sur des bases populaires...
*Il fallait donc dissimuler avec le tyran empourpré de
popularisme* [2]. »

Mais si les meneurs des Comités *dissimulaient*, pour
mieux abattre Robespierre, Tallien, Fréron, Rovère, *dissimulaient*, de leur côté, pour abattre, quand l'heure
serait venue, les meneurs des Comités, leurs alliés du
moment. Il existe, à cet égard, un aveu de Laurent Lecointre qui mérite d'être médité. Lecointre, nature em-
portée, inintelligente, facile à égarer, mais sincère, ne
voyait pas bien pourquoi, en attaquant Robespierre, on
n'attaquait pas aussi Billaud-Varenne, Collot-d'Herbois,
Barère, Vadier, c'est-à-dire ceux qui alors exerçaient réellement le pouvoir. Il s'en ouvrit à ceux de ses collègues
qui, dans l'Assemblée, faisaient partie de la conjuration ;
et c'est lui-même qui a raconté ce qui suit : « A cette époque, l'acte d'accusation que je préparais était achevé.
Fréron, qui m'a aidé de ses lumières, Barras, Rovère,
Thirion, Courtois, Garnier (de l'Aube), Guffroy et Tallien
m'ont conseillé de l'attaquer *seul, afin que le succès fût*

---

[1] *Hist. parlem.*, t. XXXIII, p. 405.
[2] *Observations de Barère sur le rapport fait le 12 ventôse par Saladin*, n° 1, p. 9 et 10, dans la *Bibl. hist. de la Rév.*, 1097-8-9. (*British
Museum.*)

plus certain. Les rôles étaient partagés. Plusieurs avaient
des discours préparés pour appuyer mon opinion et combattre avec force les sophismes de Robespierre ; mais ils
furent d'avis qu'il fallait que le mémoire fût imprimé et
distribué une heure avant d'être lu à la Convention. Guffroy s'était chargé de le faire imprimer, et il fut fait par
nous le serment solennel que, si la vérité succombait,
nous immolerions le tyran en plein sénat [1]. »

Or, pendant que, de leur propre aveu, les ennemis de
Robespierre faisaient entrer dans leurs chances de succès la dissimulation, l'hypocrisie et l'assassinat, lui, le
tyran, repoussait l'emploi de la violence, enchaînait
l'énergie de ses amis les plus fougueux, allait s'inspirer
à l'Ermitage du souvenir de cet infortuné, de ce grand
Jean-Jacques, et, ne comptant, pour son triomphe, que
sur la raison, se préparait au combat en s'armant... d'un
discours [2] !

---

[1] *Laurent Lecointre à la Convention nationale, au Peuple français,
à l'Europe entière*, p. 4, dans la *Bibl. hist. de la Rév.*, 849-50. (*British
Museum.*)

[2] Le chapitre qu'on vient de lire est, qu'il nous soit permis de le déclarer sans détour, chose entièrement nouvelle dans l'*Histoire de la Révolution*. Ce n'est certes pas la première fois qu'on a parlé du dessein
que Robespierre avait formé de mettre fin à la Terreur ; mais c'est la première fois qu'on a réuni, dans leur ordre historique, les faits qui le prouvent. Dans son *Histoire de France*, t. II, p. 489-490, Toulongeon, tout
ennemi qu'il est de Robespierre, ne peut s'empêcher d'écrire : « Il sembla
qu'à cette époque on se hâtât de précipiter toutes les mesures et les exécutions sanglantes, soit que Robespierre voulût redoubler la Terreur, pour
raviver sa popularité, défaillante depuis la fête de l'Être suprême, *soit
plutôt* que ceux qui, l'ayant employé, méditaient déjà sa perte, craignis-
sent d'en laisser ralentir la cause, et se hâtassent de faire ce que lui-
même voulait peut-être arrêter ou diminuer. Car, s'il eut un plan d'autorité
dictatoriale, il voulut nécessairement ramener les choses à un état d'ordre
qui pût être durable et que l'on pût supporter. » Quelque embarrassée et
pénible que soit la forme dont Toulongeon enveloppe ici sa pensée, elle
éclate, en quelque sorte, en dépit de lui-même. Charles Nodier, lui, a
été plus clair, et, dans un article biographique sur Robespierre, il affirme péremptoirement ce que Toulongeon et d'autres écrivains n'avaient

présenté que comme une chose très-probable. Le chapitre qui précède, composé de faits puisés aux sources et irrécusables, dissipera sur ce point, nous l'espérons, tous les nuages.

Nous avons promis de donner, tel que nous le trouvons dans les Mémoires inédits du maréchal Jourdan, dont le manuscrit est entre nos mains, l'arrêté qui suspendait le départ des 16,500 hommes que Carnot, avant la bataille de Fleurus, avait voulu détacher de l'armée de Sambre-et-Meuse. Voici le texte de ce document important :

« A Marchiennes-au-Pont, le 15 messidor (3 juillet).

« *Les représentants du peuple près l'armée de Sambre-et-Meuse.*

« Considérant : 1° qu'il est connu par différents rapports que l'ennemi, après avoir été forcé d'évacuer le Hainaut, a concentré ses forces devant l'armée de Sambre-et-Meuse, entre Bruxelles et Namur ; 2° que cette armée est exposée à une attaque prochaine ; 3° que ces rapports sont confirmés par la nouvelle reçue à l'instant de la prise d'Ostende par l'armée du Nord sans brûler une amorce, ce qui prouve que l'ennemi a évacué, au moins en partie, la West-Flandre, puisque cette place était une des plus importantes à défendre dans cette contrée ; 4° que l'extrait de la lettre écrite par le Comité de salut public aux représentants du peuple près l'armée du Nord le 30 prairial (18 juin), communiquée au général Jourdan par le général Pichegru, après quatorze jours de date, pour envoyer à Dunkerque 15,000 hommes d'infanterie et 1,500 hommes de cavalerie, tirés de l'armée de Sambre-et-Meuse, n'est pas conçu avec la précision ni revêtu des formes qui caractérisent les résolutions du Comité de salut public ; 5° que la correspondance du général Pichegru annonce que 16,500 hommes étaient destinés pour l'expédition d'Ostende, laquelle devient inutile, puisque cette ville est au pouvoir de la République ;

« Considérant que, si l'armée de Sambre-et-Meuse était privée de ses forces, au moment où elle est menacée d'une attaque prochaine, et où elle aurait même besoin d'un renfort de cavalerie, elle serait exposée aux plus grands dangers ;

« Considérant enfin que les événements arrivés depuis le 30 prairial ont tellement varié, qu'il est de la plus haute importance, pour le succès de nos armées, d'attendre la réponse du Comité de salut public aux dépêches qui lui furent expédiées hier au soir, tant par l'un des représentants du peuple que par le général en chef ;

« Arrêtent qu'il sera sursis au départ des 16,500 hommes qui devaient se rendre à Dunkerque.

« Le présent arrêté sera sur-le-champ remis au général Jourdan, et envoyé par un courrier extraordinaire au Comité de salut public.

« GILLET et GUYTON. »

M. Michelet, liv. XII, chap. II, p. 432, *suppose* que Robespierre entendait faire traduire au Tribunal révolutionnaire, « non-seulement Billaud, Bourdon (de l'Oise), Lecointre, Ruamps, Merlin (de Thionville), mais encore la longue queue des Dantonistes et des Hébertistes, celle des Maratistes aussi, etc... » Cette manière d'écrire l'histoire par voie d'hypothèse, et en des matières aussi graves, est vraiment bien extraordinaire, surtout lorsqu'il y a des *faits* qui démentent les *suppositions*. Ainsi, M. Michelet constate lui-même que, d'après la liste écrite par la Commune le 9 thermidor, on n'eût demandé, en dehors du Comité, que les représentants Léonard Bourdon, Fréron, Tallien, Panis, Dubois-Crancé, Fouché, Javogues et Granet. Il est vrai que, pour se débarrasser de ce fait qui le gêne, M. Michelet dit : « Cette liste *visiblement* n'indique que ceux qu'on espérait obtenir. » Encore une supposition ! et bien étrange, cette fois ; car si, le 9 thermidor, la Convention eût été vaincue, à la suite d'un *combat*, qu'aurait-elle eu à refuser aux vainqueurs ?

Mais il faut rendre au moins cette justice à M. Michelet que les projets qu'il suppose à Robespierre ne sont vraiment que des enfantillages auprès des desseins gigantesques que lui prête l'imagination des *Deux amis de la Liberté*, t. XIII, p. 362-364. Le passage est des plus curieux : « Robespierre trouva plus opportun de frapper d'un seul coup la généralité de la Représentation nationale ; déjà de vastes souterrains, des catacombes, sont creusés pour qu'on puisse « y enterrer en un moment des immensités de cadavres. » Et un peu plus loin : « La Convention ignorait que des carrières étaient creusées pour engloutir les cadavres de ses membres. » Ici, les *Deux amis* prévoient une objection. Comment imaginer que Robespierre voulût exterminer la Convention depuis le premier homme jusqu'au dernier, lui qui la respectait au point que, dans ses papiers, on a trouvé une note dans laquelle il fait un crime à Léonard Bourdon d'avoir cherché à avilir la représentation nationale, en affectant de paraître devant elle dans un costume indécent ? A cette objection, les *Deux amis* répondent d'un air de triomphe : « Robespierre ne devait pas être fâché que Léonard Bourdon avilît la Convention par son costume, puisque lui voulait la perdre... mais cette inculpation n'était qu'un *reproche apparent.* » L'*Histoire de la Révolution par deux amis de la liberté* est la première qui ait été écrite d'une manière un peu circonstanciée ; elle a été la source où une foule d'écrivains ont puisé aveuglément ; et, par l'échantillon que nous venons d'en donner on peut juger de ce que vaut un pareil livre. Il faut le lire, pour avoir la mesure du degré d'imbécillité où la rage des haines de parti peut descendre. C'est là, par exemple, t. XIII, p. 300 et 301, qu'on nous représente Robespierre, « arrivant à petit bruit, et particulièrement la nuit, dans un beau château garni de femmes de mauvaise vie, où l'on se livrait à des excès de tout genre ; et, au milieu d'images lubriques réfléchies par des glaces nombreuses et éclairées par cent bougies, à l'odeur des parfums brûlant dans des cassolettes, à la fumée (*sic*) des vins les plus exquis, signant d'une main tremblante de débauche des arrêts de proscription, et laissant échapper devant des prostituées qu'il y aurait bientôt plus de dix mille Parisiens égorgés. » On croit rêver quand on pense que d'aussi énormes bêtises ont trouvé un imprimeur. Et comme elles montrent bien tout ce que la calomnie est capable d'oser ! Heureusement, il y a chance qu'elle se compromette par l'excès de ses fureurs ; et de là vient que l'homme qui est peint entre les bras des prostituées, page 501, se trouve être, juste à la même époque, dans la page 575, « insensible aux voluptés qu'il avait d'abord savourées avec ivresse. » Au reste, il est juste d'ajouter qu'en ce qui touche les orgies de Robespierre, les *Deux amis* n'ont eu, après tout, que le mérite d'orner des grâces de la description une invention déjà lancée par Courtois, dans son rapport sur les événements de thermidor. Ce rapport est, en effet, suivi d'une série de pièces dont la première est une dénonciation envoyée de Charenton au Comité de sûreté générale, moins de vingt jours après l'exécution de Robespierre — la date est à noter — dénonciation où il est dit qu'un certain « Deschamps, qui occupait une superbe maison d'émigré à Maisons-Alfort, y venait souvent faire des orgies avec Robespierre, Henriot, et les autres officiers de l'état-major de Paris, et dans un temps où tous les citoyens manquaient souvent du strict nécessaire ; qu'ils couraient à cheval, quatre et cinq de front, à bride abattue, renversant les habitants qui avaient le malheur de se trouver sur leur passage, etc., etc... » C'est là que M. Thiers a pris que « Robespierre se donnait maintenant un peu plus de distraction qu'autrefois. » (Voy. son *Histoire de la Révolution,* t. VI, chap. vi, p. 595.) Mais, comme M. Thiers a infiniment plus d'esprit que les *Deux amis de la liberté,* il a senti qu'on ne prouvait rien en voulant trop prouver ; il a compris qu'il était d'un ridicule ineffable de représenter un homme de la trempe de Robespierre s'en allant, aux heures les plus solennelles de sa vie, galoper à bride abattue sur le grand chemin, en compagnie de jeunes écervelés, pour passer sur le corps aux gens... M. Thiers a donc soin de ne faire figurer dans le tableau de ces cavalcades effrénées que Henriot et les aides de camp de Henriot. Quoi qu'il en soit, qu'y a-t-il de vrai en tout ceci ? Les auteurs de l'*Histoire parlementaire* réfutent en ces termes la fable de Maisons-Alfort, d'après des informations fournies par des personnes dignes de toute confiance et qui, par la nature de leurs relations avec Robespierre, connaissaient sa vie intime : « Robespierre *n'a jamais mis les pieds à Maisons-Alfort.* Deschamps, commissionnaire en marchandises et membre de la Société des Jacobins, vint un jour, à la fin d'une séance, prier Robespierre de servir de parrain à son nouveau-né. Robespierre ne put refuser. La marraine était une femme vieille et laide, qu'il a vue alors pour la première et dernière fois, chez Deschamps, rue de Béthisy, dans un appartement fort simple. On ne peut répondre de la moralité de Deschamps : tout ce qu'on se rappelle, c'est qu'il montrait beaucoup de patriotisme. C'était un homme sans instruction, mais plein de zèle et d'intelligence ; à ce titre, il a pu être reçu quelquefois chez Robespierre, après le baptême. Il n'a jamais eu de mission. » (*Hist. parlem.,* t. XXXIII, p. 375.)

Les machinations employées contre Robespierre passent vraiment toutes les proportions connues. Rien de plus frappant à cet égard qu'une certaine lettre publiée par Courtois comme adressée au *tyran*. Elle est signée d'un nom emprunté : *Niveau;* elle porte : « Encore quelques têtes à bas, et la dictature vous est dévolue... Laissez là les petits Capets et leur tante, la politique l'exige ; car, si vous faisiez mourir le garçon, les brigands couronnés reconnaîtraient aussitôt le gros Monsieur de Ham... Philippe le *raccourci* vous a cruellement chargé dans sa déposition... Soyez tranquille sur les objets que votre adresse a su faire parvenir... Puisque vous vous êtes formé ici un trésor suffisant... etc., etc. » Et c'est cette fabrication anonyme, misérable, dont l'impudence égale à peine la stupidité, que les *Deux amis* embaument dévotement dans leur texte ! De sorte que le même homme est coupable d'avoir voulu régner et d'avoir voulu s'enfuir, de s'être cru dictateur et de n'avoir songé qu'à aller manger ses trésors à l'étranger !

A l'égard de Couthon, la calomnie n'a été ni plus habile ni moins effrontée. Dans son rapport sur les événements du 9 thermidor, p. 31, Courtois reproche à Couthon, qui n'est plus là pour répondre, d'avoir fait préparer par ses créatures, quand il vivait, un palais superbe à Chamarlières, près Clermont, palais qu'il devait embellir avec quatorze millions puisés dans le trésor public. Il renvoie, pour la preuve, au n° 2 des pièces justificatives annexées au rapport. C'est une note à la date du 21 *thermidor, et sans signature;* on y lit : « Couthon avait fait acheter une superbe maison de plaisance à un quart de lieue de Clermont (à Chamarlières). Ses créatures s'occupaient de l'embellissement. Couthon avait écrit pour demander le plan de notre ville ; il prévenait qu'il ne fallait rien négliger pour son prompt embellissement. La promesse de quatorze millions avait été faite : deux millions devaient être envoyés sous quinzaine. Les autorités constituées avaient fait faire le plan. » Ainsi, les quatorze millions dont Courtois parle comme devant payer les embellissements d'un « palais de Couthon, » ne sont donnés, dans la pièce même à laquelle il renvoie, pour la preuve, que comme devant être consacrés à l'embellissement de la ville de Clermont! Voilà un spécimen de la bonne foi thermidorienne! Et qu'est-ce que cette pièce qui doit à jamais flétrir la mémoire de Couthon ? Un document anonyme, envoyé ou supposé envoyé, après la mort de celui qu'on y insulte, à ceux qui venaient de le tuer. La note commence par ces mots : « Oui, c'est à Clermont que le scélérat Couthon devait établir son trône, » et, pour le démontrer, on assure, quoi? que Couthon, qui était Auvergnat, avait formé le projet d'embellir Clermont, en indemnisant les propriétaires des maisons à abattre ; car, on veut bien le reconnaître, il « avait annoncé qu'il ne fallait pas rendre victimes les citoyens; qu'il fallait amplement indemniser. » Quelle horreur !

Relativement à Saint-Just, est-il vrai qu'il ait un jour proposé au Comité de salut public de livrer la dictature à Robespierre ? C'est ce qu'on lit dans Toulongeon ; et c'est ce que dit aussi Barère dans ses Mémoires, t. II, p. 213-215. Mais tout contribue à démentir cette assertion. La manière dont Barère mentionne le fait témoigne, ou d'une grande négligence, ou de souvenirs singulièrement confus. Il le place, en effet : d'abord, dans « les premiers jours de messidor ; » puis, « le 8 thermidor ; » puis de nouveau « en *messidor*, » et cette fois il souligne le mot. (Voy. p. 232.) A part ces variations, il y a ici une grande difficulté : comment comprendre, si un fait aussi grave a réellement eu lieu, que Barère, dans ses *Observations*, publiées à une époque très-antérieure à ses Mémoires, et lorsqu'il avait un intérêt immense à en parler, n'en ait absolument rien dit ? Et d'où vient qu'on n'en trouve pas plus la moindre mention dans la polémique soutenue par les membres des anciens Comités contre Laurent Lecointre ? Mais ce qui serait bien plus inexplicable encore, dans ce cas, ce serait le silence gardé sur un point de cette importance dans la lutte qui s'engagea le 9 thermidor ? Est-il concevable que ni Billaud-Varenne ni Collot-d'Herbois, ni Barère, qui étaient présents et auxquels Saint-Just reprochait d'avoir aspiré à une domination exclusive, ne l'aient pas accablé par la révélation de la circonstance la plus propre, en ce moment, à faire pencher la balance en leur faveur ? D'ailleurs, même en admettant que, dans le secret de sa pensée, Saint-Just n'eût vu d'autre remède à la situation que la dictature de Robespierre, par quel acte incompréhensible de folie serait-il allé soumettre à ses adversaires du Comité du salut public une idée qu'il savait leur être odieuse et de nature à fournir contre lui des armes terribles ? Ces raisons nous paraissent décisives, et, pour les contre-balancer, il nous faudrait quelque chose de plus qu'une assertion de Barère, lancée en termes qui se contredisent, et dont nous cherchons en vain la confirmation dans les écrits polémiques publiés par lui à l'époque même.

En ce qui concerne la dernière entrevue de Robespierre avec ses collègues dans le Comité du salut public, M. Michelet a commis une erreur matérielle, que nous relevons, à cause des conséquences politiques qu'il en déduit. Il dit liv. XII, chap. ii, p. 428 et 429: « Le soir du 5 thermidor, le Comité *ne vit pas sans étonnement* arriver Robespierre ; » après quoi, il suppose que le but de ce dernier était d'essayer de tirer de ses collègues, sans combat, par simple intimidation, l'abandon de quelques Montagnards. Le Comité ne put pas voir avec *étonnement* arriver Robespierre, et cela par une raison bien simple : c'est que lui-même l'avait *mandé*, pour lui reprocher certains faits dont même on avait eu soin de rédiger d'avance l'exposé. A cet égard nul doute possible. Voici, en effet, ce que disent Billaud, Collot et Barère, dans leur réponse aux inculpations de Laurent Lecointre, p. 61 : « Robespierre a pu assister à la signature, lorsqu'il a été *mandé* deux fois au Comité, en messidor et thermidor, pour répondre à quelques faits à lui imputés par les Comités. » (Voy. la brochure en question dans la *Bibl. hist. de la Rév.*, 1097-8-9. (*British Museum*.) Dans le même exposé p. 7, il est dit que Robespierre fut *cité*, le 5 thermidor, devant les Comités réunis pour s'expliquer sur les conspirations dont il parlait sans cesse vaguement aux Jacobins, sur les motifs de son absence du Comité depuis quatre décades, etc... » (*Ibid.*) Enfin, Barère raconte, à son tour, que, dans cette séance, on lui reprocha des faits « *dont la note avait été rédigée par écrit!* » Voy. *Observations de Barère sur le rapport de Saladin*, dans la *Bibl. hist. de la Rév.*, 1097-8-9. (*British Museum*.) En présence de ces témoignages, comment prétendre que le Comité vit arriver Robespierre avec *étonnement*, et que, de la part de celui-ci, l'objet de cette visite imprévue était sans doute d'arracher, « par simple intimidation, l'abandon de quelques Montagnards ? » Procéder, en matière d'histoire, par voie d'induction et de supposition est très-dangereux, en tout état de cause. Mais au moins faut-il que, dans ce cas, les faits dont on part soient bien établis.

CHAPITRE VI

TESTAMENT DE MORT

Discours prononcé par Robespierre le 8 thermidor. — Caractère mélancolique et imposant de ce discours. — Lecointre veut renouveler, dans la
Convention, la fable des soldats de Cadmus. — L'impression du discours
de Robespierre et l'envoi à toutes les communes sont décrétés. — Cambon, attaqué injustement dans le discours de Robespierre, s'élève contre
lui avec énergie. — Sortie véhémente de Billaud-Varenne. — Sommation de Panis à Robespierre ; fière réponse de celui-ci. — Défaut du discours de Robespierre comme acte politique. — Le décret précédemment
rendu est rapporté. — Pressentiments. — Séance des Jacobins, du 8
thermidor, d'après un récit de Billaud-Varenne. — Enthousiasme des
Jacobins pour Robespierre ; Billaud-Varenne et Collot-d'Herbois menacés
et insultés par les Jacobins. — Robespierre refuse de recourir à la force
et remet son sort à la décision de l'Assemblée nationale. — Ses ennemis
s'adressent au côté droit. — Hésitation du côté droit. — Pourquoi il se
décide enfin contre Robespierre. — Alliance monstrueuse. — Paris le
soir du 8 thermidor. — La tragédie d'*Épicharis et Néron*. — Nuit du
8 au 9 thermidor dans le Comité de salut public. — Attitude calme de
Saint-Just au milieu de ses collègues furieux.— Matinée du 9 thermidor.
— Mot caractéristique de Bourdon (de l'Oise) à Durand de Maillane. —
Saint-Just à la tribune. — Critique historique.

Le 8 thermidor (26 juillet), Robespierre parut à la tribune. La séance avait attiré un immense concours de
monde ; et, selon le récit de Billaud-Varenne, il y avait
tant d'étrangers dans la salle, que les corridors mêmes
en étaient remplis [1]. Une émotion profonde se peignait
sur tous les visages. Chacun sentait que quelque grand

[1] *Réponse de J. N. Billaud à Laurent Lecointre*, p. 36, *Bibl. hist. de
la Rév.*, 1100-1. (*British-Museum.*)

événement allait s'accomplir. Lui, commence en ces
termes :

« Que d'autres vous tracent des tableaux flatteurs : je
viens vous dire des vérités utiles... Je vais défendre devant vous votre autorité outragée et la liberté violée. Je
me défendrai aussi moi-même : vous n'en serez pas surpris. Vous ne ressemblez point aux tyrans que vous com-
battez. Les cris de l'innocence outragée n'importunent
point votre oreille ; et vous n'ignorez pas que cette cause
ne vous est point étrangère.

« Les révolutions qui jusqu'à nous ont changé la face
des empires n'ont eu pour objet qu'un changement de
dynastie, ou le passage du pouvoir d'un seul à celui de
plusieurs. La Révolution française est la première qui ait
été fondée sur les droits de l'humanité et sur les principes
de la justice. Les autres révolutions n'exigeaient que de
l'ambition : la nôtre impose des vertus. L'ignorance et la
force les ont absorbées dans un despotisme nouveau : la
nôtre, émanée de la justice, ne peut se reposer que dans
son sein [1]. »

Après avoir annoncé qu'il venait, non pas intenter des
accusations, mais dissiper des erreurs, et dévoiler des
abus qui tendaient à la ruine de la patrie, il se plaignit
vivement, au nom de ses amis et en son propre nom, du
système imaginé pour les peindre redoutables :

« Est-ce nous qui avons plongé dans les cachots les
patriotes, et porté la Terreur dans toutes les conditions ?
Ce sont les monstres que nous avons accusés. Est-ce
nous qui, oubliant les crimes de l'aristocratie et proté-
geant les traîtres, avons déclaré la guerre aux citoyens
paisibles, érigé en crimes, ou des préjugés incurables,
ou des choses indifférentes, pour trouver partout des cou-

[1] Voyez dans l'*Hist. parl.*, t. XXXIII, p. 406-448, ce discours tel qu'on
le trouva manuscrit dans les papiers de Robespierre.

pables, et rendre la Révolution redoutable au peuple
même? Ce sont les monstres que nous avons accusés.
Est-ce nous qui, recherchant des opinions anciennes,
fruit de l'obsession des traîtres, avons promené le glaive
sur la plus grande partie de la Convention nationale, et
demandé dans les sociétés populaires la tête de six cents
représentants du peuple? Ce sont les monstres que nous
avons accusés[1]. »

Arrivant aux machinations les plus récentes de ses ennemis : « Est-il vrai, demanda l'orateur, avec une vivacité croissante, qu'on ait colporté des listes odieuses où
l'on désignait pour victimes un certain nombre de membres de la Convention, et qu'on prétendait être l'ouvrage
du Comité de salut public, et ensuite le mien? Est-il vrai
qu'on ait osé supposer des séances, supposer des arrêtés
rigoureux qui n'existèrent jamais, et des arrestations non
moins chimériques? Est-il vrai qu'on ait cherché à per-
suader à un certain nombre de représentants irréprocha-
bles que leur perte était résolue? et à tous ceux qui, par
quelque erreur, avaient payé un tribut inévitable à la
fatalité des circonstances et à la faiblesse humaine, qu'ils
étaient voués au sort des conjurés? Est-il vrai que l'imposture ait été répandue avec tant d'art et d'audace qu'un
grand nombre de membres n'osaient plus habiter la nuit
dans leur domicile? Oui, et les preuves de ces manœuvres
sont au Comité de salut public[2]. »

Mais il ne suffisait pas de montrer que ce prétendu
projet d'attenter à la représentation nationale, dont on
avait fait tant de bruit, n'était qu'une noire invention de
la haine : Robespierre avait à repousser une calomnie
non moins meurtrière, celle qui le désignait comme
aspirant à la dictature. Et c'est ce qu'il fit avec un mé-

---

[1] Voy. dans l'*Hist. parl.*, t. XXXIII, p. 410 et 411, ce discours tel
qu'on le trouva manuscrit dans les papiers de Robespierre.
[2] *Ibid.*, p. 411 et 412.

lange de hauteur dédaigneuse, de force, de tristesse, de
véhémence et d'ironie, dont « on citerait à peine l'équi-
valent dans les meilleurs discours de Mirabeau[1]. » Voici
ces passages :

« Par quelle fatalité cette grande accusation de dictature a-t-elle été transportée tout à coup sur la tête d'un
seul de ses membres? Étrange projet d'un homme, d'engager la Convention nationale à s'égorger elle-même, en
détail, de ses propres mains, pour lui frayer le chemin
au pouvoir absolu! Que d'autres aperçoivent le côté ridicule de ces inculpations : c'est à moi de n'en voir que
l'atrocité. Vous rendrez au moins compte à l'opinion
publique de votre affreuse persévérance à poursuivre le
dessein d'égorger tous les amis de la patrie, monstres
qui cherchez à me ravir l'estime de la Convention nationale, le prix le plus glorieux des travaux d'un mortel,
que je n'ai ni usurpé ni surpris, mais que j'ai été forcé
de conquérir! Paraître un objet de terreur aux yeux de
ce qu'on révère et de ce qu'on aime, c'est pour un
homme sensible et probe le plus affreux des supplices!
Le lui faire subir, c'est le plus grand des forfaits... Cependant, ce mot de *dictature* a des effets magiques : il
flétrit la liberté ; il avilit le gouvernement ; il détruit la
République ; il dégrade toutes les institutions révolutionnaires, qu'on présente comme l'ouvrage d'un seul
homme ; il dirige sur un point toutes les haines, tous
les poignards du fanatisme et de l'aristocratie. Quel terrible usage les ennemis de la République ont fait du seul
nom d'une magistrature romaine! Et si leur érudition
nous est si fatale, que sera-ce de leurs trésors et de leurs
intrigues? Je ne parle pas de leurs armées[2] ; mais qu'il

---

[1] Cette appréciation, que nous adoptons sans réserve, est de Charles Nodier. Voy. l'art. Robespierre dans le *Dictionnaire de la Conversation*.

[2] Charles Nodier a écrit: « Ce trait sublime : *je ne parle pas de leurs
armées*, est de la hauteur de Nicomède et de Corneille. » — *Ibid*.

me soit permis de renvoyer au duc d'York et à tous les
écrivains royaux les patentes de cette dignité ridicule,
qu'ils m'ont expédiées les premiers. Il y a trop d'insolence à des rois, qui ne sont pas sûrs de conserver
leurs couronnes, de s'arroger le droit d'en distribuer
à d'autres! Je conçois que cette espèce d'animaux im-
mondes et sacrés qu'on appelle encore rois, puissent se
complaire dans leur bassesse et s'honorer de leur ignominie; je conçois que le fils de George, par exemple,
puisse avoir regret à ce sceptre français qu'on le soupçonne violemment d'avoir convoité, et je plains sincère-
ment ce moderne Tantale; j'avouerai même, à la honte,
non de ma patrie, mais des traîtres qu'elle a punis, que
j'ai vu d'indignes mandataires du peuple qui auraient
échangé ce titre glorieux pour celui de valet de chambre
de George ou de d'Orléans; mais qu'un citoyen français,
digne de ce nom, puisse abaisser ses vœux jusqu'aux
grandeurs coupables et ridicules qu'il a contribué à fou-
droyer, qu'il se soumette à la dégradation civique pour
descendre à l'infamie du trône, c'est ce qui ne paraîtra
vraisemblable qu'à ces êtres pervers qui n'ont pas même
le droit de croire à la vertu... Mais, elle existe, je vous
en atteste, âmes sensibles et pures! Elle existe, cette
passion tendre, impérieuse, tourment et délices des
cœurs magnanimes! cette horreur profonde de la tyrannie, ce zèle compatissant pour les opprimés, cet
amour sacré de la patrie, et cet amour, plus sublime
encore et plus saint, de l'humanité, sans lequel une
grande révolution n'est qu'un crime éclatant qui détruit un autre crime! Elle existe, cette ambition généreuse de fonder sur la terre la première République du
monde!... Mais comment nos vils calomniateurs la
devineraient-ils? Comment l'aveugle-né aurait-il idée de
la lumière? La nature leur a refusé une âme : ils ont
quelque droit de douter, non-seulement de son immorta-

lité, mais de son existence. Ils m'appellent tyran… Si je l'étais, ils ramperaient à mes pieds ; je les gorgerais d'or ; je leur assurerais le droit de commettre tous les crimes, et ils seraient reconnaissants… Les lâches ! ils voulaient donc me faire descendre au tombeau avec ignominie ! Et je n'aurais laissé sur la terre que la mémoire d'un tyran ! Avec quelle perfidie ils abusaient de ma bonne foi ! Comme ils semblaient adopter tous les principes des bons citoyens ! Comme leur feinte amitié était naïve et caressante ! Tout à coup leurs visages se sont couverts des plus sombres nuages ; une joie féroce brillait dans leurs yeux : c'était le moment où ils croyaient leurs mesures bien prises pour m'accabler. Aujourd'hui, ils me caressent de nouveau ; leur langage est plus affectueux que jamais. Il y a trois jours, ils étaient prêts à me dénoncer comme un Catilina ; aujourd'hui ils me prêtent toutes les vertus de Caton. Il leur faut du temps pour renouer leurs trames criminelles. Que leur but est atroce ! mais que leurs moyens sont méprisables ! Jugez-en par ce seul trait. J'ai été chargé momentanément, en l'absence d'un de mes collègues, de surveiller un « Bureau de police générale » récemment et faiblement organisé au Comité de salut public. Ma courte gestion s'est bornée à provoquer une trentaine d'arrêtés, soit pour mettre en liberté des patriotes persécutés, soit pour s'assurer de quelques ennemis de la Révolution. Eh bien, croira-t-on que ce seul mot de *police générale* a servi de prétexte pour mettre sur ma tête la responsabilité de toutes les opérations du Comité de sûreté générale, des erreurs de toutes les autorités constituées, des crimes de tous mes ennemis ? Il n'y a peut-être pas un individu arrêté, pas un citoyen vexé, à qui l'on n'ait dit de moi : « Voilà l'auteur de tes maux ; tu serais heureux et libre « s'il n'existait plus ! » Comment raconter ou deviner toutes les espèces d'impostures clandestinement insti-

tuées, soit dans la Convention, soit ailleurs, pour me
rendre odieux ou redoutable? Je me bornerai à dire que,
depuis plus de six semaines, la nature et la force de la
calomnie, l'impuissance de faire le bien et d'arrêter le
mal, m'ont forcé à abandonner absolument mes fonctions de membre du Comité de salut public, et je jure
qu'en cela même je n'ai consulté que ma raison et la
patrie. Je préfère ma qualité de représentant du peuple
à celle de membre du Comité de salut public, et je mets
ma qualité d'homme et de citoyen français avant tout.
Quoi qu'il en soit, voilà six semaines que ma dictature
est expirée, et que je n'ai aucune espèce d'influence sur
le gouvernement. Le patriotisme a-t-il été plus protégé?
l'esprit de faction plus timide? La patrie plus heureuse [1]?... »

La politique qu'il aurait cherché à faire prévaloir, s'il
eût triomphé, Robespierre l'indiquait dans le passage
suivant, bien digne d'être médité par ses détracteurs :

« Je ne connais que deux partis : celui des bons et
celui des mauvais citoyens. Le patriotisme n'est point
une affaire de parti, mais une affaire de cœur; il ne con-
siste pas dans une fougue passagère qui ne respecte ni
les principes, ni le bon sens, ni la morale; encore moins
dans le dévouement aux intérêts d'une faction. Le cœur
flétri par l'expérience de tant de trahisons, je crois à la
nécessité d'appeler la probité et tous les sentiments généreux au secours de la République. Je sens que partout
où l'on rencontre un homme de bien, en quelque lieu
qu'il soit assis, il faut lui tendre la main et la serrer
contre son cœur. Je crois à des circonstances fatales
dans la Révolution, qui n'ont rien de commun avec des
desseins criminels; je crois à la détestable influence de
l'intrigue, et surtout à la puissance sinistre de la calom-

nie. Je vois le monde peuplé de dupes et de fripons;
mais le nombre des fripons est le plus petit : c'est
eux qu'il faut punir des crimes et des malheurs du
monde [1]. »

Ainsi se révélait dans tout son éclat le dessein de couper court à un régime de fer, — de rendre la sécurité à
toutes les consciences droites; — de ramener par un
appel à tous les bons sentiments quiconque n'était
qu'égaré; — de subordonner les basses rivalités et les
mesquines ambitions de parti au suprême intérêt de la
patrie; — de travailler enfin à l'œuvre de la réconciliation générale sous les auspices de la liberté et de la
justice.

Ce n'est pas que Robespierre se fît illusion sur les
difficultés d'une telle entreprise : « Ceux qui vous disent
que la fondation de la République est une entreprise
facile vous trompent..... Dans quatre jours, dit-on, les
injustices seront réparées : pourquoi ont-elles été commises impunément depuis quatre mois? Et comment,
dans quatre jours, tous les auteurs de nos maux seront-
ils corrigés ou chassés? On vous parle beaucoup de vos
victoires, avec une légèreté académique qui ferait croire
qu'elles n'ont coûté à nos héros ni sang ni travaux : ra-
contées avec moins de pompe, elles paraîtraient plus grandes. Ce n'est ni par des phrases de rhéteur, ni même par
des exploits guerriers que nous subjuguerons l'Europe,
mais par la sagesse de nos lois, la majesté de nos délibérations et la grandeur de nos caractères [2]. »

Les succès militaires de la République, sans des institutions propres à en ordonner convenablement les résultats, rassuraient si peu Robespierre, qu'ils lui arrachaient
ces paroles prophétiques :

« Au milieu de tant de passions ardentes, et dans un

[1] *Hist. parl.*, t. XXXIII, p. 415.
[2] *Ibid.*, p. 437.

si vaste empire, les tyrans, dont je vois les armées fugi-
tives, mais non enveloppées, mais non exterminées, se
retirent pour vous laisser en proie à vos dissensions intes-
tines, qu'ils allument eux-mêmes... Laissez flotter un
moment les rênes de la Révolution : vous verrez le despotisme militaire s'en emparer, et le chef des factions renverser la représentation nationale avilie[1]. »

C'est pourquoi il ne fallait, suivant l'orateur, ni se
dissimuler les obstacles, ni s'endormir sur la réalité du
péril, ni couvrir d'une lâche tolérance l'oppression du
peuple, ni sauvegarder des crimes par des décrets, en
faisant croire que c'est contre la représentation nationale
que l'on conspire, quand on dénonce un représentant in-
fidèle : « Pour moi, » continuait-il, dans un langage
que Jean-Jacques n'eût pas désavoué, « pour moi dont
l'existence paraît aux ennemis de mon pays un obstacle
à leurs projets odieux, je consens volontiers à leur en
faire le sacrifice, si leur affreux empire doit durer encore... En voyant la multitude des vices que le torrent
de la Révolution a roulés pêle-mêle avec les vertus civiques, j'ai tremblé quelquefois d'être souillé, aux yeux de
la postérité, par le voisinage impur de ces hommes pervers qui se mêlaient dans les rangs des défenseurs sincères de l'humanité... Je conçois qu'il est facile à la ligue
des tyrans du monde d'accabler un seul homme ; mais
je sais aussi quels sont les devoirs d'un homme qui peut
mourir en défendant le genre humain. J'ai vu dans
l'histoire tous les défenseurs de la liberté accablés par la
fortune ou par la calomnie ; mais leurs oppresseurs et
leurs assassins sont morts aussi ! Les bons et les méchants, les tyrans et les amis de la liberté disparaissent
de la terre, mais à des conditions différentes... Non,
Chaumette, non, Fouché, la mort n'est point un sommeil

---

[1] *Hist. parl.*, t. XXXIII, p. 444.

éternel. Citoyens, effacez des tombeaux cette maxime impie, qui jette un crêpe funèbre sur la nature, et qui insulte à la mort ; gravez-y plutôt celle-ci : « La mort est le commencement de l'immortalité[1]. »

La conclusion fut celle-ci :

« Quel est le remède au mal? Punir les traîtres ; renouveler les bureaux du Comité de sûreté générale, épurer ce Comité, et le subordonner au Comité de salut public, épurer le Comité de salut public lui-même ; constituer l'unité du gouvernement sous l'autorité suprême de la Convention nationale, qui est le centre et le juge, et écraser ainsi toutes les factions du poids de l'autorité nationale, pour élever sur leurs ruines la puissance de la justice et de la liberté : tels sont les principes. S'il est impossible de les réclamer sans passer pour un ambitieux, j'en conclurai que les principes sont proscrits, et que la tyrannie règne parmi nous, mais non que je doive le taire; car que peut-on objecter à un homme qui a raison et qui sait mourir pour son pays? Je suis fait pour combattre le crime, non pour le gouverner[2]... »

Ce discours dont, à cause de sa longueur, nous n'avons pu donner que quelques parties, et qui fut imprimé, après la mort de Robespierre, sur des lambeaux écrits de sa main, mais écrits avec tout le désordre d'une composition hâtive, — ce discours dont Cambacérès disait à Napoléon qu'il renfermait les plus grandes beautés, et que Charles Nodier appelle une œuvre *monumentale*, — ce discours si fier et si mélancolique, si plein d'enthousiasme et si amer, si touchant et si terrible, s'adressait bien moins à la Convention qu'à la postérité. Robespierre sentait évidemment que son heure était venue : ce qu'il cherchait désormais à défendre, ce n'était pas sa vie, c'était sa mémoire.

[1] *Hist. parl.*, t. XXXIII, p. 445-446.
[2] *Ibid.*, p. 448.

Un moment, on put croire que nul ne se lèverait pour lui répondre. Rovère, se penchant à l'oreille de Laurent Lecointre, le pressa de monter à la tribune, et d'y porter l'acte d'accusation convenu entre huit des conjurés. Laurent Lecointre refusa, prétendant que la harangue qu'on venait d'entendre établissait un conflit entre deux puissances également oppressives; qu'un tel choc rendrait à la Convention sa liberté, quel que fût le parti qui triomphât; qu'il pouvait même arriver que tous les deux fussent écrasés en même temps; que, quoique dirigé en apparence contre le seul Robespierre, le discours convenu serait pris par les moins clairvoyants pour ce qu'il était en effet, c'est-à-dire pour une attaque contre « les autres » (Billaud-Varenne, Collot-d'Herbois, Barère, Vadier); qu'alors les deux partis, devant un commun péril, pourraient bien se réunir... Rovère reconnut la justesse de cette observation, et Lecointre s'abstint de monter à la tribune[1].

Ainsi, ceux des membres du gouvernement qui avaient juré la perte de Robespierre s'appuyaient, pour l'abattre, sur un parti qui, à leur insu, brûlait de les abattre eux-mêmes; le mensonge était au fond de cette ligue déplorable; et il est certain, comme Billaud s'en plaignit plus tard, mais trop tard, que Lecointre, dès le 8 thermidor, couvait le projet de « réaliser, au sein de la Convention nationale, la fable des soldats de Cadmus[2]! »

Forcé de dissimuler, il ne dissimula pas à demi; car il s'écria qu'il demandait l'impression du discours de Robespierre[3]. Cette motion, combattue par Bourdon (de

---

[1] *Laurent Lecointre à la Convention nationale, au Peuple français, à l'Europe*, p. 79.— *Bibl. hist. de la Rév.*, 1100-1.

[2] *Réponse de J. N. Billaud à Laurent Lecointre*, p. 60, *Bibl. hist. de la Rév.*, 1100-1. (*British Museum.*)

[3] Voy. le compte rendu de cette séance par le *Moniteur*.

l'Oise), est soutenue par Barère, qui déclare que, dans un pays libre, « la lumière ne doit pas être mise sous le boisseau[1]. » Couthon va plus loin : il insiste pour l'envoi à toutes les communes de la République. L'Assemblée vote dans ce sens. Vadier prend alors la défense de son rapport relatif à Catherine Théot, rapport que Robespierre avait attaqué, et il affirme que les « opérations du Comité de sûreté générale ont toujours été marquées au coin de la justice et de la sévérité nécessaires pour réprimer l'aristocratie[2]. » Mais un plus important adversaire se présente dans la lice : c'est Cambon. Il a entendu Robespierre prononcer son nom, et dans quelle phrase ? « Les administrateurs suprêmes de nos finances sont des Brissotins, des Feuillants, des aristocrates et des fripons connus ; ce sont les Cambon, les Mallarmé, les Ramel[3]. » Cambon repousse avec énergie cette attaque injuste et insensée. Robespierre se défend d'avoir accusé les intentions de Cambon, mais il persiste à lui reprocher d'avoir fait rendre le dernier décret sur le viager, dont le résultat, dit-il, est de désoler les pauvres. « Cela est faux ! » s'écrie impétueusement Cambon. Billaud-Varenne repousse l'envoi aux communes : « Ce discours inculpe les Comités; qu'on le soumette donc d'abord à un examen sévère ! » — « Ce n'est pas le Comité en masse que j'attaque, » répond Robespierre; et il demande la liberté d'exprimer son opinion. A ces mots, un grand nombre de membres se lèvent à la fois, et s'écrient : « Nous le demandons tous ! » Billaud-Varenne reprend : « Il faut arracher le masque sur quelque visage qu'il se trouve; et, s'il est vrai que nous ne jouissions pas de la liberté des opinions, j'aime mieux que mon cadavre serve de trône à un ambitieux,

---

[1] Voy. le compte rendu de la séance du 8 thermidor, dans le *Moniteur*.

[2] *Ibid.*

[3] Discours de Robespierre, *ubi supra*, p. 441.

que de devenir, par mon silence, le complice de ses forfaits[1]. » Panis se plaint de l'influence que Robespierre
exerce aux Jacobins. Il raconte qu'un homme, dans le
club, lui a dit que son nom à lui, Panis, figurait sur une
liste de proscription. Est-ce vrai? Il lui faut une explication à cet égard, ainsi que sur le compte de Fouché.
Robespierre, fièrement... : « On ne retirera jamais de
moi une rétractation qui n'est pas dans mon cœur. En
jetant mon bouclier, je me suis présenté à découvert à
mes ennemis; je n'ai flatté personne, je ne crains personne, je n'ai calomnié personne[2]; » et, Charlier pro-
posant le renvoi du discours à l'examen des Comités :
« Quoi! s'écrie Robespierre, j'aurai eu le courage de venir déposer dans le sein de la Convention des vérités
que je crois nécessaires au salut de la patrie, et l'on ren-
verrait mon discours à l'examen des membres que j'accuse! » On murmure[3]; et, au contraire, on applaudit[4]
à Charlier, disant : « Quand on se vante d'avoir le courage de la vertu, il faut avoir celui de la vérité. Nommez
ceux que vous accusez. — Oui, oui! nommez-les! »
crient plusieurs membres[5].

Cette vive sommation donnait le secret de l'émotion
qui régnait dans l'Assemblée. Le grand défaut du discours de Robespierre comme acte politique était de laisser dans le vague ce qu'il importait à tous de bien connaître. Beaucoup se crurent menacés par lui, auxquels
il ne songeait même pas. S'il eût nommé, ainsi qu'on l'y
invitait, les quelques hommes qu'il entendait dénoncer,
il se serait probablement assuré, sinon l'appui, au moins

---

[1] Voyez le compte rendu de la séance du 8 thermidor dans le *Moniteur*.

[2] *Ibid.*

[3] *Ibid.*

[4] *Ibid.*

[5] *Ibid.*

la neutralité de ceux dont il aurait de la sorte dissipé l'inquiétude. Il n'en fit rien, et fut perdu. Amar ayant appuyé sur ce que les Comités étaient en cause, et Thirion, sur ce que les présomptions étaient en leur faveur, attendu qu'un homme seul ne pouvait prétendre avoir raison contre plusieurs, l'Assemblée, après quelques paroles équivoques de Barère, rapporta le décret qui ordonnait l'envoi du discours de Robespierre à toutes les communes[1]. Ce n'était encore là qu'un échec parlementaire; mais les circonstances lui imprimaient un caractère sinistre...

Robespierre ne pouvait s'y tromper. Cependant, de retour dans sa demeure, il montra beaucoup de sérénité, s'imposant sans doute cet effort pour rassurer la tendresse alarmée de la jeune fille qui l'aimait. Il parla tranquillement de la séance, de son résultat, et dit : « Je n'attends plus rien de la Montagne. Ils veulent se défaire de moi comme d'un tyran ; mais la masse de l'Assemblée m'entendra[2]. » Il alla ensuite se promener aux Champs-Élysées avec sa fiancée. Ils marchèrent quelque temps en silence, suivis du fidèle Brount. Éléonore était triste et rêveuse. Robespierre lui faisait remarquer que le soleil, qui se couchait en ce moment à l'horizon, était très-rouge. « C'est du beau temps pour demain, » dit-elle[3].

Le soir, les Jacobins se réunirent, pleins d'une sombre indignation. Billaud-Varenne, qui n'avait point paru au

---

[1] Pour cette séance du 8 thermidor, nous avons dû suivre, faute de mieux, le compte rendu du *Moniteur*; mais il est juste de noter que le *Moniteur* ne publia son bulletin de la séance du 8 thermidor que le lendemain de la victoire remportée par les thermidoriens (29 juillet — 11 thermidor) ; sur quoi les auteurs de l'*Histoire parlementaire* font observer avec raison, t. XXXIII, p. 449, que si l'issue eût été favorable à Robespierre, le compte rendu du *Moniteur* aurait eu sans doute une couleur différente.

[2] Ce sont les propres paroles que Toulongeon lui met dans la bouche, t. II, p. 502, an XII.

[3] Détails communiqués par la famille.

club depuis plus de quatre mois[1], était là. Collot-d'Herbois y était aussi. Robespierre paraît. Tous trois, ils demandent la parole : c'est au dernier qu'on l'accorde, et
il débute par ces paroles solennelles : « Aux agitations
de cette assemblée, il est aisé de s'apercevoir qu'elle n'i-
gnore pas ce qui s'est passé ce matin dans la Convention.
Les factieux craignent d'être dévoilés en présence du
peuple. Mais je les remercie de s'être signalés d'une manière aussi prononcée, et de m'avoir mieux fait connaître
mes ennemis et ceux de la patrie. » Il donne ensuite lecture de son discours, qui est couvert d'applaudissements[2].
La lecture achevée, « Ce que vous venez d'entendre,
dit-il, est mon testament de mort. Je l'ai vu aujourd'hui :
la ligue des méchants est tellement forte, que je ne puis
espérer de lui échapper. Je succombe sans regret. Je
vous laisse ma mémoire, et vous la défendrez. » Comme
il parlait de boire la ciguë : « Je la boirai avec toi, »
s'écria David[3]. Dumas prend alors la parole, et dit qu'un
complot existe; que cela n'est pas douteux; que le gouvernement est contre-révolutionnaire. Puis, le visage
tourné vers Billaud-Varenne et Collot d'Herbois : « Il est
étrange que des hommes qui, depuis plusieurs mois,
gardent le silence, soient si pressés de le rompre aujourd'hui, pour s'opposer sans doute aux vérités fou-
droyantes que Robespierre vient de faire entendre. Il est
facile de reconnaître en eux les héritiers d'Hébert et de
Danton : ils seront aussi, je le leur prédis, héritiers du
sort de ces conspirateurs[4]. » Collot se présente à la tri-

---

[1] *Réponse de J. N. Billaud aux inculpations qui lui sont personnelles*,
p. 14 et suiv. — *Bibl. hist. de la Rév.*, 1100-1.

[2] *Ibid.*

[3] Billaud-Varenne, dans son récit de cette séance, ne rapporte pas l'exclamation de David ; mais les auteurs de l'*Histoire parlementaire* font
observer avec raison que, rendue publique dans le temps, elle n'a jamais
été contredite, t. XXXIV, p. 5.

[4] Ceci tiré du récit de Billaud-Varenne, que tous les historiens jusqu'ici

bune : on le couvre de huées. Il rappelle Admiral, la
tentative de meurtre dont il faillit être victime : des ri-
sées lui répondent. Frémissant, hors de lui, Billaud-Varenne se lève à son tour, et d'une voix tremblante de colère : « Où sont les Jacobins ? Je ne les retrouve plus.
Quoi ! un représentant du peuple rappelle qu'il a été au
moment de périr victime de son patriotisme, et on l'insulte ! Quand les choses en sont là, il n'y a plus qu'à s'envelopper la tête dans son manteau et à attendre les poignards[1]. » L'orateur est interrompu par de grands cris ;
il veut continuer : sa voix meurt dans le tumulte. Il faut
à Collot-d'Herbois toute la force de son organe pour faire
entendre qu'il soupçonne les intentions de Robespierre.
Assailli d'imprécations, il est forcé d'abandonner la tribune. Un bruit affreux gronde dans la salle. Mais, à la
voix de Couthon, profond silence. Lui, demande qu'on
ouvre le débat sur la plus dangereuse des conspirations
qui aient jamais été ourdies, et il ajoute : « Nous verrons
les conspirateurs à cette tribune. Ils pâliront en présence
du peuple ; ils seront confondus ; ils périront. » Ces
mots soulèvent des acclamations passionnées ; les chapeaux sont agités en l'air ; la plupart des membres sont
debout ; on entend le cri : « Les conspirateurs à la guillotine ! » Au milieu de cette exaltation extraordinaire,
une petite fraction de l'assemblée reste muette, immo-
bile. Le délire ne connaît plus de bornes ; on se menace ;
et ceux de la minorité sortent en criant que la majorité est
fanatisée[2].

Le bruit courut qu'avant la fin de la séance, Collot-

---

paraissent avoir ignoré. Voy. *Réponse de J. N. Billaud aux inculpations
qui lui sont personnelles*, p. 14 et suiv.— *Bibl. hist. de la Rév.*, 1100-1.
(*British Museum.*)

[1] Récit de Billaud-Varenne, dans la brochure sus-mentionnée, p. 14 et
suiv.

[2] *Ibid.*

d'Herbois, effrayé du spectacle qu'il avait sous les yeux, s'était jeté aux pieds de Robespierre, le suppliant de se réconcilier avec les Comités[1].

Ce qui est sûr, c'est que si, dans ce moment, Robespierre eût été homme à recourir à la violence, à fouler aux pieds ses principes, et à faire de l'enthousiasme de ses partisans le levier d'une insurrection contre cette représentation nationale qu'on l'avait tant accusé de vouloir détruire, l'occasion ne pouvait être plus favorable. Aussi Payan et Coffinhal le pressèrent-ils d'en profiter, s'offrant à marcher droit aux Comités, gardés à peine par quelques gendarmes, et à désarmer ainsi le pouvoir. Mais sa conscience contredisait ses amis : il écouta sa conscience, et enchaîna, dans ces heures décisives, l'énergie de Payan et de Coffinhal, aimant mieux commettre une faute irréparable qu'abdiquer ses croyances[2].

Or, pendant qu'il faisait de la sorte dépendre son sort du vote de la Convention, ses adversaires n'épargnaient rien pour préparer une décision qui lui fût contraire. Parmi les plus ardents, se distinguait Tallien, qui, la veille (7 thermidor) avait reçu de madame de Fontenai, détenue aux Carmes, une lettre ainsi conçue : « L'administrateur de la police sort d'ici ; il est venu m'annoncer que demain je monterai au tribunal, c'est-à-dire sur l'échafaud. Cela ressemble bien peu au rêve que j'ai fait cette nuit : Robespierre n'existait plus et les prisons étaient ouvertes. Mais grâce à votre insigne lâcheté, il ne se trouvera plus personne en France capable de le réaliser[3]. » Des émissaires de cette partie de la Montagne que conduisaient Bourdon (de l'Oise) et Tallien vont donc trouver Palasne-Champeaux, Boissy d'Anglas et Durand de Maillane, membres du côté droit, dont l'exemple devait en-

---

[1] *Hist. parl.*, t. XXXIV, p. 3.
[2] Voy. la note critique placée à la suite de ce chapitre.
[3] Alex. Sorel, *le Couvent des Carmes sous la Terreur*, p. 320.

traîner les autres. Ce qu'ils proposent, c'est un rapprochement qui mette fin aux nombreux assassinats dont ils
ne manquent pas de déclarer Robespierre l'auteur, et que
leur but, disent-ils, est d'arrêter. « La protection politique
qu'il vous a accordée n'est que passagère, ajoutent-ils, et
votre tour arrivera[1]. » Renvoyés, ils se présentent de nouveau, sont renvoyés une seconde fois, reviennent à la
charge, et enfin l'emportent[2]. L'alliance monstrueuse
qui allait sceller la ruine de la République fut conclue.

La longue hésitation que ceux du côté droit mirent à
se décider montre assez combien ils avaient compté sur
la modération de Robespierre. Mais ses ennemis eurent
l'habileté de s'approprier sa politique pour mieux l'a-
battre. Convaincus que leur unique moyen de salut désormais était dans l'appui du côté droit, et qu'un pareil
appui avait pour condition nécessaire la cessation de ce
régime de terreur dont ils avaient été jusqu'alors les
représentants les plus farouches, des hommes tels que
Fréron, Bourdon (de l'Oise), Tallien, Fouché, se conver-
tirent soudain à l'horreur du sang dont ils avaient les
mains toutes tachées ; comme résultat de l'adhésion qu'ils
imploraient en quelque sorte à deux genoux, ils montrèrent la guillotine suspendant ses ravages. Ainsi, de
quelque façon que la lutte désormais se dénouât, il devenait clair pour ceux du côté droit qu'ils étaient à la veille
de sortir d'un régime qu'ils détestaient. Mais, cela étant,
quel motif, après les incertitudes que Durand de Maillane
a constatées, — le fit pencher, lui et ses amis, en faveur
des adversaires de Robespierre? Ce motif, Durand de
Maillane a cru devoir le taire ; mais la suite des événements ne l'a que trop bien révélé. Les membres du côté
droit étaient, au fond, royalistes. Ils comprirent tout de
suite que le triomphe de Robespierre serait la fin de la

[1] *Mémoires de Durand de Maillane*, ch. x, p. 189.
[2] *Ibid.*

Terreur révolutionnaire, mais non celle de la Révolution, tandis que le triomphe de ses ennemis leur promettait, du même coup, et la fin de l'une et celle de l'autre! Ils prirent le parti qui, en les délivrant de la guillotine, les délivrait aussi... de la République[1].

Paris, dans la soirée du 8 thermidor, présenta un aspect étrange. Les Comités et leurs partisans avaient eu soin de semer toutes sortes de rumeurs propres à servir leurs colères. Talma, ce soir-là, jouait, au théâtre de la République, la tragédie d'*Epicharis et Néron*, de Legouvé ; et, comme la pièce prêtait à des allusions menaçantes, les conjurés et leurs partisans s'y étaient donné rendez-vous. Plusieurs passages qui semblaient se rapporter à la situation furent applaudis avec transport, celui-ci, par exemple, qui contenait un encouragement enveloppé dans un reproche :

> Quelle indigne terreur de votre âme s'empare?
> Et pourquoi voulez-vous, Romains, qu'on se sépare?
> Voilà donc les grands cœurs qui devaient tout souffrir!
> Ils osent conspirer et craignent de mourir [2] !

Cependant, la nuit était descendue sur la ville, et les membres du Comité de salut public, rassemblés dans le lieu ordinaire de leurs séances, travaillaient avec une

---

[1] Durand de Maillane n'a garde d'exprimer à cet égard toute sa pensée. Il se borne à dire : « Il n'était pas possible de voir plus longtemps tomber soixante, quatre-vingts têtes par jour sans horreur. Le décret salutaire ne tenait qu'à notre adhésion ; nous la donnâmes, et, dès ce moment, les fers furent au feu. » Voy. ses *Mémoires*, chap. x.

Il ne faut pas oublier que ce Durand de Maillane est le même qui, quelque temps avant, avait écrit à Robespierre : « *Mon cher collègue, continue à défendre le faible, l'homme trompé, en n'épargnant ni les chefs des complots révolutionnaires, ni les traîtres, bien assurés... Oh! que ton désintéressement, avec la glorieuse indépendance qu'il te donne, t'assure d'avantages sur tous les ambitieux, sur tous les républicains à grandes et petites places!* » etc., etc... — Voy. ci-avant, p. 180.

[2] Voy. *Souvenirs d'une actrice*, par madame Louise Fusil, t. II, p. 48.

préoccupation tragique au dénoûment qui se préparait.
Ni Robespierre ni Couthon n'étaient présents. Mais Saint-
Just siégeait, gardant un morne silence, jetant de temps
en temps sur ses collègues un regard observateur, et se
montrant aussi incapable d'inquiétude que de repos[1]. Il
venait d'envoyer à un copiste les dix huit premières pages
d'un rapport qu'il se proposait de lire le lendemain à la
Convention. Il avait annoncé froidement au Comité ce rapport, dans lequel il ne cachait pas que plusieurs de ses
collègues étaient accusés [2]. Tout à coup, la porte s'ouvre,
et l'on voit entrer Collot-d'Herbois, pâle, les yeux ardents.
Saint-Just, d'une voix calme et avec un air impassible,
lui demande ce qu'il y a de nouveau aux Jacobins. A cette
question, Collot-d'Herbois, pris d'un accès de rage, se
répand en invectives contre Saint-Just, qu'il appelle « un
lâche, un hypocrite, une boîte à apophthegmes[3]. » «Vous
êtes trois scélérats qui croyez nous conduire à la perte de
la patrie, mais la liberté survivra à vos horribles trames[4].»
Elie Lacoste, se levant en fureur, tonne contre ce qu'il
nomme le triumvirat, et, à son tour, Barère s'écrie :
« Vous voulez partager les dépouilles de la patrie entre
un écloppé, un enfant et un scélérat. Je ne vous donnerais
pas une basse-cour à gouverner[5]. » A ce débordement
d'injures, Saint-Just opposait une tranquillité méprisante.
« Il était de marbre[6]. » Il eut pourtant un instant d'émotion qu'indiqua la subite pâleur de son visage, lorsque

---

[1] *Réponse des membres des deux anciens comités aux inculpations
renouvelées contre eux par Laurent Lecointre.* Note 7. — *Bibl. hist. de
la Rév.*, 1097-8-9. (*British Museum.*)

[2] Vóy. le discours de Collot-d'Herbois, dans la séance du 9 thermidor.

[3] Ceci raconté par Billaud-Varenne, Collot-d'Herbois, Barère, dans leur
Réponse aux inculpations, etc. Note 7.

[4] *Ibid.*

[5] *Ibid.*

[6] C'est la phrase même de Collot-d'Herbois, dans son discours du 9 ther-

Collot-d'Herbois lui dit : « Je suis sûr que tu as dans tes poches des calomnies dirigées contre nous. » Sans prononcer un mot, il vida ses poches, et étala sur la table des papiers que personne ne voulut lire[1]. A une nouvelle et violente sortie de Collot-d'Herbois, il répondit qu'il lirait son rapport le lendemain au Comité, et en ferait le sacrifice si on ne l'approuvait pas, ne dissimulant point, d'ailleurs, qu'il contenait contre Collot-d'Herbois une inculpation basée sur des propos tenus par ce dernier dans un lieu public et relatifs à Robespierre[2]. En entendant tracer le tableau des malheureuses circonstances où se trouvait la chose publique, il se montra surpris de n'être point dans la confidence de ces dangers ; il dit qu'il ne concevait pas cette manière *d'improviser la foudre à chaque instant*, et il conjura ses collègues, au nom de la République, de revenir à des idées plus justes, à des mesures plus sages[3].

Il était environ une heure du matin, quand Laurent Lecointre est annoncé. Il venait presser le Comité d'ordonner l'arrestation d'Henriot, du maire de Paris Lescot-Fleuriot, et de l'agent national Payan ; il insista sur ce que Lecointre, son frère, capitaine dans la garde nationale, avait reçu l'ordre de se tenir prêt et en armes avec sa compagnie[4]. Une demi-heure après, paraît Fréron, qu'amenaient les mêmes inquiétudes[5]. Ferait-on arrêter le

---

midor, et il n'y a rien qui la démente dans la *Réponse des anciens membres des deux comités aux inculpations de Laurent Lecointre.*
Quoique rédigé par les ennemis de Saint-Just, lui mort, et dans un moment où ils avaient tant d'intérêt à le noircir, le récit de la note 7 laisse aisément deviner de quel côté furent, dans cette occasion, le calme de la bonne conscience et la dignité.

[1] *Réponse aux inculpations*, etc.
[2] *Ibid.*
[3] *Ibid.*
[4] *Laurent Lecointre à la Convention nationale, au Peuple français, à l'Europe*, p. 185. — *Bibl. hist. de la Rév.*, 1100-1. (*British Museum.*)
[5] *Ibid.*

commandant de la garde nationale, l'agent national, le maire? Sur cette question brûlante, il s'éleva entre Saint-Just et Collot-d'Herbois un vif débat qu'interrompit la présence de Cambon. Le frère de Lecointre avait offert au Comité de le venir défendre avec son bataillon. Cette offre, quoique appuyée vivement par Cambon, fut refusée, sur ce qu'on n'avait rien à craindre des amis de la liberté, et sur ce qu'on ne craignait pas les assassins[1]. Toutefois le Comité jugea prudent d'appeler dans son sein le maire et l'agent national, pour les retenir auprès de lui et les empêcher par là de correspondre avec leur parti[2].

A cinq heures, Saint-Just sortit[3]. On l'attendait à dix heures, moment indiqué par lui pour la communication de son rapport. Ce fut Couthon qui entra. D'un air assez troublé, il demande à connaître le sujet de la délibération. On l'informe qu'il s'agit de faire destituer par la Convention les chefs de la force publique, de les arrêter, de publier une proclamation. « C'est la contre-révolution, s'écrie-t-il ; vous allez produire dans Paris un mouvement terrible. » Le Comité tout entier s'élève contre Couthon, et un échange d'apostrophes violentes a lieu entre lui et Carnot. Il était midi en ce moment. Un huissier de la Convention vient avertir que Saint-Just est à la tribune. Il porte en même temps une lettre de ce député, ainsi conçue : « L'injustice a flétri mon cœur : je vais l'ouvrir à la Convention nationale. » On veut garder cette

---

[1] *Mémoires de Barère*, publiés par Hippolyte Carnot et David (d'Angers), t. II, p. 218 et 219.

[2] Discours de Billaud, à la séance du 13 fructidor, cité dans la brochure de Lecointre, p. 186, *ubi supra*.

[3] C'est l'expression employée par Barère, dans le récit qu'il fit de cette scène nocturne, le 13 fructidor, en pleine assemblée. Dans sa réponse à Laurent Lecointre, rédigée de concert avec Billaud et Collot, il y a, au lieu du mot « sortit, » le mot « s'enfuit, » qui appartient évidemment au style de la haine, et qui est ridicule.

lettre, Couthon la déchire. Ruhl se lève et s'écrie : « Allons démasquer ces scélérats, ou présenter nos têtes à la Convention [1]. »

Quelques instants avant la séance, Bourdon (de l'Oise), rencontrant Durand de Maillane dans la galerie, lui avait touché la main en prononçant ces mots caractéristiques : « *O les braves gens que les gens du côté droit !* » Durand de Maillane monte dans la salle de la Liberté, et s'y promène un instant avec Rovère. Tallien les aborde, mais il les quitte presque aussitôt en disant : « *Voilà Saint-Just à la tribune ; il faut en finir* [2]. »

On lit dans l'*Histoire parlementaire*, t. XXXIV, p. 2 : « Nous n'avons conservé aucun monument du temps qui puisse servir à l'histoire du club des Jacobins pendant les soirées si orageuses des 8 et 9 thermidor. » C'est une erreur. Nous avons, en ce qui touche la soirée du 8 thermidor, le récit de Billaud-Varenne, qu'évidemment les auteurs de l'*Histoire parlementaire* ont ignoré. S'ils l'avaient connu, ils n'auraient pas mis dans la bouche de Robespierre, en s'appuyant, comme ils l'avouent eux-mêmes, sur de simples rumeurs traditionnelles, les paroles suivantes : « Séparez les méchants des hommes faibles ; délivrez la Convention des scélérats qui l'oppriment ; rendez-lui le service qu'elle attend de vous, comme aux 31 mai et 2 juin. » (*Hist. parlem.*, t. XXXIV, p. 3.) Dans son compte rendu de la séance des Jacobins, le soir du 8 thermidor, Billaud-Varenne ne dit pas un mot de cela, il n'y fait même pas allusion. Et c'est à quoi il n'aurait certes pas manqué s'il n'eût craint d'être démenti, rien n'étant plus propre à colorer d'un motif acceptable la conduite qu'il tint au 9 thermidor. Il est, en outre, à remarquer que, le 9 thermidor, dans la Convention, ni Billaud Varenne, ni Collot-d'Herbois, n'osèrent reprocher à Robespierre d'avoir invoqué, la veille, les souvenirs du 31 mai ou du 2 juin. Tout ce qu'on trouve à cet égard dans le discours de Collot, c'est cette phrase vague : « Vos ennemis disaient qu'il fallait encore une insurrection du 31 mai, » assertion qui provoqua, de la part de Robespierre, ce cri passionné : « Il en a menti ! » Ce cri, comment le comprendre, si

[1] *Réponse des membres des anciens comités aux inculpations renouvelées de Laurent Lecointre.* note 7.

[2] *Mémoires de Durand de Maillane,* ch. x, p. 200.

réellement Robespierre eût tenu aux Jacobins le langage que les auteurs
de l'*Histoire parlementaire* lui prêtent, d'après de simples rapports « transmis par la tradition ? » Et comment comprendre surtout qu'à une dénéga-
tion qui eût été, dans ce cas, le comble de l'impudence, Billaud-Varenne et
Collot-d'Herbois ne se fussent pas empressés de répondre par la citation
des propres paroles de Robespierre qu'ils auraient entendues ? La vérité est
que, loin d'animer l'ardeur de ses partisans, Payan, Coffinhal et autres,
Robespierre la contint ; la vérité est que, loin de pousser à un renouvellement du 31 mai, il avait chaleureusement combattu cette idée pendant les
jours qui précédèrent, ainsi que le prouve d'une façon péremptoire ce passage du rapport présenté par Barère le 7 thermidor : « Hier, quelques citoyens répétaient dans les groupes : *Il faut faire un* 31 *mai...* Un représentant du peuple, qui jouit d'une réputation patriotique, méritée par cinq
années de travaux, et par ses principes imperturbables d'indépendance et
de liberté, a réfuté avec chaleur les propos contre-révolutionnaires que je
viens de vous dénoncer ; il a prouvé, dans la Société populaire, que c'était
bien mériter de son pays que d'arrêter les citoyens qui se permettraient des
propos aussi intempestifs et aussi contre-révolutionnaires. » (Voy. le rapport de Barère du 7 thermidor, dans l'*Hist. parl.*, t. XXXIII, p. 404 et
405.)

Aux yeux de Robespierre, en effet, violer la représentation nationale au
moyen d'une partie du peuple se donnant pour le peuple tout entier, et
employant la force contre la loi, c'était subordonner toute chose à la fortune changeante des factions en lutte, et descendre une pente qui conduisait au chaos. De là ses incertitudes poignantes et son abstention, lorsque,
au 31 mai, il s'était agi de renverser violemment la violente domination des
Douze ; et nous rappellerons ici que, quoiqu'il désirât avec ardeur la chute
des Girondins, il recula devant la responsabilité du coup qui, en les frappant, frappait un principe. On peut certainement lui reprocher de ne s'être
pas armé contre le 31 mai avant son accomplissement ; mais on ne peut
pas dire, au moins, que le 31 mai ait été son ouvrage. (Voy. dans le tome
VIII de cet ouvrage, le chapitre x, p. 395 et 396.) On verra plus loin,
jusqu'où il poussa le respect de la représentation nationale, quand vint pour
lui le moment de choisir entre un coup d'État et la mort.

CHAPITRE VII

LE DÉNOUMENT

Rapport de Saint-Just. — Séance du 9 thermidor : scènes d'oppression; drame affreux; dévouements; les deux Robespierre, Lebas, Couthon et Saint-Just décrétés d'arrestation. — Ce ne fut pas la Terreur qu'on entendit frapper en les frappant.— Fouquier-Tinville à dîner chez Vergne; sa rencontre avec le bourreau. — Henriot; il appelle le peuple aux armes; son arrestation. — Robin (de l'Aube) et Billaud-Varenne; embarras des vainqueurs. — Mesures prises par la Commune. — Les Jacobins s'unissent à la Commune. — Henriot délivré par Coffinhal. — Physionomie de l'Assemblée. — Robespierre prisonnier. — Pourquoi on le refuse au Luxembourg. — Manœuvre infâme. — Attitude de Robespierre. — Physionomie de la Maison Commune. — Coffinhal entraîne de force Robespierre à la Commune. — Autorités rivales en présence. — Histoire des sections dans la journée du 9 thermidor. — Les forces se balancent. — Barras à la tête des forces de la Convention. — Mise hors la loi de Robespierre; calomnies répandues dans Paris. — Plusieurs sections, trompées, se détachent de la Commune.— Scène nocturne au Comité de salut public; Billaud émet l'opinion qu'il faut assiéger la Maison Commune. — Couthon à l'Hôtel de Ville. — Robespierre, jusqu'au bout, l'homme du *Droit*. — Mot sublime. — Lettre remarquable de Le Bas.— Robespierre ne peut se résoudre à sanctionner la guerre civile. — Document tragique. — La Maison Commune investie. — Robespierre reçoit un coup de pistolet du gendarme Méda.— Son frère se jette du haut des croisées de l'Hôtel de Ville. — Dernières et remarquables paroles de Robespierre jeune. — Couthon et Saint-Just entre les mains de leurs ennemis. — On découvre Henriot. — Longue agonie de Robespierre; son stoïcisme. — Barbarie et lâcheté des vainqueurs. — L'exécution. — Note critique.

Le rapport de Saint-Just s'ouvrait par cette belle déclaration : « Je ne suis d'aucune faction ; je les combattrai toutes. Elles ne s'éteindront jamais que par les institutions qui produiront les garanties, poseront la borne de l'autorité, et feront ployer sans retour l'orgueil humain sous le joug de la liberté publique[1]. »

Soulevant ensuite d'une main à la fois résolue et prudente le voile qui avait jusqu'alors couvert les délibérations du Comité de salut public, Saint-Just racontait avec gravité comment la discorde s'y était introduite. L'origine du mal était dans la jalousie que l'ascendant moral d'un homme avait fait naître.

« Cet homme, éloigné du Comité par les plus amers traitements, lorsque le Comité n'était plus, en effet, composé que de deux ou trois membres, se justifie devant vous. Il ne s'explique point, à la vérité, assez clairement, mais son éloignement et l'amertume de son âme peuvent excuser quelque chose; il ne sait point l'histoire de sa persécution, il ne connaît que son malheur. On le constitue en tyran de l'opinion. Il faut que je m'explique là-dessus, et que je porte la flamme sur un sophisme qui tendrait à faire proscrire le mérite. Et quel droit exclusif avez-vous sur l'opinion, vous qui trouvez un crime dans l'art de toucher les âmes? Trouvez-vous mauvais que l'on soit sensible? Êtes-vous donc de la cour de Philippe, vous qui faites la guerre à l'éloquence? Un tyran de l'opinion! Qui vous empêche de disputer l'estime de la patrie, vous qui trouvez mauvais qu'on la captive? Il n'est point de despote au monde, si ce n'est Richelieu, qui se soit offensé de la célébrité d'un écrivain. Est-il un triomphe plus désintéressé? Caton aurait chassé de Rome le mauvais citoyen qui eût appelé l'éloquence, dans la tribune aux harangues, le tyran de l'opinion. Personne n'a le droit de stipuler pour elle; elle se donne à la raison, et son empire n'est point le pouvoir des gouvernements[2]. »

C'est ainsi que Saint-Just s'étudiait à mettre les esprits en garde contre ce ver rongeur qui, dans toutes les répu-

---

[1] Voy. ce rapport dans l'*Hist. parl.*, t. XXXIV, p. 6.
[2] *Hist. parl.*, t. XXXIV, p. 17.

bliques, s'attache aux racines de l'égalité : l'envie! Du reste, il se défendait, d'un ton fier, de l'idée de flatter Robespierre : « Je le défends parce qu'il m'a paru irréprochable, et je l'accuserais lui-même s'il devenait criminel [1]. »

Saint-Just dénonçait aussi comme un élément actif de division l'orgueil : « La journée de Fleurus a contribué à ouvrir la Belgique. Je désire qu'on rende justice à tout le monde, et qu'on honore des victoires, mais non point de manière à honorer le gouvernement plus que les armées ; car il n'y a que ceux qui sont dans les batailles qui les gagnent, et il n'y a que ceux qui sont puissants qui en profitent. Il faut donc louer les victoires et s'oublier soi-même. Si tout le monde avait été modeste nous serions fort paisibles [2]. »

Ce passage, évidemment dirigé contre les fanfares de Barère, faisait suite, dans le rapport, à un blâme qui atteignait Carnot, auquel l'orateur reprochait, sans le nommer, d'avoir pris, en dehors de ses collègues, une mesure propre à compromettre le succès de la campagne par l'affaiblissement inopportun et inexpliqué de l'armée de Sambre-et-Meuse [3].

Ce n'était, toutefois, ni sur Barère ni sur Carnot que Saint-Just faisait particulièrement peser sa parole. Collot-d'Herbois, et surtout Billaud-Varenne, voilà les hommes qu'il dénonçait comme ayant formé le plan « d'usurper le pouvoir en immolant une partie des membres du Comité et en dispersant les autres dans la République [4]. »

De fait, entre les mains de qui s'était trouvé concentré, dans les derniers temps, le pouvoir du Comité de salut public? Pendant que lui-même, Saint-Just, était au camp,

---

[1] *Hist. parl*, t. XXXIV, p. 9.
[2] *Ibid.*, p. 12.
[3] Voy. à ce sujet le chapitre V, ci-avant, p. 168 et 169.
[4] *Hist. parl.*, t. XXXIV, p. 19.

et que les infirmités de Couthon le retenaient souvent chez lui, et que Robespierre vivait à l'écart, est-ce que Saint-André et Prieur (de la Marne) n'étaient pas en mission, et Prieur (de la Côte-d'Or), Lindet, ensevelis dans leurs bureaux? Restaient donc Billaud-Varenne, Collot-d'Herbois, Carnot et Barère, à qui seuls se pouvait appliquer ce mot de Saint-Just : « Le reste, qui exerçait l'autorité de tous, me paraît avoir essayé de profiter de leur absence [1]. »

Mais, plus loin, il restreignait encore ses accusations, en ne désignant par leurs noms que Collot-d'Herbois et Billaud-Varenne [2]. Déjà il avait montré celui-ci tenant depuis quelques jours une conduite obscure, annonçant par des paroles entrecoupées des inquiétudes mystérieuses dont le dernier mot expirait toujours sur ses lèvres; tantôt murmurant le nom de *Pisistrate;* tantôt pâle, silencieux, l'œil fixe, « arrangeant ses traits altérés [3]. »

Au surplus, même à l'égard de Billaud-Varenne et de Collot-d'Herbois, Saint-Just ne demandait aucune décision violente.

« Je ne conclus pas, disait-il en terminant, contre ceux que j'ai nommés ; je désire qu'ils se justifient et que nous devenions plus sages.

« Je propose le décret suivant :

« La Convention nationale décrète que les institutions qui seront incessamment rédigées présenteront les moyens que le gouvernement, sans rien perdre de son ressort révolutionnaire, ne puisse tendre à l'arbitraire, favoriser l'ambition, et opprimer ou usurper la représentation nationale [4]. »

---

[1] *Hist. parl.*, t. XXXIV, p. 18.

[2] *Ibid.*, t. XXXIV, p. 19. « Billaud-Varenne et Collot-d'Herbois sont les auteurs de cette trame. »

[3] *Ibid.*, p. 11.

[4] *Ibid.*, p. 20.

Ainsi, l'on avait accusé les Robespierristes de vouloir
une dictature, et ce qu'ils venaient proposer, par l'organe
de Saint-Just, c'était un régime de garanties qui rendît
la dictature impossible!

On les avait accusés de viser droit au cœur de la
représentation nationale, et Saint-Just demandait qu'on
frappât d'impuissance quiconque tendrait à l'usurper ou
à l'opprimer.

On avait accusé les Robespierristes de rêver l'immola-
tion du pouvoir multiple du Comité à l'action d'un seul,
et Saint-Just venait dire : « Vous devez regarder comme
un acte de tyrannie toute délibération du Comité qui ne
sera point signée de six membres[1]. »

Quel prétexte, après cela, pouvait-il rester aux alarmes
affectées si bruyamment par les conjurés?

Il est vrai que Saint-Just dénonçait deux de ses collègues; mais que leur reprochait-il? Des vues ambitieuses,
rien de plus; de sorte qu'il n'était pas jusqu'à la nature
du reproche qui ne servît de réponse à ce qu'on avait tant
dit et répété touchant les projets de dictature caressés
par Robespierre et les siens. Encore faut-il remarquer que
Saint-Just se contentait de conclure à un calme examen
des griefs énoncés, appelant ses deux collègues à se justifier, et exprimant le désir qu'ils y parvinssent.

Mais la lumière était précisément ce que les conjurés
redoutaient, ce qu'ils avaient d'avance résolu d'éviter à
tout prix. A l'égard de Robespierre, de Couthon, de
Saint-Just, leur mot d'ordre était : « Tuons-les sans les
entendre. »

Aussi le rapport que nous venons d'analyser ne fut-il
pas lu. A peine Saint-Just avait-il prononcé les premiers
mots, que Tallien l'interrompt brusquement :

« Je réclame la parole pour une motion d'ordre. L'ora-

---

[1] *Hist. parl.*, t. XXXIV, p. 19.

teur a commencé par dire qu'il n'était d'aucune faction ;
je dis la même chose... Aucun bon citoyen ne peut retenir
ses larmes sur le sort malheureux auquel la chose publique est abandonnée. Partout on ne voit que division.
Hier, un membre du gouvernement s'en est isolé, a prononcé un discours en son nom particulier, aujourd'hui un
autre fait la même chose... Je demande que le voile soit
entièrement déchiré [1]. »

Au milieu des applaudissements que ces paroles soulèvent, Billaud-Varenne, vivement agité, se dirige vers la
tribune. Un effroyable orage va éclater ; mais quelles
seront les suites ? Barère, soit remords, soit pressenti-
ment de l'avenir, se penche à l'oreille de Billaud, et lui
dit : « *N'attaque point Robespierre; laisse là Couthon et
Saint-Just* [2]. »

Sagesse tardive ! il est lancé, ce char qui finira par
écraser ceux qui le mirent en mouvement.

« Hier, s'écrie Billaud-Varenne furieux, la Société des
Jacobins était remplie de gens apostés, puisque aucun
n'avait de carte ; hier, on a développé dans cette société
l'intention d'égorger la Convention nationale [3]. »

Le fait était faux ; Billaud-Varenne le savait faux [4] ; et,
dans le même discours, il se donna un démenti, en disant :
« Hier, le président du Tribunal révolutionnaire a proposé
aux Jacobins de chasser de la Convention tous les hommes
impurs, ceux que l'on veut sacrifier [5]. » Mais quelle place
pour la vérité dans un appel aux poignards !

---

[1] Compte rendu de la séance du 9 thermidor. *Moniteur*, an II (1794),
n° 511.

[2] *Rapport de Courtois sur les événements du 9 thermidor*, p. 59. —
Courtois assure que ces mots lui furent rapportés par le représentant
Espert.

[3] *Moniteur*, an II (1794), n° 511.

[4] En effet, dans le compte rendu qu'il publia plus tard de la séance des
Jacobins du 8 thermidor, et que nous avons précédemment fait connaître,
on ne trouve rien de semblable.

[5] *Moniteur*, an II (1794), n. 511.

Étendant la main : « Je vois sur la Montagne un de ces hommes qui menaçaient les représentants du peuple; le voilà ! » Un cri s'élève : « Arrêtez-le ! arrêtez-le ! » Et l'individu, saisi aussitôt, est traîné hors de la salle, au bruit d'applaudissements redoublés[1].

Si jamais réquisitoire fut misérable, ce fut celui qui tomba, en cette occasion, des lèvres frémissantes de Billaud-Varenne. Tout ce qu'il trouva contre Saint-Just, c'est qu'il n'avait pas tenu sa promesse de communiquer son rapport au Comité avant de l'aller lire à la tribune. Tout ce qu'il trouva contre Robespierre, c'est que le chef de la garde nationale, Henriot, avait été dénoncé par le Tribunal révolutionnaire comme complice d'Hébert, et que Lavalette, recommandé par Robespierre, était un ancien noble[2]. Robespierre accusé d'être à la fois héber-tiste et royaliste ! Un de ses crimes, suivant Billaud-Varenne, c'était de lui avoir disputé, à lui Billaud, la tête de Danton. L'orateur était à ce point hors de lui, qu'il courut le risque de se rendre ridicule en reprochant à un homme dont la probité, en tout cas, était inattaquable, d'avoir empêché l'arrestation d'un secrétaire du Comité, coupable de vol[3]. Encore une fois, la question était, non de prouver, mais de tuer.

À ce cri de la haine : « L'Assemblée est entre deux égorgements; elle périra si elle est faible ; » la haine répondit avec transport. On vit les chapeaux s'agiter en l'air; des acclamations passionnées firent retentir l'enceinte[4]; et quand Billaud-Varenne dit : « Je ne crois pas qu'il y ait ici un seul représentant qui voulût exister sous un tyran, » le cri : *Périssent les tyrans*[5] ! parti de divers

---

[1] *Moniteur*, an II (1794), n. 311.
[2] *Ibid.*
[3] *Ibid.*
[4] *Ibid.*
[5] *Hist. parl.*, t. XXXIV, p. 23.

points de la salle, promit une nouvelle proie au bourreau.

Robespierre se lève pour se défendre; des clameurs
systématiques étouffent sa voix. Il invoque un droit que
les tyrans seuls méconnaissent, et c'est en criant : « *A bas
le tyran!* » qu'on le lui refuse! Lecointre veut qu'on lui
accorde la parole pendant une demi-heure; mais Mallarmé
le conjure de ne pas insister, attendu que Robespierre, si
on le laissait parler, pourrait surprendre en sa faveur les
consciences indécises, et que « retarder d'un moment
serait une faute irréparable[1]. »

En d'autres termes, on s'exposait à perdre le bénéfice
du vote convenu, si ce vote n'était pas un assassinat!
« Je désire qu'ils se justifient, » avait dit Saint-Just en
dénonçant Collot-d'Herbois et Billaud-Varenne. Ce simple
rapprochement montre de reste de quel côté était ici la
vérité, et de quel côté la tyrannie.

Tallien prend de nouveau la parole. Il dit, à l'adresse
de la Montagne : « Nous ne sommes pas modérés[2]. » Il dit,
à l'adresse du côté droit : « Nous voulons que le Tribunal
révolutionnaire traite les accusés avec décence et justice[3]. » Que n'ose-t-on, quand on est d'avance sûr de la
victoire? C'est Tallien, oui, Tallien, qui accusa Robespierre d'être servi par « des hommes perdus de débauche.»
Il propose l'arrestation d'Henriot, de son état-major, et
aussi la permanence de l'Assemblée, « jusqu'à ce que le
glaive de la loi ait assuré la Révolution[4]. » Il s'était écrié,
en commençant : « Je me suis armé d'un poignard pour
percer le sein du nouveau Cromwell, si la Convention

---

[1] Ceci avoué par Lecointre lui-même. Voy. son *Appel à la Convention
nationale, au peuple français, à l'Europe entière,* p. 79 et 80. *Bibl.
hist. de la Rév.,* p. 1100-1. (*British Museum.*)

[2] *Moniteur,* an II (1794), n. 311.

[3] *Ibid.*

[4] *Ibid.*

n'avait pas le courage de le décréter d'accusation[1]. » Et
il l'avait agité, du haut de la tribune, ce poignard[2]! Et
l'Assemblée avait applaudi à ce projet de violer sa souveraineté par un meurtre[3]!

Les propositions de Tallien furent votées d'acclamation ;
mais on entendait frapper de bien autres coups. A l'arrestation d'Henriot, Billaud-Varenne demande et obtient
qu'on ajoute celle de Dumas, celle de Dufraisse, celle de
Boulanger. — Ce dernier, contradiction bien étrange!
pour avoir été le complice d'Hébert et l'ami de Danton[4].
— Delmas fait mettre sur la liste les adjudants et aides
de camp d'Henriot, parce qu'il « *est impossible qu'il n'ait
pas eu l'adresse de s'entourer de conspirateurs*[5]. »

Robespierre alors demande à être écouté, sa voix meurt
au milieu du tumulte : « *Non, non, à bas le tyran*[6] *!* »

Jamais, peut-être, dans le monde, l'iniquité ne se produisit avec plus de scandale. Si, du moins, on avait
accordé la parole aux partisans de cet homme qu'on
opprimait de la sorte au nom de la liberté! Mais Le Bas,
lui aussi, avait été brutalement condamné à se taire[7]. La
parole était à l'assassinat.

Elle fut donnée à Barère.

Barère était l'homme des partis qui triomphent, et,
d'autre part, il sentait que la chute de Robespierre
entraînerait bien d'autres chutes! Il ne l'attaqua donc
que d'une manière indirecte, sans prononcer aucun nom.
Il alla même jusqu'à proposer, dans un projet de décret
présenté au nom des deux Comités, qu'on mît la représentation nationale sous la sauvegarde du « maire de

---

[1] *Moniteur*, an II (1794), n° 311.
[2] Rapport de Courtois sur les événements du 9 thermidor, p. 59.
[3] *Moniteur*, an II (1794), n. 311.
[4] *Ibid.*
[5] *Ibid.*
[6] *Ibid.*
[7] *Ibid.*

Paris et de l'agent national, » en les rendant responsables,
sur leur tête, de tous les troubles qui pourraient survenir
dans Paris[1]. Seulement, il demandait que le grade de
commandant général de la garde nationale fût supprimé,
et que chaque chef de légion commandât à son tour.

L'Assemblée adopta ce projet, ainsi que celui d'une
proclamation qui invitait le peuple à se rallier autour
d'elle[2].

Les heures s'écoulaient... Vadier s'étant mis à parler
longuement de la loi du 22 prairial, de l'affaire de Catherine Théot, d'un certain Taschereau qu'il prétendait être
un espion, et de Bazire, de Camille Desmoulins, dont il
faisait un crime à Robespierre d'avoir pris la défense[3],
Tallien tremble que ces divagations d'un vieillard ne
laissent aux colères excitées le temps de se refroidir, et à
la Convention le temps de revenir à elle-même. « Je demande à ramener la discussion à son vrai point, » s'é-
crie-t-il. « Je saurai bien l'y ramener, » répond Robespierre. Et les murmures couvrent sa voix. Tallien l'accusant d'avoir fait arrêter des patriotes, Robespierre
l'interrompt : « C'est faux... je[4]... » Le tumulte recom-
mence. L'infortuné tourna les yeux du côté de la Montagne. O désertion trop semblable à un suicide ! les uns
restent immobiles ; les autres, n'osant soutenir ce regard
qui les trouble, détournent la tête. Alors, pâle, indigné,
et, d'un mouvement machinal, roulant entre ses doigts
un canif ouvert[5], Robespierre invoque tous les côtés de
l'Assemblée. Mais non : leur parti est pris d'écraser sa
parole sous leurs clameurs. Lui, le visage tourné vers le

[1] *Moniteur*, an II (1794), n° 511.
[2] *Ibid.*
[3] *Ibid.*
[4] *Hist. parlem.*, t. XXXIV, p. 35.
[5] *Rapport de Courtois sur les événements du 9 thermidor*, p. 71.—
Voy. la note critique placée à la suite de ce chapitre.

président : « *Président de brigands, accorde-moi la pa-*
role, ou décrète que tu veux m'assassiner[1]. » Thuriot,
qui vient de remplacer Collot-d'Herbois au fauteuil, ne
répond qu'en agitant sa sonnette d'une main implacable.
C'est alors que, voyant Robespierre épuisé, haletant,
Garnier (de l'Aube) lui lança cette insulte : « *Le sang*
de Danton t'étouffe! » Foudroyante fut la réponse de
Robespierre : « *C'est donc Danton que vous voulez*
venger ?... Lâches! pourquoi ne l'avez-vous pas dé-
fendu[2]*?* »

Bien que, selon l'expression de Tallien, les conjurés
fussent convenus « d'en finir, » aucun d'eux n'avait encore osé prononcer, en l'appliquant à un homme tel que
Robespierre, le mot décisif *arrestation*. Ce fut le député
Louchet[3], qui le jeta au milieu du bruit. Or qui était ce
Louchet? Un des plus violents Terroristes de l'Assemblée[4].
La motion était attendue ; et pourtant, quand elle se produisit, il y eut comme un mouvement général de stupeur. Le *Moniteur*, écrit par les vainqueurs le lendemain de la victoire, ne dit pas qu'après la motion de
Louchet les applaudissements furent « d'abord isolés ; »
mais le fait est constant[5], et l'on peut bien croire que,
pour en propager la contagion, les conjurés n'épargnèrent rien : ils y réussirent. Loseau ayant appuyé la proposition de Louchet, par le motif que « Robespierre avait

---

[1] *Mémoires de Levasseur*, t. III, ch. xi, p. 224.
Le *Moniteur*, rédigé sous l'œil des vainqueurs, n'ose pas reproduire
ces mots ; il se borne à dire : « Robespierre apostrophe le président et
l'Assemblée dans les termes les plus injurieux. »
[2] *Mémoires de Levasseur*, t. III, ch. xi, p. 226.
Ni le *Moniteur*, ni le procès-verbal de Charles Duval n'ont garde de
rapporter le cri de Garnier (de l'Aube), et la réponse terrible qu'il provoqua : « *An additional proof*, dit avec raison M. Wilson Croker, p. 420,
of the partiality of both reports to the « victrix causa. »
[3] *Moniteur*, an II (1794), n° 311.
[4] Voy. la preuve un peu plus bas.
[5] Voy. l'*Hist. parlem.*, t. XXXIV, p. 34.

été dominateur[1], » on cria de toutes parts : Aux voix !
aux voix !

En ce moment, un jeune homme, Robespierre jeune,
se lève, et, plein d'une émotion magnanime : « *Je suis
aussi coupable que mon frère ; je partage ses vertus, je
veux partager son sort. Je demande aussi le décret d'accusation*[2]. » Quelques-uns sont attendris ; mais la majorité annonce, par un mouvement d'indifférence, « qu'elle
accepte ce vote généreux[3]. » La mesure était comblée.
Robespierre pousse des cris déchirants ; il apostrophe le
président, il apostrophe l'Assemblée avec la véhémence
d'un cœur réduit au désespoir ; il ne veut pas que son
frère meure pour lui : qu'on lui laisse au moins défendre
son frère ! — Non, non, non ! — Charles Duval, l'auteur
du *Journal des Hommes libres*, feuille si sanguinaire
qu'elle était connue sous le nom de *Journal des Tigres*[4],
demande dérisoirement si l'on permettra qu'un homme
soit le maître de la Convention[5]. « Ah ! qu'un tyran est
dur à abattre[6] ! » s'écrie Fréron, le mitrailleur des Toulonnais. Loseau insiste pour l'immédiate arrestation des
deux frères. Billaud-Varenne prononçant le nom de
Couthon, Couthon revendique avec courage et noblesse
sa part de responsabilité dans les actes de Robes-

[1] *Moniteur*, an II (1794), n° 311.

[2] *Ibid.*

[3] *Hist. parlem.*, t. XXXIV, p. 34.

Il est des mots qui suffisent pour juger un homme. Courtois, dans son
rapport sur les événements du 9 thermidor, p. 43, ne voit dans cet admirable dévouement fraternel que « *le cri de désespoir d'un complice qui
se trahit !* »

[4] Wilson Croker, *Essays on the French revolution*, p. 417.

[5] C'est ce Charles Duval que la Convention chargea de rédiger, avec quelques autres, le compte rendu de cette séance. Il semble qu'il ait été honteux d'avoir poussé une pareille exclamation en un pareil moment ; car il
ne lui a pas donné place dans son projet de procès-verbal. Voy. ce projet,
p. 19.

[6] *Hist. parlem.*, t. XXXIV, p. 34.

pierre[1]. L'arrestation est décrétée, et tous les membres, se levant, crient : *Vive la République[2] !*

Robespierre : « *La République ! elle est perdue ! car les brigands triomphent[3] !* »

Ce qui est digne de vivre éternellement dans la mémoire des hommes, c'est que ceux des Robespierristes que venait mettre à l'épreuve ce drame terrible se montrèrent unis par les nœuds d'une amitié aussi tendre qu'intrépide. Nul ne chancela, nul ne renia la foi commune. Lorsqu'ils virent qu'un deux allait mourir, tous eurent soif de la mort. Vainement des mains officieuses essayèrent-elles de retenir Le Bas s'élançant vers la tribune pour y annoncer sa résolution de suivre ses amis au tombeau ; il se débattit avec tant de violence, que son habit était en pièces[4], lorsque, émule héroïque du dévouement de Robespierre jeune, il s'écria : « *Je ne veux point partager l'opprobre de ce décret. Je demande aussi à être arrêté[5].* » David, si faible le lendemain, n'assistait pas à cette séance ; Barère l'avait empêché d'y venir, dans l'intention de le sauver[6]. Saint-Just, qui n'avait pas quitté la tribune, gardait le silence, contemplant la Convention avec le sourire du dédain[7]. Quand on le somma de déposer son rapport, il le tendit de l'air d'un homme dont la pensée a pris son essor vers les régions sereines[8]. Quant à Couthon, entendant Fréron lui reprocher d'avoir

---

[1] Les mots que le *Moniteur* lui met dans la bouche sont : « Oui, j'y ai coopéré. »

[2] *Hist. parlem.*, t. XXXIV, p. 35.

[3] *Ibid.*

[4] Esquiros, *Histoire des Montagnards*, t. II, p. 464. Renseignement fourni par la famille Le Bas.

[5] *Moniteur*, an II (1794), n° 311.

[6] David a souvent raconté, depuis, comme quoi, en cette circonstance, il avait dû la vie à Barère.

[7] *Mémoires de Levasseur*, t. III, ch. xi, p. 223.

[8] Charles Duval, dans son procès-verbal, p. 24, ne manque pas, cela va sans dire, de voir dans cette impassibilité de Saint-Just, si d'accord avec

voulu « monter au trône sur les cadavres des représentants du peuple, » il haussa les épaules, et, montrant ses membres paralysés, il dit : « *Je voulais arriver au trône, moi*[1] *!* »

C'en est fait : le décret d'arrestation est rendu contre les deux Robespierre, contre Saint-Just, contre Le Bas, contre Couthon ; et le président ordonne qu'on l'exécute. Mais arrêter Robespierre ! arrêter Saint-Just ! Les huissiers s'avancent tout interdits, et leur obéissance chancelle[2]. Cependant, appelés de toutes parts à la barre, les cinq députés y descendent, et tandis que Collot-d'Herbois félicite l'Assemblée d'avoir échappé à un second 31 mai, calomnie à laquelle Robespierre vient de répondre par un démenti[3], et qu'il réfutera bien mieux encore, comme on va le voir, par sa mort ; tandis que les membres du Comité de sûreté générale, avertis qu'ils sont attendus au lieu ordinaire de leur séance, traversent la salle en triomphe[4], des gendarmes paraissent, et, dans la personne des prisonniers, emmènent... la République.

Il était, en ce moment, cinq heures et demie. La séance fut déclarée suspendue jusqu'à sept heures[5].

Arrêtons-nous ici un instant, et voyons si, dans Robespierre, ce fut la Terreur que les conjurés, comme ils

sa nature, « l'attitude d'un traître à qui sa conscience ne permet pas le moindre mouvement ! »

[1] Le *Moniteur* porte : « Je voulais arriver au trône ; oui. » Ce serait un mensonge abominable, si ce n'était une faute d'impression.

[2] Rien de plus frappant que l'embarras et l'obscurité évidemment calculée de la rédaction de Charles Duval. Son projet de procès-verbal indique que l'ordre ne fut pas exécuté sur-le-champ, et qu'il fallut que l'Assemblée en réclamât l'exécution, sur quoi le président dit : « J'ai déjà donné l'ordre ; mais, lorsque les huissiers se sont présentés, *on* a refusé d'obéir. »

[3] *Hist. parlem.*, t. XXXIV, p. 56.

[4] *Ibid.*, p. 57.

[5] Projet de procès-verbal de Charles Duval, p. 25.

eurent l'effronterie de le prétendre plus tard, entendirent frapper. Quels sont les crimes qui, dans la séance du 9 thermidor, sont imputés à Robespierre? Lui reproche-t-on d'avoir personnifié un régime de sang, poussé aux excès révolutionnaires, rempli les prisons, vanté le règne de la guillotine? Non : ce qu'on lui impute, au contraire, c'est d'avoir protégé d'anciens nobles, fait destituer le plus fougueux des comités révolutionnaires de Paris, défendu Camille Desmoulins, et essayé de sauver Danton. Laurent Lecointre assure que, lorsque ce dernier reproche fut articulé par Billaud-Varenne, des murmures s'étant élevés, Billaud dit insolemment : « *On murmure, je crois!* » Le *Moniteur* ne rapporte pas ce mot, et Billaud-Varenne l'a nié[1]; mais ce qu'il ne nia jamais, et ce que le *Moniteur* rapporte, c'est qu'il prononça, en effet, dans la séance du 9 thermidor, ces paroles caractéristiques : « La première fois que je dénonçai Danton au Comité, Robespierre se leva comme un furieux, disant qu'il voyait mes intentions, que je voulais perdre les meilleurs patriotes. Cela me fit voir l'abîme creusé sous nos pas[2]. » Qu'on ajoute à ces *crimes* celui d'avoir attaqué les Comités dans le club des Jacobins, celui d'avoir été « dominateur, » suivant l'expression de Loseau, et celui d'avoir menacé cinq ou six Terroristes de la trempe de Fouché ou de Tallien, et l'on aura le complément des motifs pour lesquels les Thermidoriens, de leur propre aveu, firent le 9 thermidor. Ce fut Louchet, on l'a vu, qui proposa le décret d'arrestation, et trois semaines après, ce même Louchet demandait, comme unique moyen de salut public, la mise à l'ordre du jour... de la Terreur[3]! « Tant était sanguinaire, écrit l'historien tory Wilson Croker, l'esprit dont était

[1] Dans sa polémique avec Laurent Lecointre.
[2] *Moniteur*, an II (1794), n° 311.
[3] *Ibid.*, n° 555.

animé le parti qui, en cette occasion, s'éleva contre Robespierre[1] ! »

Ce jour-là, et avant qu'on sût dans Paris ce qui se passait à la Convention, Fouquier-Tinville était allé dîner en face du Pont-Rouge, chez un nommé Vergne. Comme il sortait du tribunal, un royaliste l'aborde. C'était Samson, le bourreau. Il venait informer l'accusateur public qu'il y avait du trouble dans le quartier du faubourg Saint-Antoine, par où devaient passer les charrettes contenant la fournée des condamnés de la veille. Pourquoi ne pas remettre l'exécution au lendemain ? « Rien ne doit arrêter le cours de la justice, » répond Fouquier-Tinville, et il continue sa route[2]. Chez Vergne, il rencontra Coffinhal. On se met à table. Les détails de la séance étaient encore si peu connus, que Fouquier, entendant battre le rappel, s'enquit de la cause. On lui apprit qu'il s'agissait d'un rassemblement d'ouvriers sur le port, d'une agitation populaire suscitée par la question du *Maximum*. Coffinhal ne parla de rien. Une heure après, le bruit du tambour redouble, et c'est alors qu'arrive la nouvelle de l'arrestation de cinq députés. Fouquier-Tinville sortit aussitôt, et courut attendre, au Palais de Justice, les ordres des Comités[3].

Pendant ce temps, Henriot avait en toute hâte convoqué la gendarmerie sur la place de la Maison Commune[4], et, partant de là, il courait au grand galop dans les rues, le pistolet au poing, criant aux armes, et animant le peuple[5].

[1] *Essays on the French Revolution*, p. 416.

Procès de Fouquier, déposition de Robert Wolf, commis-greffier du Tribunal. Voy. *Hist. parlem.*, t. XXXIV, p. 449 et 450.

[3] Déposition de Fouquier-Tinville, dans son procès, *ubi supra*, p. 241 et 242. — Voy. la note critique placée à la suite de ce chapitre.

[4] Méda, *Précis historique des événements qui se sont passés dans la soirée du 9 thermidor*, p. 371. — Collection des Mémoires relatifs à la Révolution française.

[5] Rapport de Courtois sur les événements du 9 thermidor, p. 63 et n° xxviii des *Pièces justificatives*.

L'ordre donné par lui aux gendarmes ayant laissé sans escorte les charrettes qui portaient à l'échafaud sa proie journalière, les exécuteurs manifestèrent, mais en vain, le désir qu'on leur fît violence pour délivrer les condamnés. Ceux-ci durent achever leur funèbre itinéraire, et subirent leur sort[1].

Henriot poursuivait sa route en furieux, le long des quais, par la rue de la Monnaie, par la rue Saint-Honoré. Ordinairement fort sobre, il avait bu, ce jour-là, voulant s'exciter, un petit verre d'eau-de-vie, et cela ayant suffi pour le mettre hors de lui, il était ivre[2]. Merlin (de Thionville) se trouvant sur son chemin, il le fait arrêter et conduire au corps de garde voisin[3]. Déjà il avait atteint le haut de la rue Saint-Honoré, suivi de ses aides de camp, et traînant après lui les gendarmes, lorsque deux députés, Courtois et Robin (de l'Aube), l'aperçoivent du haut des fenêtres d'un traiteur chez lequel ils dînaient. « Arrêtez-le, crient-ils aussitôt ; c'est un conspirateur ! » Et, à leurs voix, Henriot fut arrêté par six des gendarmes qu'il conduisait. Le Comité de salut public était en séance : Robin (de l'Aube) y fait mener le prisonnier, les mains liées derrière le dos. En passant par le Comité de sûreté générale, il avait entrevu Amar qui fuyait à toutes jambes. Indigné, il dit à Billaud-Varenne, à Collot-d'Herbois, et aux autres membres : « Ceux du Comité de sûreté générale ont abandonné leur poste. Voici un traître que je vous amène. Décidez, et promptement. » Chose remarquable et qui montre que, parmi les vain-

---

[1] Toulongeon, t. II, p. 512. — Voy. sur ce point la note critique placée à la suite de ce chapitre.

[2] Les auteurs de l'*Histoire parlementaire* assurent tenir ce fait et son explication de personnes qui avaient connu Henriot. — Voy. t. XXXIV, p. 41.

[3] Déclaration de Merlin (de Thionville) dans la séance du soir, 9 thermidor.

queurs, quelques-uns commençaient à avoir peur de leur
propre victoire! Billaud-Varenne répondit : « Que veux-
tu que nous fassions? » — « Si vous ne punissez ce traître,
il vous égorge ce soir, avec la Convention. » Barère reprit : « Que veux-tu que nous fassions? Un jugement
prévôtal? » — « Ce serait un peu vigoureux, » observa
Billaud-Varenne. Robin (de l'Aube) les quittant avec humeur, Barère courut après lui dans l'escalier, et lui dit :
« Fais reconduire Henriot au Comité de sûreté générale.
Nous allons nous occuper de cette affaire[1]. »

Henriot et ses aides de camp traversèrent, liés et gar-
rottés, la cour du Palais-National, au milieu des huées du
parti contraire, et furent déposés au Comité de sûreté
générale, dans l'antichambre des délibérations[2]. Mais les
esprits étaient très-diversement agités. Dans beaucoup de
quartiers régnait une fermentation menaçante. Ces mots
couraient de groupe en groupe, et on les prononça jusque
dans les alentours du Comité de sûreté générale : « La
Convention veut nous trahir[3]. »

A six heures du soir[4], le Conseil général se trouvait
réuni, à l'Hôtel de Ville, dans la salle des délibérations,
et la séance s'ouvrit. Lescot-Fleuriot occupait le fauteuil.
Payan et Coffinhal étaient accourus. On ne connaissait
point encore, mais on ne mettait pas en doute l'issue
des débats commencés dans la Convention ; et une vive

---

[1] Voy. le récit de Robin (de l'Aube), communiqué à Courtois, dans le
rapport de ce dernier, p. 66.

Relativement au récit de Méda, voy. la note critique à la suite de ce
chapitre.

[2] Récit de H. G. Dulac, employé au Comité de salut public. N° xxxix
des *Pièces justificatives*, à la suite du rapport de Courtois sur les événements du 9 thermidor.

[3] Ceci raconté par H. G. Dulac lui-même, agent des Comités. *Ibid.*

[4] Déclaration de Bochard, concierge de la Maison Commune. N° xxxvi
des *Pièces à l'appui*. Rapport de Courtois sur les événements du 9 thermidor.

anxiété, une indignation profonde, agitaient les esprits.
Une proclamation est sur-le-champ rédigée :

. « Citoyens, la patrie est plus que jamais en danger ;
des scélérats dictent des lois à la Convention, qu'ils oppriment. On poursuit Robespierre, qui fit déclarer le
principe consolant de l'existence de l'Être suprême et de
l'immortalité de l'âme ; Saint-Just, cet apôtre de la vertu,
qui fit cesser les trahisons du Rhin et du Nord, et, ainsi
que Le Bas, fit triompher les armes de la République ;
Couthon, ce citoyen vertueux qui n'a que le cœur et la
tête de vivants, mais qui les a brûlants de patriotisme ;
Robespierre jeune, qui présida aux victoires de l'armée
d'Italie. Et quels sont leurs ennemis ? » Suivaient, avec
une flétrissure attachée à chacun d'eux, les noms de
Amar, Dubarran, Collot-d'Herbois, Bourdon (de l'Oise),
Barère ; et la proclamation se terminait par cet appel violent : « Peuple, lève-toi. Ne perdons donc pas le fruit du
10 août et du 31 mai ; précipitons au tombeau tous les
traîtres [1]. »

Le Conseil décide ensuite :

Que tous les commandants de la force armée et toutes
les autorités constituées seront invités à venir prêter le
serment de sauver la patrie ;

Qu'on fermera les barrières ;

Qu'on regardera comme non avenus les ordres des
Comités ;

Qu'on fera avancer les canons de la section des *Droits
de l'homme ;*

Que les citoyens Henriot, Boulanger, d'Aubigny, Dufraisse, Sijas, décrétés d'arrestation par l'Assemblée, seront mis sous la sauvegarde du peuple [2].

Les gendarmes de la 32ᵉ division et la gendarmerie des

[1] Voy. le rapport de Courtois, p. 48.
[2] Voy. le procès-verbal de la séance extraordinaire du Conseil général
de la Commune, dans l'*Hist. parlem.*, t. XXXIV, p. 45-47.

tribunaux venaient d'être introduits, et de prêter, au
milieu d'acclamations ardentes, le serment de fidélité
au peuple, lorsque la nouvelle de l'arrestation des cinq
députés arrive. La Commune alors précipite ses mesures. L'ordre est donné de sonner le tocsin ; les sections
sont convoquées, et les administrateurs douteux mis
en arrestation ; des émissaires fidèles partent pour les différents quartiers de Paris ; ordre est envoyé aux concierges des prisons de ne recevoir personne et de ne
rendre la liberté à personne que sur l'autorisation expresse de l'administration de police, tombée aux mains
des robespierristes Faro et Lelièvre ; enfin Coffinhal et
Louvet sont chargés d'aller, à la tête de la force armée,
délivrer les patriotes détenus au Comité de sûreté générale[1].

Henriot seul s'y trouvait en ce moment, Robespierre
ayant été conduit au *Luxembourg*, son frère, à la *Force*,
Le Bas à la *Maison de Justice du département*, Couthon à
la *Bourbe*, et Saint-Just aux *Écossais*[2]. Coffinhal prit avec
lui les canonniers dont disposait la Commune, et partit.

Au club des Jacobins, comme à l'Hôtel de Ville, tout
se préparait pour la résistance. Le député Brival en fut
chassé ignominieusement, sur sa déclaration qu'il avait
voté contre Robespierre[3]. Non content de se déclarer en
permanence, la redoutable Société décide qu'elle entre-
tiendra une correspondance active avec la Commune,
et ne se séparera que lorsque les traîtres seront déjoués[4] ;

---

[1] Rapport de Courtois, p. 51-56, et n° XI des *Pièces à l'appui*.

[2] *Ibid.*, p. 67-68. — Courtois dit, sans le prouver, que Robespierre jeune
fut envoyé à la maison Lazare. C'est une erreur. Une des pièces mêmes
qu'il cite à la suite de son rapport, celle qui est marquée n° XXXVIII,
prouve que Robespierre jeune fut envoyé à la *Force*.

[3] Voy. son propre récit, dans la séance du soir, 9 thermidor, et le
rapport de Courtois, p. 59.

[4] Procès-verbal de la séance des Jacobins, séance du 9 thermidor. Rapport de Courtois, p. 58.

elle fait serment de « mourir plutôt que de vivre sous
le crime[1] ; » et une députation court porter cette assurance à la Commune[2].

Pendant ce temps, Coffinhal pénétrait dans les salles
du Comité de sûreté générale, le sabre à la main, et
criant : « Où sont ces coquins de Vouland et d'Amar ? »
Mais ils avaient disparu ; et, quoique ce dernier eût recommandé aux gendarmes commis à la garde de Henriot
de lui « casser la tête à la première crainte qu'ils auraient
d'être forcés[3], » ils ne firent aucune résistance ; de
sorte que Coffinhal n'eut pas de peine à remplir sa
mission. Libre de ses liens, Henriot paraît dans la
cour, remonte à cheval, et se répand en amers reproches sur ce que les gendarmes l'avaient laissé garrotter.
Mais eux : « Non, nous vous sommes fidèles, et nous
allons vous le prouver, car nous vous défendrons jusqu'à
la mort[4]. » De leur côté, les canonniers l'encourageaient
en ces termes à tout oser : « Si vous êtes hors la loi,
nos canons n'y sont pas[5]. » Que Coffinhal et Henriot
marchassent sur la Convention, gardée alors par une
centaine d'hommes seulement[6], la question était tranchée.

Il y avait une heure environ que l'Assemblée était
rentrée en séance ; et après avoir décrété, sur la motion

---

[1] Procès-verbal de la Commune.

[2] *Ibid.* Voy. *Hist. parlem.*, t. XXXIV, pages 50-51.
Voy. sur l'attitude des Jacobins le 9 thermidor, la note placée à la fin
de ce chapitre.

[3] Déclaration d'Amar, dans la séance du 13 fructidor, reproduite par
Laurent Lecointre, p. 200 de son *Appel à la Convention nationale, au
Peuple français, à l'Europe. — Bibl. hist. de la Rév.*, 1100-1. (British
Museum.)

[4] Procès-verbal de la *Section des Amis de la patrie*, rapport de Courtois, n° xxxi des *Pièces à l'appui*.

[5] Déclaration de Viton. N° xxxi des *Pièces à l'appui*, rapport de
Courtois.

[6] Récit de Dulac. *Ibid.*, n° xxxiv des *Pièces à l'appui*.

de Bourdon (de l'Oise), appuyée par Merlin (de Thionville), que la Commune serait mandée à la barre, elle
applaudissait à l'arrestation de Payan, annoncée à tort
par Billaud-Varenne [1], lorsque tout à coup l'huissier
Courvol se précipite dans la salle, court à Bréard, qui
occupait le fauteuil, et lui dit tout bas : « Les canonniers
viennent d'enlever Henriot, et leurs canons sont pointés
contre l'assemblée. » Bréard répond : « Il ne faut pas
jeter l'alarme ; si nous devons périr, les premiers coups
seront pour moi. Allez voir ce qui se passe, et revenez
vite m'en instruire [2]. » Collot entra, et, prenant le fauteuil : « Citoyens, dit-il d'un air consterné, voici l'instant de mourir à notre poste. Des hommes armés, des
scélérats, ont investi le Comité de sûreté générale [3]. »
— « Allons-y ! » s'écrient, dans les tribunes, ceux dont
la peur a besoin d'un prétexte ; et tous s'élancent au
dehors, avec un empressement si fougueux, que la salle
se couvrit d'un nuage de poussière. Laurent Lecointre,
qui était arrivé à la séance chargé d'armes et de munitions, se mit à les distribuer à ses collègues ; aux uns il
donnait des pistolets ; aux autres des espingoles [4]. Cette
ardeur martiale fit sourire. L'Assemblée resta digne et
calme.

Le danger, du reste, n'avait pas tardé à s'éloigner.
Henriot, qui avait cru la séance toujours suspendue, et

[1] Voy. la séance du soir, 9 thermidor, *Hist. parl.*, t. XXXIV, pages
60-64.
Payan avait été arrêté en effet, mais Henriot l'avait délivré en passant.
Voy. le procès de Fouquier, *Hist. parl.*, t. XXXIV, p. 376.

[2] Rapport de Courtois sur les événements, 9 thermidor, p. 68 et 69.
Note fournie par Bréard.

[3] Voy., sur la manière dont les faits sont présentés ici dans le projet
de procès-verbal de Charles Duval, la note critique placée à la suite de ce
chapitre.

[4] Il s'en vanta lui-même plus tard. Voy. *Laurent Lecointre à la Convention nationale, au Peuple français, à l'Europe entière*, p. 80. *Bibl.
hist. de la Rév.*, 1100-1 (*British Museum.*)

qui avait poussé droit à l'Assemblée, dans l'intention de fermer la salle, sentit son audace l'abandonner quand il apprit que la Convention était en séance, et, faisant signe à son état-major de le suivre, il reprit au galop le chemin de l'Hôtel de Ville[1].

Cependant Robespierre s'était présenté au Luxembourg, dont le concierge avait refusé de le recevoir[2].

Était-ce par ordre de la Commune? En ce qui concerne particulièrement Robespierre, tout contribue à prouver qu'à son égard la réalisation du vœu de la Commune fut l'œuvre du Comité de sûreté générale lui-même, et le résultat d'un artifice homicide. Robespierre avait été décrété d'arrestation, mais il n'était pas *hors la loi*. On ne pouvait donc le frapper qu'après sa condamnation par le Tribunal révolutionnaire. Rude épreuve pour ses ennemis! Car qu'arriverait-il, si son procès, comme celui de Marat, n'aboutissait qu'à un acquittement, qui, dans ce cas, eût été un éclatant triomphe? De là la nécessité d'imaginer quelque moyen qui fournît un prétexte de le mettre *hors la loi*, en l'accusant de rébellion ouverte. Ce moyen, très-dangereux du reste, ce fut Vouland qui le trouva, et le concierge du Luxembourg reçut du Comité de sûreté générale l'ordre secret de refuser à Robespierre la porte de la prison[3].

Ainsi libre de ses mouvements, sa place semblait être à la Commune, au milieu de ses partisans les plus passionnés ; et c'est évidemment là qu'il se serait rendu s'il eût voulu sanctionner la révolte. Quelle plus belle occasion, en effet, d'accomplir le projet de détruire la Con-

---

[1] Voy. les *Mémoires de Barère*, t. II, p. 226.

[2] Déclaration de Pierre-François Réal, dans le procès de Fouquier-Tinville, *Hist. parl.*, t. XXXIV, p. 400.

[3] Nous trouvons à ce sujet la note suivante dans le livre de M. Villiaumé, t. IV, p. 173 : « Les conventionnels Laloi, Mallarmé et Choudieu ont attesté à des amis de l'auteur cette ruse de Vouland. »

vention nationale, si ce projet, que ses ennemis lui
avaient imputé avec tant d'acharnement, eût été le sien?
La force ! elle était tout entière de son côté. Il avait pour
lui la Commune insurgée, les Jacobins furieux, les canonniers ivres d'enthousiasme, le gros de la gendarmerie, et, en ce moment, — ainsi qu'on va en juger, —
près de la moitié des sections de Paris. Mais ce grand
homme était bien tel que l'avait autrefois défini Mirabeau : *Il croyait tout ce qu'il disait.* N'ayant cessé de
protester de son respect pour la représentation nationale,
il ne voulut point se démentir en ces instants suprêmes ;
fouler aux pieds, dans sa forme régulière et légale, le
principe de la souveraineté du peuple ; se mettre au-
dessus d'une juridiction à laquelle il avait loué Marat de
s'être soumis ; renoncer, enfin, à la chance d'une victoire due à la raison seule, et que sa conscience n'aurait
point à lui reprocher[1]. C'est pourquoi, ne pouvant se
faire admettre au Luxembourg, il se fit conduire par ses
gardiens, non à l'Hôtel de Ville, mais à l'administration
de police, dont les bureaux occupaient alors l'hôtel de
la préfecture de police actuelle, quai des Orfévres[2].
Il était environ huit heures du soir[3] quand il y arriva.

Son frère, lui aussi, avait été refusé par le concierge de la prison où il avait été envoyé, et il s'était
laissé mener à la Commune, mais, loin de s'y prononcer contre la Convention en tant que représentation
légale du peuple, il déclara que tout le mal venait
de ce qu'elle avait été trompée par quelques conspira-

---

[1] Voy. la note sus-indiquée, où le lecteur trouvera rapprochés tous
les faits de détail qui justifient et mettent hors de doute ce point de vue.

[2] Voy. même note, la discussion des hypothèses auxquelles, sur ce
point se livre M. Michelet.

[3] Déposition de M. Pierre Mallot, domestique à la mairie, n° xxxii des
pièces à l'appui, rapport de Courtois. Les dates ici ont leur importance.

teurs, et conclut à ce qu'on veillât à sa conservation [1].

Ces scrupules ne faisaient qu'irriter Payan, Lescot-Fleuriot, Coffinhal, Louvet, tous plus robespierristes que les deux Robespierre. Pour mieux activer le mouvement, un « Comité d'exécution » de neuf membres avait été proposé : il se composa de Payan, Louvet, Coffinhal, Lerebours, Legrand, Desboisseaux, Arthur, Chatelet, Grenard [2]; et un des premiers actes de ce comité d'exécution fut un arrêté conçu en ces termes : « La Commune révolutionnaire ordonne, au nom du salut du peuple, à tous les citoyens qui la composent de ne reconnaître d'autre autorité qu'elle [3]. » En conséquence, la formule du serment à prêter par quiconque relevait de la Commune fut : « Je jure de défendre la cause du peuple, union et fraternité avec la Commune, et de sauver avec elle la patrie [4]. » L'esprit qui régnait à l'Hôtel de Ville est peint en vives couleurs dans un rapport de Degesne, lieutenant de la gendarmerie des tribunaux. Il raconte qu'ayant reçu une lettre d'Hermann, qui lui enjoignait d'exécuter le décret d'arrestation lancé contre Henriot, son état-major et « plusieurs autres individus, » il fut mandé, pendant qu'il était à leur recherche, par le Conseil général, où la proposition de l'incarcérer lui-même fut faite et unanimement adoptée : « Élevant alors le décret au-dessus de ma tête, je dis d'une voix ferme : « Je vous avertis que c'est un décret de la Con-« vention dont je suis porteur. » On me hua de toutes parts, en criant : « Résistance à l'oppression !... » On m'ar-

---

[1] Voy. la déclaration de Robespierre jeune mourant, n° XXXVIII des pièces à l'appui, rapport de Courtois.

[2] Extrait du registre des délibérations du Conseil général, n° XVII des pièces à l'appui, rapport de Courtois.

[3] Rapport de Courtois sur les événements de thermidor, p. 54 et 55.

[4] Interrogatoire de Foureau, n° VI des pièces à l'appui, rapport de Courtois.

racha le décret et la lettre du citoyen Hermann, que Payan et Fleuriot chiffonnèrent avec colère. La garde me désarma, m'entraîna hors de la salle, tandis que les municipaux, de dessus leurs bancs, me poursuivaient du cri de *vil esclave*. En traversant les corridors et les cours, je vis un grand nombre de gendarmes qui faisaient éclater la joie la plus indécente[1]. »

Il était naturel que des hommes engagés à ce point désirassent ardemment de posséder au milieu d'eux celui qu'ils regardaient comme leur chef. Mais il fallait pour cela vaincre la résistance de Robespierre ; et le procès-verbal de la Commune montre de reste combien cette résistance fut vive.

Alors on dut confier à des commissaires la mission expresse de « l'aller chercher ; » on dut insister sur ce qu'il « ne s'appartenait pas et se devait tout entier à la patrie[2]. » Rien de plus saisissant que l'obscurité, l'embarras et les réticences du passage qui, dans le procès-verbal de la Commune, porte la trace des refus de Robespierre : « Le citoyen Lasnier, député vers le citoyen Robespierre, qui a chargé Coffinhal de... annonce que Coffinhal est chargé de confirmer au conseil qu'on le laisse entre les mains de l'administration[3]. » Et ce qui ajoute à l'importance de ce passage, c'est qu'il est raturé dans le manuscrit[4], la Commune ayant intérêt à masquer autant que possible l'insuccès de ses démarches auprès de celui qui en était l'objet. Enfin, l'audacieux Coffinhal résolut de couper le nœud gordien. Où la persuasion avait échoué employant la violence, il alla bien réellement « chercher Robespierre, » l'entoura

---

[1] N° xix des pièces à l'appui, rapport de Courtois.

[2] Procès-verbal de la Commune, séance du 9 thermidor, publiée comme pièce inédite dans l'*Hist. parl.*, t. XXXIV, p. 52.

[3] *Ibid.*, p. 53.

[4] *Ibid.*

de son dévouement sauvage, l'enleva. Il était alors neuf heures du soir [1].

Deux grandes autorités rivales se trouvaient ainsi en présence : la Commune, s'autorisant du nom de Robespierre, et la Convention, parlant au nom de la loi. Restait à savoir de quel côté se rangerait Paris.

La Commune, on l'a vu, avait ordonné aux quarante-huit sections de se rassembler, les invitant, en outre, à venir prêter serment, par leurs commissaires, à l'Hôtel de Ville.

Soit ignorance de la sommation, soit crainte d'avoir à se décider, ou répugnance à obéir, six d'entre elles ne répondirent pas à l'appel : ce furent les sections du *Muséum*, de la *Réunion*, des *Lombards*, des *Tuileries*, de la *République*, et la section *Révolutionnaire* [2].

Prirent parti pour la Convention, les sections du *Mont-Blanc*, de *Fontaine-Grenelle*, du *Temple*, de la *Montagne*, des *Champs-Élysées*, des *Marchés*, des *Invalides*, de *Bonne-Nouvelle*, de la *Halle-au-Blé*, de *Bon-Conseil*, de l'*Unité*, des *Gardes-Françaises*, de la *Maison Commune*, de *Montmartre*, de la *Cité*, des *Gravilliers*, des *Arcis*, de l'*Homme-Armé* [3].

Les six dernières embrassant le quartier même où l'Hôtel de Ville était situé, leur opposition à la Commune en était d'autant plus redoutable ; et il arriva que nulle part cette opposition ne se déclara avec autant de fougue.

La section de la *Cité* refusa formellement de sonner le bourdon, cette grande voix qui ne s'élevait jamais sans faire tressaillir Paris [4].

---

[1] Interrogatoire de Louise Picard, rapport de Courtois, n° xxxi des pièces à l'appui.

[2] Voy. le n° xxx des pièces à la suite du rapport de Courtois.

[3] Voy. le résumé des procès-verbaux des sections, dans le n° xxx des pièces à l'appui, rapport de Courtois, — sans perdre de vue que ce résumé est fait par un homme qui avait intérêt à faire pencher du côté de la Convention la balance des sympathies publiques.

[4] Rapport de Courtois, p. 155.

La section de l'*Homme-Armé* ne se contenta pas de prendre un arrêté par lequel, sans hésitation et sans réserve, elle se mettait au service de la représentation nationale ; elle envoya cet arrêté aux quarante-sept autres sections, dans l'espoir de les entraîner [1].

Non moins ardente se montra la section des *Gravilliers* (quartier de la haute rue Saint-Martin). Cette section était celle où l'Hébertisme avait eu son foyer principal, celle où l'influence de Jacques Roux avait été longtemps prépondérante, celle d'où était partie, en juin 1793, l'adresse dans laquelle ce prêtre, chef des *Enragés*, accusait presque les Montagnards de complicité avec les accapareurs [2]. Oui, cette section qui, le 9 thermidor, se prononça si résolûment en faveur de la Convention, c'était la même qui, treize mois auparavant, avait félicité bien haut son orateur d'être allé tenir à la Convention un langage plein de menace et d'insulte [3]. Cette section qui, pour venger la mémoire de Jacques Roux, se disposait à prêter main-forte à Léonard Bourdon, c'était la même que Léonard Bourdon avait, treize mois auparavant, exaspérée en signalant Jacques Roux comme un « Tartufe de démagogie [4]. »

Sous les drapeaux de la Commune se rangèrent, tout d'abord, les sections de l'*Observatoire*, de *Chalier*, des *Droits de l'Homme*, du *Contrat-Social*, de la *Fraternité*, du *Panthéon*, des *Amis de la Patrie*, de *Marat*, de *Popincourt*, de *Montreuil*, des *Quinze-Vingts*, du *Jardin des Plantes* et du *Finistère* [5].

---

[1] Rapport de Courtois, p. 167.

[1] Voy. la séance de la Convention du 25 juin 1793.

[3] Extrait des délibérations de la section des *Gravilliers*, délibération du 25 juin 1793. Dans la *Bibl. hist. de la Rév.*, *sections de Paris*, 620-1-2. (*British Museum*.)

[4] C'est ce dont Jacques Roux s'était plaint dans la séance du club des Cordeliers du 27 juin 1793. Voy. le *Républicain français*, nᵒ ccxxviii.

[5] Voir la liste publiée comme pièce inédite dans le t. XXXIV de l'*Hist*

Le *Jardin des Plantes* et le *Finistère*, c'était le faubourg Saint-Marceau.

Popincourt, *Montreuil* et les *Quinze-Vingts*, c'était le
faubourg Saint-Antoine.

A la section du *Jardin des Plantes* ou des *Sans-Culottes* appartenait Henriot. Dardel, ami du peintre David,
et placé par lui au Conservatoire du musée de peinture,
figura, jusqu'au moment où la Convention eut le dessus,
parmi les défenseurs les plus animés de la Commune[1].

Les canonniers de Popincourt étaient commandés par
un homme de couleur, nommé Delorme, qui périt plus
tard pour avoir pris part à l'insurrection de prairial :
ce fut lui qui conduisit à l'Hôtel de Ville les canons de la
section[2].

Au nombre des partisans influents de la Commune,
dans la section de *Montreuil*, était Cietty, peintre très-
habile dans la composition des arabesques, et qui avait
embelli de paysages charmants les papiers de nos meil-
leures manufactures[3]. Il allait payer de sa vie son attachement à Robespierre.

Nous avons inscrit sur la liste des sections qui appuyèrent d'abord la Commune celle des *Quinze-Vingts*; et,
en effet, elle envoya des commissaires à l'Hôtel de Ville,
et ces commissaires prêtèrent serment. Toutefois la mission qu'ils avaient reçue se bornait à déclarer que les
citoyens du faubourg Saint-Antoine s'étaient levés en
masse et ne connaissaient que la République une et indivisible[4].

parl., p. 44, et la rapprocher du résumé de Courtois, dans le n° xxx des
pièces à l'appui qui terminent son rapport. Voy. aussi, sur le résumé de
Courtois, la note critique placée à la suite de ce chapitre.

[1] Rapport de Courtois, n° xxx des pièces à l'appui, p. 171.
[2] *Ibid.*, p. 138.
[3] *Ibid.*, p. 161.
[4] Procès-verbal de la Commune, séance du 9 thermidor.

Il y eut des sections, celle de l'*Indivisibilité*, par exemple, dont l'attitude resta longtemps indécise[1]. D'autres, comme celle de *Guillaume Tell*, se mirent à la fois en rapport avec le gouvernement, pour lui faire connaître les arrêtés de l'Hôtel de Ville, et avec le club des Jacobins, pour l'inviter à soutenir la Commune[2].

En chaque section il y avait, outre l'Assemblée générale, un « comité civil » et un « comité révolutionnaire. » La conduite de ces comités fut loin d'être uniforme. Dans certains quartiers, le « comité civil » prit un parti, et le « comité révolutionnaire » le parti opposé ; ou bien encore, on vit les comités réunis d'une section suivre la Commune, tandis que l'Assemblée générale se déclarait en faveur de la Convention. Et cet antagonisme de sentiments éclata même où l'on devait le moins s'attendre à le rencontrer. Courtois dit expressément que le comité civil des *Gravilliers* « ne se décida à reconnaître la Convention comme centre unique qu'après avoir pressenti l'opinion, et que deux de ses commissaires, par leurs signatures, participèrent aux mouvements des rebelles[3]. »

On peut juger par cet aperçu jusqu'à quel point les forces en lutte se balançaient. Telle était l'autorité morale de Robespierre, que le jour où la Convention voulut le frapper, il se trouva lui faire contre-poids.

Mais ses adversaires avaient sur lui cet avantage qu'aucun scrupule ne les arrêtait... C'est ce qui décida du succès.

Nous avons laissé l'Assemblée en proie à la frayeur excitée par ces mots de Collot-d'Herbois : « Voici, pour chacun, l'instant de mourir à son poste ! » Au plus fort des alarmes, Beaupré avait proposé qu'on nommât une

---

[1] Nᵒ xxx des pièces à l'appui. Rapport de Courtois, p. 142.

[2] Cette dernière démarche, d'après l'aveu de Courtois, peut être inférée des procès-verbaux des Jacobins. *Ibid.*, p. 144.

[3] *Ibid.*, p. 140.

commission de défense : Vouland, ne tarda pas à paraître, et, au nom du gouvernement, désigna, pour diriger la défense, Barras, qui, ajouta-t-il, « aura le courage d'accepter[1]. » Barras accepte, en effet, et, sur sa demande, on lui donne six adjoints : Féraud, Fréron, Rovère, Delmas, Bolletti, Léonard Bourdon et Bourdon (de l'Oise)[2].

Barère alors présente, de la part du Comité de salut public, un projet de décret mettant hors la loi quiconque, frappé d'arrestation, se serait soustrait à l'effet du vote. C'est ce moment que Vouland attendait. Déjà son collègue Élie Lacoste était venu annoncer que Robespierre avait été conduit à la Commune, et que les officiers municipaux l'avaient embrassé, traité en frère. Vouland conclut à la mise hors la loi contre Robespierre, comme Élie Lacoste l'avait demandée contre les officiers municipaux ; et cette motion est décrétée au milieu des plus vifs applaudissements[3].

Tout allait désormais dépendre des sections. Barère avait dit : « Les sections s'assemblent : c'est à elles que nous devons nous adresser[4] ; » et il n'avait pas cru pouvoir dissimuler que « quelques-unes étaient égarées ou gagnées par des intrigues communales[5] : » de ce côté se tourna l'effort des adjoints de Barras.

Quant à la nature des moyens employés, comment en parler sans dégoût ? A la section qui avait pris le nom de Marat et voué une sorte de culte à sa mémoire, Léonard

---

[1] *Laurent Lecointre, à la Convention nationale, au Peuple français, à l'Europe entière,* p. 193. Bibl. hist. de la Rév., 1100-1. (*British Museum.*)

[2] *Hist. parl.,* t. XXXIV, p. 66. — Charles Duval, dans son projet de procès-verbal, en nomme douze : Fréron, Beaupré, Féraud, Bourdon (de l'Oise), Rovère, Bolletti, Delmas, Léonard Bourdon, Auguis, Legendre, Goupilleau (de Fontenay) et Huguet. P. 32.

[3] *Ibid.,* p. 69.

[4] *Ibid.*

[5] *Ibid.,* p. 68.

Bourdon courut dire « qu'incessamment les précieux restes du martyr Marat allaient être transférés au Panthéon, ce qui n'avait été jusqu'alors retardé que par la basse jalousie de Robespierre[1]. » Dans les faubourgs Saint-Antoine et Saint-Marceau, l'on répandit le bruit que Robespierre avait été arrêté pour complot royaliste[2]. On affirmait mensongèrement que Lescot-Fleuriot était le fils d'un *noble autrichien*[3] ; comme si cette circonstance, à la supposer vraie, eût constitué un crime ! Mais quoi ! Lepelletier Saint-Fargeau était noble, lui aussi, ce qui n'empêchait pas son buste, que ce même Lescot-Fleuriot avait sculpté, de figurer, dans la Convention, à côté de celui de Brutus[4] ! Ce qu'il y eut de plus horrible, ce fut la fable d'un cachet à fleur de lis qu'on prétendit avoir trouvé chez Robespierre[5].

Quelque absurde que soit une calomnie, elle ne l'est jamais assez pour échouer entièrement, si elle est lancée avec assurance. Et puis, dans cette formule : SONT MIS HORS LA LOI, il y avait une sorte de puissance mystérieuse que beaucoup d'esprits n'étaient point préparés encore à braver. Quelques-unes des sections qui avaient pris parti pour la Commune s'en détachèrent[6], lorsqu'elles

---

[1] Ceci raconté par Courtois lui-même. Voy. n° xxx des pièces à la suite de son rapport sur les événements du 9 thermidor.

[2] Voy., dans le rapport de Barère, à la séance du 10 thermidor, le passage qui a trait à cette calomnie.

[3] Papiers inédits... supprimés ou omis par Courtois, t. III, p. 301 : lettre de Lescot-Fleuriot père au citoyen Harmand, écrite après le 9 thermidor. Lescot-Fleuriot père était du département de la Moselle et fils d'un chirurgien.

[4] Un auteur du temps, Nougaret, dit que Fleuriot était un assez bon sculpteur. *Hist. abrég. de la Rév.*, liv. XXIV, p. 444.

[5] « Cambon disait un jour à Vadier, exilé comme lui à Bruxelles : « Comment avez-vous eu la scélératesse d'imaginer ce cachet, et les autres « pièces par lesquelles vous vouliez faire passer Robespierre pour roya- « liste ? » Vadier répondit : « Le danger de perdre la tête donne de l'ima- « gination. » Note de la page 59, t. XXXIV de l'*Hist. parl.*

[6] Voy. le n° xxx des pièces à la suite du rapport de Courtois, *passim*.

se virent face à face avec la Convention en la personne des représentants du peuple ses délégués. Mais il y en eut qui, jusqu'à la dernière extrémité, restèrent fidèles à la cause des victimes de thermidor : ce furent les sections du *Contrat social*, de *Chalier*, du *Jardin des Plantes* et de l'*Observatoire*.

La section des *Piques*, dans le rayon de laquelle était la maison de Duplay, ne se rassembla qu'à deux heures du matin, ayant probablement attendu jusqu'alors qu'on lui montrât la signature de Robespierre, qui, comme on le verra plus bas, refusa de la donner[1].

Vers minuit, Barras et Fréron, qui n'avaient d'abord songé qu'à prémunir la Convention contre le danger d'une attaque, se rendent au Comité de salut public. Ils en traversent les salles silencieuses et faiblement éclairées. Dans celle où, le lendemain matin, Robespierre fut porté sur une civière toute rouge de son sang, Billaud-Varenne était couché par terre sur un matelas, seul et sombre, les yeux fixés au plafond. Informé du plan défensif de Barras, il le désapprouva. « C'est à la Commune qu'il fallait marcher, dit-il ; elle devrait être déjà cernée. Vous laissez à la Commune et à Robespierre le temps de nous égorger[2]. »

Barras et Fréron se dirigent aussitôt vers l'Assemblée, où leur présence est accueillie avec transport. Le premier annonce qu'il vient de parcourir Paris, et que « le peuple est à la hauteur de la liberté. » Le second déclare que quinze cents hommes gardent le pont Neuf, que la nouvelle de la mise hors la loi de Henriot a vivement ébranlé les canonniers répandus sur la place de Grève, et qu'il faut marcher droit à la Maison Commune. Tallien, qui occupe en ce moment le fauteuil, invite ses collègues à partir sur-le-champ, « afin que le soleil ne

---

[1] Voy. la note critique ci-après.
[2] Note fournie par Fréron. Rapport de Courtois, p. 72.

se lève pas avant que la tête des conspirateurs soit tombée. » On applaudit, et les représentants désignés sortent, emportant le décret qui ordonne l'investissement de
la Commune [1].

Là étaient arrivés successivement Saint-Just et Le Bas,
tirés de leurs prisons respectives, le premier par un officier municipal, le second par deux administrateurs de
police [2]. Couthon ne fut retiré de la Bourbe qu'à une
heure après minuit. Inquiet de son absence prolongée,
Robespierre jeune lui avait écrit une lettre qu'il fit signer
à son frère et à Saint-Just; on la trouva sur Couthon
lorsqu'il fut arrêté; la voici : « Couthon, tous les patriotes sont arrêtés, le peuple tout entier est levé; ce serait le trahir que de ne pas te rendre avec nous à la Commune, où nous sommes actuellement [3]. » Couthon, qui
ne pouvait se traîner, n'hésita pas un instant, il se fit
porter où l'attendaient ses amis et la mort.

Les détails de la scène qui eut lieu dès qu'il parut à
l'Hôtel de Ville nous ont été conservés par H. G. Dulac,
espion des Comités, et conséquemment peu suspect de
partialité envers leurs victimes :

« La place de Grève était couverte d'hommes, de
baïonnettes, de piques et de canons. Je traversai tout,

---

[1] Compte rendu de la séance du 9 thermidor, séance du soir. *Hist.
parl.*, t. XXXIV, p. 71 et 72.
Il importe de remarquer ici que les comptes rendus de cette longue et
fameuse séance donnent comme s'étant suivis sans interruption des actes
et des discours qui souvent, au contraire, furent séparés par de longs intervalles. C'est ce qui explique comment, dans le compte rendu, Billaud-
Varenne paraît être dans l'Assemblée au moment où la note de Fréron,
sus-mentionnée, le représente couché sur un matelas dans une des salles
du Comité de salut public.

[2] Voy. p. 67 du rapport de Courtois sur les événements du 9 thermidor, une note qui renvoie aux n⁰ˢ 550 et 644 du quatrième carton
contenant les pièces tombées entre les mains du Comité de sûreté générale.

[3] N° XLVII des pièces à l'appui du rapport de Courtois sur les papiers
de Robespierre.

ayant à ma main ma carte de citoyen, et m'annonçant comme envoyé de ma section. Les deux Robespierre étaient, l'un à côté du président Lescot-Fleuriot, l'autre auprès de Payan, agent national. Couthon y fut porté un instant après ; et, ce qui est à remarquer, c'est qu'il était encore suivi de son gendarme. En arrivant, il fut embrassé par Robespierre, et ils passèrent dans la chambre à côté, où je pénétrai. Là, le premier mot que j'entendis de Couthon fut : « Il faut tout de suite écrire aux armées. » Robespierre dit : « Au nom de qui? » Couthon : « Mais au nom de la Convention. N'est-elle pas toujours où nous sommes? Le reste n'est qu'une poignée de factieux, que la force armée que nous avons va dissiper et dont elle fera justice. » Ici, Robespierre sembla réfléchir un peu ; il se baissa à l'oreille de son frère; ensuite il dit : « Mon avis est qu'on écrive *au nom du peuple français*[1]. »

« Au nom de qui? » Mot sublime, dans la circonstance ! De pareilles hésitations perdent un homme, mais l'immortalisent. Au milieu des canons et des piques, au bruit du tocsin, quand le succès ne relevait plus que de la FORCE, Robespierre ne pensait qu'à sauver l'idée du DROIT.

Pour ce qui est de la réponse de Couthon, en admettant même qu'elle n'ait subi aucune altération défavorable dans un récit qui est celui d'un ennemi[2], elle montre combien les chefs du parti robespierriste attachaient d'importance à distinguer entre l'Assemblée et ce qui à leurs yeux n'était qu'une faction, ne voulant à aucun prix pousser à la révolte contre le principe de la souveraineté du peuple, sur lequel la Convention repo-

---

[1] Récit de H. G. Dulac, employé au Comité de salut public, n° xxxix des pièces à l'appui du rapport de Courtois sur les événements du 9 thermidor.

[2] Voy. la note critique placée à la suite de ce chapitre.

sait. Cette préoccupation ressort vivement des termes
d'une invitation que Le Bas adressa, dans ces heures mémorables, à Labretêche, commandant du camp des Sablons. Le Bas exerçait sur ce qu'on appelait « l'École de
Mars » une influence considérable. Eh bien, tout l'usage
qu'il consentit à en faire consista dans une lettre où le
nom de la Convention n'était pas prononcé, et dans
laquelle, « sans dire à Labretêche de faire marcher les
jeunes élèves au secours de ses amis, il lui inspirait de
ne faire aucun mouvement contraire[1]. » La lettre était
conçue en ces termes : « Un complot affreux vient d'é-
clater. Je suis au nombre des représentants fidèles que
les conspirateurs ont fait arrêter. Mes soupçons sur la
destination du camp sont réalisés : c'est à toi de t'opposer à ce que l'on ne l'abuse pas au point de s'égorger
lui-même en marchant sous les étendards des traîtres.
Le peuple t'observe ; il est déterminé à se sauver : songe
à lui être fidèle[2]. »

La nuit était descendue sur Paris ; et, à mesure qu'elle
s'avançait, les chances de la Commune allaient dimi-
nuant, tant par l'effet des calomnies répandues contre
Robespierre que par suite du pouvoir attaché à ces mots
sacramentels : « La Commune est hors la loi ! » Ce pouvoir était si grand, que le décret ayant été lu à ceux qui
assistaient aux délibérations de l'Hôtel de Ville, et Payan
s'étant avisé d'ajouter artificieusement au texte : « et le
peuple des tribunes, » les assistants, loin de faire éclater
l'indignation sur laquelle Payan avait compté, furent saisis d'épouvante et prirent la fuite[3].

---

[1] Il est à noter que ce commentaire est de Courtois, dont nous citons
es paroles textuelles. Voy. son rapport sur les événements de thermidor,
p. 67 et 68.

[2] Ibid., p. 68.

[3] Notes placées à la suite de la préface du rapport de Courtois sur les
événements du 9 thermidor, 37e note.

Si, pour vaincre, il eût suffi de l'activité et de l'audace que déployèrent Coffinhal, Payan et Lescot-Fleuriot, la Commune l'eût très-probablement emporté. Ils firent sonner le tocsin, éclairer l'Hôtel de Ville, arrêter les administrateurs suspects ; ils envoyèrent des émissaires dans toutes les sections ; ils ordonnèrent des patrouilles dans tous les quartiers ; ils mandèrent les Jacobins ; ils appelèrent aux armes[1].

Mais une sanction qui leur eût été nécessaire leur manqua.

Nous avons eu sous les yeux l'original d'une proclamation adressée à la section des *Piques*, celle de Robespierre. Jamais manuscrit ne présenta un aspect plus tragique. Il nous semble le voir encore. L'écriture a quelque chose d'emporté. Le papier est taché de sang. Sur ce papier, un appel à l'insurrection : « Courage, patriotes de la section des *Piques !* la liberté triomphe. Déjà ceux que leur fermeté a rendus formidables aux traîtres sont en liberté. Partout le peuple se montre digne de son caractère. Le point de réunion est à la Commune, où le brave Henriot exécutera les ordres du comité d'exécution créé pour sauver la patrie. »

Suivent les signatures : « Legrand, Louvet, Payan, Lerebours, Ro..... »

Quelle révélation et quel drame dans ce mot inachevé ! Il raconte que Robespierre, pressé par ceux qui l'entouraient, au nom de leur salut commun, de signer la guerre civile, la mort de la Convention, le renversement d'un principe, se sentit troublé jusqu'au fond de l'âme, prit la plume, commença, et, sa conscience protestant, ne put continuer[2].

---

[1] Voy. le rapport de Courtois, *passim*, et dans l'*Hist. parl.*, t. XXXIV, p. 45-56.

[2] Nous avons vu, il y a plusieurs années déjà, chez M. Rousselin Saint-Albin, l'original de la pièce dont il est ici question ; et il nous souvient qu'en

Cependant les troupes conventionnelles, que Barras avait divisées en deux colonnes, s'avançaient à la lueur des torches, et des agents de l'Assemblée lisaient la proclamation votée par elle aux canonniers qui couvraient la place de Grève. Ceux-ci, que Henriot laissait sans direction, n'avaient plus leur première ardeur; fatigués d'attendre, découragés, ils cèdent peu à peu aux sollicitations des émissaires de la Convention, et un à un, deux à deux, se retirent; si bien qu'en peu de temps la place resta presque déserte. Henriot sortit, le sabre à la main, sans chapeau, suivi de deux aides de camp, de trois officiers municipaux, et criant avec rage : « Comment ! est-il bien possible que ces scélérats de canonniers, qui m'ont sauvé la vie il y a cinq heures, m'abandonnent ainsi[1]? » Les troupes conventionnelles avançaient, avançaient toujours.

Des deux colonnes placées sous le commandement de Barras, lui-même conduisait la première le long de la rue Saint-Honoré, pour aller, en traversant les rues Saint-Denis et Saint-Martin, investir les derrières de l'Hôtel de Ville. La seconde, composée principalement des forces de la section des *Gravilliers*, unie à la section des *Arcis*, avait à sa tête Léonard Bourdon, et suivait les quais. On juge du désordre que jetèrent à l'Hôtel de Ville la désertion des canonniers et l'approche d'un péril désormais inévitable.

ayant parlé à notre amie Georges Sand, elle exprima vivement le désir que ce document lui fût montré. Le lendemain, nous la conduisions chez M. Rousselin Saint-Albin, qui, en lui mettant sous les yeux ce qu'il considérait comme un trésor de collecteur, lui dit : « N'est-ce pas que c'est bien curieux, madame ? — Curieux ! répondit-elle avec une expression de physionomie impossible à rendre, mais qu'on devine ; curieux ! non, monsieur, c'est émouvant ! »

[1] Récit de Dulac, employé au Comité de salut public, n° xxxix des pièces à l'appui du rapport de Courtois sur les événements du 9 thermidor.

Profitant de la confusion, et de ce que la route est libre, un gendarme nommé Méda, qui avait servi dans la garde constitutionnelle de Louis XVI, et qu'à cause de cela ses camarades avaient surnommé *Veto*[1], se glisse furtivement dans les escaliers de l'Hôtel de Ville, remplis en cet instant d'une foule de gens éperdus, pénètre dans la salle du Conseil en se disant *ordonnance secrète*, parvient jusqu'à la porte du secrétariat, frappe, et, à l'aide du même mensonge, se fait ouvrir[2]. L'assassin portait deux pistolets cachés dans sa chemise. Au milieu d'une cinquantaine d'hommes qui paraissaient fort agités, il reconnaît celui que ses yeux cherchent. Robespierre était assis dans un fauteuil, le coude gauche appuyé sur ses genoux, et la tête reposant sur sa main gauche. L'assassin vise à la poitrine, mais la balle atteint Robespierre au niveau de la bouche et lui casse la mâchoire. Les assistants, saisis d'horreur, se dispersent. Quelques-uns s'enfoncent dans un escalier dérobé, emportant Couthon. L'assassin prend un flambeau, court après eux, et, le vent ayant éteint sa lumière, tire au hasard son second coup de pistolet, lequel blesse à la jambe un de ceux qui portaient le paralytique[3].

A la vue de son frère étendu par terre, couvert de sang, Robespierre jeune s'était livré aux transports de la plus violente douleur; il implorait la mort[4] : n'ayant point d'armes pour se la donner, il monte sur le rebord d'une des croisées de l'Hôtel de Ville, tenant ses souliers à la main, et s'élance sur la pointe de la première baïon-

---

[1] Précis historique des événements du 9 thermidor, par Méda, p. 377. Collection des Mémoires relatifs à la Révolution.

[2] Voy. le récit de Méda. *Ibid.*, p. 384 et 385, en le rapprochant des observations contenues dans la note critique ci-après.

[3] *Ibid.*

[4] Procès-verbal de la section de l'*Indivisibilité*, n° xxx des pièces à l'appui, rapport de Courtois. — Déclaration de Foucher et de Jacques Meunier, *ibid.*, n° xxxviii.

nette qu'il aperçoit au-dessous de lui. On le releva affreusement mutilé, mais respirant encore.

Quand Léonard Bourdon, suivi des siens, fut aux portes de l'Hôtel de Ville, le bruit des deux coups de pistolet tirés dans l'intérieur lui faisant croire à de grands préparatifs de défense, il hésita, et songeait à cerner l'édifice[1]. Dulac, mieux instruit de l'état des choses, entra aussitôt, accompagné des plus ardents, et ce fut lui qui arrêta Saint-Just et Dumas. S'il faut en croire son récit qui, à côté de circonstances vraies, contient beaucoup de mensonges[2], Saint-Just était armé d'un couteau, qu'il remit sans résistance, et Dumas, caché dans une autre pièce, sous la table auprès de laquelle Robespierre était étendu, Dumas tenait à la main un flacon d'eau de mélisse des Carmes, que l'espion des Comités lui arracha, craignant que ce ne fût du poison[3]. Quant à Le Bas, dont la jeune femme était accouchée depuis six semaines d'un fils, depuis membre de l'Institut[4], il venait de se brûler la cervelle[5]. Léonard Bourdon occupa l'Hôtel de Ville, quand il n'y avait plus qu'à laver le sang, ramasser les blessés et faire enlever les morts. Il était environ deux heures du matin[6].

Peu de temps après, les Jacobins, inébranlables dans leur attachement à Robespierre, envoyaient à la Commune, dont ils ignoraient le sort, une députation chargée de « veiller avec elle au salut de la patrie[7]. » Mais tout

---

[1] Récit de Dulac, n° xxxix des pièces à l'appui, Rapp. de Courtois.

[2] Voy. pour la preuve, la note critique placée à la suite de ce chapitre.

[3] *Ubi supra*, n° xxxix.

[4] Voy. le *Dictionnaire de la Conversation*.

[5] Récit de Dulac.

[6] Voy. la déclaration de Bochard, concierge de la Maison Commune, le procès-verbal du Comité civil de la Maison Commune. Rapp. de Courtois, n°° xxxvi et xxxviii.

[7] L'arrêté porte la date remarquable que voici : « Deux heures et demie

alors était terminé. Legendre parut, le pistolet au poing, fit évacuer la salle, en ferma les portes, et mit les clefs dans sa poche[1]. La contre-révolution était là.

On trouva, réfugié dans une petite cour de la Commune et à moitié mort, Henriot, que Coffinhal, furieux, avait jeté par la fenêtre[2]. Lui s'échappa, et parvint à se cacher, pendant trois jours, dans une île de la Seine, l'île des Cygnes.

Couthon, blessé à la tête, était gisant sur le quai Pelletier. On l'accablait d'outrages. Quelques-uns disant : « A quoi bon laisser ici cette voirie? Il faut la jeter à la rivière; » l'infortuné leur fit remarquer qu'il n'était pas mort[3].

Robespierre jeune avait été transporté sur une chaise au Comité civil de la section de la Maison Commune. Presque mourant, il rassembla ce qui lui restait de forces pour déclarer que, s'il s'était précipité d'une des croisées de l'Hôtel de Ville, c'était parce qu'il ne voulait pas tomber vivant au pouvoir des conspirateurs ; que ni lui ni son frère n'avaient un instant manqué à leur devoir envers la Convention ; qu'il était sans reproche ; que Collot ne désirait pas le bien de son pays ; que Carnot lui paraissait un conspirateur... Il s'interrompit, son état ne lui permettant pas de continuer[4]. Après un intervalle de

---

du 10 thermidor, l'an deuxième. » Voy. le n° xxi (première pièce), à la suite du rapport de Courtois.

[1] Discours de Legendre. Séance du 9–10 thermidor.

[2] Compte rendu de Dumesnil, commandant la gendarmerie près les tribunaux. Rapport de Courtois, n° xxi. — Dumesnil dit que Henriot fut arrêté à une heure du matin. Il ne put l'être que plus tard. A une heure et demie, le conseil général était encore en séance à l'Hôtel de Ville. Voy. à cet égard l'arrêté cité par Courtois, p. 51 de son rapport.

[3] Ibid., p. 72, note fournie par Fréron. Voici la couleur que la haine de Fréron donne à cette circonstance : « Couthon répondit *d'un ton jésuitique,* » etc.

[4] Procès-verbal du Comité civil de la section de la Maison Commune, n° xxxviii des pièces à l'appui. Rapp. de Courtois.

repos, interrogé une seconde fois, il dit qu'il regrettait
d'avoir été arraché de la Force; qu'on lui avait rendu là
un bien mauvais service; que, dans sa prison, il avait
attendu la mort avec la sérénité d'un homme libre; qu'à
la Commune, il avait parlé pour la Convention, et contre
les conspirateurs qui la trompaient[1].... Il ne put en dire
davantage... Quoiqu'il n'eût plus qu'un souffle de vie,
l'ordre exprès fut envoyé par Barras de le transporter,
« en quelque état qu'il pût être, » au Comité de sûreté
générale; il fallut obéir[2].

Pendant ce temps, son frère arrivait à l'entrée de la
Convention, porté par quelques hommes du peuple, dont
les uns lui tenaient la tête et les autres les pieds. Ceux-ci
recommandaient à leurs compagnons de lui tenir la tête
aussi élevée que possible, craignant que le blessé n'expirât dans leurs bras[3]. Au bas du grand escalier, l'affluence
de ceux qui venaient repaître leurs yeux du spectacle
d'un ennemi abattu força le cortége de s'arrêter un
instant, et les outrages commencèrent. L'un disait :
« *Ne voilà-t-il pas un beau roi !* » Un autre : « *Quand
ce serait le corps de César, pourquoi ne l'avoir pas jeté
à la voirie?* » Et ces lâches appelaient lâche un homme
qui avait mieux aimé mourir que s'armer contre cette
Convention qu'eux-mêmes, la veille encore, l'accusaient
de vouloir égorger ! Quand le cortége se trouva aux portes
de l'Assemblée, les propres mots du président furent :
« Le *lâche* Robespierre est là. Vous ne voulez pas
qu'il entre? » Sur quoi Thuriot déclara que le cadavre
d'un tyran ne pouvait que porter la peste[4]. » On monte

---

[1] Procès-verbal du Comité civil de la section de la Maison Commune,
n° xxxviii des pièces à l'appui. Rapport de Courtois.

[2] *Ibid.*

[3] *Derniers instants de Robespierre et de sa faction* (Bibl. hist. de la
Rév., 856-7-8). Cette brochure, pleine de détails fort intéressants, parait
avoir été absolument ignorée de nos prédécesseurs.

[4] Compte rendu de la séance du 9-10 thermidor. *Hist. parl.*, p. 74.

donc le fardeau jusque dans une grande salle du Comité.
Là on dépose la victime sur une longue table à l'opposé
du jour, en lui donnant pour oreiller une boîte remplie de morceaux de pain de munition moisi[1]. Il était
sans chapeau et sans cravate; son habit bleu de ciel
entr'ouvert, — le même habit qu'on lui avait vu à la fête
de l'Être suprême! — laissait voir sa chemise ensan-
glantée; il avait une culotte de nankin, et ses bas, ra-
battus, retombaient jusque sur ses talons[2]. Il ne remuait
pas, mais respirait beaucoup. Il portait souvent la main
au sommet de sa tête ; de temps en temps, les muscles
frontaux se rapprochaient, et son front devenait tout ridé[3].
A cela seul on devinait l'excès de ses souffrances[4]; car
pas un accent douloureux ne lui échappa[5]. Elle l'é-
levait au-dessus des douleurs du corps, cette âme qu'il
avait proclamée immortelle. On entra pour le voir,
et les outrages recommencèrent. L'un disait : « *Sire,
Votre Majesté souffre?* » Un autre : « *Eh bien, il me
semble que tu as perdu la parole*[6]? » Lui, les regardait
fixement.

Furent amenés par des gendarmes Saint-Just, Dumas,
Payan ; et à peine les eut-on conduits dans l'embrasure
d'une croisée, où ils s'assirent en silence, que des misérables, faisant écarter les personnes qui cachaient Robespierre à ses amis, s'écrièrent : « *Retirez-vous donc!
qu'ils voient leur roi dormir sur une table comme un
homme*[7]. » Saint-Just avança la tête ; et son visage, plein

---

[1] *Derniers instants de Robespierre et de sa faction. Ubi supra.*

[2] Notes relatives à Robespierre lorsqu'il fut apporté au Comité de salut
public. N° 41 des pièces à l'appui, Rapp. de Courtois.

[3] *Derniers instants de Robespierre et de sa faction. Ubi supra.*

[4] *Ibid.*

[5] C'est ce qu'avoue Toulongeon, avec un étonnement manifeste. T. II,
p. 511.

[6] *Derniers instants de Robespierre et de sa faction. Ubi supra.*

[7] *Ibid.*

de sérénité jusqu'alors, exprima le déchirement de son cœur[1]. Dumas paraissait absorbé dans une rêverie profonde[2]. Payan avait un air moqueur et souriait amèrement[3]. Les regards de Saint-Just étant tombés sur l'acte constitutionnel, affiché dans la salle, il dit : « Voilà pourtant mon ouvrage... et le gouvernement révolutionnaire aussi !... » Il murmura encore quelques paroles, mais si bas, que le gendarme, qui était à côté de lui, put seul l'entendre[4].

« Vers quatre heures du matin, l'on s'aperçut[5] » que Robespierre tenait un petit sac de peau blanche sur lequel étaient écrits ces mots : « *Au grand Monarque! Lecourt, fourbisseur du roi et de ses troupes, rue Saint-Honoré, près celle des Poulies, à Paris.* » Comme il n'avait pas de linge pour retirer le sang caillé qui sortait de sa bouche, on lui avait glissé artificieusement dans la main ce sac, dont l'apparence était celle d'un fourreau de pistolet, afin d'éloigner la supposition d'un assassinat, en accréditant celle d'une tentative de suicide ; et l'on avait eu soin de choisir l'inscription la plus propre à entretenir l'idée qu'on n'avait renversé le chef des Jacobins que parce qu'il visait à se faire roi !...

Vers six heures, Élie Lacoste entre et ordonne que l'on conduise les captifs à la Conciergerie. Puis, se tournant vers un chirurgien qu'on venait d'amener : « Pansez bien Robespierre pour le mettre en état d'être puni[6]. »

Le pansement eut lieu avec tout le soin désiré. On

---

[1] « Ses yeux grossis peignaient le chagrin. » *Derniers instants de Robespierre, etc. Ubi supra.*

[2] *Ibid.*

[3] *Ibid.*

[4] *Ibid.*

[5] Voy. sur ce point important le n° xii des pièces à l'appui, rapp. de Courtois, et la note critique placée à la suite de ce chapitre.

[6] *Derniers instants de Robespierre et de sa faction. Ubi supra.*

lève le blessé sur son séant ; on lui lave la figure ; on lui
enfonce dans la bouche plusieurs tampons de linge pour
pomper le sang dont elle était remplie ; et enfin le chirurgien applique sur la plaie un morceau de charpie que
maintient un bandeau passé autour du menton; tout cela,
au milieu des ricanements et des insultes. Lorsqu'on lui
noua le bandeau au-dessus du front, un des assistants
s'écria : « *Voilà qu'on met le diadème à Sa Majesté*[1] *!* »
Son intelligence veillait, et il entendait ces choses ! mais
— bien qu'il lui restât la force de parler[2], — il se tut,
se contentant de regarder les insulteurs d'un œil calme,
pensif et fixe.

Durant cette agonie sans exemple, supportée avec un
stoïcisme dont l'antiquité elle-même ne fournit pas de
modèle, qui sait quelles pensées occupèrent cet indomptable esprit? S'interrogea-t-il sur la loi, effroyablement
mystérieuse, qui, depuis l'origine du monde, couronne
les artisans de l'iniquité, et ne réserve que tortures aux
serviteurs de la justice? La veille, il s'était écrié : « Quel
homme défendit jamais impunément les droits de l'humanité? » Et voilà qu'à son tour il montait de la dignité
d'apôtre à celle de martyr : puisa-t-il dans cette idée
quelque motif sublime de consolation, et la constance?
Cette foi au progrès qui a épuisé tant de dévouements,
ouvert tant d'abîmes et fait tant de crucifiés, lui fut-elle,
contre l'inénarrable amertume d'une mort qui renfermait
mille morts, une ressource souveraine? Ah ! il dut avoir,
en tout cas, la morne certitude que, cette fois encore,
le peuple allait reprendre l'ancien fardeau. Un fait saisissant prouve qu'il eut une très-claire intuition du mouvement en sens inverse que sa chute annonçait et déter-
minait : une des personnes présentes lui ayant prêté aide
dans un moment où il se baissait avec effort et portait ses

---

[1] *Derniers instants de Robespierre et de sa faction. Ubi supra.*
[2] *Ibid.*

mains au jarret, comme pour relever ses bas, il témoigna
sa gratitude en reprenant un mot qui était d'une autre
époque, qu'on ne prononçait plus depuis longtemps, qu'on
avait presque oublié ; il dit d'une voix douce : « Je vous
remercie, Monsieur [1]. »

Défenseur des pauvres, il avait vécu pauvre : on ne
trouva chez lui qu'un assignat de cinquante livres, et des
mandats de l'Assemblée constituante pour son indemnité
de représentant, qu'il avait négligé de toucher [2].

Lorsqu'ils l'eurent « bien pansé, » conformément aux
recommandations d'Élie Lacoste, rien ne s'opposant plus
à ce qu'on le guillotinât, ils le transportèrent à la Conciergerie. Mais il y avait une difficulté. Un décret voulait
que l'identité des individus hors la loi fût constatée en
présence des membres de la municipalité ; or ici la
municipalité en masse était hors la loi. Fouquier-Tinville fit part à la Convention de son embarras, et l'Assemblée, qu'on avait vue jusqu'alors étrangère à ces détails
sinistres, trancha la question en déléguant des commissaires [3] pour certifier que les hommes qu'on allait tuer,
au nom de la Révolution, étaient bien Robespierre et
Saint-Just !

L'échafaud fut dressé sur la place de la Révolution,
par mesure spéciale. Le long de la route que les charrettes avaient à parcourir, les fenêtres avaient été louées
à des prix fabuleux ; des femmes du « grand monde, » en
habits de fête, s'y pressaient, radieuses et souriantes [4].

---

[1] Nous empruntons cette circonstance caractéristique à notre illustre
confrère M. Michelet, à qui le fait fut raconté par le général Petiet, qui
lui-même le tenait de la personne remerciée en ces termes par Robespierre.

[2] Voy. la note critique placée à la suite de ce chapitre.

[3] *Mémoires de Levasseur*, t. III, chap. xi, p. 235.

[4] C'est ce que l'écrivain tory, M. Wilson Croker, exprime de cette façon :
« The streets and windows were crowded, *and with, what is repre-
sented as a better class of persons..* » Voy. *Essays on the French Revolution*, p. 428.

On avait appelé dans les rues l'immonde foule des « aboyeurs et des aboyeuses de guillotine ; » mais les artisans et les ouvriers n'étaient pas là.

Les charrettes parurent ; elles contenaient vingt et un condamnés. Dans la première étaient Couthon, Henriot, et, à côté de Robespierre, les restes mutilés et sanglants de son frère, qui mourait pour lui ! Saint-Just, toujours calme, s'entretenait avec ses pensées. Le cadavre de Le Bas suivait. Sur le passage de Robespierre, que les gendarmes montraient de la pointe de leurs sabres, on criait : « A mort le tyran ! » et l'homme qui poussait ce cri avec le plus de fureur, c'était Carrier[1] !

Devant cette même maison de Duplay, dont Robespierre avait fait fermer les volets, le 21 janvier 1793, quand Louis XVI passa, et, le 5 avril 1794, quand passa Camille[2], des mégères firent arrêter les charrettes et dansèrent en rond tout autour[3]. Pour compléter la scène, on avait posté là un enfant avec un seau rempli de sang de bœuf : lorsque Robespierre atteignit la demeure où étaient son père et sa mère adoptifs, la famille de son choix et sa fiancée, l'enfant trempa un balai dans le sang et en lança quelques gouttes contre la maison. Impassible jusqu'alors, la victime tressaillit et ferma les yeux.

Une femme s'approcha, criant : « Va, scélérat, descends aux enfers avec les malédictions de toutes les épouses et de toutes les mères de famille[4]. » Mais toutes les mères de famille ne le maudissaient pas : témoin cette jeune fermière qui, apprenant la fin de la grande tragédie, au moment où elle tenait son fils sur ses ge-

---

[1] *Hist. parl.*, t. XXXIV, p. 96.

[2] Voir, dans les volumes précédents, le récit de l'exécution de Louis XVI et celui de l'exécution des Dantonistes.

[3] Nougaret, t. IV, p. 313.

[4] Cette circonstance est rapportée à la fois par Nougaret et par les *Deux amis.*

noux, fut prise d'un tel saisissement, qu'elle laissa tomber son doux fardeau, et, les mains levées vers le ciel : « *O qu'os nes finit pol bounheur del paouré pople. On a tuat o quel que l'aimabo tant.* — Oh ! c'en est fait du bonheur du pauvre peuple; on a tué celui qui l'aimait tant[1]. »

Les vaincus moururent sans protester, sans se plaindre ni du sort ni des hommes, courageusement et simplement. De ceux que contenait la première charrette, seul Robespierre était en état de se mouvoir : il monta, inaidé, les marches de l'échafaud. Quand il fut sur la plate-forme de la guillotine, le bourreau, royaliste exalté, lui ayant arraché, d'un mouvement brusque et barbare, l'appareil qui couvrait ses blessures, l'excès imprévu de la douleur lui fit pousser un cri perçant. C'était le cri de ce pauvre peuple dont parlait la paysanne, c'était le cri de ces millions d'infortunés qu'on allait ramener aux carrières. Le couperet s'abaissa, et, pour longtemps, tout fut dit.

Nous croyons avoir présenté, dans le chapitre qui précède, le tableau le plus complet, et qu'on nous pardonne d'ajouter, le plus vrai qui ait jamais été tracé jusqu'ici des fameux événements du 9 thermidor. Et pourtant, même ce tableau ne peut être que très-incomplet, les vainqueurs ayant fait disparaître une masse énorme de documents, parmi lesquels, cela va sans dire, tous ceux qui parlaient en faveur des vaincus.

Que, parmi les papiers saisis chez Robespierre et ses partisans, Courtois en ait supprimé et détourné un grand nombre, c'est ce qu'il est impossible de nier, après ses propres aveux. Tout ce qui était à la charge des Thermidoriens — et Courtois comptait parmi les plus furieux, — tout ce qui était de nature à montrer sous leur vrai jour les desseins et les actes d'hommes que les Thermidoriens avaient d'autant plus d'intérêt à flétrir

---

[1] Cette scène se passa à l'occasion de la nouvelle de l'exécution du 10 thermidor, apportée à son frère par M. Laromiguière, le philosophe et ancien membre du Tribunat; c'est sur son témoignage que le fait repose, et nous l'empruntons à une très-intéressante *Histoire de Saint-Just,* que vient de publier M. Ernest Hamel. Voy. ce livre, p. 617 et 618.

qu'ils les avaient assassinés, a été de la sorte dérobé à l'Histoire. Perte immense, irréparable! En 1816, le ministre de la police, Decazes, fit envahir le domicile de Courtois et enlever sans inventaire, avec violence, une foule de pièces et de renseignements très-curieux, dont une très-petite partie seulement a été publiée depuis, après un triage fait dans le même esprit que celui auquel Courtois avait présidé. Le reste a été dispersé ou détruit.

Le lecteur, s'il a le culte de la vérité, ne doit pas perdre un instant de vue que l'Histoire, pour juger Robespierre et ses partisans, ne possède — en dehors de leurs actes avoués et de leurs discours — que des documents *triés* par leurs plus mortels ennemis, des calomnies qui s'entre-détruisent, et les imputations tardives de Billaud-Varenne, de Collot-d'Herbois, de Vadier, de Barère, forcés, pour sauver leurs têtes, de rejeter la responsabilité de leurs propres fureurs sur ceux qui en avaient été les victimes. Combien de fois ne faut-il pas que des hommes aient eu raison, pour que leur réhabilitation résulte nécessairement d'un examen critique et sincère des sources, même lorsque les sources ont été à ce point, et systématiquement empoisonnées !

Il existe deux rapports de Courtois : l'un concernant les papiers de Robespierre ; l'autre, relatif aux événements du 9 thermidor : ce dernier, devenu assez rare. Nos prédécesseurs l'ont-ils eu sous les yeux? Leurs divers récits tendent à prouver que non. Et pourtant, c'est un document qui mérite, non pas certes d'être suivi à l'aveugle, mais d'être lu attentivement, le flambeau de la critique à la main.

Signalons rapidement quelques-uns des points sur lesquels il importe le plus de faire tomber la lumière.

Que Robespierre ait voulu arrêter la Terreur, il n'y a pas à en douter; mais ne pouvait-on vouloir cela sans « pencher à droite, » ainsi que M. Michelet le donne à entendre, liv. XXV, chap. iv, p. 450 et suiv.? M. Michelet veut absolument voir une tendance à « pencher à droite » dans le discours où Robespierre rappelait qu'il avait sauvé les 73 Girondins, comme si avoir sauvé les signataires, « républicains, » d'une protestation contre le 31 mai était une mauvaise note dans la vie d'un républicain! Il appuie sur ce que la Droite avait, en novembre, tranché la question religieuse, c'est-à-dire, ajoute-t-il, arrêté tout court la Révolution : que signifie cela? En matière religieuse, le principe proclamé par Robespierre fut, toujours et invariablement, la liberté de conscience : était-ce là arrêter la Révolution? Le vote par lequel le procès de Danton fut clos nous est donné aussi par M. Michelet comme une indication de l'alliance de la Droite avec Robespierre; et pourquoi pas avec Saint-Just, qui demanda si ardemment la mort de Danton? pourquoi pas avec Billaud-Varenne, qui fut l'auteur véritable de cette mort, et ne cessa de s'en vanter? M. Michelet oublie que ce fut précisément pour avoir « penché à droite » que Danton périt. Le vote que Saint-Just obtint contre lui ne fut pas demandé pour un autre motif.

Maintenant, que dit M. Michelet des démarches des ennemis de Robespierre pour se concilier cette même Droite, la veille du 9 thermidor ?

L'aveu est remarquable; mais singulièrement en désaccord avec ce que hasarde un peu plus haut l'illustre écrivain : « La Droite finit par comprendre que, si elle aidait à ruiner ce qui, dans la *Montagne*, était la *pierre de l'angle*, l'édifice croulerait. » Ceci est la vérité même; et, pour le coup, M. Michelet a grandement raison. Mais par quelle incompréhensible inconséquence peut-il dire, à quelques lignes de distance, d'une part, que la « Droite regardait Robespierre, homme d'ordre, comme *un homme de l'ancien régime*, » et, d'autre part, qu'elle s'unit à ses adversaires parce qu'elle comprit que ruiner ce qui était la *pierre de l'angle* de la Révolution, c'était faire crouler l'édifice?

En mentionnant l'exécution qui eut lieu le 9 thermidor, M. Michelet écrit, p. 473 : « Quelques-uns veulent faire rétrograder les charrettes. Mais Henriot arrive au grand galop et disperse la foule à grands coups de sabre, « assurant cette dernière malédiction à son parti. » Où M. Michelet a-t-il pris cela? Est-ce dans M. Thiers qui, t. VI, p. 457, présente les choses sous cet aspect? Mais M. Thiers lui-même aurait dû citer ses autorités, ce qu'il ne fait pas. Or la version de Toulongeon, auteur du temps, est bien différente; la voici : « Au moment du décret qui mettait Robespierre en arrestation, plusieurs voitures, chargées de victimes, « ayant été abandonnées par les gendarmes qui les escortaient et que Henriot avait rappelés à lui, » les exécuteurs laissèrent inutilement voir le désir qu'on leur fît une sorte de violence pour délivrer les condamnés. Ils achevèrent leur route et subirent leur sort (voy. Toulongeon, t. II, p. 312). Henriot ne figure donc dans cette affaire que comme ayant convoqué toute la gendarmerie à l'Hôtel de Ville, et, si l'exécution eut lieu, ce fut uniquement parce que la foule ne voulut pas profiter de l'absence des gendarmes de l'escorte pour faire violence aux exécuteurs, comme ceux-ci le désiraient, Samson se trouvant être, du reste, un ardent royaliste.

Au sujet de cette histoire des charrettes, M. Thiers s'exprime en ces termes : « Comme Robespierre était *supposé* l'auteur de tous les meurtres, on s'*imaginait* que, lui arrêté, les exécutions devaient finir » (voy. t. VI, chap. XII, p. 457). En ceci, nous avons regret de le dire, M. Thiers s'est montré plus juste que M. Michelet, qui, liv. XXI, p. 472, écrit : « Au bruit de l'arrestation de Robespierre, le mot de tous fut celui-ci : « Alors l'échafaud est brisé, » *tellement il avait réussi*, dans tout cet affreux mois de messidor, à identifier son nom avec celui de la Terreur ! » C'est *tellement on avait réussi* qu'il aurait fallu dire, en tout cas; car dans le mois de messidor, l'autorité officielle de Robespierre fut nulle, et son autorité morale exclusivement employée à combattre les Terroristes : c'est ce que nous avons prouvé d'une manière irrécusable. Mais, d'ailleurs, est-il donc vrai de dire que la Terreur fût identifiée au nom de Robespierre, lors de sa chute? Loin de là, et ce résultat ne se produisit que beaucoup plus tard, lorsque, à force de mensonges, les Thermidoriens furent parvenus à falsifier l'Histoire de la Révolution. Après avoir parlé du sentiment d'inquiétude que la nouvelle du

9 thermidor causa, dans les départements de l'Est, aux républicains exaltés,
Charles Nodier constate que, dans les rangs opposés, on se disait à mi-
voix : « Qu'allons-nous devenir? Nos malheurs ne sont pas finis, puisqu'il
nous reste encore des amis et des parents, et que MM. Robespierre sont
morts! » Voy. la biographie de Robespierre jeune, par Charles Nodier,
Dictionnaire de la Conversation.

On a vu avec quelle ardeur, quel enthousiasme, quelle persévérance,
la Société des Jacobins prit parti contre la Convention, dans la journée
du 9 thermidor. Non-seulement les Jacobins s'unirent à la Commune,
mais ils mirent tout en œuvre pour assurer son triomphe. Les faits qui
en témoignent abondent, et on en trouve une longue, une véhémente
énumération dans le Rapport de Courtois (p. 57, 58, 59 et 60). Eh
bien, M. Michelet ne se contente pas de voiler ce grand mouvement,
lequel montre combien la cause de Robespierre était associée à celle de
la Révolution dans l'esprit des plus zélés révolutionnaires, mais il se hasarde jusqu'à affirmer, p. 485, que « la Société jacobine se ménagea plus
qu'on n'eût cru. » Et il en donne pour preuve, p. 486, qu'elle « envoya à la vérité des députations à la Commune, mais n'y alla pas en
corps. » Ce à quoi M. Michelet ne prend pas garde, c'est qu'il était de la
plus haute importance que les Jacobins n'abandonnassent pas en masse
la séance, et ce qu'il paraît avoir entièrement ignoré, c'est que la Commune elle-même fut la première à le leur recommander. Voici les propres termes de l'invitation qu'elle leur adressa : « Camarades, vous êtes
invités à vous rendre à l'instant en grand nombre, ainsi qu'une partie
des citoyens et citoyennes de vos tribunes, pour vous unir aux membres
de la Commune; néanmoins *vos frères vous engagent, au nom du salut
public, à ne pas abandonner votre séance.* » (Voy. le Rapport de Courtois, p. 51.)

M. Michelet ne cache pas que Brival fut chassé par les Jacobins quand
ils apprirent qu'il avait voté contre Robespierre; mais il fait observer,
p. 486, qu'un moment après, « rentré dans l'Assemblée, il se vit rapporter sa carte par des commissaires jacobins. » Tout cela est inexact. Le compte rendu de la séance du 9-10 thermidor porte que Brival,
après avoir raconté comme quoi les Jacobins lui avaient enlevé sa carte
et l'avaient couvert de huées, annonce ce qui suit, comme simple information qu'il a reçue et qui n'est pas vérifiée : « Je viens d'apprendre
que la prétendue Société avait rapporté son arrêté et nommé un commissaire pour me rapporter ma carte. » Et il ajoute : « Je ne prendrai
ma carte qu'après la régénération de la Société. » (Voy. l'*Hist. parlem.*,
t. XXXIV, p. 63.)

Rien n'est donc plus contraire aux faits que la manière dont M. Michelet présente la conduite des Jacobins en cette journée célèbre. Loin
de rester froids, ils poussèrent le zèle jusqu'au transport, et leur attachement à Robespierre fut si persistant, que, même à deux heures et demie
du matin, le 10 thermidor, ils prenaient la résolution suivante, — autre
document dont il est clair que M. Michelet n'a pas eu connaissance : « Les

XI. 18

citoyens Duplay, Gauthier, Rockenstroch, Didier, Faro, Dumont, Accard, Lefort, Lagarde, Versenne, sont nommés pour accompagner la députation de la Commune, et s'unir avec elle pour veiller au salut de la chose publique. Il est deux heures et demie du 10 thermidor, l'an II. Signé Vivier, vice-président ; Cazalès, secrétaire. » (Voy. à la suite du Rapport de Courtois, le n° xxi, 1ʳᵉ pièce.) Cette députation arriva trop tard ; au moment où on la nommait, la Convention était déjà victorieuse.

Un mouvement non moins indispensable à décrire que celui des Jacobins, c'était celui des sections. D'où vient que cette partie, si essentielle, de l'histoire du 9 thermidor a été entièrement passée sous silence par tous nos prédécesseurs, M. Michelet excepté. Encore ce dernier ne mentionne-t-il qu'un nombre limité de sections, les procès-verbaux de dix-sept d'entre elles manquant, dit-il p. 497, à la préfecture de police. Mais, parmi les pièces justificatives placées à la suite du rapport de Courtois, il existe un résumé très-curieux des procès-verbaux de toutes les sections ; et nous sommes surpris que personne jusqu'à nous n'ait puisé à cette mine. Si M. Michelet y avait eu accès, peut-être eût-il hésité à émettre des assertions telles que celle-ci : « Les *Piques*, la place Vendôme, section de Robespierre, lui fut si hostile, qu'elle brûla sans les lire les lettres de la Commune. » (Voy. M. Michelet, liv. XXI, chap. vii, p. 497.) Voilà une affirmation étrangement en désaccord avec ce que nous lisons p. 159 des pièces justificatives à la suite du rapport de Courtois : « Il est constant que la *section des Piques* ne s'est réunie qu'à deux heures du matin, et qu'elle a pris toutes les précautions possibles pour ne se prononcer qu'avec la certitude des événements favorables à la Convention. » Il résulte, en outre, des papiers des Jacobins, que cette section avait promis de fraterniser avec eux. (*Ibid.*) Elle était donc favorable à Robespierre, contrairement au dire de M. Michelet ; et, comme elle ne se rassembla qu'à deux heures du matin, au moment où la Commune succombait, on conçoit de reste qu'elle ait brûlé les lettres de la Commune, sans que cela prouve le moins du monde qu'elle était hostile à Robespierre. Elle se rallia à la Convention, lorsqu'elle vit qu'il n'y avait plus moyen de faire autrement : voilà tout. Quant au motif qui l'empêcha de se réunir plus tôt, il nous est fourni par la pièce même sur laquelle Robespierre ne put se résoudre à mettre sa signature et qui porte seulement les deux premières lettres de son nom. Comme il était de la section des *Piques*, elle devait naturellement attendre, pour répondre à un appel de la Commune, que le nom de Robespierre y figurât. On pressa celui-ci de le donner ; il écrivit Ro..... et ne put se résoudre à achever !

Un point, jusqu'ici resté fort obscur, est celui de savoir si Robespierre, à la Commune, se tira ou reçut un coup de pistolet? Beaucoup d'historiens, M. Thiers entre autres, ont adopté, sans examen, l'hypothèse d'une tentative de suicide. Cette opinion n'a aucune espèce de fondement. Au récit, très-circonstancié, du gendarme Méda, qu'on peut lire dans la *Collection des Mémoires relatifs à la Révolution française*, nous joindrons ici la copie textuelle d'une lettre manuscrite de Méda, suivie d'un certificat de Tallien, le tout faisant partie de la collection d'autographes de M. de Girardot. C'est un document historique du plus haut intérêt : on va en juger :

« Renvoyé au ministre de la guerre pour faire un prompt rapport au Directoire. — Paris, le 20 germinal an IV.   Barras. »

« Citoyens directeurs, les pièces ci-jointes rappelleront à votre souvenir la grande époque du 9 thermidor, les services que j'ai rendus dans cette journée, et, particulièrement, les témoignages d'affection, de gratitude, dont les citoyens Barras et Merlin (de Douai) m'honorèrent alors. Le vœu de la Convention nationale, la bienveillance particulière de quelques-uns de ses membres, semblaient m'assurer une place plus honorable et digne des services que j'avais rendus ; mais les partisans du *traître que j'avais frappé* restèrent encore, quelque temps après la chute de leur chef, à la tête des comités du gouvernement ; ils éludèrent le plus qu'ils purent le favorable décret de la nuit du 9 thermidor, et me donnèrent la place la plus inférieure de l'armée, place que Collot et Barère me forcèrent d'accepter, me menaçant de leur puissante colère, et écartant mes réclamations en disant que l'on ne devait rien à un ASSASSIN. (Ce mot est en grosses lettres dans l'original.) Persuadé du danger de leur résister en leur opposant d'autres représentants, je rejoignis mon nouveau poste. Espérant des temps plus heureux, depuis j'ai réclamé ; mais l'éloignement rendit mes réclamations infructueuses. Permettez donc présentement, citoyens directeurs, que je réclame votre bienveillance et l'entière exécution du favorable décret de la nuit du 9 thermidor. Le ministre de la guerre a chez lui les meilleurs certificats de mes généraux, de mes chefs, qui attestent mes moyens pour servir la République avec distinction dans un poste supérieur. Veuillez donc, citoyens directeurs, m'accorder la place de chef d'escadron, vacante depuis deux ans dans le régiment où je sers, et qui est à la disposition du Directoire, ou charger quelqu'un de recevoir des renseignements et *de vous préparer un rapport sur des faits que je n'ose vous rappeler ici*, qui amèneront votre conviction et vous feront connaître les dangers que j'ai courus dans la journée et après le 9 thermidor.

« C'est en espérant tout de votre justice que je suis avec le plus profond respect,   Méda, S. L. (sous-lieutenant).
(Textuel.)

« Paris, 14 germinal an VI de la République française. »

« Je certifie que le citoyen Méda est un des braves qui, dans la nuit du 9 thermidor, se rangea sous les drapeaux de la Convention nationale. Le premier, il entra les armes à la main dans la Commune, où les conspirateurs étaient réunis. Ce fut lui qui s'empara de Robespierre. Par un décret solennel on lui promit de l'avancement. Il n'a pas obtenu tout ce qu'il avait droit de réclamer, il sollicite auprès du Directoire. Je croirais

faire injure à chacun de ses membres, si j'employais pour Méda d'autre recommandation que celle qui doit résulter des services qu'il rendit à cette
mémorable époque.

« Tallien, membre du conseil des Cinq-Cents. »

(Textuel.)

Ces mots du certificat : « Ce fut lui qui s'empara de Robespierre » sont
remarquables : Tallien n'ose pas écrire qu'il recommande un « *assassin;* »
et Méda lui-même avoue avoir entendu dire à Collot et à Barère qu'on « ne
devait rien à un *assassin.* » Les Thermidoriens sentaient bien qu'une pareille tentative de meurtre ne pouvait que déshonorer leur victoire et la
rendre odieuse. Voilà pourquoi Barère, dans son rapport du 10 thermidor,
laissa tomber négligemment ces mots : « Robespierre aîné s'est blessé; »
voilà pourquoi on mit dans la main de Robespierre, lorsqu'il était étendu
sanglant sur une table du Comité du salut public, ce sac qui ressemblait à
un fourreau de pistolet et qu'on ne lui vit que « vers trois ou quatre heures du matin ; » voilà pourquoi enfin on obtint du concierge de la Maison
Commune, Brochard, qu'il déposât dans le sens du suicide.

Heureusement, la déclaration de ce concierge nous a été conservée, et
elle porte sa réfutation avec elle :

« Sur les deux heures du matin, un gendarme m'a dit qu'il venait d'entendre un coup de pistolet dans la salle de l'Égalité. Je suis entré, et j'ai
vu Lebas étendu par terre, et de suite Robespierre l'aîné s'est tiré un coup
de pistolet dont *la balle en le manquant a passé à trois lignes de moi.*
J'ai failli être tué, puisque Robespierre a tombé sur moi en quittant la
salle de l'Égalité au passage. » (Voy. n. xxxvi des pièces justificatives à la
suite du rapport de Courtois.)

En fait de témoins oculaires, le seul qui ait jamais été produit en faveur
de la thèse du suicide, est ce Brochard qui assure avoir vu Robespierre se
tirer un coup de pistolet et se... manquer !

Encore faut-il remarquer que cette déclaration est en complet désaccord
avec celle de l'espion Dulac, lequel affirme être entré le premier à l'Hôtel
de Ville, et y avoir trouvé Robespierre étendu près d'une table, dans une
des salles, et Le Bas mort, dans une autre pièce. (Voy. n° xxxix des pièces
justificatives à la suite du rapport de Courtois.)

Mais à quoi bon insister? La thèse du suicide est combattue par un argument sans réplique: c'est le rapport des officiers de santé Vergez et Marri-
guis, sur le pansement de la blessure de Robespierre. Voici comment la
blessure est décrite dans ce rapport : « Le coup a porté au niveau de la
bouche, à un pouce de la commissure des lèvres. Comme sa direction était
oblique, de dehors en dedans, *de gauche à droite, de haut en bas,* et que
la plaie pénétrait dans la bouche, » etc. (Voy. *ubi supra*, n° xxxvii.) Il est
impossible de se figurer un homme se tirant un coup de pistolet au niveau
de la bouche, de gauche à droite, et de haut en bas.

Au reste, il est une circonstance qui sert de confirmation au récit de
Méda. Dans la nuit même du 9 au 10, il fut solennellement présenté à la

Convention par Léonard Bourdon, qui dit : « Ce brave gendarme que vous voyez ne m'a pas quitté, il a tué deux des conspirateurs. » Sur quoi, la Convention décréta qu'il « serait fait mention honorable du dévouement civique de ce citoyen, et chargea le Comité de salut public de lui donner de l'avancement. (Voy. le compte rendu de la séance du 9-10 thermidor, *Hist. parl.*, t. XXXIV, p. 75-76.)

Pour tout dire, on lit dans des notes que, plus tard, Dulac fit passer à Courtois la phrase suivante : « Il faut que vous observiez, pour l'honneur de la vérité, que c'est moi qui ai vu le premier Robespierre, et qu'il n'est donc pas vrai que le gendarme qui a été présenté à la Convention par Léonard Bourdon lui ait brûlé la cervelle. » (Voy. à la suite du rapport de Courtois le n° xxxix.) Mais, quand Dulac pénétra à la Maison Commune, le meurtre avait été déjà commis, puisque Dulac lui-même raconte qu'il n'avait pas encore mis le pied sur le seuil lorsqu'il entendit deux coups de pistolet tirés en dedans. Il vit Robespierre blessé, mais il n'était point là quand Robespierre fut blessé. Son témoignage sur ce point n'a donc aucune valeur, même à le supposer sincère.

L'assassinat doit donc être rangé historiquement parmi les moyens qui concoururent au triomphe de la réaction thermidorienne ; mais on doit aux Thermidoriens cette justice que, du moins, ils ne se firent pas honneur d'un crime dont le profit devait leur revenir. On a pu remarquer qu'en présentant Méda à la Convention Léonard Bourdon évita de prononcer le nom de Robespierre ; de son côté, Barère, dans son rapport, présenta les choses de manière à faire croire à une tentative de suicide ; nous avons produit un document qui montre combien les réclamations de Méda parurent importunes aux vainqueurs ; enfin, le rapport du Thermidorien Courtois présente ceci de frappant que, dans l'énumération de ceux dont il exalte les services, Méda n'est pas même *nommé*.

On se tromperait, au surplus, si de ce que le témoignage de cet assassin est admissible sur un point, c'est-à-dire en ce qui touche l'invasion de la Maison Commune, on concluait à l'authenticité de tous les détails contenus dans la brochure intitulée *Précis historique des événements qui se sont passés dans la soirée du 9 thermidor, par Méda, chef d'escadron au 7ᵉ hussards*. L'auteur se vante d'avoir arrêté Henriot, qui le fut, sur la sommation de Courtois et de Robin (de l'Aube), par six gendarmes de la 29ᵉ division, dont on a les noms : Perlot, Hamel, Lecomte, Paulin et Crouï. Méda se vante aussi, dans le *factum* en question, d'avoir été, au début de la lutte, nommé, lui simple gendarme, que personne alors ne connaissait, commandant des forces de la Convention, et d'avoir suggéré l'idée de marcher sur la Maison Commune. Or la première de ces deux assertions est réfutée par son absurdité même, et la seconde par le récit très-circonstancié de Fréron, qui nous montre que l'idée d'aller assiéger la Commune vint de Billaud-Varenne. Un mensonge impudent, que nous trouvons dans ce prétendu *Précis historique*, est celui-ci : « Je fouille Robespierre. Je lui prends son portefeuille ; il contenait pour plus de dix mille francs de *bonnes valeurs*. » (Voy. p. 585.) Il est dommage que Léonard Bourdon, lorsqu'il remit à la Convention « un portefeuille et des *papiers* saisis sur Robespierre » (voy. *Hist. parl.*, t. XXXIV, p. 76), ne se soit pas avisé de faire mention de ces dix mille francs de *bonnes valeurs*. Quel coup de fortune c'eût été pour les Thermidoriens! En vérité, Léonard Bourdon et ceux auxquels le portefeuille fut remis se montrèrent bien maladroits de garder à l'égard de ces *bonnes valeurs* un si profond secret; et Méda, ou le fabricateur de ses Mémoires, a grandement raison de s'écrier : « Je n'en ai jamais entendu parler depuis. » Il aurait pu se consoler en songeant que personne ne fut plus heureux que lui sous ce rapport.

Sur la même ligne que cette calomnie inepte, on peut mettre celle-ci, qui orne le rapport de Courtois : « Au moment où Saint-Just vit que tout était désespéré pour son parti, il dit à Lebas : « Tue-moi. » Lebas lui répondit par ce mot : « Lâche ! » Et, après une courte pause : « J'ai bien autre chose à faire, » dit-il ; et puis il tire sur lui-même le pistolet dont la balle lui donna la mort. » (Voy. rapp. de Courtois, p. 71.) Courtois n'oublie qu'une chose : c'est de nous dire comment il est parvenu à savoir ce qui s'est passé entre Saint-Just et Lebas en un pareil moment. Est-ce qu'il était là ? Non. Est-ce que d'aventure il écoutait aux portes? Non. De qui tient-il ce fait, dont il n'est question ni dans le récit de Méda, ni dans celui de Dulac, ni dans celui du concierge Brochard? Courtois se tait prudemment là-dessus. Cette misérable invention de la haine n'en a pas moins fait son chemin ; et M. de Barante ne manque pas de l'enregistrer, quoiqu'il veuille bien avouer que « le fait n'est pas prouvé. »

Ce travail critique, même borné à la discussion des sources, nous mènerait loin... que serait-ce donc si nous entreprenions de relever, dans M. Thiers, M. de Barante, M. Alison, — nous ne parlons pas de M. de Lamartine, — toutes les inexactitudes et toutes les erreurs de seconde main ?

Quoi qu'il en soit, ici finit cette tâche de juge d'instruction que nous nous étions imposée. Embrassée dans toute son étendue, elle eût exigé des volumes; mais nous osons croire que, quoique incomplète, l'étude à laquelle nous nous sommes livré en présence du public suffira pour convaincre tout lecteur sérieux que, lorsque nous avons mis la main à la plume pour écrire l'*Histoire de la Révolution*, CETTE HISTOIRE N'ÉTAIT PAS FAITE. Il y avait une foule d'affirmations à rectifier, une foule de jugements à réformer, une foule de préjugés à détruire, une foule de calomnies à confondre ; et tout cela formait un immense courant d'opinion qu'il fallait, peut-être, quelque courage pour remonter. Un homme qui a passé trente ou quarante ans de sa vie à croire vraie une chose fausse, ou à regarder un grand homme comme un monstre, n'arrive pas aisément à reconnaître qu'il s'est trompé pendant si longtemps : c'est là une sorte de suicide intellectuel auquel ne consentent que les natures fortes. Nous savions cela en commençant; mais nous savions aussi que celui-là est indigne du titre d'historien qui n'est pas décidé à servir la vérité quand même.

epuis l'époque où nous tracions les lignes qui précèdent, un historien

d'un talent élevé et d'un grand cœur, M. Ernest Hamel, a écrit une histoire
de Robespierre dans laquelle il a suivi pas à pas la vie de ce grand patriote
et réfuté une à une, à l'aide de documents inédits, les calomnies qui obs-
scurcissaient encore sa mémoire aux yeux de ceux qui ignoraient quelles furent son existence privée et publique et sa fin. C'est pour nous un devoir,
cher à notre cœur, que de renvoyer nos lecteurs à l'excellent ouvrage de
M. Ernest Hamel, et notamment au livre XV, p. 631 à 807, de son troisième volume, qui renferme le récit le plus complet, le plus vrai et le plus
authentique qui se puisse tracer des événements du 9 thermidor.

LIVRE TREIZIÈME

CHAPITRE PREMIER

CONTRE-RÉVOLUTION

Impression produite par la mort de Robespierre en France et à l'étranger. — La *Terreur blanche* s'annonce. — Triste attitude du peintre David. — Changement subit dans la physionomie de l'Assemblée. — Parti thermidorien. — Abolition de la loi du 22 prairial. — Fouquier-Tinville anathématisé par Fréron. — Attaque prématurée de Lecointre contre Barère, Billaud-Varenne, Collot-d'Herbois et Vadier. — Explosion de la poudrière de Grenelle. — Renouvellement des comités. — Tallien chassé du club des Jacobins. — Fréron reprend son journal l'*Orateur du peuple*. — Marat au Panthéon : comédie jouée par les Thermidoriens. — Tableau des grands services du Comité de Salut public présenté par Robert Lindet à l'Assemblée. — La *Jeunesse dorée*. — Translation des cendres de Jean-Jacques au Panthéon. — Carrier mis en jugement. — Fin du club des Jacobins. — Nouvelle direction donnée à l'esprit public. — L'ère des salons dorés commence. — Changements introduits dans les mœurs. — Rapport de Romme contre Carrier; honorable et courageuse franchise de Romme. — Carrier décrété d'accusation ; sortie de Legendre. — Arrestation de Carrier ; on l'empêche de se brûler la cervelle. — Rappel au sein de l'Assemblée des soixante-treize députés signataires de la protestation contre le 31 mai. — Étrange décision prise par l'Assemblée à l'égard des vingt-deux députés girondins mis hors la loi. — Procès de Carrier. — Contraste entre son attitude et celle de son co-accusé Goullin. — Défense de Carrier ; cruautés des Vendéens rappelées. — Carrier et deux de ses co-accusés sont condamnés à mort. — Acquittement des autres membres du Comité nantais. — Scène touchante. — La Convention ne sanctionne pas les acquittements. — Réorganisation du tribunal révolutionnaire. — Exécution de Carrier.

Le 9 thermidor marque la fin d'une période historique aussi imposante que terrible, et le commencement d'une

période tout à fait distincte. Mais comme la seconde sert
à éclairer d'un jour très-vif la sombre grandeur de la première, nous poursuivrons notre récit. Seulement, nous
hâterons le pas.

Robespierre étant devenu, grâce à la calomnie, secon-
dée par les dehors d'un pouvoir qu'il ne possédait pas,
le bouc émissaire de la Révolution, sa chute fut saluée
par beaucoup comme la clôture du régime de la Terreur.
Pour mieux vouer sa mémoire à l'exécration publique et
faire bénir leur triomphe, les vainqueurs, tout en se réser-
vant de continuer le Terrorisme pour leur propre compte,
s'étudièrent à donner au nom de Robespierre, mort, un
son effrayant. Ils trépignèrent sur la cendre de cet homme
qu'ils venaient d'assassiner. Insultant jusqu'à son tombeau, ils lui composèrent l'épitaphe suivante :

PASSANT, QUI QUE TU SOIS, NE PLEURE PAS MON SORT.
SI JE VIVAIS, TU SERAIS MORT [1].

La Terreur, pourtant, était loin de toucher à son
terme, et le contraire ne sera que trop prouvé. Mais il
est très-vrai qu'elle n'était plus possible que revêtue
d'autres formes et mise au service d'autres idées. La
guillotine était un ressort qu'on avait usé à force de le
tendre. Elle avait d'abord épouvanté, puis fait horreur;
maintenant, elle... ennuyait. Le temps était venu où le
couperet allait être remplacé par le poignard, et la décollation en place publique, par l'assassinat en pleine
rue. La Terreur blanche préparait son entrée. Quant à
la Terreur rouge, il était dans la nature des choses qu'elle
finît par la défaite de Robespierre, comme elle aurait fini
par sa victoire.

Quoi qu'il en soit, la nouvelle de ce grand événement

[1] Elle fut imprimée dans la plupart des journaux réactionnaires du temps.
Voy. *Annual Register*, 1794, vol. XXXVI, p. 168.

ne produisit point l'unanimité de transports joyeux qu'ont affirmée, en présence des vaincus réduits au silence, tant d'écrivains salariés, dominés ou inspirés par les Thermidoriens unis aux royalistes.

Les faubourgs, mornes d'abord, manifestèrent bientôt une vague inquiétude. Suivant la forte expression d'un auteur du temps, peu suspect de sympathies ultra-révolutionnaires, « la confiance s'égara, sans trouver où se reposer. Le peuple avait des vapeurs[1]. »

Généralement parlant, les royalistes tressaillirent de bonheur : cela devait être; et cependant, même parmi eux, on en vit qui se demandaient avec effroi ce qui résulterait d'une victoire qui sauvait Fouché, couronnait Tallien, partageait le pouvoir entre Billaud-Varenne et Collot-d'Herbois, et arrachait à Carrier des hurlements de joie. En province, partout où Robespierre jeune et Couthon avaient passé, on se disait à mi-voix, dans les rangs de ceux que troublait l'image du bourreau : « Qu'allons-nous devenir? Nos malheurs ne sont pas finis puisqu'il nous reste encore des parents, des amis, et que MM. Robespierre sont morts. » « Et cette crainte, ajoute Charles Nodier, n'était pas sans motif; car le parti de Robespierre venait d'être immolé par le parti de la Terreur[2]. »

L'allégresse fut et dut être extrême dans les prisons, à cause du fameux mot que le Comité de sûreté générale avait eu soin d'y faire circuler : « *C'est Robespierre qui le veut,* » et parce que le 9 thermidor ne pouvait manquer d'apporter à la situation un changement quelconque. Et toutefois, là non plus, l'impression sur tous ne fut point la même. Ceux d'entre les prisonniers qui connais-

---

[1] Dussault, *Fragment pour servir à l'Histoire de la Convention nationale*, p. 19. *Bibl. Hist. de la Rév.*, 1338-40.
[2] Charles Nodier. Voy., dans le *Dictionnaire de la Conversation*, la biographie de Robespierre jeune par cet écrivain.

saient le mieux les hommes et les choses avaient toujours
compté sur le triomphe de Robespierre pour leur salut[1]:
ceux-là, tout d'abord, furent consternés[2]. Mais il n'est
point douteux que, par la majorité des détenus, le
9 thermidor fut salué comme un signal de délivrance.
Le dernier coup de hache à peine donné, des commissaires obligeants s'étaient hâtés de porter aux prisons,
sous la doublure de leurs chapeaux, — tant ils craignaient
encore le parti terrassé, — les journaux qui contenaient
la nouvelle. Dans une prison, des jeunes gens, inquiets de
l'agitation environnante, montent au plus haut de l'édifice,
et, promenant leurs regards de tous côtés, aperçoivent une
femme qui, après avoir montré une *robe* et une *pierre*,
faisait sur son cou un signe expressif : ils comprirent[3].

Chez les nations étrangères et ennemies, il y eut étonnement d'abord[4], puis satisfaction mêlée de dédain et
d'espoir. Robespierre l'avait pris avec elles sur un ton de
dignité et de hauteur[5] qui avait beaucoup contribué à le
grandir à leurs yeux. Au fond, elles le regardaient comme
le seul homme capable de consolider la Révolution. Lui
par terre, elles crurent la France à la veille d'entrer
dans une période de désordre et de confusion qui la li-
vrerait à leurs coups[6].

Ce qui est certain, c'est que le Terrorisme en France
ne songeait nullement à abdiquer. Dès le lendemain du

---

[1] C'est l'opinion que Thouret n'avait cessé d'exprimer, selon le témoignage de son compagnon de captivité, le royaliste Beaulieu.

[2] Tel fut l'effet produit dans la prison où se trouvait alors M. Félix Des-
portes, mort il y a quelques années, et de qui nous tenons le fait.

[3] Rapport de Courtois sur les événements du 9 thermidor, p. 5.

[4] « They were uncommonly astonished when they heard of his over-
throw. » Voy. *Annual Register*, 1794. Vol. XXXVI, p. 171.

[5] « During the plenitude of his power, he had occasionally assumed a
great appearance of superior dignity and importance. » *Ibid.*, p. 172.

[6] « They began to expect that it would be followed by disorders and
confusion that might be advantageous to themselves. » *Annual Register*,
1794. Vol. XXXVI, p. 171.

10 thermidor, Fouquier-Tinville disait à Joly, huissier du Tribunal révolutionnaire : « Le peuple doit être content. La guillotine marche, elle marchera, et cela ira encore mieux[1]. » De son côté, non content de proposer le maintien de Fouquier-Tinville comme accusateur public[2], Barère s'écriait, dans la séance du 14 thermidor : « La révolution est une plante dont on ne saurait arrêter la végétation sans la faire périr[3], » et l'on sait en quoi cette végétation consistait, aux yeux d'un homme qui ne s'était jamais fait scrupule de « battre monnaie sur la place de la Révolution, » et qui disait : « La planche de la guillotine n'est qu'un lit un peu plus mal fait qu'un autre[4]. » Peu de temps après, Louchet qui, le premier, avait demandé l'arrestation de Robespierre, tenait le langage que voici, du haut de la tribune de la Convention : « Persuadé que, pour tarir la source de nos troubles intérieurs, il n'est *d'autre moyen que de mettre la Terreur à l'ordre du jour...* » Et comme on l'interrompait par ce cri : La justice ! la justice ! il ajouta : « J'entends la justice la plus sévère contre le lâche modérantisme[5]. » Il est à remarquer que l'homme qui fit ordonner l'impression de ce discours fut Tallien[6]. Et certes, lui dont le nom faisait frissonner Bordeaux, lui le défenseur de Jourdan *coupe tête*, il était ici dans son rôle; mais, en même temps, combien il donnait raison à cette apostrophe du Girondin Mercier : « Tallien ! Tal-

---

[1] Voy. la déposition de Joly dans le procès de Fouquier-Tinville, *Hist. parl.*, t. XXXV, p. 89 et 90.

[2] *Hist. parl.*, t. XXXVI, p. 25.

[3] *Moniteur*, an II (1794), n° 315.

[4] Prud'homme, *Histoire générale et impartiale*, etc., t. I, p. 85.

[5] *Moniteur*, an II (1794), n° 333.

[6] Il voulut bien dire toutefois qu'il ne fallait pas mettre la Terreur à l'ordre du jour. Et pourquoi? « Parce qu'il avait vu l'effet produit par ces mots sur l'Assemblée. » Ce trait est caractéristique. Voy. le *Moniteur*, an II (1794), numéro 333.

lien! Tu te levas, ainsi qu'un grabataire poltron, quand
le feu prend à la paillasse de son lit ; tu représentas en
comédien dans la tragédie qui finit le règne de Robespierre [1]. »

Et en effet, sous les dominateurs nouveaux, la Terreur
ne fit que changer d'objet. La guillotine de M. Louis,
qui ne fut que plus tard remplacée par la transportation,
cette *guillotine sèche* dont l'abbé Sieyès fournit l'idée[2],
reçut, pendant les premiers jours de la régénération
prétendue, son contingent habituel de victimes : soixante-
dix le 11 thermidor, et, le 12 thermidor, treize. Il est
vrai que, cette fois, c'étaient des révolutionnaires qu'on
tuait, au nom de la Révolution! Quand Coffinhal fut conduit au supplice, on lui criait : « Tu n'as pas la parole! »
Mais ceux qui avaient la parole maintenant s'en servirent
pour comprendre dans l'égorgement en masse de la municipalité un honnête commis expéditionnaire, et un
garçon de bureau auxquels on n'avait à reprocher d'autre
délit que de s'être trouvés par état en compagnie des
municipaux[3]. Les prisons, dont on se hâta de tirer les
royalistes, se peuplèrent de patriotes. Duplay, sa femme,
son jeune fils, avaient été incarcérés à Sainte-Pélagie dès
le soir du 9 thermidor : quelques jours après, la veuve
de Lebas et sa sœur aînée furent arrêtées. Deux autres
sœurs, alors en Belgique, et même des parents plus éloi-
gnés, qui n'avaient jamais connu Robespierre, furent enveloppés dans la proscription[4]. Des mégères de l'ordre
rétabli coururent chercher madame Duplay jusque dans
son cachot, où on la trouva étranglée[5]! Certains royalistes,

---

[1] Mercier, le *Nouveau Paris*, chap. XXI.

[2] Voy. le rapport de Sieyès sur une loi de grande police, dans le *Moniteur*, an III (1795), séance du 1er germinal (21 mars).

[3] Nogaret, *Histoire abrégée*, liv. XXIV, p. 445.

[4] Voy. l'article Duplay, dans le *Dictionnaire de la Conversation*.

[5] Nogaret dit, p. 445, qu'elle se pendit, pendant la nuit, derrière la
porte.

détenus, rentrèrent en prison presque aussitôt qu'ils en furent sortis : témoin la sœur du Vendéen Botidoux, qu'on incarcéra de nouveau, *pour forcer son frère à abandonner le parti des rebelles*[1]. Voilà ce qu'on appelait le retour à la justice et à l'humanité !

Au nombre de ceux que Robespierre entraîna dans sa chute, figurèrent Rossignol, qui s'était conduit si bravement en Vendée, et le peintre David. L'attitude de ce dernier fut misérable. Il s'excusa d'avoir été partisan de Robespierre sur ce qu'à l'exemple de beaucoup d'autres, il l'avait cru vertueux. « On ne peut concevoir, ajouta-t-il, jusqu'à quel point ce malheureux m'avait trompé[2]. » Ceci dit le 15 thermidor ; et, le 8, David s'était offert à boire la ciguë avec son ami ! Maignet fut sur le point d'être arrêté, lui aussi. Son crime était d'avoir été lié avec Couthon, et son accusateur fut Rovère[3], le même qui ne rougissait pas de dire : « J'ai souvent caressé le petit chien de Couthon pour gagner les bonnes grâces de son maître[4]. »

Triste et singulière mobilité des choses humaines ! Il suffit de quelques jours pour changer complétement la physionomie de l'Assemblée. « Il y avait plus de six mois, écrit Levasseur, que je n'avais siégé au milieu de mes collègues quand je reparus dans la Convention. Son aspect me frappa. Le sommet de la Montagne, où se pressaient naguère les deux tiers des députés, était maintenant dégarni et presque désert. Un grand nombre de ses membres s'étaient rapprochés du Marais, où ils espéraient se faire oublier en se confondant avec la tourbe banale des appuis de tous les partis vainqueurs. D'autres, sans quitter le côté gauche, étaient descendus plus bas, et de

---

[1] *Mémoires de Puisaye*, t. IV, p. 178.
[2] *Moniteur*, an II (1794), n° 315.
[3] *Ibid.*, n° 316.
[4] *Mémoires de Levasseur*, t. IV, chap. IV, p. 108.

leurs bancs nouveaux, comme d'un terrain neutre, ils
étudiaient la nouvelle marche de la Révolution. Mais ce
qui m'étonna davantage, ce fut de voir Tallien, Legendre,
Merlin, Fréron, assis au côté droit. Il régnait dans toute
l'Assemblée une grande confusion. Je ne pouvais consulter personne pour savoir quel parti prendre, au milieu
d'une Assemblée que je ne connaissais plus. Il y restait
cependant une trentaine de patriotes décidés à donner leur
vie pour leurs principes : le véhément Duhem, Rulh,
Ruamps, Bourbotte, Soubrani, et cet intéressant Goujon,
dont nous avons eu, depuis, à déplorer la perte : c'est au
milieu d'eux que je choisis ma place[1]. »

Les anciens chefs du parti terroriste : Billaud-Varenne,
Collot-d'Herbois, Barère, Tallien, Fouché, Fréron, Barras, Cambacérès ; les Dantonistes, tels que Thuriot, Legendre, Bourdon (de l'Oise), Merlin (de Thionville) ; les
Hébertistes, tels qu'André Dumont ; d'anciens Montagnards qui, comme Thibaudeau, étaient entrés dans leur
période de lassitude, tels furent les éléments hétérogènes
dont se composa, le lendemain de la chute de Robespierre,
la majorité qu'on nomma *thermidorienne*.

Son premier soin fut de compléter le Comité de Salut
public, par la nomination de Bréard, Eschasseriaux
l'aîné, Laloi, Thuriot, Treilhard, Tallien[2], et le Comité
de Sûreté générale, par celle de Legendre, Goupilleau
(de Fontenay), Merlin (de Thionville), André Dumont et
Bernard (de Saintes)[3]. Jean Debry ayant été désigné, on
fit observer qu'il ne pouvait faire parti d'aucun Comité,
parce qu'il avait protesté contre le 31 mai. Lui, se démit,
et personne ne réclama[4]. Le moment de répudier le
31 mai n'était pas encore venu pour les Thermidoriens ;

---

[1] *Mémoires de Levasseur*, t. IV, chap. ii, p. 24.
[2] *Moniteur*, an II (1794), n° 315.
[3] *Ibid.*, an II (1794), n° 315.
[4] *Mémoires de Levasseur*, t. IV, chap. ii, p. 57.

mais ils étaient sur une pente où s'arrêter était impossible; et le mouvement de réaction, une fois commencé, devait, par une loi fatale, les ramener à la Gironde d'abord; puis, au royalisme.

La décision de l'Assemblée, relativement au Tribunal révolutionnaire, montra la prédominance momentanée de l'élément représenté par les Billaud-Varenne et les Tallien; la loi du 22 prairial fut abolie, mais le Tribunal révolutionnaire, tel qu'il existait avant cette loi, maintenu [1], les vainqueurs voulant bien détruire tout ce qui était l'œuvre particulière des vaincus, mais non se désarmer. Le sceptre d'airain de la Terreur ne fut donc pas brisé; seulement, comme il convenait de le faire passer en d'autres mains, on applaudit à ce cri de Fréron : « Je demande que Fouquier-Tinville aille cuver dans les enfers le sang qu'il a versé [2]. » Fouquier-Tinville avait toujours été opposé à Robespierre, mais c'était un coup de parti que d'abattre ce personnage odieux, comme complice des victimes du 9 thermidor; il n'en fallut pas davantage. Fouquier-Tinville se vit frappé d'une destitution qui servait une calomnie; il fut même arrêté sur la proposition de Turreau [3], dont le tour allait bientôt venir, la logique inexorable de la situation étant désormais que les révolutionnaires fussent dévorés les uns après les autres. Et c'est ce dont une proposition de Lecointre vint de bonne heure les avertir.

De tous les ennemis de Robespierre, Lecointre avait été certainement le plus sincère. Prompt à suivre les impulsions de son cœur, dont son intelligence n'était ni assez ferme ni assez éclairée pour régler les battements, les calculs de la politique lui étaient étrangers. Il s'était étonné de voir prendre place parmi ceux qui, le 9 ther-

---

[1] *Moniteur*, an II (1794), n° 324.
[2] Séance du 14 thermidor (1er août).
[3] *Moniteur*, an II (1794), n° 315.

midor, avaient tant crié à la tyrannie, des hommes tels que Billaud-Varenne, Collot-d'Herbois, Barère, Vadier. Sa conscience lui disait que les personnages vraiment comptables de l'affreux mois de messidor étaient les dépositaires du pouvoir pendant cette période sombre. Il résolut donc de les accuser en face, sans prendre conseil que de lui-même. Le 12 fructidor (29 août), il paraît soudain à la tribune, et déclare que, par pièces authentiques et par témoins, il est en mesure de prouver la culpabilité de Billaud-Varenne, de Collot-d'Herbois, de Barère, comme membres du Comité de salut public, et de Vadier, Amar, Vouland, David, comme membres du Comité de sûreté générale. Il donna ensuite lecture de vingt-six chefs d'accusation contre les hommes qu'il avait nommés [1].

Tous les regards se fixèrent sur les membres que Lecointre dénonçait. Le long maniement du pouvoir imprimait à leur attitude quelque chose de singulièrement hautain. La dissimulation était peinte sur leur visage en traits qu'y avaient gravés l'habitude et la nécessité du mystère. Leur teint flétri témoignait des ravages d'un travail excessif et nocturne. Leurs yeux caves brillaient d'une sorte d'éclat sinistre; et cependant, aux efforts visibles qu'ils faisaient pour adoucir leur contenance, on devinait déjà que leur fortune touchait à son terme. Il n'était pas jusqu'à Billaud-Varenne qui, en ce moment, ne tâchât de donner à sa voix tranchante une inflexion plus moelleuse, et plus de sérénité à son front pâle [2].

Si Lecointre n'avait eu le malheur d'avoir un extérieur et une physionomie ridicules [3], peut-être sa dénonciation eût-elle produit quelque effet; mais, même dans ce cas,

---

[1] *Moniteur,* an II (1794), n° 344.

[2] Dussault, *Fragment pour servir à l'Histoire de la Convention nationale,* p. 28. Bibl. Hist. de la Rév., 1358-40.

[3] *Ibid.,* p. 27.

il est peu probable qu'elle eût emporté un vote fatal aux
accusés. L'heure du déclin avait sonné pour eux, non
celle de la mort, et beaucoup, parmi les Montagnards
défectionnaires, s'intéressaient à leur destinée, de peur
d'avoir plus tard à la partager. De là une agitation qui
prit un instant des proportions tragiques. Goujon ana-
thématisa l'esprit de discorde; Cambon fit observer rudement que « si les Comités étaient criminels, criminelle
aussi devait être l'Assemblée qui, chaque mois et unanimement, avait prorogé leurs pouvoirs. » Billaud-Varenne,
avec plus d'adresse que de dignité, s'était abrité derrière
le souvenir de sa conduite au 9 thermidor. Vadier se
montra tout à coup à la tribune, un pistolet à la main,
prêt, disait-il, à se faire sauter la cervelle en cas de vote
hostile. La réaction connaissait encore si peu toute l'étendue de ses forces, qu'elle hésita ; les révolutionnaires de
nuances diverses firent faisceau, et l'Assemblée décréta
que, « rejetant avec la plus profonde indignation » la
dénonciation de Lecointre, elle passait à l'ordre du
jour [1].

Mais l'ordre du jour, bien que motivé d'une manière
en apparence péremptoire, ne faisait, après tout, qu'é-
carter une accusation qui voulait être approfondie, même
dans l'intérêt des membres dénoncés. La Convention
rapporta donc son décret le lendemain, et Lecointre
fut sommé de produire les pièces dont il se prétendait
armé. C'est ce qu'il fit; et comment aurait-il pu s'acquitter de cette tâche, sans donner à d'autres que ceux
qu'il désignait la conscience d'un prochain péril, sans
éveiller mille noires conjectures, sans mettre en question
tout le passé révolutionnaire? Un effroyable orage éclata
sur la tête de l'orateur. Il fut injurié, vilipendé, et son
accusation repoussée solennellement comme calom-

---

[1] Voy. le *Moniteur*, an II (1794), n° 344.

nieuse[1]. Il avait ressemblé, en cette occasion, à « un
canonnier qui, ayant mis le feu à la pièce avant que la
manœuvre fût terminée, aurait blessé ses camarades[2]. »
Mais son acte d'accusation a surnagé, et il constitue,
avec les pièces à l'appui, un document historique d'une
importance décisive. La justification des vaincus de thermidor est là[3].

Un événement inattendu et susceptible d'interpréta-
tions funestes vint ajouter à l'agitation que ces débats
produisirent parmi le peuple. Le 14 fructidor (31 août),
à sept heures et demie du matin, la poudrerie de Grenelle sauta. Un grand coup, suivi de plusieurs autres
très-éclatants, annonça l'explosion, et l'on ressentit au
loin comme un tremblement de terre. Ce fut un spectacle
émouvant que celui de toutes ces fenêtres qui, s'ouvrant tout à coup, laissèrent voir des milliers de visages
pâles d'effroi. D'où venait le bruit? La réponse, c'était
une immense colonne de fumée qui s'élevait du côté du
couchant. A neuf heures, des cadavres furent aperçus,
qu'on ramenait sur des brancards. Des femmes éplorées,
courant çà et là, remplissaient la rue de Grenelle-Saint-
Germain. Le désastre fut effroyable. Autour du magasin,
ce n'était qu'un amas confus de ruines. Des maraîchers
avaient là leurs maisons; elles semblaient être descen-
dues sous terre. Les remparts du champ de Mars furent
en partie renversés; tous les arbres des environs appa-
raissaient blancs de poussière, plusieurs étaient fendus du
haut en bas. Sous des monceaux de pierres, on trouva des
lambeaux de chair humaine, des têtes broyées. On eût
dit un vomissement du Vésuve. L'auteur contemporain
qui nous a légué ce tableau, s'écrie : « O Paris, que de

---

[1] *Moniteur*, an II (1794), n° 345.

[2] Dussault, *Fragment pour servir à l'Histoire de la Convention nationale*, p. 30.

[3] Voy. les chapitres précédents, *passim*.

coups divers et ténébreux t'ont porté les ennemis de ta splendeur[1] ! »

L'opinion populaire fut que cet horrible événement, où soixante personnes périrent et où beaucoup d'autres furent blessées, n'était pas l'ouvrage du hasard ; et ce qui confirmait les soupçons, c'était l'incendie de l'Abbaye, qui, par une coïncidence effroyable, se trouvait avoir précédé immédiatement l'explosion de la poudrerie de Grenelle[2].

Le 15 fructidor (1er septembre), Treilhard vint annoncer à la Convention que les membres du Comité de salut public avaient tiré au sort pour savoir quels seraient les trois d'entre eux qui seraient remplacés, et que le sort avait désigné Carnot, Lindet, Barère. « Collot-d'Herbois et Billaud-Varenne, ajouta-t-il, donnent leur démission. » Montant aussitôt à la tribune, Collot expliqua que son collègue et lui se retiraient : d'abord, parce qu'un trop long séjour des mêmes membres dans les Comités pouvait être dangereux pour la liberté publique ; ensuite parce que la partie du travail dont ils avaient été chargés jusqu'alors passant à d'autres, leur présence au pouvoir devenait inutile. La déclaration suivante de Tallien étonna : « Si la présence d'un homme dans un Comité peut être une pierre d'achoppement, il doit se condamner à une espèce d'ostracisme. » Et il conclut par l'offre de sa démission ; sacrifice qui ne lui était point demandé, mais qu'on accepta[3].

Il y avait conséquemment quatre membres à élire ; le choix de l'Assemblée tomba sur Delmas, Cochon de l'Apparent, Fourcroy et Merlin (de Douai).

Ces choix accusaient vivement les deux traits caracté-

---

[1] Mercier, le *Nouveau Paris*, chap. cxlii.
[2] *Ibid.*
[3] Voy. la séance du 15 fructidor, dans le *Moniteur*, an II (1794), n° 347.

ristiques du parti thermidorien : haine de Robespierre et
amour de la Terreur. Delmas, en effet, avait été l'adjoint
de Barras, au 9 thermidor[1]; Cochon de l'Apparent était
l'un des deux commissaires en mission à Valenciennes,
lorsque cette ville capitula, capitulation que Robespierre
avait flétrie en termes si fiers; Fourcroy, le chimiste,
avait été président des Jacobins, dont on le regardait
comme un des membres les plus fougueux, et l'on se
rappelait que, blâmé de son silence à la Convention, il
s'était excusé sur ses travaux, qui nourrissaient « le sans-
culotte son père et les sans-culottes ses sœurs[2]. » Quant
à Merlin (de Douai), c'était lui qui avait fait adopter la
division du tribunal révolutionnaire en quatre sections[3],
et indiqué le mode d'exécution de la loi des suspects[4]; il
était le légiste de la Terreur.

Le renouvellement du Comité de sûreté générale suivit
celui du Comité de salut public. Les trois membres
manquants, Jagot, David, Lavicomterie, et les quatre
membres sortants, Élie Lacoste, Vouland, Vadier,
Moyse-Bayle, furent remplacés par Bourdon (de l'Oise),
Colombel, Meaulle, Clauzel, Mathieu, Montmayou et
Lesage Senault[5].

Pendant ce temps, une agitation très-vive régnait au
club des Jacobins; des adresses, envoyées de presque tous
les points de la France, leur montraient les contre-révolutionnaires déjà ivres d'orgueil, les patriotes dénoncés
ou persécutés, l'ère des vengeances prête à s'ouvrir, et
le terrorisme invoqué, non plus comme moyen de défendre la Révolution, mais comme moyen d'en finir avec
elle. Le 23 fructidor (9 septembre), le secrétaire chargé

---

[1] *Moniteur*, an II (1794), n° 312.
[2] *Ibid.*, an II (1795), n° 82.
[3] *Ibid.*, 1792, n° 249.
[4] *Ibid.*, n° 262.
[5] *Ibid.*, an II (1794), n° 54⁻.

de lire la correspondance, prononça, au moment d'en donner communication, ces mots, où l'histoire de la situation était contenue : « Je vais vous déchirer le cœur en vous apprenant que les patriotes sont opprimés dans toutes les parties de la France[1]. » Il fallait, ou résister énergiquement, ou périr. Les Jacobins ne voulurent point périr sans combattre. La décision par laquelle, le 17 fructidor (5 septembre), ils chassèrent de leur sein Lecointre, Tallien et Fréron[2], indiquait assez qu'entre eux et les Thermidoriens il n'y avait plus de possible qu'une lutte à mort. Tallien et Fréron, à la sortie du club d'où l'on venait de les exclure, s'étant jetés dans les bras l'un de l'autre[3], cette scène inattendue fut signalée comme la preuve d'un concert sinistre. Les deux partis se mirent à aiguiser leurs armes.

Si, parmi celles qu'ils pouvaient employer, les Jacobins avaient admis l'assassinat politique, grande eût été leur folie, et il était absurde de les en supposer capables, après tant de discours enflammés dont leur club avait retenti contre ceux qui avaient recours à des tentatives semblables. Mais cette considération n'arrêta pas leurs ennemis. Le 23 fructidor (10 septembre), vers minuit, un coup de pistolet ayant été tiré sur Tallien[4], les Thermidoriens se répandirent en clameurs menaçantes. Tallien avait été blessé à l'épaule, mais très-légèrement[5]. Pour quel motif? mystère. Et l'assassin? disparu. Il eût donc été d'équité stricte d'attendre, avant d'accuser, le résultat d'une enquête. Mais non; à peine la Convention est-elle

[1] Hist. parl., t. XXXVI, p. 70.
[2] Moniteur, an II (1794), n° 351.
[3] Hist. parl., t. XXXVI, p. 69.
[4] Dubarran l'annonça à la Convention dans la séance du 24 fructidor (10 septembre). Voy. le Moniteur, an II (1794), n° 356.
[5] Voy. le rapport des officiers de santé, dans le Moniteur, an II (1794), n° 347.

informée de l'événement, que Merlin (de Thionville) se
lève et désigne les Jacobins comme les auteurs du meûr-
tre. Son discours se terminait par cette violente apostrophe : « Peuple, si tu veux conserver la Convention,
arme-toi de ta puissance, et, la loi à la main, fonds sur
ce repaire de brigands [1]. »

Dussault, collègue de Merlin (de Thionville), dit de lui
que « c'était un Hercule dans les mains duquel on sur-
prenait quelquefois un fuseau à la place d'une massue [2]; »
mais ses services militaires, sa réputation méritée de
bravoure, et la rude franchise de son éloquence n'étaient
pas sans lui donner de l'influence sur la majorité. Cependant son appel au « peuple, » au peuple de Tallien et
de Fréron, parut prématuré, même aux plus ardents.
Entre les Jacobins et les Thermidoriens, la masse de la
Convention en était encore à chercher sa route; et, quant
aux meneurs de la réaction, ils craignaient, en précipi-
tant le mouvement, de le compromettre.

C'est ce qui explique l'accueil fait par l'Assemblée à
une adresse des Jacobins dont l'objet était d'obtenir,
d'abord qu'on chassât du Panthéon les cendres de Mirabeau ; ensuite, qu'on y transférât la dépouille mortelle
de Marat [3]. Cette translation fut décrétée le 26 fructidor
(12 septembre) [4]. Qui le croirait? Fréron fut le premier
à faire bruit de son culte pour la mémoire de Marat. Il
venait de reprendre son journal, l'*Orateur du peuple*, ce
journal monstrueux qui, après avoir servi tant de fureurs, allait fournir un porte-voix à des fureurs toutes
contraires. Or, de même qu'il s'était couvert du nom de
Marat pour enfiévrer la Révolution, de même il se cou-

[1] *Moniteur*, an II (1794), n° 356.
[2] *Fragments pour servir à l'Histoire de la Convention nationale*, par
J.-J. Dussault, *Bibl. hist. de la Rév.*, 1338-40.
[3] Voy. le *Moniteur*, an II (1794), n° 354.
[4] *Ibid.*, n° 358.

vrait aujourd'hui de ce nom pour la détruire. Attaqué par Granet et Moyse Bayle sur sa conduite à Toulon, il leur reprocha comme le plus noir des crimes... d'avoir écrit contre Marat[1]. Et quelques jours auparavant, il avait demandé la liberté indéfinie de la Presse!

La cérémonie de la translation des cendres de l'*Ami du peuple* cadra, aux termes du décret, avec « la fête du dernier jour sans-culottide. » On se rappelle avec quelle singulière prescience, Marat avait prédit qu'un jour on porterait sa poussière au Panthéon, et quel cri profond lui avait arraché l'idée d'honneurs où son génie sombre devinait d'avance un outrage : « J'aimerais mieux ne jamais mourir! » Quel autre cri, plus terrible, n'eût-il pas poussé—si, pour un instant, il lui eût été donné de revivre—en voyant la comédie de son immortalité jouée par ces Thermidoriens qui, moins de cinq mois après, firent ou laissèrent jeter son buste dans un égout! Mais la réaction comprenait la nécessité de régler sa marche. Les choses se firent donc avec une pompe extraordinaire. Le char traversa Paris, ombragé de quatorze drapeaux destinés aux quatorze armées de la République. En tête s'avançaient d'un pas solennel les sociétés populaires ; puis venaient les diverses autorités constituées ; puis, les élèves de l'École de Mars. La Convention en corps suivait le char, entourée d'un ruban tricolore que portaient des vieillards et des enfants. A trois heures et demie, le cortége arrivait au Panthéon ; et le journal officiel du moment termine le tableau de la cérémonie par ces mots : « Tandis qu'on descendait du char le cercueil de Marat, on rejetait du temple, par une porte latérale, les restes impurs du royaliste Mirabeau[2]. »

Ce fut vers ce temps que Robert Lindet mit sous les

---

[1] Voy. séance du 2 vendémiaire (23 septembre), *Moniteur*, an III (1794), n° 6.

[2] *Moniteur*, an III (1794), n° 4.

yeux de la Convention, dans un grave et noble rapport,
le tableau de tout ce que le Comité de salut public avait
accompli de prodiges. On le couvrit d'applaudissements,
tant il y avait de grandeur dans ce passé que, cependant,
on allait clore !

Et en effet, le brûlant foyer d'où la vie révolutionnaire, après s'y être concentrée, avait rayonné si puissamment, était alors à la veille de s'éteindre sous les pieds
de la *Jeunesse dorée de Fréron*.

Commis-marchands, garçons de magasin, clercs d'a-
voué ou de notaire, enfants perdus de la noblesse, jeunes
libertins, voilà de quels éléments se composaient ces
troupes légères de la contre-révolution connues sous le
nom de *Jeunesse dorée*: étrange assemblage de frivolité et
de violence, de mœurs efféminées et d'entraînements farouches. Nous aurons à décrire plus loin d'une manière
complète cette ligue des héros de cabaret avec les héros
de boudoir : à l'époque où nous sommes, ils ne faisaient
encore que paraître sur la scène, et on les distinguait à
leurs cadenettes poudrées, à leurs cravates vertes, aux
collets noirs de leurs habits[1].

Leur journal, c'était l'*Orateur du peuple*, feuille fréné-
tique où ils allaient prendre leur mot d'ordre[2], espèce de
cor sauvage qui sonnait la chasse aux hommes ; et leur
oracle, c'était Fréron, que sa rage, en changeant d'objet,
avait désigné à leurs sympathies. Car Fréron était resté,
en passant d'un camp à l'autre, l'énergumène dont le
Midi se souvenait en frissonnant. Au nom de la Terreur,
il avait démoli l'Hôtel de Ville de Marseille ; et au nom de
la modération, il demanda qu'on abolît l'Hôtel de Ville de
Paris[3]. Il appelait Marat son *divin maître*[4], et cela en

---

[1] Thibaudeau, chap. XII, p. 143.
[2] *Mémoires de Levasseur*, t. IV, chap. IV, p. 126.
[3] *Ibid.*, chap. I, p. 14.
[4] *Ibid.*, chap. IV, p. 126.

soufflant la flamme des passions qui se préparaient à
traîner Marat aux gémonies.

L'histoire des Thermidoriens est pleine de traits pareils. C'est ainsi que, le 20 vendémiaire (11 octobre), ils
portèrent en grande pompe au Panthéon les cendres de
ce Jean-Jacques dont Robespierre n'avait cessé d'avoir
les livres ouverts sur sa table. Ils mettaient le maître
au rang des dieux mortels, après avoir assassiné le dis-
ciple !

En réalité, jamais position ne fut plus fausse que la
leur ; ils avaient contre eux la logique même de leur défection, logique formidable qui menait droit au châtiment
des Terroristes de la Révolution par ceux de la contre-
révolution. Et bien vainement auraient-ils espéré se soustraire à la nécessité de se frapper en frappant un à un
leurs anciens complices. La réaction à laquelle ils s'étaient
livrés voulait des gages, et les voulait sanglants.

Carrier fut la première tête qu'elle demanda. La lui
accorder, les Thermidoriens ne le pouvaient qu'à la condition de flétrir leur politique passée. La lui refuser, ils
ne le pouvaient qu'à la condition d'affronter les passions
que le 9 thermidor avait déchaînées. Ils s'abandonnèrent
au courant, les malheureux, n'ayant plus même le choix
des abîmes !

Et en effet, le 22 vendémiaire (13 octobre), quatorze
membres de l'ancien Comité révolutionnaire de Nantes
ayant été traduits en justice, leur procès avait mis au
jour un ensemble de forfaits tels, que Paris s'était cru
en présence d'une révélation de l'enfer. Nous les avons
racontés déjà[1]. Et quel homme devait-on en rendre principalement comptable? Si l'on interrogeait les accusés
sur ce point, leur réponse était : C'est Carrier qui l'a
voulu ; c'est Carrier qui l'a ordonné ; que Carrier vienne

---

[1] Voy., dans le volume précédent, le chapitre intitulé *les Proconsuls.*

ici nous démentir, s'il l'ose! Carrier! cria l'auditoire.
Carrier! répéta tout Paris; et le bruit de ce nom sinistre
se prolongeant d'écho en écho, la Convention, à son tour,
cria : Carrier! Carrier!

Le 8 brumaire (29 octobre), elle avait décidé, sur la
proposition de Tallien[1], que toute dénonciation contre
un représentant du peuple serait renvoyée aux Comités
de salut public, de sûreté générale et de législation, et
qu'en cas d'affirmative, une commission serait désignée
pour l'examen et le rapport des faits[2]. Cette mesure, qui
donnait la minorité à dévorer aux meneurs de la majorité, et que Lejeune baptisa de son vrai nom, *Chambre
ardente*[3], fut aussitôt appliquée à Carrier[4], qu'on plaça
sous une surveillance active, de peur qu'il ne prît la
fuite[5].

Les Jacobins grondèrent, moins par intérêt pour Carrier, que parce que le gouffre, une fois ouvert, menaçait
d'engloutir d'autres coupables, et pêle-mêle avec eux,
une nouvelle série de victimes. Ces plaintes hâtèrent une
catastrophe prévue.

La Révolution siégeant encore au club des Jacobins, il
était naturel qu'il devînt le point de mire de Fréron et
de la Jeunesse dorée. Après le 9 thermidor, les vainqueurs s'étaient vus un instant maîtres du club des Jacobins; mais leur domination n'avait pu s'y maintenir. De
là l'établissement d'une société rivale, à Clichy. Les contre-révolutionnaires y furent reçus à bras ouverts par les
Thermidoriens, au nombre desquels les anciens amis de
Danton[6]; et de cette alliance adultère il résulta que,

---

[1] *Mémoires de Levasseur*, t. IV, chap. IV, p. 154-155.
[2] *Moniteur*, an III (1794), n° 41.
[3] *Mémoires de Levasseur*, t. IV, chap. IV, p. 154-155.
[4] *Moniteur*, an III (1794), n° 41.
[5] *Ibid.*, n° 44.
[6] *Mémoires de Levasseur*, t. IV, chap. IV, p. 126.

ientôt, l'esprit du club de Clichy ne différa point de celui
ui régnait à Coblentz [1].

Mais la réaction sentait bien qu'il lui serait interdit de
ormir, aussi longtemps que les Jacobins veilleraient.
ans leur séance du 13 brumaire (3 novembre), Billaud-
arenne avait prononcé ce mot, qui produisit dans Paris
ne sensation immense : « Le lion n'est pas mort [2] ! » La
estruction du club fameux fut jurée.

Le 18 brumaire (8 novembre), la Jeunesse dorée s'a-
meute, part du Palais-Royal, cloaque où fermentaient en
e temps-là tous les genres de corruption, et court as-
iéger les Jacobins. Ceux-ci, pris à l'improviste, se défen-
dent néanmoins avec vigueur ; il font des sorties comme
ans une place de guerre [3]. Les assaillants étaient venus,
es poches pleines de pierres [4] ; en outre, ils étaient
rmés de ce bâton court et plombé qui, depuis, fit partie
ntégrante du costume à la mode. Accablés par la supé-
iorité du nombre, jointe à la soudaineté de l'attaque,
es membres du club succombent ; des enfants et des
emmes, mêlés parmi eux, sont indignement assom-
nés [5] ; on brise les portes, on enlève les serrures ; des
eprésentants du peuple, accourus pour rétablir l'ordre,
ont frappés à leur tour. Duroy, l'un d'eux, qui ne fai-
ait point partie de la société, raconta, le lendemain,
la Convention, sur le ton de l'indignation la plus pro-
onde, qu'il avait été témoin de ce spectacle ignoble ;
u'il avait reçu la première nouvelle de ces violences
une femme rencontrée par lui à quelque distance de là,
t dont le visage était tout en sang ; qu'il avait vu des

[1] *Mémoires de Levasseur*, t. IV, chap. IV, p. 126.
[2] *Moniteur*, an III (1794), n° 47.
[3] Récit de Duhem dans la séance de la Convention du 18 brumaire
8 novembre).
[4] *Ibid.*
[5] *Ibid.*

membres du club sortir au milieu des huées et couverts
de boue ; enfin, que les patrouilles passaient et repas-
saient sans rien empêcher [1].

La joie fut grande dans les salons de l'ancienne noblesse, ceux qu'on nommait les *salons dorés*. Il y en eut
qui se hâtèrent d'illuminer. Les vainqueurs firent acte
de puissance, en fouettant des femmes dans les rues :
lâcheté où le libertinage trouvait son compte. Les uns
coururent les cafés, donnant l'exemple de boire à l'extermination des *Jacoquins* ; et ce fut sur l'air de la *Carmagnole* [2], que les autres exécutèrent des rondes joyeuses,
dans les jardins, pour mieux fêter la défaite du sans-
culottisme. L'enthousiasme de Fréron était au comble.
Il annonça triomphalement que la gaieté française allait
renaître, et en donna pour preuve l'idée émise par quelques citoyens de « brûler en public un beau lion de paille,
portant une crinière semblable à la perruque de Billaud-
Varenne [3]. »

Les Comités avaient eu hâte de faire mettre les scellés
sur la salle des Jacobins [4], sous prétexte que des rassemblements se formaient dans les environs ; Rewbell demanda que les séances fussent suspendues [5]. La clôture
du club n'ayant point tardé à être prononcée par les
Comités, la Convention, que les Thermidoriens dominaient en attendant que ce fût le tour des royalistes,
n'hésita pas à confirmer l'arrêté. Environ dix mois plus
tard, à l'étranger s'informant du lieu où les Jacobins
avaient siégé, on répondait : « Ah ! c'est le *marché du*

---

[1] Discours de Duroy dans la séance de la Convention du 19 brumaire
(9 novembre). Voy. le *Moniteur*, an III (1794), n° 52.

[2] Ce trait nous est fourni par le journal même de Fréron. Voy. le n°
XXXI de l'*Orateur du peuple*.

[3] *Ibid.*

[4] *Moniteur*, an III (1794), n° 53.

[5] *Ibid.*

9 *thermidor* que vous voulez voir? » Les Thermidoriens
avaient effectivement obtenu un décret, pour effacer
jusqu'à ce nom de *Jacobins* qui les accablait du souvenir
de leur passé. Vaine ressource! Le nom et le souvenir
resteront unis à jamais sur les tables d'airain de l'histoire.

A partir de ce moment, la réaction se précipita. Chaque
jour ajoutait aux symptômes par où se révélaient les conséquences du 9 thermidor. Au théâtre, on n'applaudissait
plus les mêmes passages. Les hymnes patriotiques ne
retentissaient plus que de loin en loin. Si, apercevant
au coin d'une rue la foule rassemblée autour d'un chan-
teur, vous approchiez, dans l'espoir d'entendre la *Marseillaise*, ce qui frappait votre oreille, c'était la romance
de *Mont-Jourdain* [1].

Non que l'âme du peuple fût soudainement devenue
incapable de vibrer ; mais l'impulsion manquait, ou, pour
mieux dire, elle tendait maintenant à s'exercer en sens
inverse. L'ère des *salons dorés* commençait. L'austérité
des mœurs républicaines et le viril enthousiasme
qu'elles avaient enfanté faisant place peu à peu à des
goûts d'élégance raffinée et à des influences de boudoir, la
mode élevait des trônes à la beauté, sans lui demander
compte de son emploi, et à l'esprit, sans l'interroger sur
ses desseins. Madame de Staël, madame Récamier s'essayaient à porter le sceptre qu'avaient tenu avant la Révolution et sous l'empire d'autres pensées, madame Geof-
frin et mademoiselle L'Espinasse. Les royalistes, qui, tout
bas, appelaient madame Tallien *Notre-Dame de Septembre*, l'appelaient tout haut *Notre-Dame de Thermidor*. Et
ces déesses du moment, attirant autour d'elles, à force de
regards humides et de paroles emmiellées, les rudes nour-

[1] Voyez le numéro des *Annales patriotiques* du 2 frimaire, reproduit dans
.*Hist. parl.*, t. XXXVI, p. 185-187.

rissons de la liberté militante, la corruption monarchique
se glissait partout inaperçue. Une fois admis dans l'Olympe
où les jeux, les ris et les grâces ourdissaient leurs légers
complots, les révolutionnaires étaient à demi perdus. Au
contact des gens de l'ancien régime, les plébéiens dont
l'esprit était faible s'enivraient à leur insu du sentiment
trompeur de leur importance accrue, tout entiers au charme
des séductions dont on les entourait, et se doutant peu que,
dès qu'ils avaient le dos tourné, on faisait des gorges chaudes de leur vanité prise au piége. Même les plus fermes
cédaient insensiblement à la contagion. Une jolie femme
venait-elle à lancer contre la Révolution un mot cruel enveloppé dans un doux sourire, ils tremblaient de paraître
ridicules en se fâchant. Et c'est ainsi que, de l'aveu de
Thibaudeau, « le parti républicain éprouva beaucoup de
défections ; que les uns firent des concessions, et que les
autres se vendirent entièrement au royalisme[1]. »

Tel était l'état des esprits, lorsque, le 21 brumaire
(11 novembre), Romme lut à la Convention un rapport
qui concluait à la mise en accusation de Carrier[2].

La défense de cet homme de sang fut habile et ferme.
« Ce procès, dit-il, est celui de Charette contre les vainqueurs de la Vendée. » Tirant avantage de la précaution
qu'il avait prise de donner de vive voix ses ordres meurtriers, il défia qu'on produisît, revêtu de sa signature,
l'ordre de noyer des femmes et des enfants. Des atrocités
commises par les Vendéens, il dressa un tableau à faire
dresser les cheveux. Il se rejeta sur ce qu'une situation
sans exemple dans l'histoire avait eu de pressant, d'irrésistible et de fatal. La pâleur dut monter au visage de
Tallien, de Fouché, de Fréron, lorsque, de cette voix qui
avait si souvent commandé à la mort, il s'écria : « En-

---

[1] *Mémoires de Thibaudeau*, chap. IX, p. 139.
[2] *Moniteur*, an III (1794), n° 53.

tendez-vous donc mettre en cause tous les députés en mission [1] ? »

Quoique rapporteur contre Carrier, Romme, le rigide et honnête Romme, eut la loyauté de déclarer que la loi en vertu de laquelle existait la commission qui l'avait choisi pour organe était de celles qui aisément se transforment en *poignards*. Il dit que, parmi les faits allégués, il avait trouvé des choses contradictoires, évidemment calomnieuses. Il opina pour que désormais nul ne fût reçu à poursuivre un représentant du peuple d'accusations anonymes, et se plaignit qu'on lui eût envoyé des dénonciations non signées, partant sans valeur, puisque la moralité des dénonciateurs restait un mystère. Cette probité courageuse excita des applaudissements ; elle provoqua aussi des murmures ; et Pierret ne rougit pas de crier à l'orateur à qui sa conscience prescrivait d'être juste envers tous, à tout prix : « *Romme, tu te conduis lâchement* [2] ! » La séance se termina par un décret qui permettait à l'accusé de rester chez lui sous la garde de quatre gendarmes [3].

Plusieurs séances furent consacrées à l'examen de la conduite de Carrier. Dans celle du 29 brumaire (19 novembre), on lut une adresse de la commune de Nantes qui lui imputait d'avoir fait périr jusqu'à des enfants, qu'il nommait des *louveteaux* [4]. Dans une autre séance, il prononça ces mots qui retentirent comme une cloche funéraire : « Il n'y avait pas une seule famille patriote qui n'eût à pleurer un père, un fils, une épouse, une sœur, un ami. Les massacres de Machecoul et de Saumur étaient récents. On entendait encore les cris des femmes suspendues par les pieds sur des brasiers ardents, et les

[1] *Moniteur*, an III (1794), nº 55.
[2] *Ibid.*
[3] *Ibid.*
[4] *Ibid.*, nº 61.

gémissements des hommes à qui les brigands avaient
crevé les yeux et coupé les oreilles. L'air semblait retentir encore des chants civiques de vingt mille martyrs de
la liberté, qui avaient répété : *Vive la République !* au milieu des tortures. Comment l'humanité, morte dans ces
crises terribles, cût-elle pu faire entendre sa voix ? »

Bourbotte fut le seul qui osa défendre Carrier. Encore
ne le défendit-il que faiblement. Mais cet abandon n'ôta
rien à Carrier de son audace. S'il était coupable, que
d'autres avaient perdu le droit de le condamner ! Un terrible mot de lui fut celui-ci : « *Tout ici est coupable,
tout jusqu'a la sonnette du président*[1]. »

Le 5 frimaire (25 novembre), Carrier fut décrété d'accusation[2]. L'avant-veille, un membre de l'Assemblée
ayant insisté pour la production de preuves matérielles,
Legendre, qui occupait le fauteuil, s'était élancé à la tribune, et, frémissant, s'était écrié : « Des preuves matérielles ? Eh bien, faites refluer la Loire à Paris ; faites
amener les bateaux à soupape ; faites venir les morts, ils
sont en assez grand nombre pour cacher les vivants[3] ! »

Il était nuit lorsque le domicile de Carrier fut envahi :
on le trouva couché ! Le décret lui est lu, et on l'invite à
se lever. Il demande alors qu'on lui permette de fermer
les rideaux de son lit : l'officier refuse sur ce que la décence ne s'oppose pas à ce qu'un homme s'habille devant
d'autres hommes. Lui, se penche vers la ruelle de son lit,
saisit de la main droite un pistolet et le porte à sa bouche,
mais on eut le temps de le désarmer. Il dit amèrement
à l'officier : « Les patriotes ne te pardonneront jamais de
m'avoir empêché de me brûler la cervelle[4]. »

Un des résultats de cette invincible logique des choses

---

[1] *Mémoires de Thibaudeau*, t. I, p. 142.
[2] *Moniteur*, an III (1794), n° 68.
[3] *Hist. parl.*, t. XXXIV, p. 134.
[4] *Moniteur*, an III (1794), n° 74.

qui forçait la Convention à punir des excès que ses propres votes avaient, ou encouragés, ou couverts, fut le retour de la Gironde sur la scène politique. Le 18 frimaire (8 décembre), à la suite d'un rapport de Merlin (de Douai), les soixante-treize députés, signataires de la protestation contre le 31 mai, furent rappelés dans l'Assemblée et accueillis par elle avec transport[1]. Ils n'avaient fait qu'affirmer un principe vrai, l'inviolabilité du suffrage universel, loyalement exprimé ; et l'on ne pouvait pas leur reprocher à eux d'avoir couru la France, les torches de la guerre civile à la main. Aussi Robespierre les avait-il disputés au minotaure de la Terreur, avec autant de sollicitude que de persévérance.

Mais il y avait loin de leur position à celle des vingt-deux Girondins qui étaient et s'étaient mis sous le coup d'un décret de hors la loi. Ceux-ci avaient soufflé la révolte, pactisé avec les royalistes, poussé les départements contre Paris, et placé la France, déjà envahie, à deux doigts de sa perte. Cependant, les soixante-treize n'étaient pas plutôt réinstallés, que, dans une assemblée particulière, ils demandèrent le rappel des vingt-deux. « Je portai la parole, raconte Mercier ; Legendre combattit la proposition, et s'écria : *Je mourrai plutôt à la tribune.* — Eh bien, lui dis-je, tu y mourras[2] ! »

L'opposition de Legendre ici avait quelque chose de bien frappant ; elle prouvait que les Thermidoriens, les anciens amis de Danton, commençaient à prendre souci de la rapidité du mouvement en arrière qui les entraînait. Au fond, leur demander de voter le rappel des vingt-deux, c'était leur demander de flétrir eux-mêmes un acte auquel ils avaient puissamment concouru, et dont ils s'étaient mille fois vantés comme de leur plus beau titre de gloire. Mais, forts de l'appui que soixante-treize

---

[1] *Moniteur*, an III (1794), n° 80.
[2] Mercier, le *Nouveau Paris*, chap. XXXVI.

voix leur apportaient, les royalistes masqués et les nouveaux convertis insistèrent. Un compromis eut lieu : le 27 frimaire (17 décembre), Merlin (de Douai), parlant au nom des Comités, proposa de décréter que les députés hors la loi ne pourraient rentrer à la Convention, mais qu'ils ne seraient point inquiétés; c'est ce qui fut adopté, après d'orageux débats, et au milieu d'une violente agitation[1].

Ainsi, les vingt-deux, au nombre desquels figuraient des hommes tels que Defermon, Pontécoulant, Kervelégan, Henri Larivière, Lanjuinais, étaient déclarés à la fois innocents et coupables; trop innocents pour être poursuivis, et trop coupables pour reprendre leurs siéges de représentants du peuple. A leur égard, suivant l'expression de Levasseur, « les Thermidoriens s'arrogeaient une espèce de droit de grâce royal[2]. » La minorité, au contraire, disait : « qu'on leur donne des juges, afin qu'ils soient ou frappés s'ils ont failli, ou réhabilités, dans le cas contraire, » nul doute que ce fût là le langage de la raison et de la justice.

La question, au reste, ne devait pas tarder à être reprise, et il est, dès à présent, facile de prévoir quelle solution les progrès de la réaction lui donnèrent.

Le procès de Carrier avait commencé le 3 frimaire (25 novembre), il se termina le 26 frimaire (16 décembre). L'accusé se réfugia d'abord dans un système de dénégations opiniâtres; mais ceux qui lui avaient servi d'instruments étaient maintenant les premiers à lui demander compte de tout le sang que ses ordres avaient fait couler. Le plus fanatique de ses coaccusés, le créole Goullin, lui cria d'une voix terrible : « Carrier, tu as menti à ta conscience; tu t'obstines à nier des faits authentiques. Imite-moi, sache avouer tous tes torts : sinon,

---

[1] *Moniteur*, an III (1794), n° 89.
[2] *Mémoires de Levasseur*. t. IV, chap. VI, p. 187.

tu t'avilis aux yeux du peuple[1]. » Goullin avait droit de
parler ainsi, n'ayant rien caché de ce qui le concernait
lui-même, et s'étant mis à braver l'échafaud avec un singulier mélange de dédain farouche et de noblesse. En
un moment de trouble, il lui était arrivé de promettre
la révélation d'un secret de nature à compromettre un
des accusés : le lendemain, il déclara que, rendu par
la réflexion à son caractère, il ne révélerait rien ; qu'il
n'entendait pas, en dénonçant un patriote, préparer une
jouissance aux aristocrates, et que s'il leur avait donné
lieu d'espérer cela de lui, il en demandait pardon à la
chose publique[2]. Faisant allusion à ces mots d'une lettre
de Hérault de Séchelles à Carrier : « Quand un représentant est en mission, et qu'il frappe, il doit frapper
de grands coups et laisser toute la responsabilité aux
exécuteurs ; il ne doit jamais se compromettre par des
mandats écrits ! » Goullin ajouta : « Mes fautes sont à
moi, et, quoi qu'elles doivent me coûter, je ne serai pas
assez lâche pour les déverser sur autrui. Entièrement opposé au système machiavélique d'Hérault de Séchelles,
je méprise également, et celui qui le prêcha, et celui qui
put le pratiquer. Nul de mes écrits n'est équivoque ; j'appelle un chat un chat, et mon vocabulaire n'offre pas
pour synonymes le mot *noyade* et le mot *translation*.
Toutes mes démarches sont franches, et jamais je n'eus
la bassesse d'interposer des victimes entre la justice et
moi. Mes actes sont ostensibles : si l'on me juge d'après
eux, certes je suis coupable, et j'attends mon sort avec
résignation ; mais si l'on juge mes intentions, je le dis
avec orgueil : je ne redoute ni le jugement des jurés, ni
celui du peuple, ni celui de la postérité[3]. »

Cette fière attitude de Goullin jetait sur Carrier l'ombre

---

[1] Voy. le procès de Carrier dans l'*Hist. parl.*, t. XXXIV, p. 195.
[2] *Ibid.*, p. 192.
[3] *Hist. parl.*, t. XXXIV, p. 192.

d'un triste contraste : soit qu'il le sentît, ou que l'inuti-
lité de lutter jusqu'au bout contre un ensemble écrasant
de témoignages lui apparût, il releva enfin la tête, reconnut qu'en plusieurs circonstances il avait caché la vérité, assura que beaucoup de détails étaient échappés de
sa mémoire, et dit qu'on pouvait prendre, si l'on voulait,
ses incertitudes pour des aveux [1].

Sa défense consista en partie dans un épouvantable
tableau des cruautés qu'avaient commises les Vendéens.

« Les brigands, dit-il, ont donné les premiers le signal
et l'exemple des meurtres, des massacres. A Machecoul,
ils hachèrent et mirent en pièces huit cents patriotes ; on
les enterra, en ne couvrant de terre que leurs corps, et
en laissant à découvert les bras et les jambes ; on fit assister des femmes au supplice de leurs maris, et on les cloua
ensuite toutes vivantes aux portes de leurs maisons...
Le moins barbare des supplices infligés à nos braves défenseurs était de les fusiller ou de les tuer à coups de
baïonnette : le plus commun était de les suspendre à des
arbres par les pieds, en allumant un brasier sous leur
tête, ou de les clouer à des arbres, et de leur enfoncer
dans le nez et dans la bouche des cartouches auxquelles
on mettait le feu... Il faut se reporter au temps. Nos
frontières envahies du Nord au Midi, — la trahison dans
les armées, — Toulon vendu aux Anglais, — Marseille,
Lyon, Bordeaux, armés avec tous les départements du
Midi, — les départements du Nord-Ouest agités, — la
Vendée devenue formidable par ses victoires, — la Bretagne en ébullition, — les côtes, menacées de la descente
de trente mille Anglais ou émigrés stationnés devant
Jersey et Guernesey,—le Morbihan en rébellion ouverte,
— Nantes vivant au jour la journée, désolée par la con-

[1] Hist. parl., t. XXXIV, p. 210 et 212.

tagion, entourée de *brigands* qui s'introduisaient dans ses murs, correspondaient avec des Nantais, en recevaient des armes et des munitions; — dans les prisons, le soulèvement, et une grande conspiration dans la ville... Faut-il s'étonner si tant de périls d'une part, et, d'autre part, tant d'atrocités ont fait outrer les mesures[1]? » Il termina en ces termes : « Si la justice nationale doit peser sur quelqu'un, qu'elle pèse sur moi seul[2]. »

Le tribunal le condamna à mort, et, avec lui, deux de ses coaccusés, Pinard et Grandmaison. Quant aux autres, les débats avaient révélé une foule de faits tendant à prouver que ces hommes, d'une si grande exaltation politique, avaient des vertus, et même des vertus douces. De la probité sans tache de Bachelier, du patriotisme et de la bienfaisance de Chaux, de l'humanité de Proust, il fut donné des preuves irrécusables[5]. Réal produisit sur l'auditoire une impression profonde lorsque, après avoir passé en revue tous les actes qui déposaient en faveur de la moralité de Goullin, son client, il s'écria : « Sa tête fut exaltée; son cœur est celui d'un patriote pur, d'un homme de bien[4]. » Et l'émotion fut à son comble, quand on vit tout à coup se lever, pâle, tremblant, éperdu, les yeux pleins de larmes, l'accusé Gallon, ami de Goullin, et qu'on entendit ces paroles proférées par une voix qu'étouffaient à demi les sanglots : « Goullin est un honnête homme; c'est mon ami; il a élevé mes enfants; tuez-moi, mais sauvez-le[5]. » Le désespoir de Gallon était tel, qu'il fallut l'entraîner hors de la salle. « Sont-ce là des hommes féroces? » demanda Réal. L'auditoire répondit

---

[1] *Hist. parl.*, t. XXXIV, p. 214-217.

[2] *Ibid.*

[5] Ces faits et ces témoignages, nous les avons déjà fait connaître dans le chapitre du dixième volume de cet ouvrage, intitulé *les Proconsuls.*

[4] Procès de Carrier, *Hist. parl.*, t. XXXIV, p. 215.

[5] *Ibid.*

par des pleurs, et le Tribunal par un acquittement [1].

Mais la réaction exigeait plus de trois victimes expiatoires : de violentes clameurs s'élevèrent du sein de cette faction, de jour en jour plus puissante, dont la *jeunesse dorée* représentait l'esprit, et la Convention fut pressée au point de refuser sa sanction aux acquittements prononcés par le Tribunal révolutionnaire. Un premier décret [2] ordonna l'arrestation provisoire des individus acquittés, et un second [3] les renvoya par devant le Tribunal criminel d'Angers. Du même coup, sur la motion de Merlin (de Douai), l'Assemblée décréta la réorganisation du Tribunal révolutionnaire, et cela dans un sens dont la justice et l'humanité n'eurent qu'à s'applaudir. Le nouveau tribunal dut se composer de douze juges et de trente jurés ; il fut décidé que le jury, ainsi que le Tribunal, serait renouvelé en entier de mois en mois, et le droit de récusation fut formellement reconnu aux accusés [4]. Rien de plus louable que cette dernière mesure, à laquelle, malheureusement, la marche générale de la réaction fut loin de répondre.

Ce fut le 27 frimaire (16 décembre) que Carrier monta sur l'échafaud. Presque sous le couperet, il entendit les sons d'une clarinette qui célébrait sa mort [5]. Il mourut avec un courage dont ses ennemis eux-mêmes ont témoigné [6], mais qui n'absout pas sa mémoire.

---

[1] *Hist. parl.* Voy. le jugement, t. XXXIV, p. 217-221.

[2] Du 28 frimaire (18 décembre) 1794.

[3] Du 2 floréal (21 avril) 1795.

[4] Voy. le texte du décret qui fut rendu le 8 nivôse (28 décembre) 1794, dans l'*Hist. parl.*, t. XXXIV, 223-232.

[5] Mercier, le *Nouveau Paris*, chap. XXXVI.

[6] Voy. les *Mémoires de Thibaudeau*, chap. XII.

CHAPITRE II

FIN DE LA CAMPAGNE DE 1794

mpulsion révolutionnaire, prodiges militaires qu'elle enfante en se prolongeant ; succession de victoires sur la frontière des Pyrénées ; les républicains s'emparent de Fontarabie, du port le Passage, de Saint-Sébastien. — Les idées de la France triomphent en même temps que ses armes. — Victoire de la *Montagne noire* ; mort de Dugommier. — Capitulation de Figuières ; prise de Roses. — La cour de Madrid atterrée ; vaine tentative pour pousser le peuple espagnol à une *levée en masse.*— Le système de la levée en masse échoue aussi en Italie. — Les Autrichiens et les Piémontais réduits à la défensive en Italie. — Opérations de l'armée de Pichegru et de celle de Jourdan sur la frontière du nord. — Prise de Mons. — Prise d'Ostende. — Occupation de Bruxelles par les deux armées réunies. — Prise de Malines. — Prise d'Anvers. — Prise de Liége. — Le prince de Cobourg est remplacé par Clairfayt dans le commandement en chef de l'armée autrichienne. — Décret qui condamne à être passée au fil de l'épée toute garnison ennemie qui, occupant une ville française, ne se rendra pas à discrétion dans les vingt-quatre heures ; motifs qui dictent ce décret terrible ; détails relatifs à sa notification et à ses effets. — Schérer reprend Landrecies, le Quesnoy, Valenciennes et Condé. — Prise de Nieuport ; Choudieu sauve la vie aux Anglais qui en composaient la garnison. — Prise de Trèves. — Victoire remportée à Boxtel sur les Hessois et les Anglais. — Victoire de l'Ourthe et de l'Aivaille. — Les républicains entrent dans Aix-la-Chapelle. — Défaite du général autrichien Latour ; passage de la Roër. — Prise de Maëstricht. — Les républicains français partout victorieux. — La Prusse penche vers la paix.—La *Carmagnole* jouée par la musique prussienne ; le *Ça ira* chanté dans les Pays-Bas. — Le duc d'York retourne en Angleterre. — Prise de Nimègue. — L'invasion de la Hollande prescrite à Pichegru par le Comité de Salut public ; ce général résiste, pourquoi ? il reçoit l'ordre formel de marcher en avant et obéit. — Passage du Waal. — Découragement des alliés ; ils reculent de toutes parts.— Le prince d'Orange s'embarque pour l'Angleterre. — Les républicains français entrent dans Amsterdam. — Flotte hollandaise prise sur la glace par des hussards français. — Conquête de tout le pays. — Traité entre la République française et les Provinces-Unies ; abolition du stathoudérat. —

Contraste entre la Russie, la Prusse, l'Autriche, se partageant les lambeaux ensanglantés de la Pologne, et la France républicaine sauvant sa
nationalité à force d'héroïsme et de prodiges. — Stupéfaction de l'Europe.

Pendant ce temps, la République armée poursuivait,
d'un irrésistible élan, le cours de ses triomphes.

Avant le 9 thermidor, la Convention, non encore di-
visée, avait déclaré au monde, avec une fierté toute romaine, qu'elle n'ouvrirait l'oreille à aucune ouverture de
paix de la part de quelque nation que ce fût, tant qu'un
soldat de cette nation serait sur le sol français ; et il arriva effectivement, comme on va le voir, que le fameux
Comité de Salut public auquel échut l'honneur périlleux
de donner suite à cette déclaration, ne fut remplacé que
lorsque déjà nos armées étaient sur le sol étranger[1]. Il est
certain que les victoires qui consacrèrent l'indépendance
nationale étaient remportées, ainsi que le fait remarquer Levasseur, avant le renouvellement du Comité qui,
né de l'époque antérieure au 9 thermidor, en représenta
l'esprit[2]. La fabuleuse campagne de 1794, dont nous
allons achever le tableau, fut le produit de l'impulsion
donnée aux armées par cet esprit, terrible mais héroïque.

Quand, par l'effet de la réaction, et au bout de quelques
mois, on le vit s'affaiblir, on put prédire qu'à l'ère des victoires allait succéder celle des combats diplomatiques.

Dans le manuscrit du maréchal Jourdan, qui est sous
nos yeux, nous trouvons, relativement au début de la
campagne de 1795, ce passage remarquable : « On n'a-
percevait plus les traces de cette sévère discipline par
laquelle l'armée s'était fait admirer dans la campagne
précédente. Les soldats se livraient au pillage et à l'insu-
bordination ; et les tribunaux militaires, mal organisés,

[1] *Mémoires de René Levasseur*, t. IV, chap. III.
[2] *Ibid.*

acquittaient les coupables, de peur d'être accusés de *Terrorisme*, qualification justement odieuse, mais qu'un certain parti en était venu à prodiguer indistinctement à tous les hommes énergiques[1]. »

Heureusement, il eût été contraire à la nature des choses que ces résultats se produisissent du jour au lendemain. Il fallut un certain temps à la réaction pour remplacer par une impulsion contraire celle qui avait enfanté tant de prodiges guerriers : là fut le salut de la France.

Douze millions de salpêtre extraits, en neuf mois, d'un sol qui, avant la Révolution, en fournissait à peine un million par année ; — quinze fonderies en activité pour la fabrication des bouches à feu en bronze, donnant, comme produit annuel, sept cents pièces ; — trente fonderies pour les bouches à feu en fer, donnant treize mille canons par année ; — vingt nouvelles manufactures d'armes blanches dirigées d'après des procédés nouveaux ; — une immense fabrique d'armes à feu, créée tout à coup dans Paris même, et fournissant chaque année cent quarante mille fusils : plus que toutes les anciennes fabriques ensemble ; l'aréostat et le télégraphe mis au service des batailles[2]... C'est avec ces ressources et quatorze armées que la Révolution française avait défié tous les rois conjurés contre elle. Mais c'eût été trop peu encore si elle n'eût porté en elle la source d'un enthousiasme sacré. Pour oublier qu'ils étaient à jeun, les soldats républicains en marche n'avaient qu'à entonner la *Marseillaise*, et des chroniqueurs anglais rappellent avec admiration que la musique de nos régiments, à une époque où ils manquaient de souliers, était la meilleure musique militaire qu'il y eût en Europe[3].

---

[1] Manuscrit inédit du maréchal Jourdan, t. II, chap. 1er.
[2] Montgaillard, t. IV, p. 288 et 289.
[3] « The power of the *Marseillaise* is well known... It is a fact that while

Nous avons raconté la bataille de Fleurus : avant de
dérouler la brillante chaîne des succès qui, au Nord, suivirent et complétèrent cette victoire, nous ferons, d'un
pas rapide, le tour des frontières, en commençant par les
Pyrénées occidentales.

Après leur défaite à Saint-Jean de Luz, au commencement de la campagne, les Espagnols, impatients de ramener à eux la victoire, avaient rassemblé au même
endroit des forces considérables ; mais leur camp ayant
été forcé par les républicains français vers la fin de juillet,
cet effort n'avait servi qu'à livrer à ceux-ci, outre un
grand nombre de prisonniers, quantité de munitions de
guerre et des provisions de toute espèce[1]. Ce succès en
prépara un second d'un caractère encore plus décisif.
Le 14 thermidor (1er août), les Français, dont le chiffre
ne dépassait pas six mille, tombent sur les Espagnols
avec tant de furie qu'ils les jettent dans une horrible
confusion, et les forcent à abandonner précipitamment
leurs magasins, deux cents pièces de canon, et des tentes
pour vingt mille hommes. Le soir, les vainqueurs sont
devant les murs de Fontarabie, qui se rend aussitôt. Le
lendemain, ils s'emparent du port le Passage. Le surlendemain, ils envahissent Saint-Sébastien, et l'occupent
le jour suivant. « Ainsi, écrivent des auteurs dont on
peut croire le témoignage quand ils saluent la grandeur
de la France républicaine, ainsi, les républicains se
trouvèrent accomplir en quatre jours ce qui, autrefois,
avait demandé plusieurs mois d'opérations laborieuses,
coûté la vie à des milliers d'hommes, et mis à une rude
épreuve le génie des plus illustres capitaines[2]. »

the French soldiers were sometimes without shoes, the army was always
furnished with the best bands of music in Europe. » *Annual Rejister*, vol.
XXXVI, p. 52.

[1] *Ibid.*, p. 66.

[2] *Ibid.*

L'ouvrage d'où ces lignes sont tirées — et nous le
citons de préférence parce qu'il fut rédigé par d'implacables ennemis de la Révolution — ajoute que la prise
de Saint-Sébastien réconcilia les habitants avec leur
destinée; que des ordres sévères, émanés du gouvernement français, mirent les propriétés des Espagnols à
l'abri de toute déprédation, et la religion établie dans le
pays à l'abri de toute insulte; que, du reste, les maximes
politiques adoptées par la France avaient fait des convertis au delà des Pyrénées, et qu'au changement qui
s'était introduit dans les idées du peuple espagnol fut
due en partie la rapidité de nos conquêtes[1]. De semblables faits, dans l'histoire de l'humanité, sont un peu plus
importants à constater que des marches et contre-
marches, et les triomphes de la pensée valent bien ceux
de la force !

Au commencement de septembre, un corps de mille
Français mettait en déroute six mille Espagnols[2]; la garde
vallonne du roi d'Espagne passait volontairement sous le
drapeau de la France[3]; et, le 17 octobre, le général
Moncey, s'ouvrant l'entrée de la Navarre, s'emparait des
belles fonderies d'Orbaïzeta et d'Eguy, estimées trente
millions[4], ainsi que de la mâture royale d'Yraty, qui fut
brûlée. Son intention était de poursuivre l'ennemi, de
lui livrer bataille sous les murs de Pampelune; mais un
ouragan épouvantable, survenant tout à coup, l'arrêta.

---

[1] *Annual Register*, p. 67. Jomini, dans son histoire, beaucoup trop
vantée, des *Guerres de la Révolution*, n'a garde de mentionner ceci. Animé
contre le *génie civil* de la Révolution, de la haine qui perce à chaque page
des livres militaires écrits sur cette époque, il ne parle, au sujet des
mêmes événements, que « de la sévérité féroce des représentants, digne
du régime de terreur qui pesait alors sur la France. » Voy. son livre,
t. VI, liv. VII, chap. xli.

[2] *Annual Register*, vol. XXXVI, p. 68.

[3] *Ibid*.

[4] Montgaillard, t. IV, p. 295.

Une pluie battante, accompagnée de vent et de grêle, en rendant impossible le transport des malades et celui des vivres[1], détermina la retraite de l'armée sur la Bidassoa, et mit fin, de ce côté, aux opérations de la campagne.

Aux Pyrénées orientales, les Espagnols avaient perdu, dans le fort de Bellegarde, repris par Dugommier, vers le milieu de septembre, la dernière position qu'ils occupassent en France : le moment approchait où les puissances alliées allaient avoir à s'occuper, non plus d'envahir, mais de n'être pas envahies. La bataille de la *Montagne noire*, qui commença le 27 brumaire (17 novembre) et se termina le 30 brumaire (20 novembre), fut l'éclatant exploit qui ouvrit les portes de l'Espagne aux républicains.

Les Espagnols avaient disposé sur une double ligne, depuis Espola jusqu'à Saint-Laurent de la Muga, soixante dix-sept redoutes ou batteries, armées de deux cent cinquante pièces de canon, et présentant un front formidable. De plus, ils avaient pour refuge, en cas de malheur, le camp des Figuières[2]. Le comte de La Union les commandait. Découragé, ce général avait, peu de temps auparavant, demandé sa retraite sans l'obtenir. Le gouvernement espagnol lui-même, frappé des mauvaises dispositions du soldat, s'était montré enclin à reconnaître la République, pourvu qu'elle rendît les deux enfants de Louis XVI et formât au Dauphin un établissement princier dans les provinces limitrophes de l'Espagne : pour toute réponse, le Comité de Salut public manda aux représentants en mission sur cette frontière : « Disposez tout et frappez[3]. » Il fut fait ainsi.

Dans la nuit du 26-27 brumaire (16-17 novembre),

---

[1] Jomini, *Histoire des Guerres de la Révolution*, t. VI, liv. VII, chap. XLI, p. 164.

[2] *Ibid.*, p. 125.

[3] *Ibid.*, p. 124.

les colonnes françaises s'ébranlent. Au lieu de porter tout
l'effort de l'attaque sur la droite, où l'on avait le plus de
chances de succès, Dugommier avait commis la faute
d'étendre ses troupes le long d'une ligne parallèle[1] ;
et c'est ce qui retarda la victoire. L'attaque de gauche,
commandée par le général Sauret, fut repoussée, malgré
les batteries de gros calibre établies, pour la faciliter, sur
la Montagne noire. Au centre, la mort de Dugommier,
tué par un obus, jeta dans les opérations une incertitude
fâcheuse. Heureusement, à la droite, Augereau battait le
général qui lui faisait face, et ce succès préliminaire prépara le succès définitif. Pérignon, nommé sur-le-champ
successeur de Dugommier par les représentants, reconnaît
la faute commise et prend des dispositions nouvelles. Une
circonstance affreuse vint ajouter l'aiguillon de la rage à
l'irrésistible impétuosité des Républicains. Les Espagnols
avaient miné les redoutes de la Magdeleine et de Salud : le
29 brumaire (19 novembre), ils en sortirent, après avoir
préparé, au moyen de mèches dont ils avaient calculé avec
précision l'effet lent et inévitable, une explosion de nature à changer soudain ces redoutes en tombeaux[2]. Cette
ruse barbare eut le résultat qu'on s'en était promis,
mais non sans amener une expiation sanglante. Le lendemain, le signal de l'attaque décisive est donné. L'adju-
dant Bon, avec ses chasseurs, défile par des sentiers
presque impraticables, passe plusieurs fois la Muga,
ayant de l'eau jusqu'à la ceinture, gravit la Montagne
d'Escaulas sous un feu terrible, enlève à la baïonnette
une redoute du centre jugée imprenable ; puis, de concert avec le général Guillot, s'élance sur une autre redoute armée de vingt-cinq pièces de canon, celle de Notre-Dame du Roure. La Union, qui était resté à Figuières,

---

[1] Jomini, *Histoire des Guerres de la Révolution*, t. VI, liv. VII, ch. XLI,
p. 150-151.

[2] *Ibid.*, p. 137.

accourt au moment où la redoute est assaillie, veut tenter
une sortie, et tombe mort. Les Espagnols prirent la fuite.
La déroute était au centre, la déroute était à la gauche,
la déroute fut partout. Les Français, vainqueurs et furieux, firent un grand carnage, dans lequel périrent enveloppés nombre d'émigrés [1] dont la bravoure venait de
se déshonorer au service de l'étranger en armes. Dix
mille ennemis, tués ou blessés ; huit mille prisonniers,
trente pièces de canon enlevées ou recueillies, telle fut
cette victoire. Elle étonna les Espagnols et l'Europe, tant
les retranchements qu'il s'agissait d'enlever avaient paru
propres à défier l'audace des plus intrépides [2] ! En revanche, Dugommier était mort. La Convention décréta
que le nom de ce noble guerrier serait inscrit sur une
colonne dans le Panthéon [3].

Dans la nuit du 3-4 frimaire (23-24 novembre), le général Pérignon ayant poussé une reconnaissance à Figuières, les acclamations des habitants en faveur des
Français [4] attestèrent l'énorme puissance de séduction que
portait en elle la Révolution française. Il fallut que la
garnison se renfermât dans le fort. Sommée de se rendre,
cette garnison, qui ne s'élevait pas à moins de neuf mille
quatre cents hommes, remit, après deux jours de pour-
parlers, à un corps à peine deux fois plus nombreux, la
place réputée la plus forte de l'Espagne [5]. Au moment où
la capitulation venait d'être arrêtée à Pont-de-Moulins, le
conventionnel Delbrel demanda à l'un des parlementaires
espagnols : « Que vous manquait-il donc pour vous défendre ? » — « Cela ! » répondit le parlementaire, en mettant la main sur son cœur ; — « si j'avais eu sous mes

[1] *Annual Register*, vol. XXXVI, p. 65.
[2] *Ibid.*
[3] *Ibid.*
[4] Jomini, t. VI, liv. VII, ch. XLI, p. 159.
[5] *Ibid.*

rdres trois mille hommes de vos troupes, vous n'auriez
amais été maîtres du fort[1]. » La vérité est que ce qui
nanquait aux Espagnols, peuple brave s'il en fut jamais,
'était, non le cœur, mais la conscience de leur droit.
Beaucoup d'entre eux sentaient qu'en combattant pour le
lespotisme, ils combattaient contre eux-mêmes. Jomini
voue, quoique d'assez mauvaise grâce, que, suivant
uelques-uns, la capitulation de Figuières fut le résultat
le la propagande démocratique française parmi les sol-
lats espagnols[2].

Après le fort de Figuières, ce fut la ville de Roses qui
uccomba. Bâtie sur le bord du golfe auquel elle a donné
on nom, elle était entourée seulement d'une double mu-
aille, sans fossé ni chemin couvert; mais une garnison
le quatre mille huit cents hommes la défendait, et elle
vait l'avantage de pouvoir être ravitaillée et secourue
ar l'escadre espagnole. Entrepris avec résolution, le
iége fut poussé vivement au milieu des frimas et des
neiges. Valdès, gouverneur de Figuières, avait été con-
lamné à mort[3]; Izquierdo, gouverneur de Roses, mérita
nieux de son pays; et, si la place finit par être prise, ce
ne fut du moins qu'après soixante-dix jours d'une résis-
ance glorieuse[4].

Le Cabinet de Madrid, atterré, voyait de jour en jour
grossir un torrent contre lequel aucune digue ne semblait
assez solide; il voulut essayer d'une levée en masse,
nais cette tentative échoua misérablement[5]: à la France
seule, qu'une grande idée conduisait, l'enthousiasme of-
rait une ressource suprême.

---

[1] Montgaillard, t. IV, p. 298.
[2] *Histoire des Guerres de la Révolution*, t. VI, liv. VII, chap. XLI,
. 139.
[3] Sa peine fut ensuite commuée en une détention perpétuelle. *Ibid.*,
. 139.
[4] *Ibid.*, p. 141, 142.
[5] *Annual Register*, vol. XXXVI, p. 69.

Aussi la tentative d'une levée en masse ne réussit-elle pas mieux à la Cour de Turin qu'à celle de Madrid. Ce fut tout au plus si, sur cette frontière, les efforts du clergé et les exhortations des moines parvinrent à rassembler, en juillet, une dixaine de mille hommes, qui se dispersèrent au premier choc de quelques régiments républicains[1]. Quel changement, depuis que cette terre d'Italie, engraissée de notre sang, avait reçu le nom de *Cimetière des Français!* Aujourd'hui, rien qui ne présageât un facile triomphe. Le mois de septembre n'avait pas achevé son cours, que déjà Autrichiens et Piémontais étaient réduits à la défensive[2].

Au nord, pendant ce temps, Pichegru, vers la mer, et Jourdan, vers la Meuse, chassaient devant eux : d'une part, l'armée anglo-hollandaise commandée par le duc d'York et le prince d'Orange; d'autre part, les masses autrichiennes que dirigeait le prince de Cobourg, général en chef des forces coalisées.

Ce dernier, en s'éloignant de Fleurus, avait posté son armée : la gauche, sous le général Beaulieu, à Gembloux; le centre à Mont-Saint-Jean; et la droite, sous le prince d'Orange, à Mons. Quant au duc d'York, la gauche de son armée occupait Tournay, et la droite Oudenarde. De là, la ligne des alliés suivait l'Escaut jusqu'à Gand, où, après la capitulation d'Ypres, Clairfayt s'était retiré[3].

Pour isoler Clairfayt du duc d'York, et lier l'armée du Nord à celle de Sambre-et-Meuse, Pichegru avait eu l'idée de venir passer l'Escaut à Oudenarde; et déjà ses troupes étaient en mouvement, lorsqu'un ordre du Comité de Salut public lui prescrivit de marcher sur Ostende[4]. I

---

[1] *Annual Register*, vol. XXXVI, p. 73-74.
[2] *Ibid.*, p. 75.
[3] Manuscrit inédit du maréchal Jourdan.
[4] Dans le manuscrit sous nos yeux, Jourdan critique cet ordre qui, à

obéit ; et Jourdan, craignant que le prince de Cobourg ne profitât de cette circonstance pour appeler à lui les troupes du duc d'York et accabler l'armée de Sambre-et-Meuse, crut devoir s'abstenir d'avancer, jusqu'à ce que l'armée du Nord, abandonnant la direction qu'elle avait prise, se rapprochât. Toutefois, comme il importait de couper toute communication entre les alliés et les garnisons laissées par eux dans les places en leur pouvoir, Jourdan résolut de déposter de Mons le prince d'Orange[1].

Kléber, ayant sous ses ordres sa division, celle des généraux Montaigu et Schérer, celle du général Lefebvre et la réserve de cavalerie, fut chargé de conduire l'attaque. Le général ennemi Davidowich étant campé sur les hauteurs de Bracquignies, et le prince d'Orange sur le mont Palissel, Kléber se dispose à attaquer de front le premier, et envoie Schérer et Montaigu contre le second, pendant qu'à la tête de la garnison de Maubeuge, le général Favereau s'approchait de Mons. Ces dispositions eurent un plein succès. Au moment où l'infanterie de Kléber, sous les ordres de Duhem et de Bernadotte, s'ébranlait pour charger Davidowich, ce dernier, que Lefebvre menaçait de tourner, abandonne sa position, et, poursuivi l'épée dans les reins, est contraint de se replier sur Soignies. De leur côté, Montaigu et Schérer s'emparaient du bois d'Havre défendu par une artillerie nombreuse, et, tandis qu'ils gravissaient le mont Palissel, Favereau entrait dans la ville. Forcé sur tous les points, le prince d'Orange s'enfuit en désordre sur Hal, laissant derrière lui deux pièces de canon, plusieurs caissons, un drapeau et près de douze cents prisonniers[2].

Ceci se passait le 13 messidor (1er juillet), et ce jour-là

---

ce qu'il assure, arrêta un mouvement de nature à entraîner la perte des alliés.

[1] Manuscrit inédit du maréchal Jourdan.
[2] Ibid.

même Ostende tombait au pouvoir de Pichegru, qui, aussitôt après, marcha sur Gand.

A cette nouvelle, impatient de lier son armée de Sambre-et-Meuse à l'armée du Nord, commandée par Pichegru, Jourdan envoie son aile droite resserrer le général autrichien dans la position de Gembloux, fait prendre à la troisième division de son aile gauche la direction de Nivelle, et donne ordre à Kléber de suivre, avec deux divisions, la grande route de Mons à Bruxelles[1].

Divers combats partiels, qui ne retardèrent que pour l'ensanglanter la retraite de Cobourg, conduisirent jusqu'aux portes de la capitale du Brabant les Français, partout victorieux. Dès le 21 messidor (9 juillet), le général Leval, chargé de fouiller la forêt de Soignies, vit arriver les magistrats de Bruxelles qui lui venaient apporter les clefs de la ville. Jourdan aurait pu y entrer aussitôt; mais, comme les ennemis s'étaient repliés en masse dans une position avantageuse[2], il jugea plus prudent d'attendre Pichegru. Il craignait, d'ailleurs, qu'un séjour trop prolongé dans une ville telle que Bruxelles ne fît naître parmi ses troupes les mêmes désordres qui s'étaient introduits parmi celles de Dumouriez[3]. Quant à Pichegru, il devança son armée, impatient qu'il était de se montrer dans Bruxelles, où il parut le 22 messidor (10 juillet), sous l'escorte d'un faible détachement. Il se rendit presque immédiatement après à Hal, et ce fut là qu'en présence des commissaires de la Convention, les deux généraux en chef eurent leur première entrevue[4]. On y concerta les mesures politiques à prendre et les opérations militaires à suivre. En ce qui concernait les premières,

---

[1] Manuscrit inédit du maréchal Jourdan.

[2] Lettre du représentant Gillet au Comité de Salut public, en date du 23 messidor (11 juillet) 1794.

[3] Manuscrit inédit du maréchal Jourdan.

[4] *Ibid.*

l fut convenu que, le peuple de Bruxelles ayant toujours
ésisté à l'ordre de s'armer contre les Français, on trai-
erait la ville avec ménagement[1] ; et en ce qui concernait
es secondes, le plan arrêté consista à rejeter les Autri-
hiens derrière la Meuse, de manière à les séparer des
anglais et des Hollandais, qu'on supposait, avec raison,
nimés du désir de couvrir, avant tout, les Provinces
Jnies. Jourdan fut, en conséquence, chargé de suivre le
rince de Cobourg, tandis que Pichegru serrerait de près
le duc d'York et le prince d'Orange[2].

Ce plan fut exécuté avec autant de précision et de rapi-
ité que de bonheur.

Dès le 27 messidor (15 juillet), Pichegru forçait le
assage du canal de Louvain, s'emparait de Malines, et
bligeait le prince d'Orange à se retirer précipitamment
errière la Nethe; le 29 messidor (17 juillet), les Hollan-
ais étaient en pleine retraite sur Bréda; le 4 thermidor
22 juillet), les Anglais prenaient la même route, et, le
endemain, Pichegru entrait dans Anvers[3].

D'un autre côté, la gauche de Jourdan, conduite par
Jléber, culbutait, près de Louvain, la droite du prince de
Cobourg; et, deux jours après, le 29 messidor (17 juillet),
le commandant de Namur ouvrait les portes de la forte-
esse, où les Français trouvèrent cinquante et une pièces
le canon et des magasins considérables[4].

Serré de près, Cobourg repassa la Meuse à Maestricht
t Liége, ne laissant sur la rive gauche que deux corps
l'arrière-garde pour couvrir ces deux places.

Une date fameuse marque l'occupation de la seconde.
Le 9 thermidor (27 juillet), pendant que la gauche et le
entre de l'armée de Jourdan exécutaient un mouvement

---

[1] Lettre de Gillet au Comité de salut public.
[2] Manuscrit inédit du maréchal Jourdan.
[3] Ibid.
[4] Ibid.

très-bien conçu et très-bien conduit, le général Hatry, qui marchait sur Liége, chargeait impétueusement les avant-postes ennemis et les culbutait. Liége aimait la France républicaine, et elle le prouva en cette occasion. Au moment où les Autrichiens battaient en retraite, le peuple s'ameute et leur barre le passage, d'où il résulta que trois cents d'entre eux restèrent prisonniers. Le général autrichien, furieux, fit lancer sur la ville une telle quantité d'obus, qu'elle eût été entièrement détruite si Jourdan ne l'eût sauvée en menaçant le prince de Cobourg de brûler, par manière de représailles, toutes les propriétés des généraux autrichiens en Belgique[1].

C'est vers cette époque que Cobourg fut rappelé par l'empereur d'Autriche. Il avait un partisan zélé dans le ministre Thugut, mais un adversaire puissant dans l'Angleterre, qui voulait l'armée aux mains de l'archiduc Charles, avec Clairfayt et Beaulieu pour conseils. Son crédit, miné par les insinuations du comte Spencer, ne put résister à l'impression produite par ses revers; Thugut dut l'abandonner, et Clairfayt le remplaça dans le commandement en chef de l'armée impériale[2].

Pendant ce temps, le Comité de salut public s'était activement occupé des moyens de reconquérir celles de nos places encore au pouvoir de l'ennemi; c'est-à-dire Landrecies, le Quesnoy, Valenciennes et Condé.

Le mouvement général qui avait poussé nos troupes en avant n'avait pu s'exécuter sans laisser à l'ennemi le temps et l'occasion de s'approvisionner dans les places qu'il occupait, en ravageant le plat pays et en prenant aux campagnes environnantes grains, fourrages et bestiaux. De là, impossibilité de les recouvrer sans réunir des munitions énormes qui manquaient, et sans détacher

---

[1] Manuscrit inédit du maréchal Jourdan.
[2] *Mémoires tirés des papiers d'un homme d'État*, t. III, p. 69-71.

les troupes considérables de la masse armée qui avait à
balayer les frontières, ce qui, en l'affaiblissant, risquait
de la compromettre. Même en supposant que ces places
e fussent rendues, après un siège d'une durée ordinaire,
en quel état nous seraient-elles revenues? Démantelées.
De sorte que, la frontière restant ouverte, il eût suffi
d'une défaite pour remettre en question l'indépendance
du territoire[1].

En de pareilles conjonctures, le Comité de salut public
pensa « qu'il fallait, en frappant l'ennemi de terreur,
'obliger à se dessaisir de nos possessions, où, vu l'éloignement et l'abandon de ses armées, il ne pouvait plus se
considérer que comme un voleur détaché de sa bande[2]. »
Ces considérations déterminèrent le fameux décret du
16 messidor (4 juillet). En voici le texte :

« Toutes les troupes des tyrans coalisés renfermées dans
es places du territoire français envahies par l'ennemi sur
a frontière du Nord, et qui ne se seront pas rendues à discrétion vingt-quatre heures après la sommation qui leur
en aura été faite par les généraux de la République, ne
eront admises à aucune capitulation et seront passées au
il de l'épée[3]. »

Il est à remarquer que, sur l'esprit qui dicta ce décret
nhumain, le langage de Barère, dans la séance du
16 messidor, fut tout autre que celui de Carnot trois mois
plus tard. Dans son rapport du 1er vendémiaire (22 sep-
embre), Carnot dit, en s'adressant à la majorité, alors
hermidorienne : « La grande latitude que vous aviez
aissée à votre Comité sur le mode d'exécution des mesures militaires, lui donnait la facilité de diriger l'effet de

[1] Voy. le rapport présenté par Carnot au nom du Comité de Salut public,
dans la séance de la Convention du 1er vendémiaire (22 septembre)
1794
[2] Ibid.
[3] Ibid.

celle-ci. Il savait que *ce n'était pas un décret de carnage que vous aviez voulu rendre*[1]. » Mais Barère, à qui le Comité de salut public avait confié le rapport du décret proposé, qu'avait-il dit à la Convention le 16 messidor (4 juillet)? Il avait prononcé ces paroles pleines de sang, et qui, bien qu'à l'adresse des ennemis de l'intérieur, figuraient comme venant à l'appui des conclusions du rapport : « Transigez ; ils vous attaqueront demain, et vous massacreront sans pitié. *Non, non; que les ennemis périssent. Il n'y a que les morts qui ne reviennent pas*[2]. »

Restait à savoir si la générosité du soldat français ne mettrait pas obstacle à l'exécution d'une mesure vraiment sauvage, et c'est ce qui ne tarda point à paraître.

A peine le décret rendu, les représentants du peuple près l'armée de Sambre-et-Meuse avaient reçu l'ordre de le faire notifier aux villes de Landrecies, le Quesnoy, Valenciennes et Condé. En même temps il avait été décidé qu'un corps de trente mille hommes, tiré des forces disponibles des divisions de droite de l'armée du Nord et des garnisons de Maubeuge, Avesnes, Cambrai et Douai, serait chargé, sous le commandement du général Schérer, de la réduction des quatre places[3]. Le 23 messidor (11 juillet), Jourdan écrivait à Schérer :

« Tu as connaissance, mon camarade, du décret de la Convention. Tu voudras donc bien le signifier à la garnison de Landrecies, *lorsque tu seras en mesure d'appuyer la sommation par de bonnes batteries*[4]. »

C'était sauver au commandant de Landrecies l'horrible

---

[1] Rapport de Carnot au Comité de Salut public.

[2] Rapport de Barère dans la séance du 16 messidor (4 juillet). Voy. l'*Hist. parlem.*, t. XXXIII, p. 326.

[3] Arrêté des représentants du peuple près l'armée de Sambre-et-Meuse, en date du 19 messidor (7 juillet). — Parmi les pièces justificatives à la suite du manuscrit du maréchal Jourdan.

[4] Manuscrit du maréchal Jourdan.

alternative, ou d'exposer la garnison à un égorgement en
masse, ou de se déshonorer par une capitulation trop
hâtive. Coup hardi de la part de Jourdan ; car l'ordre du
Comité de salut public de sommer les quatre places à la
fois et sur-le-champ était formel[1]. Schérer, garanti par
la lettre qui vient d'être citée, crut pouvoir retarder la
formidable notification jusqu'au 28 messidor (16 juillet),
jour où les batteries se trouvèrent en état d'intimider le
canon de la place, et elle se rendit à discrétion, avant
l'expiration du délai fatal[2].

Après cette conquête, Schérer se porta sur le Quesnoy.
La tranchée ayant été ouverte le 7 thermidor (25 juillet),
et les batteries ayant commencé à tirer le 13 thermidor
(31 juillet), ce fut le 16 seulement que Schérer, s'apercevant que le feu des assiégés était fort affaibli, leur signifia
le décret de la Convention. Très-noble et très-belle fut la
réponse du commandant : « Une nation n'a pas le droit
de décréter le déshonneur d'une autre nation[3]. » Les assié-
geants reprirent donc leurs travaux, et les poussèrent
avec tant de vivacité, que le commandant de la ville
frissonna à la vue de l'abîme qui s'ouvrait... Le 24 thermidor (11 août), il envoie comme parlementaire à Schérer
deux officiers et un tambour ; le général français refuse
de les recevoir[4]. Nouvelle députation, et, cette fois, sup-
pliante. Le commandant offrait de se rendre à discrétion;
il assurait avoir regardé le décret notifié comme une
simple sommation, accompagnée des menaces ordinaires
en pareil cas; il demandait grâce pour ses soldats, auxquels, disait-il, il n'avait rien communiqué, et offrait sa

---

[1] Voy. le rapport de Carnot, en date du 1er vendémiaire (22 septembre)
1794.

[2] *Ibid.* — Manuscrit du maréchal Jourdan.

[3] *Ibid., ibid.*

[4] Ce fait, affirmé dans le rapport de Carnot, ne figure pas dans le récit
de Jourdan.

tête en expiation[1]. Duquesnoy, commissaire de la Convention près l'armée de siége, et Schérer, expédient aussitôt un courrier au Comité de salut public pour prendre ses ordres et l'informer que, s'il persiste à vouloir qu'on passe la garnison au fil de l'épée, il doit s'attendre à voir les soldats désobéir[2].

Le Comité recula-t-il devant cette crainte, comme Jourdan l'a affirmé, ou, comme l'a affirmé Carnot, devant l'horreur d'une exécution portant sur des hommes seulement coupables d'ignorance? Il est probable que ces deux motifs agirent sur lui. Toujours est-il qu'il borna l'accomplissement de ses ordres à la recherche de ceux qui auraient résisté en connaissance de cause, et à l'insertion de la déclaration suivante dans les articles de la reddition de la place: « La garnison du Quesnoy n'a obtenu la vie qu'en se rendant à la merci de la nation française, et parce que les chefs ont offert de payer de leurs têtes leur résistance aux décrets de la Convention[3]. »

Deux villes restaient à reprendre: Valenciennes et Condé. Duquesnoy demanda qu'on revînt sur le décret du 16 messidor, et Schérer, qu'on lui permît, du moins, de ne le notifier qu'après avoir suffisamment poussé les travaux[4]. Le Comité de salut public fut inflexible, se croyant trop engagé aux yeux de l'Europe pour reculer. Il ordonna donc que, sans aucun délai, la place de Valenciennes serait sommée, conformément à la teneur du décret, et que la plus grande publicité serait donnée à la sommation, afin que militaires et citoyens ne pussent, ainsi qu'au Quesnoy, alléguer leur ignorance[5].

---

[1] Voy. la note 4, p. précédente.

[2] Carnot, dans son rapport, passe sous silence cet important détail, qui est affirmé dans le manuscrit du maréchal Jourdan.

[3] Rapport de Carnot sus-mentionné.

[4] *Ibid.*

[5] *Ibid.*

Le commandant de Valenciennes, sommé de se rendre à discrétion, proposa de remettre la place, à condition que la garnison rentrerait en Autriche prisonnière de guerre sur parole et ne porterait les armes qu'après avoir été échangée. Cet arrangement ne cadrait point avec l'exécution stricte du décret du 16 messidor ; néanmoins, le Comité de salut public s'y prêta ; et, le 10 fructidor (27 août), les Français prirent possession de Valenciennes, où les Autrichiens laissaient deux cent vingt-sept bouches à feu, huit cents milliers de poudre, une immense quantité de fers coulés, et nombre d'objets précieux[1].

Cette capitulation ayant été signifiée au commandant de Condé, il ouvrit ses portes aux mêmes conditions, livrant aux républicains cent soixante et une bouches à feu, six mille fusils, et trois cents milliers de poudre[2].

Ce fut le 13 fructidor (30 août) que Condé se rendit ; et, ce jour-là même, le télégraphe en fit parvenir la nouvelle à la Convention, qui, pour consacrer l'indépendance du territoire reconquise, substitua au nom de Condé celui de Nord-Libre[3].

Tandis que Schérer, avec quelques divisions de l'armée de Sambre-et-Meuse, délivrait ainsi le sol de la présence de l'ennemi, Moreau, à la tête d'un détachement de l'armée du Nord, entrait dans Nieuport, s'emparait de l'île de Cassandria, et forçait la ville de l'Écluse à capituler[4].

Un fait qui mérite d'être mentionné signala l'occupation de Nieuport. Cinq cents émigrés s'y étaient réunis à deux mille Anglais. Les émigrés furent impitoyablement fusillés comme traîtres ; et, quant aux Anglais, leur sort dépendait de la question de savoir si l'on exécuterait le

---

[1] Manuscrit du maréchal Jourdan.
[2] *Ibid.*
[3] Rapport de Carnot.
[4] Manuscrit du maréchal Jourdan.

décret de la Convention qui défendait de faire quartier aux soldats de cette nation. Moreau, sachant que sa tête répondait de son obéissance, n'osait rien prendre sur lui : il en referá au commissaire de la Convention Choudieu, qui, après une nuit de réflexion, prit le parti d'interpréter le terrible décret de manière à sauver la garnison de Nieuport. Il motiva son arrêté sur ce que la Convention n'avait pu entendre parler que des Anglais trouvés sur le champ de bataille et les armes à la main [1].

Dans l'intervalle qui s'écoula entre la prise de Nieuport et celle de l'Écluse par Moreau, c'est-à-dire dans les premiers jours du mois d'août, un autre général du même nom, celui qui, à la tête de l'armée de Moselle, tenait tête aux Prussiens, s'était emparé de Trèves : succès de nature à favoriser les opérations ultérieures de Jourdan sur la Meuse. Le général Kalkreuth avait charge de marcher, avec un corps de vingt-trois mille hommes, à la défense de Trèves ; mais il se laissa prévenir par Moreau ; et la perte d'une ville réputée importante au point de vue militaire, mit le comble à l'indignation qu'excitait en Allemagne la conduite incertaine de la Prusse ; on disait qu'elle sacrifiait patrie et alliés [2].

Le temps que Schérer avait employé à la conquête de Landrecies, le Quesnoy, Valenciennes et Condé, Pichegru et Jourdan l'avaient passé dans une inaction circonspecte, pensant qu'il serait téméraire d'envahir des provinces lointaines avant d'avoir expulsé entièrement l'ennemi du territoire. Une fois libres d'inquiétude sur ce point, ils reprirent l'offensive, conformément à l'ordre

---

[1] Voy. le tome XXXIII de l'*Hist. parlem.*, p. 310. — Ce qui n'empêche pas les historiens militaires, tels que le girondin Servan et l'auteur du manuscrit qui est sous nos yeux, de rapporter tout l'honneur de la décision dont il s'agit au général Moreau, et cela sans même nommer Choudieu !

[2] *Mémoires tirés des papiers d'un homme d'État*, t. III, p. 61.

qu'ils en reçurent du Comité de Salut public. Les deux
généraux s'étant concertés, il fut convenu entre eux qu'ils
s'attacheraient à rejeter : Pichegru, l'armée anglo-batave
en Hollande, et Jourdan, l'armée autrichienne au delà du
Rhin.

L'armée du Nord, en exécution de ce plan, s'étant
portée sur Hoogstraten, le duc d'York, informé de l'approche des Français, se replia en arrière de Bois-le-Duc
et prit poste sur l'Aa, laissant une avant-garde à Boxtel,
sur la Dommel. Pour ce qui est du prince d'Orange, il
se retira sur Gorcum et ne reparut plus en campagne[1].

Ces mouvements livraient aux coups de Pichegru les
places de Bréda et de Berg-op-Zoom ; mais il fut détourné
d'en faire le siége par un soin plus pressant, celui d'empêcher la jonction des Anglais aux Autrichiens. Il s'avance
donc vers la Dommel, et, le 28 fructidor (14 septembre),
il rencontre à Boxtel le général Hammerstein[2]. Il y avait
à Boxtel une chaîne de postes hessois et hanovriens hors
de portée d'être soutenus par l'armée alliée, mais couverts par la Dommel, ruisseau très-profond, dont tous les
ponts étaient rompus. Ces obstacles ne font qu'enflammer
l'ardeur des soldats français : les uns passent le ruisseau
à la nage, les autres sur des madriers ; les Hessois reculent
en désordre ; deux bataillons, qui veulent opposer quelque résistance, sont enveloppés, et, le lendemain, le général Abercromby, accouru avec dix bataillons et quelques
escadrons, est battu à son tour[3]. Le duc d'York, alors, repassa la Meuse, et alla camper à Wichem entre Grave et
Nimègue, pendant que l'armée du Nord s'avançait jusqu'à
Dinter, au delà de l'Aa, et que Schérer rejoignait avec
vingt-quatre bataillons et dix escadrons[4], l'armée de

---

[1] Manuscrit du maréchal Jourdan.
[2] Ibid.
[3] Ibid.
[4] Jomini, t. VI, liv. VII, chap. xxxii.

Sambre-et-Meuse, qui, au moyen de ce renfort, compta cent seize mille combattants[1].

L'armée autrichienne, dans le commandement de laquelle Clairfayt avait remplacé le prince de Cobourg, était postée en arrière de Liége et de Maëstricht, tenant la Meuse par des détachements jusqu'à Ruremonde, et prolongeant sur les rivières de l'Ourthe et de l'Aivaille sa gauche, placée sous les ordres du général Latour. La position occupée par Latour semblait inabordable, l'Ourthe et l'Aivaille coulant dans des ravins très-profonds, et les bords de la rive qu'il s'agissait d'atteindre étant extraordinairement escarpés. Jourdan se décida néanmoins à tenter l'attaque, tant il comptait sur l'expérience des officiers et l'intrépidité du soldat! Le 18 septembre[2], il donne le signal, après avoir assigné aux généraux Moreau, Mayer, Haquin et Bonnet les divers points où doit se porter leur effort. L'élan des républicains fut irrésistible. La rivière est partout franchie; les escarpements de la rive opposée sont comme emportés d'assaut; le corps du général Latour, suivi de près par la cavalerie française, est forcé de se retirer, partie sur Herve, partie sur la hauteur de la chartreuse de Liége, laissant aux mains des Français victorieux trente-quatre pièces de canon, autant de caissons, six drapeaux et deux mille prisonniers. Selon l'affirmation de Jourdan, le nombre des hommes tués ou blessés dépassa quatre mille du côté des Autrichiens; la perte des républicains fut insignifiante[3].

Comme la droite des Français menaçait la base d'opé-

---

[1] D'après le tableau annexé au 2ᵉ volume du manuscrit du maréchal Jourdan.

[2] Correspondant au 2ᵉ *sans-culottide*.

[3] Manuscrit du maréchal Jourdan. — On lit dans le compte rendu de ce brillant fait d'armes par l'*Annual Register*, t. XXXVI, p. 48 :

« Two expert engineers had been sent up by the French in an air balloon From this machine, they perceived whatever was transacting in the Aus-

rations des Autrichiens, Clairfayt, battant en retraite dès
la nuit suivante, se porta au delà de la Roër, son centre
suivant la route de Juliers par Aix-la-Chapelle. Hatry,
lancé sur cette route avec sa division et celle de Championnet, atteignit l'arrière-garde des ennemis sur les
hauteurs de Clermont, la rejeta sur Henri-Chapelle,
après lui avoir tué huit cents hommes; et l'armée, continuant son mouvement offensif, entra dans Aix-la-Chapelle[1].

Le 3 vendémiaire (24 septembre), les Français avaient
leur avant-garde à Bastweiler, leur aile droite à Esch-
willer, leur centre à Newhausen, et leur gauche autour de
Maëstricht. Le siége de cette dernière place avait été résolu et confié à Kléber. Mais Jourdan, informé que les
Autrichiens se disposaient à rester sur la Roër, pensa que
le plus pressé était de les rejeter au delà du Rhin; et,
remarquant que l'armée de Clairfayt, disséminée sur
la rive droite de la Roër, de Ruremonde à Dueren, présentait une ligne facile à percer sur plusieurs points, il
résolut de l'attaquer en même temps aux deux ailes et au
centre. En conséquence, le 11 vendémiaire (2 octobre),
l'armée française s'ébranla sur quatre colonnes, l'aile
droite poussant droit à Dueren, le centre à Aldenhoven,
le général Lefebvre à Linnich, et Kléber à Randeradt[2].

Dans un rapport fortement empreint de l'esprit de
l'époque et qui en fait revivre le langage, Kléber a raconté lui-même le succès de l'attaque dont il fut chargé.
Laissons-lui la parole:

<hr>

trian camp, and gave continual notice of what they saw by notes which
they threw down among their own people. »

Il n'est pas dit un mot de cette anecdote du ballon dans le récit de
Jourdan. Peut-être les rédacteurs de l'*Annual Register* sont-ils tombés
dans une confusion qui leur aura fait rapporter au combat de l'Aivaille ce
qui n'est vrai que de la bataille de Fleurus.

[1] Manuscrit du maréchal Jourdan.

[2] *Ibid.*

« Les deux divisions sous mes ordres ayant pris position entre Heinsberg et Drennen, j'ai envoyé l'avant-garde, aux ordres du général Bernadotte, vers la rive gauche de la Roër, pour forcer le passage de cette rivière sur Rathem. L'infanterie légère, soutenue par quatre compagnies de grenadiers, s'avança pour l'éclairer, et aussitôt un feu terrible de mousqueterie se fit entendre. L'ennemi avait non-seulement dégradé tous les gués, mais hérissé ses redoutes de chevaux de frise, et rendu l'abord de ses retranchements inaccessible par des doubles fossés; une ligne d'infanterie derrière des marais impraticables, soutenue par des batteries établies à fleur de terre, défendait tous ces ouvrages, et un feu continuel de quantité de pièces de gros calibre aurait enlevé l'espérance de la victoire à tous autres qu'à des républicains. On essaya d'établir nos batteries : le feu de l'ennemi s'y opposa avec une fureur extraordinaire, mais l'intrépidité de nos canonniers l'emporta. L'infanterie s'avance au pas de charge, elle fait une fusillade meurtrière, et l'ennemi fuit dans ses retranchements. La canonnade commence de part et d'autre pour ne finir qu'avec le jour. Partout l'ennemi montre l'opiniâtreté la plus soutenue à défendre le passage de la rivière. J'avais fait construire un pont la veille, et, s'il avait été possible de le jeter sur la Roër, le courage bouillant du soldat me présageait sur-le-champ un succès complet. Malheureusement, ce pont se trouve trop court. Mais tous ces obstacles irritent d'autant l'ardeur de nos soldats; ils veulent se servir de la baïonnette et enlever de vive force un poste que des esclaves osaient leur disputer. Les citoyens Hometinay et Vinch, capitaines, Gérard et Grommand, lieutenants, se jettent à l'eau; les soldats de la 71ᵉ demi-brigade, fiers d'être commandés par de tels officiers, les suivent avec les quatre compagnies de grenadiers ; tous se mettent en devoir de passer la rivière; une vingtaine, frappés par la mitraille, se noient;

les autres, loin de s'arrêter, s'avancent plus précipitamment, impatients de venger leurs frères. Plusieurs canonniers s'occupent à sauver la vie à ceux que les flots entraînent, ils arrachent les prolonges des pièces, et les offrent à ceux qui vont périr. Eux-mêmes passent sur la rive droite. Voyant alors la nécessité de battre en brèche pour donner à ces braves la possibilité d'exécuter leurs desseins, je fais venir sur-le-champ toutes les pièces de position des divisions et les fais établir sur la rive. Le feu redouble ; nos soldats s'avancent sur les retranchements ; l'ennemi se met en déroute et les abandonne [1]. »

Si Kléber avait pu porter l'artillerie et la cavalerie sur la rive droite, plusieurs bataillons ennemis et leurs canons tombaient au pouvoir des républicains ; mais le jour était trop avancé, le pont construit la veille se trouvait trop court, et on n'avait aucun moyen d'en construire un autre [2].

Jourdan, maître de plusieurs points de passage, se préparait à livrer une seconde bataille le lendemain ; mais Clairfayt, n'osant point en courir les hasards, se retira pendant la nuit derrière l'Erft, et, continuant sa retraite les jours suivants, alla passer le Rhin à Bonn, Cologne et Dusseldorf. Les Français le suivaient de si près, qu'au moment où sa dernière division passait le fleuve, elle put les entendre qui criaient, par manière de bravade : « *Ceci n'est pas la route de Paris* [3]. »

La journée du 11 vendémiaire (2 octobre) et celles qui suivirent ne coûtèrent pas aux Autrichiens moins de six mille hommes, tués, blessés, prisonniers et déserteurs ; la perte des Français fut d'environ douze cents [4].

---

[1] Rapport du général Kléber sur la journée du 11 vendémiaire (2 octobre).

[2] *Ibid.*

[3] *Annual Register*, vol. XXXVI, p. 54.

[4] Manuscrit du maréchal Jourdan.

Le 12 vendémiaire (3 octobre), la place de Juliers ouvrit ses portes; et, le 15 vendémiaire, les républicains
entrèrent à Cologne, qui les vit aussi modérés dans la
victoire qu'ils avaient été intrépides dans le combat[1].

Jourdan ayant envoyé le corps de Kléber rejoindre les
quinze mille hommes qui, sous les ordres de Duhem,
avaient été laissés autour de Maëstricht pour l'investir,
il jugeait téméraire de prolonger sa droite jusqu'à Coblentz, que l'ennemi occupait encore; et, comme l'armée
de la Moselle s'avançait de Trèves, il pensait que c'était à
elle d'occuper ce point[2]. Mais les émigrés avaient donné
à Coblentz un genre de célébrité qui rendait le Comité de
Salut public très-impatient de couronner par la prise de
cette ville les triomphes de la République. Sur les injonc-
tions formelles qui à cet égard lui furent envoyées de Paris, Jourdan confia l'expédition ordonnée au général
Marceau, qui, après avoir taillé en pièces quelques escadrons de hussards venus à sa rencontre et emporté les
retranchements élevés en avant de Coblentz, contraignit
les défenseurs de cette ville à battre précipitamment en
retraite au delà du Rhin. Ce même jour, 2 brumaire
(23 octobre), des troupes appartenant à l'aile gauche de
l'armée de la Moselle s'approchèrent de Coblentz et opérèrent la jonction des deux armées[3].

La prise de Maëstricht par Kléber, après onze jours de
tranchée ouverte, mit le dernier sceau à la gloire dont
l'armée de Sambre-et-Meuse s'était couverte. Le 14 brumaire (4 novembre), les assiégés, entourés des ruines de
plus de deux mille maisons ou bâtiments publics[4], capi-

---

[1] « The people experienced so much good behaviour on their part, that
few of them left the city, as they found their persons and possessions in
no danger of being molested. » *Annual Register*, vol. XXXVI, p. 54.

[2] Manuscrit du maréchal Jourdan.

[3] *Ibid.*

[4] *Annual Register*, vol. XXXVI, p. 60.

ılèrent, à condition que la garnison, — elle s'élevait au
ıiffre de dix mille hommes, — sortirait avec les honneurs
e la guerre, déposerait ses armes sur les glacis, et serait
ınduite sur le territoire des alliés, réputée prisonnière,
'est-à-dire dépouillée du droit de porter les armes contre
ı France avant d'avoir été échangée. Les officiers du gé-
ie, et particulièrement le général Marescot, déployèrent
ce siége des talents et une activité admirables. Voici les
ropres paroles de Jourdan : « La beauté et l'immense
éveloppement des tranchées que ces officiers ouvrirent
urant la première nuit étonnèrent à ce point les assié-
és, que, lors de la capitulation, ils avouèrent qu'ils
vaient cru l'armée assiégeante forte de quatre-vingt mille
ommes. » Elle n'en comptait pas plus de trente-sept
ıille, y compris deux mille hommes de cavalerie[1].

Dans Maëstricht, la Hollande perdait un de ses princi-
aux boulevards. Aussi l'Europe, dès ce moment, re-
arda-t-elle l'invasion de ce pays comme inévitable[2].

Et il était bien naturel que la pensée du Comité de
alut public se tournât désormais de ce côté, là étant le
oint vulnérable où l'on pouvait atteindre l'Angleterre,
: seul ennemi qui restât encore à redouter, après tant de
oups frappés à la fois, et d'une main toujours victorieuse,
ur l'Espagne, sur le Piémont, sur l'Autriche. Quant
la Prusse, elle n'aspirait qu'à la paix ; et comment en
outer? Le 14 octobre, Mœllendorf, d'après des instruc-
ions qu'il venait de recevoir de Berlin, avait fait pu-
ılier à l'ordre : « que, le traité de subsides avec l'Angle-
erre ayant cessé, tout ce qui se faisait n'était plus que
our soutenir l'honneur des armes prussiennes et leur
ncienne gloire[5]. » Le Comité de Salut public, instruit
le ces dispositions, s'empressa d'envoyer Merlin (de Thion-

---

[1] Manuscrit du maréchal Jourdan.
[2] *Annual Register*, vol. XXXVI, p. 61.
[5] *Mémoires tirés des papiers d'un homme d'État*, t. III, p. 83-84.

ville) présider lui-même à un semi-blocus de Mayence, avec mission d'épier le moment d'en venir à des ouvertures de paix. Un fait montrera quelle invincible force de propagande il y avait au fond des idées dont la Révolution française était venue inaugurer le règne. Un aide de camp du maréchal Mœllendorf ayant été fait prisonnier, Merlin (de Thionville) le renvoya au général prussien, en exprimant sa surprise de ce qu'on balançait à ouvrir les voies à la paix entre les deux nations, alors que « *la musique prussienne faisait entendre l'air de la Carmagnole*[1]. »

Oui, telle était la puissante contagion de la Révolution française, et cela, non-seulement sur la frontière des Pyrénées ou du côté de la Prusse, mais d'un bout à l'autre des Pays-Bas, à l'occasion desquels le comte de Metternich disait un jour à lord Cornwallis : « Un peuple engoué des principes jacobins et qui se présente au joug de l'étranger en chantant *Ça ira* est un phénomène réservé à nos jours de désolation[2]. » Il ne pouvait guère en effet y avoir de phénomène plus désolant pour des hommes de la trempe de M. de Metternich !

Tandis que l'armée de Sambre-et-Meuse gagnait les deux batailles qui arrachèrent aux troupes autrichiennes la rive gauche du Rhin, l'armée du Nord, après s'être fait successivement ouvrir les portes de Crêvecœur et de Bois-le-Duc, passait la Meuse sur un pont de bateaux[3], non loin de l'avant-garde des Anglais, postée entre la Meuse et le Waal. La position était couverte de canaux profonds et de digues élevées sur lesquelles on avait placé une nombreuse artillerie : tout fut inutile. Attaqués sur chaque point avec une irrésistible furie, les Anglais furent partout culbutés ; et le duc d'York, qui,

---

[1] *Mémoires tirés des papiers d'un homme d'État*, t. III, p. 97.
[2] *Ibid.*, p. 31-32.
[3] 27 et 28 vendémiaire (18 et 19 octobre).

pendant l'action, était resté sous les murs de Nimègue, ut se replier au delà du Waal [1].

Cantonnée entre le Waal et le Leck, son armée, forte e quarante mille hommes [2], communiquait avec la garison de Nimègue, au moyen d'un pont de bateaux et 'un pont volant. De plus, vingt mille Autrichiens à la olde de l'Angleterre tenaient la rive droite du Rhin, lepuis Arnheim jusqu'au Wesel, et étaient à portée de se oindre au duc d'York. Des forces aussi considérables emblaient défier toute agression [3]. Aussi l'Europe fonlait-elle le plus grand espoir sur le pouvoir de résistance que possédait Nimègue [4]. Néanmoins, l'armée du Nord 'avança hardiment vers cette ville. Pichegru s'étant etiré à Bruxelles pour cause de maladie, Moreau prend e commandement en chef [5], et fait ses préparatifs d'ataque.

Dès le 13 brumaire (3 novembre), le général Walmoden avait fait repasser le fleuve à la moitié de son corps, laissant le commandement du reste au général anglais de Burgh, et, le lendemain, les assiégés avaient tenté une sortie qui fut repoussée : un accident auquel la terreur que les Français inspiraient vint donner une importance décisive, précipita le dénoûment. Une batterie française placée sur les bords du Waal, à l'extrémité de la ligne d'envahissement, ayant coulé quelques pontons, le général de Burgh se trouble ; il croit déjà voir ses troupes compromises, fait à la hâte réparer les dégâts, se retire précipitamment sur la rive droite du fleuve dans la nuit du 18 au 19 brumaire (8-9 novembre), et brûle

---

[1] Manuscrit du maréchal Jourdan.
[2] Selon Jomini, t. VI, livre VII, chap. xlii, l'armée, cantonnée entre le Waal et le Leck, était de cinquante mille hommes.
[3] Manuscrit du maréchal Jourdan.
[4] *Annual Register*, vol. XXXVI, p. 58.
[5] Jomini, t. VI, liv. VII, chap. xlii, p. 171.

le pont, abandonnant ainsi dans la ville le général Haack
avec trois mille Hollandais. Arrive un ordre du Stathouder
enjoignant au général Haack de se retirer. Celui-ci encloue
ses canons et passe le fleuve un des premiers. Alors, impatients d'atteindre le bord opposé, ses soldats s'élancent sur le pont volant au milieu d'une confusion extrême ; mais, le câble s'étant rompu, ils sont entraînés
par le courant sur un banc de sable, d'où, le lendemain,
des bateaux envoyés par le général Souham les ramenè-
rent prisonniers[1].

Pendant ce temps, Vandamme, avec les troupes qui
venaient d'assiéger et de prendre Venloo, rejetait de
l'autre côté du Rhin un corps d'Autrichiens chargé d'o-
pérer une diversion en venant déboucher sur la rive
gauche contre le flanc droit de l'armée du Nord. Encore
les vaincus eurent-ils quelque peine à mettre le fleuve
entre eux et les Républicains, parce qu'on n'avait pas
établi de pont, la question de savoir si les frais seraient
supportés par l'Autriche ou par l'Angleterre n'ayant pas
encore été décidée[2] !

La rive gauche du Rhin et celle du Waal ainsi balayées,
les armées du Nord et de Sambre-et-Meuse opérèrent une
seconde fois leur jonction[3].

La prise de Nimègue fut pour les puissances alliées un
coup d'autant plus sensible qu'il était moins attendu, et
leur enlevait tout espoir de sauver la Hollande d'une invasion[4].

L'envahissement immédiat de ce pays, telle était en
effet la pensée bien arrêtée du Comité de Salut public.
On eut beau lui représenter que, les autres armées

---

[1] Manuscrit du maréchal Jourdan. — Jomini, t. VI, liv. VII, chap. XLII,
p. 177. — Annual Register, vol. XXXVI, p. 57.
[2] Manuscrit du maréchal Jourdan.
[3] Ibid.
[4] Annual Register, vol. XXXVI, p. 57.

ayant pris des cantonnements, celle du Nord réclamait
les mêmes avantages ; que les troupes, après tant de fatigues héroïques, avaient besoin de repos ; qu'elles
étaient demi-nues ; qu'il y avait pénurie de subsistances[1] :
le mot du Comité de Salut public était : En avant ! en
avant ! Le 12 frimaire (2 décembre), le duc d'York était
parti pour l'Angleterre, laissant le commandement au
général Walmoden : enorgueilli par ce départ, qui ressemblait à du découragement, et informé de la haine
sourde qui menaçait le pouvoir du Stathouder, le Comité
de Salut public envoie aux généraux l'ordre formel de
tenter le passage du Waal. Les moyens qu'exigeait une
entreprise de ce genre manquaient : elle échoua ; et un
moment l'on put croire que l'armée du Nord, elle aussi,
allait entrer dans ses quartiers d'hiver.

C'était le désir ardent de Pichegru, qui avait repris le
commandement en chef. Pourquoi ? Pour des raisons qui,
si on les eût alors soupçonnées, lui auraient probablement coûté la vie. Car il agitait déjà dans son esprit le
projet de rétablir la maison de Bourbon, et il en avait
fait passer au prince qui fut depuis Louis XVIII l'assurance secrète. De là sa résistance aux prescriptions du
Comité de Salut public, résistance qu'il fondait sur ce
que son armée courait risque d'être anéantie, dans le cas
où les Hollandais rompraient les digues. Un froid rigoureux ayant gelé les rivières, Pichegru se rabattit sur ce
que le dégel pouvait survenir d'un instant à l'autre.
Il fallut que les représentants du peuple en mission à
l'armée du Nord, Roberjot, Alquier et Bellegarde, en
vinssent à appuyer par la menace l'ordre de marcher
en avant[2].

---

[1] Jomini, t. VI, p. 179-181.
[2] Montgaillard écrit à ce sujet, t. IV, p. 307 : « Nous garantissons le
fait, Roberjot ayant donné, dans le temps, communication du rapport fait
au Comité de Salut public par les trois représentants du peuple, rapport of-

Ce fut le 8 nivôse (28 décembre) que les républicains passèrent la Meuse et s'emparèrent de l'île de Bommel. Ce même jour, le général Bonnaud, dont les troupes cantonnaient autour de Bréda, ayant vivement attaqué la droite des Hollandais, la brigade du général hollandais Butzlard n'eut que le temps de se jeter dans Willemstadt; celle du général Haack fut coupée et contrainte de capituler en rase campagne[1].

Le froid continuait à être très-vif : les alliés se replièrent au delà du Leck, la double ligne du Waal et de la Ling ne leur paraissant pas un rempart suffisant. Or, dans les premiers jours de janvier 1795, le Waal se trouva gelé de manière à offrir un passage. Les républicains franchissent aussitôt ce fleuve ; et, dès ce moment, il devint manifeste qu'une bataille seule pouvait sauver la Hollande.

Les alliés étaient-ils en mesure de la livrer? Voici à cet égard l'opinion de Jourdan : « Le prince d'Orange avait son quartier général à Gorcum ; les Anglais et les Hanovriens tenaient la rive du Leck depuis Arnheim jusqu'à Vianen, et le général Alvinzi, avec vingt mille Autrichiens, celle du Rhin, depuis Emerick jusqu'à Arnheim. Les alliés auraient donc pu, par un mouvement de leurs ailes sur leur centre, rassembler soixante ou soixante-dix mille hommes sur Rhenen ou Arnheim, et courir les chances d'une affaire générale. Mais, au lieu d'opérer de la sorte, les troupes de chaque nation restèrent isolées[2]. »

ficiel qui existait aux archives secrètes du gouvernement, à l'époque de la Restauration. »

Dans les *Souvenirs de la Révolution et de l'Empire*, Charles Nodier, qui avait été lié avec Pichegru, s'est étudié à le laver du crime de trahison, tout en avouant qu'il était royaliste. Mais cette défense de Pichegru par Charles Nodier est beaucoup plus éloquente que concluante. Nous aurons à revenir sur ce point historique. En attendant, ce que nous pouvons dire, c'est que, dans le manuscrit qui est sous nos yeux, Jourdan ne met point en doute les rapports secrets de Pichegru avec les émigrés.

[1] Manuscrit du maréchal Jourdan.

[2] *Ibid.*

C'est qu'un découragement profond s'était emparé des
alliés. Tant de victoires, remportées, pour ainsi dire, au
pas de course par ces républicains aux vêtements usés,
dont la plupart manquaient de souliers et qui souvent se
battirent à jeun, avaient fini par frapper l'ennemi d'une
sorte d'effroi superstitieux. Nous avons devant nous une
lettre adressée par Schérer à Jourdan, à la suite d'un des
combats sanglants qui marquèrent le passage de la Roër,
et nous y lisons : « Si ton intention est de faire attaquer
demain, je te prie de ne m'ordonner l'attaque qu'après la
soupe ; car la moitié des divisions — et elles venaient de
courir au feu avec transport — n'a pu avoir son pain
aujourd'hui [1]. » De quels prodiges n'étaient point capables
des soldats auxquels l'enthousiasme républicain tenait
ainsi lieu de tout? Pendant cette campagne, ils s'étaient
montrés invincibles, et l'Europe les crut tels. Ce qui est
certain, c'est que l'ennemi se fondit en quelque sorte devant eux. Walmoden, qui commandait l'armée anglaise
depuis le départ du duc d'York, ayant passé l'Yssel, et s'é-
tant replié derrière l'Ems, tandis que, de son côté, le général Alvinzi se retirait sur Wesel, et que le prince d'O-
range s'embarquait pour l'Angleterre, Pichegru n'eut
qu'à pousser droit à la capitale des sept Provinces-Unies.
Quelques jours s'étaient à peine écoulés depuis le passage
du Waal, que l'avant-garde de l'armée entrait à Amster-
_ . Ceci avait lieu le 30 nivôse (19 janvier) 1795 ; et,
_ndemain, des hussards français allaient prendre sur
_a glace, dans le Texel, la flotte hollandaise.

La conquête terminée, il fut signé entre la République
française et les Provinces-Unies un traité portant abolition
du Stathoudérat, alliance offensive et défensive contre
l'Angleterre, cession de la Flandre hollandaise, de Maëstricht, de Venloo ; jouissance en commun du port de Fles-

---

[1] Lettre écrite par le général Schérer au général en chef Jourdan. Gretz-
nitch, 2 octobre 1794.

singue, et, pour les deux nations, navigation libre du Rhin, de la Meuse, de l'Escaut, du Hondt et de leurs branches.

La coalition était vaincue : elle se déshonora. Car ce fut au moment même où ses armées reculaient de toutes parts devant la République triomphante, que les cours d'Autriche, de Russie et de Prusse accomplirent, et que le cabinet de Saint-James laissa accomplir ce grand attentat: le dernier démembrement de la Pologne.

Comme le remarque fort bien le prince de Hardenberg[1], la Révolution française, toute nationale, n'avait nul besoin de la dictature militaire pour se maintenir; au contraire, la Pologne, où la masse de la nation était encore dans le servage, ne se pouvait soutenir que par un chef unique. Aussi l'insurrection de Pologne fut-elle sans espérance le jour où elle fut sans chef, c'est-à-dire le jour où la fortune du général russe Fersen l'emporta sur l'héroïque génie de Kosciuszko. Kosciuszko le sentait si bien lui-même, que lorsque, à la bataille de Macijowice[2], il tomba couvert de blessures, on l'entendit s'écrier : *Finis Poloniæ*. Il n'était que trop vrai : un mois plus tard, Suwarow prenait d'assaut Praga, faubourg de Varsovie, et, renouvelant les horreurs de la prise d'Ismaïl, faisait massacrer de sang-froid des milliers de malheureux sans distinction d'âge ni de sexe. Les suites de cet exploit furent dignes de la barbarie qui le caractérisa. Les cours de Pétersbourg et de Berlin partagèrent avec celle de Vienne ce qui restait de la proie sanglante dont déjà en 1793 elles s'étaient approprié les lambeaux. Stanislas-Auguste fut envoyé en Lithuanie, avec une pension de l'impératrice de Russie, tandis que le prince Repnin, nommé gouverneur du pays usurpé, y déployait l'arrogance d'un maître ; et Kosciuszko fut transporté à Saint-Pétersbourg, où on lui fit expier dans un donjon le crime

---

[1] *Mémoires tirés des papiers d'un homme d'État*, t. III, p. 98.

[2] Gagnée par Fersen le 4 octobre 1794.

d'avoir combattu pour son pays, pour la justice, et contre
une politique de brigands. Puis, afin que rien ne manquât à l'infamie de cette spoliation, l'impératrice de Russie, qui, lors du premier partage, s'était qualifiée, dans
un manifeste, de « tendre mère, uniquement occupée du
bonheur de ses enfants[1], » l'impératrice de Russie, cette
fois, n'eut pas honte d'ordonner aux Polonais de rendre,
en chaque église, des actions de grâce à Dieu! Cette
« tendre mère » décida, de plus, qu'en confirmation du
serment de fidélité qu'elle imposait à ses nouveaux sujets,
ils seraient tenus de baiser le crucifix[2].

De pareils traits nous ont paru fournir un contraste
qui complète bien le tableau de la campagne de 1794,
campagne si étonnante et si belle, qu'elle arracha un cri
d'admiration aux détracteurs les plus passionnés de la
République. Qu'un peuple entouré de tant d'obstacles,
pressé par tant d'ennemis, eût trouvé en lui la force d'accomplir des choses qui, mettant en défaut toutes les règles
de la probabilité, déjouant tous les calculs de l'humaine
sagesse et démentant l'expérience des siècles, s'étaient à
peine arrêtées aux limites de l'impossible, voilà sur quoi
l'Europe ne put s'empêcher de méditer avec stupeur[3]!...

[1] Voy. *Annual Register*, vol. XXXVII, p. 33.
[2] « Thus sporting equally with things human and divine, » dit avec
raison l'*Annual Register*, vol. XXXVII, p. 31.
[3] On n'a qu'à lire, pour s'en convaincre, les Mémoires du prince de
Hardenberg. L'impression d'étonnement et d'admiration produite en Angleterre par la campagne de 1794 n'est pas moins vivement accusée dans
les pages de l'*Annual Register*.

CHAPITRE III

LA CONTRE-RÉVOLUTION EN VENDÉE

Détresse de La Rochejaquelein. — Son entrevue avec Charette. —Reprise de l'île de Noirmoutiers. — Mort de d'Elbée. — Férocité des Vendéens. — Brutalité de Charette. — Guerre d'extermination.— Mort de La Rochejaquelein.— Mort du faux évêque d'Agra. — Mort du prince de Talmont. — La ville de Cholet prise et reprise. — Le général Moulin se tue de désespoir. — Courses de Charette ; déplorable état de son armée; son faste. — Haxo se brûle la cervelle. — Les rebelles poursuivis à outrance par Turreau. — Attaque générale contre le Marais résolue. — Manière de combattre des maréchains. — Barbarie du marchand de volailles Pageot, chef des royalistes du Marais; prisonniers républicains mis en croix. — Pageot forcé de prendre la fuite ; occupation du Marais. — Les chefs vendéens jaloux l'un de l'autre. — Charette fait condamner à mort Marigny, et Stofflet le fait fusiller. — Rappel de Turreau.' — Adoption d'une politique à la fois ferme et modérée dans les trois mois qui précèdent le 9 thermidor. — Les rebelles réduits aux abois. — Politique thermidorienne à l'égard des rebelles.— L'arrestation de Turreau décrétée — Impuissance de Charette à continuer la guerre ; décret du 12 frimaire ; les Thermidoriens mendient la paix. — Premiers et funestes effets de leurs avances. — Hoche nommé au commandement de l'armée de Bretagne, et Canclaux à celui de l'armée de l'Ouest ; comment ces choix sont accueillis par les royalistes. — Canclaux, ami du royaliste Puisaye, en train de négocier alors l'invasion de la France par les Anglais. — Bollet, chef du parti de la paix ; Boursault, chef du parti de la guerre. — Les royalistes, encouragés par des avances dégradantes, crachent publiquement, à Nantes, sur la cocarde tricolore. — Apparition de Cormatin sur la scène. — Lettre de Puisaye à Canclaux saisie. — Négociations entre Cormatin et Humbert.— Hypocrisie de Cormatin. — Boishardy ; Hoche cherche à le gagner.— Conférences de la Jaunaye. — Stofflet y est invité; ses prétentions, son brusque départ. — Charette, pendant qu'il négocie avec les républicains, correspond secrètement avec *Monsieur*. — La paix de la Jaunaye, pacte entre la bassesse et le mensonge. — Récit rétrospectif; interrogatoire de Talmont par Rossignol; abaissement des caractères depuis le 9 thermidor. — Entrée triomphale de Charette à Nantes. — Conduite crapuleuse de ses officiers ; le château de la Jaunaye mis au pillage par l'escorte de Charette. — Encouragements donnés à l'insolence et à la trahison.

L'influence de la réaction sur la conduite des armées ne se manifesta qu'au bout de quelque temps ; mais, relativement aux affaires de la Vendée, cette influence, dont tous les historiens jusqu'ici ont dénaturé le caractère, fut aussi rapide dans son action que considérable dans ses effets. Le récit qui va suivre, et dont chaque détail s'appuie sur des autorités péremptoires, montrera jusqu'à quel point l'esprit de parti est parvenu, en ce qui touche les dernières convulsions de la Vendée, à substituer les appréciations systématiques au rude langage des faits.

On a vu comment, devant Ancenis, La Rochejaquelein, Stofflet et quelques-uns des leurs avaient été séparés de l'armée[1]. La détresse à laquelle ils furent réduits a été peinte par madame de La Rochejaquelein en vives images : « Toute la journée, ils errèrent dans la campagne sans trouver un seul habitant ; toutes les maisons étaient brûlées, et ce qui restait de paysans était caché dans les bois... Enfin, après vingt-quatre heures de fatigues, Henri et ses trois compagnons (Stofflet, de Langerie et de Beaugé), arrivèrent à une métairie habitée ; ils se jetèrent sur la paille pour dormir. Un instant après, le métayer vint leur dire que les bleus arrivaient ; mais ces messieurs avaient un besoin si absolu de repos et de sommeil, qu'au prix de la vie ils ne voulurent pas se déranger, et attendirent leur sort. Les bleus étaient en petit nombre, ils étaient aussi fatigués, et s'endormirent auprès des quatre Vendéens, de l'autre côté de la meule de paille. Avant le jour, M. de Beaugé réveilla ses camarades, et ils recommencèrent à errer dans ce pays où l'on faisait des

---

[1] Voy. le dixième tome de cet ouvrage, p. 83.

lieues entières sans rencontrer une créature vivante ; ils y seraient morts de faim, s'ils n'avaient attaqué en route quelques bleus isolés, auxquels ils prenaient leur pain[1]. »

Apprenant que Charette était à Maulevrier, La Roche-jaquelein l'alla rejoindre, suivi de ses compagnons ; mais cette démarche ne servit qu'à mettre en relief cette jalousie du commandement qui avait déjà fait tant de mal aux Vendéens. L'entrevue des deux chefs fut très-froide, et marquée, de la part de Charette, par une insolence brutale ; de la part de La Rochejaquelein, par beaucoup de hauteur. Le premier ayant dit au second : « Vous allez me suivre, » La Rochejaquelein lui répondit : « Je suis accoutumé, non pas à suivre, mais à être suivi ; » et il lui tourna le dos[2]. Suivant Turreau, l'entrevue se serait passée dans l'île de Noirmoutiers, devant d'Elbée mourant, qui les aurait exhortés en vain à se réunir pour relever le parti[3].

Quoi qu'il en soit, suivi d'un certain nombre de paysans qui, abandonnant son rival, n'hésitèrent pas à s'associer à sa fortune, La Rochejaquelein alla s'établir dans la forêt des Vezins. Il y habitait une cahute de branchages, et c'est de là que, vêtu presque en paysan, un gros bonnet de laine sur la tête et le bras en écharpe[4], il s'élançait de temps en temps pour surprendre un poste ou enlever un convoi. Son projet était de se borner, pendant l'hiver, à cette guerre de détail[5].

Le général Turreau avait pris, vers la fin de 1793, le commandement des forces républicaines en Vendée ; sa

---

[1] *Mémoires de madame de La Rochejaquelein*, ch. xxiii, p. 403, 404.
[2] *Ibid.*, p. 405.
[3] *Mémoires du général Turreau*, liv. IV, p. 145.
[4] « Le manque de repos avait empêché sa blessure de guérir. » *Mémoires de madame de La Rochejaquelein*, p. 406.
[5] *Mémoires du général Turreau*, liv. IV, p. 145.

première opération fut dirigée contre l'île de Noirmoutiers, alors au pouvoir de Charette. La veille de l'attaque
projetée[1], celui-ci, à la tête de six mille hommes choisis,
entra dans Machecoul, où la Cathelinière, un de ses lieutenants, avait ordre de le venir joindre, et d'où ils devaient
se porter ensemble au secours de l'île menacée, de manière à tomber sur les républicains au moment du débarquement. Aussi le général Haxo était-il d'avis de différer
l'expédition, que lui-même avait préparée. Turreau
insista : il fait attaquer Charette à Machecoul par le général Carpentier, avant la jonction du chef vendéen avec
la Cathelinière, et marche sur Noirmoutiers. Non-seulement la descente s'effectua sans difficulté, mais la garnison qui, au nombre de dix-huit cents hommes, s'était
rangée en bataille sous les murs de la ville, mit bas les
armes à la première sommation : lâcheté qui empoisonna
les derniers moments de d'Elbée, retenu au lit dans
Noirmoutiers, par une blessure mortelle[2].

Devant Turreau, l'infortuné gentilhomme ouvrit son
cœur sans contrainte. Avec un accent de profonde amertume, il dit toute sa pensée sur la désunion des chefs
vendéens, cause principale de leurs malheurs ; sur l'ambition du prince de Talmont, qui avait voulu qu'on passât
la Loire, pour s'établir dans les États de Laval et devenir
chef de parti ; sur l'ambition de d'Autichamp, qui avait
secondé Talmont ; sur l'ignorance de Charette et son obstination à s'isoler[3]. Le général ennemi lui ayant demandé :
« Si nous étions en ton pouvoir que nous ferais-tu ? » Il
répondit : « Ce que vous allez me faire[4]. » Il savait bien
qu'il n'avait pas de quartier à attendre. Condamné à être
fusillé, et porté dans un fauteuil sur la place de l'exécu-

---

[1] Elle eut lieu le 13 nivôse (2 janvier) 1794.
[2] *Mémoires du général Turreau,* liv. IV, p. 142 et 143.
[3] *Ibid.,* p. 144.
[4] *Mémoires de madame de Sapinaud,* p. 64.

tion, il subit son sort sans se plaindre, sans sourciller.
Le lendemain, on fusilla madame d'Elbée, conformément au barbare et lâche principe qui avait établi l'é-
galité de l'homme et de la femme... devant la peine de
mort !

Les Vendéens, au reste, en étaient venus à faire la
guerre avec une férocité à peine concevable. Malheur
aux républicains dont ils pouvaient s'emparer! Tout ce
que la cruauté la plus raffinée est capable d'inventer en
fait de tortures était aussitôt mis en œuvre pour le compte
de Dieu et du roi[1]! Madame de La Rochejaquelein avoue
elle-même que « la guerre s'était mêlée de brigandage
et de mille désordres[2]. » Il est vrai qu'elle ajoute : « La
férocité des républicains avait endurci les âmes les plus
douces[3]. » Mais les républicains, de leur côté, prétendaient n'avoir fait qu'user de représailles, et il est bien
certain que l'exemple des atrocités qui changent la
guerre en assassinat et déshonorent la victoire avait
été donné, à Machecoul, par les Vendéens à la suite de
Charette[4].

Pour juger de la manière dont Charette traitait ses
ennemis lorsqu'ils étaient en son pouvoir, il suffit de
rappeler comment il traitait ses propres soldats. Jamais
chef de bande ne rendit le commandement odieux par
plus de brutalité et de barbarie. On le vit poursuivre à
coups de pieds, autour d'une troupe faisant l'exercice,
des officiers coupables de quelque légère erreur dans les
manœuvres. Il avait introduit parmi les siens le châtiment
du bâton, et il l'appliquait de sa propre main avec une

---

[1] *Mémoires du général Turreau*, liv. IV, p. 146.
[2] Voy. ses mémoires, p. 414.
[3] *Ibid.*
[4] Nous avons rapporté dans un précédent volume les horreurs qui furent
commises à Machecoul. C'était au commencement de la guerre. Voy. le
tome VIII de cet ouvrage, p. 187-189.

cruauté sauvage[1]. Celui qui en usait de la sorte avec ses soldats n'était pas homme, on le pense bien, à ménager ses prisonniers!

Quant à sa stratégie, rien de mieux approprié au caractère de la situation et à la nature du pays. Habile à ne jamais compromettre l'ensemble de ses forces dans une affaire générale, il était partout et n'était nulle part. Aussi était-ce à peine si trente défaites consécutives l'avaient entamé[2]. Suivant l'expression de Turreau, « il faisait la guerre en brigand[3];» et ce n'était pas autrement que la faisaient, à l'époque que nous décrivons, La Rochejaquelein et Stofflet, tant l'empire des circonstances est quelquefois inexorable!

Là fut le motif qui poussa Turreau à l'adoption du plan terrible qu'on trouve exposé dans ses mémoires. Refouler les rebelles dans le centre du pays révolté, en occupant fortement les points principaux de la circonférence, — faire parcourir la Vendée en tout sens par douze colonnes mobiles, s'avançant à des intervalles assez rapprochés pour que leur marche, au moyen de leurs flanqueurs respectifs, fît l'effet d'une marche en ordre de bataille, — enlever de l'intérieur de la Vendée les bestiaux, les grains, tous les objets de subsistance, détruire les repaires des rebelles, et, généralement, tous les lieux qui pouvaient leur offrir un asile et des ressources..., voilà quel fut le plan adopté par Turreau[4].

On ne l'exécuta que trop bien, si son but était d'arriver à la victoire par l'extermination. Les colonnes se mirent en mouvement et ne parcoururent le pays qu'en le couvrant de ruines. La colonne lancée sur Palluau se dis-

---

[1] *Eclaircissements historiques*, à la suite des *Mémoires de madame de La Rochejaquelein*, X.

[2] *Mémoires du général Turreau*, p. 147.

[3] *Ibid.*

[4] *Ibid.*, p. 152 et suiv.

tingua par des atrocités telles, qu'elle mérita le surnom d'*infernale*[1].

Cependant, La Rochejaquelein, ayant réussi à passer, avec douze cents hommes, entre deux des colonnes de droite, s'empare de Chemillé. Son but était d'opérer une diversion en se glissant sur les derrières de l'armée républicaine. Mais cela n'arrêta point Turreau qui, comptant sur une forte garnison qui défendait Chollet, quitta cette ville pour aller chasser de Tiffauges un corps de rebelles, pendant que Cordelier courait battre un autre de leurs détachements aux environs de Gesté[2].

Ce fut quatre jours après cette dernière affaire, que la Vendée perdit son héros. La Rochejaquelein, accompagné d'une ordonnance qui lui tenait lieu de domestique, était à se rafraîchir dans une auberge située sur la route de Doué à Cholet, lorsqu'il vit passer un volontaire républicain. Sur-le-champ, il monte à cheval et se met à sa poursuite. Le volontaire, au bruit du cheval, se retourne, lâche son coup de fusil, atteint La Rochejaquelein, qui tombe mort, et lui-même est tué par l'ordonnance[3]. Les

---

[1] *Mémoires sur la Vendée*, par un ancien administrateur militaire, chap. VIII, p. 135.

[2] *Mémoires du général Turreau*, p. 164 et 165.

[3] La mort de La Rochejaquelein est racontée autrement par les écrivains royalistes, dont les récits, d'ailleurs, sont fort contradictoires. Selon madame de La Rochejaquelein, qui ne peut parler ici que par ouï-dire, La Rochejaquelein, en se portant de Trémentine sur Nouaillé, suivi des siens, aurait aperçu deux grenadiers républicains, et aurait empêché qu'on ne tombât sur eux, en disant : « Non, je veux leur parler. » Sur quoi, il se serait avancé et aurait reçu de l'un d'eux le coup mortel, au moment où il venait de lui crier : « Rendez-vous, je vous fais grâce (*Mémoires de madame de La Rochejaquelein*, p. 407). Madame de Sapinaud dit, elle, qu'étant à la poursuite de deux dragons, il en tua un, et tenait le sabre levé sur l'autre, quand celui-ci demanda grâce; elle lui fut accordée, et aussitôt il aurait tué d'un coup de pistolet l'homme qui lui sauvait la vie (*Mémoires de madame de Sapinaud*, p. 65). Ces deux versions royalistes, qui ne s'accordent guère, ont toutefois cela de commun qu'elles font résulter la mort de La Rochejaquelein, d'un lâche et abominable assassinat commis gratuitement par un soldat ré-

Vendéens tinrent cet événement secret le plus longtemps qu'ils purent, et ils avaient raison : le nom de La Roche-jaquelein valait, pour eux, une armée[1].

Ainsi tombaient un à un tous les chefs de cette insurrection fameuse. Le faux évêque d'Agra avait été exécuté à Angers le 6 nivôse (26 décembre 1793), « aux acclamations d'un peuple immense[2]. » Le 17 nivôse (6 janvier 1794), le général républicain Beaufort écrivait grossièrement, de Vitré, au président de la Convention : « L'ex-prince de Talmont, de Pérault, de Bougon, et cinq autres rebelles de marque, ont envoyé leur âme au Père Éternel ; et comme ils n'avaient besoin que d'une obole pour le passage du Styx, je leur ai retenu vingt-quatre mille livres, que j'ai distribuées, par ordre du citoyen Esnue La Vallée, à la garde nationale de la Bazoche, qui a arrêté l'ex-prince, et aux soldats de la division que je commande[3]. »

Antoine-Philippe de la Trémouille, prince de Talmont, avait été arrêté près de Fougères, déguisé en paysan, dans la nuit du 8 nivôse (27-28 décembre) 1793. C'était un homme d'une intelligence médiocre, très-hautain et peu fait pour les armes. Gras et goutteux à l'âge de vingt-huit ans, il apporta moins de force que d'embarras aux autres chefs, lorsqu'il les vint rejoindre, à l'époque de l'expédition sur Nantes. C'est à son ambition inquiète que

---

publicain. La version que nous avons adoptée est celle que donnent les *Mémoires sur la Vendée*, par un ancien administrateur militaire, p. 147. Et nous avons adopté celle-là, parce qu'elle nous a paru plus vraisemblable, moins visiblement dictée par l'esprit de parti, l'auteur étant, du reste, défavorable aux républicains et grand admirateur de La Rochejaquelein.

[1] Sur la date de la mort de La Rochejaquelein, il règne la plus grande incertitude. Les uns la placent vers la fin de février, les autres au commencement du même mois, d'autres le 4 mars.

[2] Lettre du représentant du peuple Francastel, *Moniteur*, an II (1794), n° 110.

[3] *Moniteur*, an II (1794), n° 117.

d'Elbée mourant attribuait en partie les revers des Vendéens [1]. Nommé commandant honoraire de la cavalerie, on
lui avait adjoint Forestier, fils d'un cordonnier ; ce fut
pour son orgueil une blessure cuisante, que la confiance
accordée à Forestier par les paysans ne fit qu'envenimer [2].
On a prétendu que, traîné devant la Commission militaire qui le condamna à mort, il dit à ses juges : « Faites
votre métier, je fais mon devoir. » Ce sont les propres
paroles que déjà l'on avait attribuées au marquis de Pontcallec lors de son exécution dans l'affaire de Cellamare [3].
Toujours est-il que le prince de Talmont, après avoir
subi un interrogatoire que nous donnerons plus loin,
mourut avec courage [4]. Il fut exécuté à Laval, devant le
château de sa famille [5].

Restaient Charette, Stofflet et Marigny, qui, après la
mort de La Rochejaquelein, se partagèrent le commandement, sans qu'aucun d'eux voulût reconnaître un supérieur, les forces insurrectionnelles du Bas-Poitou obéissant

[1] Voy. ce qu'il disait au général Turreau dans les Mémoires de ce dernier, p. 144.

[2] Notes fournies à l'auteur par M. Benjamin Fillon.

[3] Cette remarque est de M. Benjamin Fillon, qui cite à l'appui la com-
plainte de Pontcallec dans les chants bretons recueillis par M. de la Ville
marqué.

[4] Nous lisons dans les notes de M. Benjamin Fillon : « C'est en effet le témoignage qu'a rendu devant moi des derniers instants du prince de Talmont
un témoin oculaire, M. Benjamin Fillon, frère aîné de mon père, mort il y
a quelques années officier supérieur en retraite. Il était alors maréchal des
logis en chef au 19ᵉ dragons, et avait été commandé pour assister au supplice de cette triste victime de nos guerres civiles. »

[5] Prudhomme, dans sa liste des condamnés à mort pendant la Révolution,
place cette exécution au 6 pluviôse (26 janvier) 1794. C'est évidemment
une erreur, puisque la lettre adressée au président de la Convention par le
général Beaufort pour lui annoncer la mort de Talmont, est du 17 nivôse
(6 janvier).

M. Crétineau-Joly a écrit la biographie du prince de Talmont, et, dans sa
Vendée militaire, tracé le portrait du chef vendéen. Ce sont pures fantaisies littéraires qui n'ont aucune valeur aux yeux de l'histoire.

à Charette, celles de l'Anjou à Stofflet, et celles du Poitou à Marigny.

Un succès éphémère précéda les désastres que présageait aux Vendéens cette rivalité de leurs chefs. Stofflet ayant réuni à son armée les débris de celle qui avait été battue à Gesté, résolut de s'emparer de Cholet. Le général de brigade Moulin y commandait, ayant six mille hommes sous ses ordres, et jugeant un échec impossible. Turreau était moins confiant. Informé du dessein de Stofflet, il envoie ordre à Cordelier, qui n'avait pas encore quitté les environs de Gesté, de se rapprocher de Cholet, pour être à portée de secourir cette place. Arrivé à une demi-lieue de la ville, Cordelier trouve toute la garnison en déroute sur le grand chemin de Nantes. Moulin, atteint de deux coups de feu, au moment où il cherchait à rallier ses soldats, s'était brûlé la cervelle de désespoir. Cordelier se fait jour à travers les fuyards, charge les vainqueurs, qui, rompus à leur tour, sont rejetés en désordre dans Cholet, hachés dans les rues, ou chassés et poursuivis jusqu'à deux lieues au delà[1].

Pendant ce temps, Charette était dans le Bocage. En évitant le général Duquesnoy, qui avait l'ordre de l'y chercher, il surprend et enlève le poste de Légé, petite ville dont la situation était très-avantageuse. Mais il ne peut ou n'ose s'y maintenir, et, atteint à peu de distance de là par Duquesnoy, il est vaincu, perd huit cents hommes, et se voit contraint de ramener les débris de son armée dans les repaires du Bocage, où le général Haxo s'élance à sa poursuite, à la tête d'une colonne de quatre mille hommes. D'Elbée avait dit de Charette qu'il était un « excellent voltigeur; » et si jamais il le prouva, ce fut alors. Tantôt en avant, tantôt sur les flancs ou les derrières de la colonne républicaine, il la forçait à mille marches et

---

[1] *Mémoires du général Turreau*, p. 168 et 169.

contre-marches, et ne lui laissait pas une minute de repos. Mais ce ne pouvait être qu'à la condition de n'en
point avoir lui-même et d'épuiser ses propres troupes.
D'ailleurs, Haxo ayant pris le parti d'enlever toutes les
denrées qu'il rencontrait sur sa route, de brûler tous les
moulins, de détruire tous les fours, Charette ne tarda
pas à être réduit aux abois. Les soldats qu'il traînait
après lui étaient devenus si desséchés et si pâles, qu'on
eût dit une armée de fantômes. Un peu de farine écrasée
entre deux pierres et qu'ils faisaient cuire sur des tuiles,
fut, pendant près de trois semaines, toute leur nourriture[1]. Ils comptaient parmi eux quantité de femmes venues des marais, et qui, pleurant leurs maris morts,
fuyant leurs chaumières incendiées, n'avaient plus d'autre
refuge qu'auprès de Charette. La plupart étaient nu-
pieds et couvertes de lambeaux. Lui, ne s'était jamais
montré moins disposé à renoncer à son faste, comme l'at-
testaient son chapeau chargé de plumes, sa cravate garnie en dentelles, ses vêtements violets brodés en soie
verte et en argent, son cortége, enfin, composé de jeunes
et jolies femmes[2].

Il est douteux qu'il eût joui plus longtemps des honneurs de cette souveraineté errante, si la fortune ne fût
venue très à propos le délivrer d'un adversaire qui l'égalait en activité, et le surpassait en talent. Dans la chasse
qu'elle donnait à Charette, la cavalerie du général Haxo
s'étant laissée aller à devancer l'avant-garde de plus d'une
lieue, elle fut surprise dans un bois entre Esnay et la
Motte-Achard. Haxo accourt, franchit un fossé, et reçoit
une balle dans la poitrine. Un instant après, son cheval
s'abat au milieu d'un fossé. Il allait être pris vivant : il
employa ce qui lui restait de force à saisir un de ses pis-

---

[1] *Mémoires sur la Vendée*, par un ancien administrateur militaire,
p. 145.
[2] *Mémoires de madame de Sapinaud*, p. 96 et 97.

tolets et se brûla la cervelle[1]. Furieux de sa mort, ses
soldats, dont il était adoré, s'écrient tous : « Marchons
aux brigands! » On reprend le combat, et les Vendéens
sont mis en fuite. Mais la division d'Haxo venait de perdre
en lui le souffle inspirateur, et Charette y gagna d'être
mis à même de prolonger quelque temps encore sa résistance.

Pour imprimer aux opérations un redoublement d'activité et augmenter le nombre des troupes agissant d'une
manière offensive, les représentants du peuple près
l'armée de l'Ouest avaient lancé deux arrêtés, dont l'un
ordonnait l'évacuation de Cholet, et dont l'autre sommait
tous les habitants de la Vendée de quitter le pays, sous
peine d'être réputés rebelles[2]. Quatre colonnes, dont le
point de réunion était Montaigu, sillonnèrent le pays,
brûlant bourgs et villages, précédées par la terreur, et
laissant derrière elles la dévastation. Harcelés sans re-
lâche, poursuivis sans intermittence, frappés sans miséricorde, les Vendéens qui refusent de se soumettre cherchent quelques points d'appui sur différentes parties du
rivage de la Loire; ils sont chassés successivement de
Liré, de Châlonne, de Mont-Dejean. Ils se cachent dans
les bois et tentent d'y former des établissements; les
forêts de Toufou, de Maudebert, de Lépo, du Princé, de
Roche-Servière, de Vezins, sont fouillées tour à tour, et
les nouveaux établissements détruits[3].

Mais, outre que l'excès de cette répression farouche
donnait à la résistance l'énergie du désespoir, tous les
fugitifs courant se grouper soit autour de Charette, soit
autour de Stofflet, il en résultait pour ceux-ci un accroissement de forces; et, s'ils avaient à lutter contre la pénurie

---

[1] *Mémoires sur la Vendée, ubi suprà*, p. 148.
[2] *Mémoires du général Turreau*, p. 171.
[3] *Mémoires sur la Vendée*, par un ancien administrateur militaire,
p. 153.

des subsistances, c'était là un fléau que les colonnes dé-
vastatrices ne pouvaient répandre sur leur passage sans
en souffrir cruellement elles-mêmes[1].

Vers la fin du mois de mars, par exemple, les troupes
qui occupaient l'arrondissement de Machecoul et de Challans étaient réduites au quart de la ration de pain[2], et ce
fut la nécessité d'avoir des vivres qui, plus encore que le
désir de purger la côte, fit prendre la résolution d'attaquer le Marais.

L'entreprise était difficile. Nul moyen d'introduire de
l'artillerie ou de faire usage de la cavalerie dans un pays
entrecoupé de fossés. Et quels ennemis étranges que les
habitants du Marais! Prodigieusement agiles, et capables
d'égaler un cheval à la course, ils étaient gens à franchir,
au moment où on croyait les atteindre, des fossés de
quinze pieds de large. Chaque maréchain portait sa carabine en bandoulière, et tenait à la main une longue
perche à l'aide de laquelle il sautait de marais en marais,
de manière à défier toute poursuite. Il y avait des compagnies entières ainsi organisées, et c'est ce que Pageot
appelait sa cavalerie[3].

Ce Pageot était un marchand de volailles, devenu chef
des royalistes dans le Marais, à force d'audace et de férocité. Quand ses soldats saisissaient un prisonnier républicain, son grand plaisir était de le faire mettre en croix et
de l'exposer aux regards des troupes de la République, que
les marais séparaient des siennes[4]. Il occupait le bourg du
Perrier, où il avait fixé son quartier général, et d'où il

---

[1] Les *Mémoires sur la Vendée*, écrits par un des administrateurs républicains chargés du soin des subsistances, fournissent de ceci une preuve
frappante. Quand les quatre colonnes dont le point de réunion était Montaigu y arrivèrent, elles s'y trouvèrent en présence de la famine! Voy.
p. 154.

[2] *Ibid.*, p. 160.

[3] *Ibid.*, p. 161.

[4] *Ibid.*

lançait ses ordres sanguinaires. C'était une bête fauve qu'il s'agissait de forcer dans son antre.

Sur ces entrefaites, Turreau fut rappelé, mais l'expédition n'en fut pas moins poussée avec vigueur ; on réunit tous les moyens de communication prompte ; on fit venir de Nantes des canots ; on organisa un bataillon de pionniers[1].

A la nouvelle de ces préparatifs, Charette songe à tenter une diversion en faveur de Pageot, son digne émule ; et, le 18 germinal (7 avril), il vient fondre, à la tête d'un rassemblement de huit mille hommes, sur le poste de Challans, qui n'était défendu que par huit cents républicains[2]. Quelque inégal que fût le combat, les républicains, sous le commandement du général Dutruy, se battirent avec tant de furie, qu'ils demeurèrent maîtres du terrain. Charette, après avoir perdu quatre cents des siens, prit la fuite le dernier, et rentra dans le Bocage, la rage dans le cœur. Il ne tarda pas à y être rejoint par Pageot, qui non-seulement ne put repousser l'invasion du Marais, mais ne parvint à s'échapper que grâce à la parfaite connaissance qu'il avait du pays[3].

Quelques avantages remportés aux environs de Saint-Florent, par Stofflet et Marigny, ne compensaient pas ces revers des royalistes, que vint bientôt aggraver la rivalité de leurs chefs.

Charette et Stofflet, jaloux l'un de l'autre, l'étaient tous les deux de Marigny. Cependant, la nécessité d'agir en commun devenant de jour en jour plus manifeste, une conférence, dans ce but, eut lieu à Jallais entre les trois chefs. Là il fut convenu que les trois armées attaqueraient de concert. La marche à suivre fut réglée, le jour de

---

[1] *Mémoires sur la Vendée*, par un ancien administrateur militaire, p. 161.

[2] *Ibid.*, p. 163.

[3] *Ibid.*

l'attaque fixé, un lieu de rendez-vous indiqué. Marigny, en s'en retournant, rencontre sur la route un petit bourg où l'on vendait d'excellent vin. Ils en burent beaucoup, lui et les officiers qui l'accompagnaient. Ceux-ci, qui avaient leurs propriétés près du bourg de Cérisais, proposent d'y aller, au lieu de se réunir aux autres divisions et de marcher vers Coron, ainsi que cela était convenu. Marigny, en pointe de vin, eut le malheur de céder : le projet manqua[1]. Aussitôt Charette et Stofflet convoquent un conseil de guerre, Charette faisait fonction de rapporteur : il conclut à la mort, et ses conclusions sont adoptées. Peu de temps après, Stofflet se rendit à Cérisais, où l'état-major de Marigny était rassemblé. Il entre, et, d'un air sombre : « Messieurs, dit-il, M. de Marigny était condamné à mort; il vient d'être exécuté. » Chacun se tut, consterné; et il sortit[2]. En effet, Marigny, malade, était dans une petite maison de campagne, à une demi-lieue de Cérisais, lorsque avaient paru les soldats envoyés par Stofflet pour le fusiller. Saisi de stupeur et d'horreur, il ne pouvait croire que ses frères d'armes voulussent sérieusement sa mort. Il fut cruellement détrompé. On poussa la dureté jusqu'à lui refuser un confesseur, qu'il demandait pour toute grâce. Conduit dans le jardin, il commanda lui-même le feu, et tomba mort[3].

Charette avait promis sa grâce à madame de Sapinaud[4] : tel fut l'effet de cette promesse ! Pour ce qui est de Stofflet, les royalistes supposent qu'en cette occasion

---

[1] Il existe du fait qui vient d'être rapporté deux versions royalistes qui diffèrent : l'une, par madame de La Rochejaquelein, l'autre par madame de Sapinaud. Nous avons suivi la dernière, parce que madame de Sapinaud donne l'explication qu'elle tenait de la bouche de Marigny lui-même.

[2] *Mémoires de madame de la Rochejaquelein*, p. 411.

[3] *Ibid.*, p. 411.

[4] *Mémoires de madame de Sapinaud*, p. 96.

il ne fit que céder à l'influence, très-grande sur lui, de l'abbé Bernier. Ce qui est certain, c'est que Stofflet, homme du peuple, haïssait et méprisait les nobles, dont les sentiments à son égard sont vivement exprimés dans ces mots de Marigny, que madame de Sapinaud nous a conservés : « Ce Stofflet est un cheval, *c'est un homme de rien*[1]. »

Dans les quatre mois qui s'écoulèrent entre le rappel de Turreau et le 9 thermidor, le système de répression suivi en Vendée fut marqué par un mélange de fermeté et de modération qui produisit les plus heureux résultats. D'une part, on évita tout acte de faiblesse et toute ouverture timide, de nature à enfler l'orgueil des royalistes et à relever leurs espérances ; et, d'autre part, il fut coupé court à ces excès qui servaient d'aliment à des excès contraires. On lit dans les *Mémoires de madame de la Rochejaquelein* cet aveu remarquable : « On ne peut dissimuler que la fureur des soldats républicains s'était grandement ralentie pendant cet été de 1794, et *avant l'événement du 9 thermidor*, qui l'adoucit encore bien davantage[2]. Le retour aux maximes de modération, qui fit sourire l'humanité désolée, commença d'affaiblir le parti des insurgés : il brisait, ou du moins, relâchait son principal ressort, le désespoir du malheur[3]. »

La vérité est que l'adoucissement de la politique adoptée à l'égard des Vendéens n'eut point pour date, comme on l'a tant dit, la chute de Robespierre. L'époque qui précéda cette chute fut, pour les Vendéens, un temps de repos armé. Aux approches de la récolte, et afin de la rendre possible, les commissaires de la Convention reçurent ordre d'inviter, par des proclamations rassurantes, les habitants des campagnes à rentrer dans leurs foyers ;

[1] *Mémoires de madame de Sapinaud*, p. 96.
[2] Nous verrons tout à l'heure de quelle manière.
[3] *Éclaircissements historiques*, X.

un armistice fut accordé; Turreau, le représentant de la
Terreur en Vendée, fut rappelé[1], et l'on mit provisoirement à sa place le général Vimeux, en qui beaucoup de
modération s'associait au courage du soldat[2].

Si cette politique, exempte à la fois de violence et de
faiblesse, eût été suivie jusqu'au bout, nul doute que la
guerre ne fût bien vite arrivée à son terme. D'après les
évaluations du comte Joseph de Puisaye, Charette, vers
le milieu de l'été de 1794, disposait à peine de dix mille
hommes; on en prêtait moins du double à Stofflet; Sapinaud commandait un corps intermédiaire de trois
mille hommes, et les rassemblements du vicomte de Scé-
peaux s'élevaient à peu près au même nombre[3]. Or, il ne
faut pas perdre de vue que ces chiffres étaient loin d'exprimer des forces réelles; que ce qu'on appelait les armées vendéennes se composait d'une foule de femmes,
de vieillards et d'enfants; que les chefs, loin d'agir de
concert, étaient animés l'un contre l'autre d'une jalousie
presque féroce; qu'ils manquaient de munitions de
guerre, et que la destruction des moulins et des fours les
laissait sans munitions de bouche[4]; qu'une épidémie
cruelle était venue joindre ses ravages à ceux de la disette, et que les insurgés, pour comble de détresse, n'a-
vaient point d'asile à offrir aux malades et aux blessés[5].
De toute façon, leur ruine était devenue inévitable. Seulement il était conforme à l'humanité et d'une saine politique de ne pas réduire au désespoir cette portion égarée de la famille française, d'essayer au contraire de la

---

[1] Sa conduite ayant été réprouvée par le Comité de Salut public, ainsi
que cela résulte d'une déclaration ultérieure de Billaud-Varenne.

[2] *Mémoires sur la Vendée*, t. III, chap. 1er.

[3] *Mémoires de Puisaye*, t. II, p. 565.

[4] Voy. la déclaration de La Cathelinière, fait prisonnier, dans les *Mémoires de Turreau*, p. 173.

[5] *Ibid.*, p. 175.

ramener par la douceur, mais cela sans s'humilier devant
les chefs de la révolte et sans leur donner la République
à fouler aux pieds. C'est dans ce système que la Convention était entrée, lorsque arriva le 9 thermidor : on jugera bientôt de la valeur du système que la réaction fit
prévaloir, après la chute de Robespierre.

Que l'énergie, une énergie indomptable, eût été la
source des succès fabuleux de la République au dehors et
au dedans, comment le nier? Sans doute, des forcenés
n'avaient confondu que trop souvent, hélas! le terrorisme avec l'énergie. Faire justice de ce sanglant alliage,
et, tout en rejetant ce qui avait rendu la Révolution
odieuse, conserver ce qui l'avait rendue invincible, voilà
ce qu'avait voulu le parti qui fut renversé le 9 thermidor,
— et c'est justement le contraire qui eut lieu sous l'empire de la réaction. Le Terrorisme continua, mais au
profit des contre-révolutionnaires, — et, devant le royalisme en armes, la faiblesse des nouveaux meneurs de la
République descendit jusqu'à l'avilissement. Ceci va, pour
la première fois, être mis en pleine lumière.

Un décret d'arrestation lancé contre Turreau, alors absent[1], sur la dénonciation de Merlin (de Thionville[2]), fut
un des premiers actes par où se révélèrent les vues de la
réaction à l'égard de la Vendée.

Ce n'est pas que Turreau n'eût fait la guerre en barbare. Qu'imaginer de plus horrible que cet ordre de lui,
qu'Alquier lut du haut de la tribune : « Le général Moulin se portera avec la colonne de gauche sur Mortagne, et
fera désarmer, égorger, sans distinction d'âge ni de sexe,
tout ce qui se trouvera sur son passage[3]? » Aussi l'his-

---

[1] Il était à l'armée des Alpes. *Moniteur*, an III (1794), numéro 12.

[2] Séance du 8 vendémiaire (29 septembre) 1794. Voy. le *Moniteur*,
an III (1794), numéro 11.

[3] Turreau, dans ses *Mémoires*, ne dit pas un mot de cet ordre féroce,
qu'il était si fort de son intérêt de nier, s'il n'avait pas existé.

toire n'aurait-elle rien à reprendre au coup frappé sur
Turreau, si, d'une part, les Thermidoriens qui votèrent
contre lui n'avaient pas été les premiers à plonger leurs
mains dans le sang, et si, d'autre part, ceux qui se disaient républicains avaient été disposés, alors qu'ils châ-
tiaient les cruautés du républicain Turreau, à ne pas faire
grâce aux cruautés du royaliste Charette. Mais quoi ! dans
le temps même où ils se montraient inexorables envers
ceux qui avaient été de leur parti, ils se préparaient à
amnistier, ou plutôt, à récompenser les excès commis
par les chefs du parti contraire.

A cette époque, en effet, la grande préoccupation des
Thermidoriens était de fortifier leur alliance avec les royalistes — connus quoique non encore déclarés — de l'Assemblée ; et, dans ce but, ils ne rougirent pas d'envoyer
mendier la paix auprès de Charette par des commissaires, parlant au nom de la République. Or, quand cette
négociation fut entamée, il n'y avait pas longtemps que
Charette avait mis en pièces les troupes républicaines
qui occupaient les camps de Flessigné et de la Rouillière.
Dans le dernier, il n'y avait que des réquisitionnaires, la
plupart très-jeunes et qui se laissèrent surprendre. L'ennemi étant entré dans le camp comme en une place ouverte, beaucoup de ces malheureux tombèrent à genoux,
les mains jointes, exposant qu'on les avait arrachés à
leurs charrues et contraints de marcher... Le farouche
Vendéen répondit par l'ordre de tout massacrer, ce qui
eut lieu [1].

Et voilà l'homme devant qui on était à la veille d'a-
baisser le drapeau de cette République dont les victoires
faisaient encore, en ce moment même, l'étonnement et
l'admiration du monde !

---

[1] *Mémoires sur la Vendée,* par un ancien administrateur militaire,
p. 178.

Le premier entremetteur de la négociation fut un
nommé Bureau; et les dangers qu'il eut à courir avant
de pénétrer jusqu'à Charette, bien qu'il s'annonçât
comme porteur de paroles de paix, montrent assez ce
que signifiait le « droit des gens » aux yeux des Vendéens[1].
On employa aussi auprès de Charette sa sœur et quelques
autres de ses parents, que Ruelle, commissaire de la
Convention, fit mettre en liberté vers le milieu du mois
d'octobre[2].

Au fond, le chef vendéen désirait la paix, non avec l'intention de l'observer, mais pour se donner les moyens de
reprendre avantageusement les armes; non par inclina-
tion, mais par nécessité; car, en dépit de quelques égorgements partiels dont s'était enflée la liste de ses sinistres
triomphes, sa situation était désormais désespérée[3]. Des
terreurs sans cesse renaissantes, des fatigues dont on
n'entrevoyait pas le terme, une anxiété de chaque instant,
les dégoûts inséparables d'une vie errante et cachée,
avaient enfin lassé le fanatisme des Vendéens. De l'aveu
d'un écrivain royaliste, « ce que trois mois plus tôt un
détachement de deux mille hommes n'aurait pu entreprendre, quelques brigades de gendarmerie l'achevaient
sans coup férir; l'armée républicaine formait comme un
filet jeté sur la province[4]. »

Charette, en particulier, avait intérêt à un accommo-
dement. Le meurtre de Marigny lui avait créé beaucoup
d'ennemis parmi les siens; sa dureté lui avait aliéné les
meilleurs d'entre ses officiers; un de ses lieutenants,

---

[1] La remarque est d'un royaliste; seulement il lui donne un sens plus
général, que le fait ne comporte pas. Voy. les *Éclaircissements historiques*, à la suite des *Mémoires de madame de La Rochejaquelein*, IX.

[2] *Moniteur*, an III (1794), numéro 94.

[3] C'est ce qu'affirme le général Danican, qui était bien instruit. Voy.
les *Brigands démasqués*, 5ᵉ édition, p. 174. Londres, 1796.

[4] *Mémoires de Puisaye*, t. IV, p. 152.

Delaunay, s'était révolté contre lui et menaçait son ascendant[1]. La paix ne pouvait donc venir pour lui plus à propos.

Parut, sur ces entrefaites, le décret du 12 frimaire (2 décembre) 1794, promettant le pardon et l'oubli à tous ceux qui, dans le délai d'un mois, auraient posé les armes. Dans la proclamation qui accompagnait ce décret, les Vendéens purent lire : « La parole de la Convention est sacrée. Si d'infidèles délégués ont abusé de sa confiance, il en sera fait justice[2]. »

Ces derniers mots se rapportaient principalement à Carrier, dont on avait commencé le procès, et dont les Thermidoriens entendaient faire servir la tête de gage de réconciliation[3]. Puisaye, après avoir cité la proclamation dans ses mémoires, commente en ces termes la phrase « il en sera fait justice : » « Il est ici question de Carrier, de Collot-d'Herbois, de Billaud-Varenne, de Barère, etc., comme si le sang de quelques misérables pouvait entrer en compensation de tout celui qui avait été versé et en absoudre leurs complices[4] ! » C'est ainsi que les royalistes se disposaient à récompenser de ses avances le parti des républicains défectionnaires !

La Convention avait chargé trois de ses membres, Delaunay jeune, Bollet et Ruelle, de porter à la connaissance des Vendéens le décret pacificateur. Dans le document qu'ils publièrent à cet effet, les trois commissaires firent une maladroite énumération des départements auxquels leur mission s'étendait ; sur quoi Puisaye remarque qu'ils apprirent de la sorte sa force au parti royaliste ; et

---

[1] *Éclaircissements historiques,* à la suite des *Mémoires de madame de La Rochejaquelein,* X.

[2] *Moniteur,* an III (1794), numéro 74.

[3] C'est ce que Beauchamp, dans son *Histoire de la Vendée,* dit en propres termes.

[4] *Mémoires de Puisaye,* t. IV, p. 167.

il ajoute : « Ces offres hypocrites n'eurent d'autre effet que de donner aux insurgés un surcroît de confiance, et de leur fournir un moyen de plus de persévérer[1]. »

La propagation de la révolte au delà de ce qui avait jusqu'alors constitué son sanglant théâtre fut le résultat du système de ménagement adopté par la réaction à l'égard des rebelles. Les prisonniers de Brest ayant obtenu de prendre l'air un peu librement à certaines heures du jour, trois ardents royalistes, d'Allègre, ami de Puisaye, Georges et Mercier, profitèrent de cette condescendance pour s'évader, et, de chaumière en chaumière, gagnant le Morbihan, contribuèrent à y organiser la guerre civile[2]. Si, de son côté, l'habile et intrépide Boishardy parvint à mettre le département des Côtes-du-Nord en insurrection et y attaqua les républicains avec succès, ce fut précisément parce que ce département avait été beaucoup moins surveillé que ceux de la Mayenne, d'Ille-et-Vilaine et du Morbihan[3].

Nous avons raconté en son lieu l'arrestation de Hoche. En ne voyant point figurer sur son mandat d'arrestation la signature de Robespierre, Hoche avait compris qu'il l'avait eu pour défenseur au Comité de salut public, et le 1er prairial, il lui écrivait la lettre suivante : « Le soldat qui a mille fois bravé la mort dans les combats ne la craint pas sur l'échafaud. Son seul regret est de ne plus servir son pays et de perdre en un moment l'estime du citoyen qu'il regarda de tout temps comme un génie tutélaire. Tu connais, Robespierre, la haute opinion que j'ai conçue de tes talents et de tes vertus ; les lettres que je t'écrivis de Dunkerque, et mes professions de foi sur ton compte, adressées à Bouchotte et Audoin, en sont l'expression fidèle ; mais mon respect pour toi n'est pas

---

[1] *Mémoires de Puisaye*, t. IV, p. 172.
[2] *Ibid.*, t. II, p. 554.
[3] *Ibid.*, p. 140.

un mérite, c'est un acte de justice, et s'il est un rapport
sous lequel je puisse véritablement t'intéresser, c'est
celui sous lequel j'ai pu utilement servir la chose publique. Tu le sais, Robespierre, né soldat, soldat toute
ma vie, il n'est pas une seule goutte de mon sang que je
n'ai (*sic*) consacré (*sic*) à la cause que tu as illustrée. Si la
vie, que je n'aime que pour ma patrie, m'est conservée,
je croirai avec raison que je la tiens de ton amour pour
les patriotes; si, au contraire, la rage de mes ennemis
m'entraîne au tombeau, j'y descendrai en bénissant la
République et Robespierre[1]. » Cette lettre ne parvint pas
à Robespierre; Fouquier-Tinville, chargé de la lui remettre, la garda, ce qui prouve le peu d'influence
qu'exerçait sur lui Maximilien, et Hoche, qui ne fut mis
en liberté que le 17 thermidor, dut attendre assez longtemps avant d'obtenir sa nomination au commandement
de l'armée des côtes de Brest. Que, lors de la pacification
de la Prévalaye, Hoche ait dit à quelques royalistes : « La
Convention m'a retenu six semaines dans les fers, et je
m'en souviendrai quand il en sera temps, » c'est ce que
Puisaye assure[2], mais ce que dément le caractère du
guerrier auquel on prête ces indignes paroles. Toujours
est-il que sa nomination ne déplut pas aux royalistes. « Le
résultat de mes informations sur le compte de Hoche,
écrit Puisaye, avait produit dans mon esprit l'impression
que, parmi les individus alors en évidence, nul n'était
plus propre que lui à faire triompher la cause du roi, si
l'on savait s'y prendre de manière à tirer parti de son
ambition et de son ressentiment sans alarmer sa confiance[3]. » Nul doute que, sur ce point, Puisaye n'eût été
trompé et ne se trompât. Mais l'opinion que les royalistes
avaient de Hoche explique mieux que ses grandes qualités

---

[1] Ernest Hamel, *Histoire de Robespierre*, t. III, p. 500.
[2] *Mémoires de Puisaye*, t. III, p 427.
[3] *Ibid.*, t. III, p. 458-459.

d'homme et de soldat l'empressement de la réaction à le choisir.

Quant au général Canclaux, qui fut appelé au commandement de l'armée de l'Ouest, nul choix ne pouvait être alors plus agréable aux chefs de la rébellion. Dans un homme qui appartenait à la noblesse par sa naissance, dans l'ancien protégé du prince de Conti, dans l'ami[1] de ce comte Joseph de Puisaye qui, à cette époque-là même, négociait à Londres l'invasion de son pays par les Anglais, comment les chefs de la révolte vendéenne auraient-ils craint un ennemi bien décidé?

Aussi Canclaux était-il pour une politique de ménagements, et c'est de ce côté que penchait également Hoche, forcé qu'il était d'opter entre les deux partis qui divisaient la Bretagne républicaine : celui du conventionnel Bollet, très-ardent à rechercher l'amitié des Vendéens, et celui du conventionnel Boursault, très-ardent à réclamer leur soumission absolue[2].

Cette divergence d'opinions enfanta d'âpres querelles. Bollet traitait de vil histrion Boursault, qui avait été comédien; Boursault affectait pour l'intelligence de Bollet le plus profond mépris, et s'étudiait à perdre dans l'esprit des Comités Hoche, dont il était jaloux[3].

Ce fut le parti de la paix qui l'emporta; et, si elle eût été conquise réellement, si elle eût été conquise sans bassesse, il n'y aurait eu qu'à se féliciter d'un semblable résultat. Quel ami de l'humanité, quelle âme de patriote aurait pu ne pas saluer avec bonheur et attendrissement la fin de cette horrible guerre, la réconciliation des Français?

Malheureusement, tout ne fut que concessions dégradantes de la part des uns, insolence ou hypocrisie de la

---

[1] *Mémoires de Puisaye*, p. 433.
[2] Danican, les *Brigands démasqués*, p. 175.
[3] *Ibid.*

part des autres ; et les vainqueurs, à force de descendre gratuitement au rôle de vaincus, ne firent que préparer de nouveaux malheurs. Il est certain que le passage subit d'une politique d'airain à un système d'inconcevable faiblesse fut pris par les royalistes pour une reconnaissance formelle de leurs prérogatives. Quand ils virent que la République fléchissait devant eux, qu'elle semblait leur promettre, comme dédommagement de leurs maux, la tête d'hommes par qui le gouvernement républicain avait été dirigé ; quand ils apprirent que ce gouvernement faisait supplier Charette, réduit aux abois, de vouloir bien vendre la paix, les pieds dans le sang des républicains ; quand ils furent témoins des ovations extraordinaires ménagées par les commissaires de la Convention aux rebelles, tout à coup mis en liberté[1]; quand ils lurent l'arrêté qui interdisait, sous peine de trois jours de prison, de nommer *brigands*[2] les auteurs des assassinats de Machecoul et les sicaires à la suite de Pageot, ils se jugèrent à la veille du rétablissement de la royauté. Profitant de l'armistice, les officiers vendéens se rendirent à Nantes, la cocarde blanche au chapeau, et là on entendit plusieurs d'entre eux tourner publiquement en dérision tout ce qui tenait aux opinions et aux habitudes républicaines. On ne croirait pas, si le fait n'avait été attesté par des royalistes, qu'ils allèrent jusqu'à cracher sur la cocarde tricolore[3]. Boursault disait donc vrai lorsqu'il écrivait : « Les brigands ont paru dans Nantes, au théâtre, sur les places publiques, décorés des couleurs de la révolte, et insultant à la République,

---

[1] Voy. les *Mémoires de madame de La Rochejaquelein*, p. 385.

[2] L'arrêté qui défend de donner le titre de *brigands* aux rebelles est mentionné par madame de La Rochejaquelein elle-même comme ayant encouragé les Vendéens à insulter publiquement la République devant les républicains.

[3] *Mémoires de madame de La Rochejaquelein*, p. 385.

au moment même où sa clémence les rappelait dans son sein [1]. »

Il est à remarquer que, pendant ce temps, le royalisme entretenait en Angleterre des agents chargés de pousser Pitt à tenter une descente sur les côtes de France. Et le caractère odieux de cette négociation était si bien senti par ceux qui en poursuivaient ou souffraient qu'on en poursuivît en leur nom le bénéfice, que plus tard, le 13 août 1795, M. d'Avaray, l'intime de Monsieur, écrivait à Charette : « Atténuez le mauvais effet que peut produire en France la confiance apparente accordée aux Anglais [2]. »

Le comte Joseph de Puisaye était arrivé à Londres vers la fin de septembre 1794 ; et, avant de partir de France, il avait fait accepter pour major général aux insurgés de Bretagne [3] un intrigant dont nous allons voir le nom figurer en première ligne dans l'œuvre ténébreuse qui nous reste à décrire.

Cet intrigant était fils d'un chirurgien de village, faisant les fonctions de barbier. Il se nommait Désotteux ; il avait commencé par s'attacher servilement aux Lameth. Lors des 5 et 6 octobre, il avait été un de ces hommes déguisés en femmes qui marchèrent à Versailles. Envoyé ensuite par les Lameth auprès de Bouillé, il était devenu, de Jacobin ardent, royaliste furieux. Émigré à l'époque de la fuite de Louis XVI à Varenne ; repoussé, à Coblentz, comme démagogue ; placé, à son retour en France, dans la maison constitutionnelle du roi ; émigré de nouveau après le 10 août [4], il parvint à s'introduire auprès de Puisaye, qui ne le connaissait pas, porteur d'une recommandation du conseil des princes et d'un certificat du

---

[1] Lettre officielle de Boursault au Comité de Salut public.
[2] *Mémoires de Puisaye*, t. IV, p. 27.
[3] *Ibid.*, t. II, p. 590.
[4] *Moniteur*, an III (1795), numéro 255.

marquis de Bouillé[1]. Il avait de l'assurance, de la fa-
conde. Puisaye, qui manquait d'hommes, en fit, au
moment de s'absenter, un personnage important; et lui,
habile à tirer parti des circonstances, ne tarda pas à
supplanter Boishardy dans la conduite des négociations
relatives à la paix. C'est alors qu'il changea de nom, et
se trouva être, au lieu de M. Désotteux, le baron de Cormatin[2].

Son premier pas dans la carrière diplomatique ne fut
pas heureux; il égara, en se rendant à Nantes, une
lettre que Puisaye écrivait à Canclaux, et qui, entre
autres phrases significatives, contenait celle-ci : « Mon
cher Canclaux, *voulez-vous être Monk ou Custine?* »
Cette lettre étant tombée entre les mains des commissaires
de la Convention, c'était plus qu'il n'en fallait pour compromettre le général républicain. Toutefois, il aurait pu
s'excuser sur ce que ce n'était point sa faute si on lui
adressait une lettre contraire à ses sentiments; mais « il
était bien disposé pour moi, » écrit Puisaye à ce sujet;
« il prétendit donc, quoique nous eussions correspondu
fréquemment, depuis mon entrée au service du prince de
Conti jusqu'en 1792 et qu'il connût parfaitement mon
écriture, il prétendit que la lettre n'était pas de Puisaye,
que c'était un faux, et réussit à le faire croire[3]. »

· Cependant, la réaction à Paris suivait son cours; et plus
elle se développait, plus le gouvernement se montrait
disposé à traiter avec les rebelles de puissance à puissance. Dans un arrêté signé Bollet, ils étaient désignés
le parti qui dirige les habitants de ces départements[4]. Les
modifications introduites dans la composition des Comités,
l'impulsion nouvelle donnée à l'esprit public, la clôture

---

[1] *Mémoires de Puisaye*, t. II, p. 590.
[2] *Moniteur*, an III (1795), numéro 255.
[3] *Mémoires de Puisaye*, t. IV, p. 261.
[4] *Ibid.*, p. 225.

du club des Jacobins, expliquaient de reste ce changement de langage. L'exécution de Carrier eut lieu, et elle fut présentée aux insurgés royalistes comme une preuve de la sincérité du désir qu'on avait de se réunir à eux contre les Terroristes. Ce motif figura parmi ceux que fit valoir le général républicain Humbert, dans les conférences qu'il eut, à la fin de décembre 1794, avec Cormatin, Chantreau et Boishardy[1]. Et, le 31 du même mois, Cormatin écrivait à Puisaye pour presser son retour, ajoutant : « Nous avons eu, Boishardy et moi, une entrevue avec le général Humbert. Il n'est pas d'avantages qu'il ne nous propose... Il y a, à Nantes, pareille entrevue entre Canclaux et Charette. J'y vais, avec un sauf-conduit, afin de voir sur quel pied ils traitent[2]. »

Cette lettre, où la loyauté du général Humbert était fort vantée, avait été écrite sous les yeux de Humbert lui-même. Mais Cormatin trouva moyen de la faire suivre de quatre lignes de chiffres dont lord Grenville découvrit le sens; elles contenaient ce qui suit : « Jamais nous ne nous rendrons... Nous allons amuser... De l'argent! de l'argent! Nous dépenserions le Pérou[3]. »

Et c'était le moment où Hoche, trompé par ce misérable hypocrite, écrivait au Comité de Salut public : « Cormatin m'a assuré les larmes aux yeux que les propositions de ses chefs et les siennes étaient sincères et qu'il ne tiendrait qu'au gouvernement de rendre à la patrie des hommes que les préjugés ont égarés[4]. »

De leur côté, et, tandis que Hoche envoyait dire au chevalier de Boishardy *mille choses honnêtes*[5], les chefs

---

[1] *Mémoires de Puisaye*, t. IV, p. 209 et suiv.

[2] *Ibid.*

[3] *Ibid.*, p. 222.

[4] Lettre de Hoche au Comité de Salut public, en date du 25 nivôse, an III.

[5] Lettre du général Humbert au chevalier de Boishardy, en date du 25 nivôse an III.

royalistes du mouvement breton, de concert avec Boishardy, pressaient le retour de Puisaye et sollicitaient sous
main l'or et l'épée de l'Angleterre[1] !

Inutile de demander si Charette était plus sincère : la
politique convenue entre lui et Cormatin consistait à
faire une paix « simulée, » pour la rompre à la première
occasion favorable[2].

Ce fut dans cette disposition d'esprit que Charette
voulut bien consentir à ce que des conférences régulières
eussent lieu entre les deux partis. Il fut arrêté d'un commun accord qu'elles s'ouvriraient au château de la Jaunaye, situé à une lieue de Nantes. Charette s'y rendit,
quoique les ennemis de la paix eussent fait courir le bruit
que, s'il hasardait cette démarche, il serait assassiné[3]. Il
est vrai qu'il avait eu soin de s'entourer d'une forte escorte. Lui, les autres généraux vendéens et huit principaux officiers furent logés au château même, la cavalerie
d'escorte étant stationnée dans un château voisin[4]. Tout
d'abord, les royalistes exprimèrent le vœu qu'on invitât
Stofflet aux conférences. C'est ce qui fut fait ; et l'on ne
tarda pas à le voir paraître, mais bien accompagné, le
dédain dans le regard et le défi sur les lèvres. Les plates
avances des représentants de la réaction thermidorienne
avaient à ce point enflé son orgueil, qu'il déclara insolemment rejeter d'avance tout traité dont le premier article
ne stipulerait pas la restauration de la monarchie[5]. Cette
clause ayant été, comme on le conçoit, jugée impossible
à proposer, il ne voulut pas en entendre davantage ; et,

---

[1] *Mémoires de Puisaye*, t. IV, p. 365.

[2] *Ibid.*, t. IV, p. 448. — Le lecteur remarquera que tout ceci repose
sur des témoignages *royalistes*.

[3] *Moniteur*, an III (1795), numéro 176.

[4] *Éclaircissements historiques*, n° IX, à la suite des *Mémoires de madame de La Rochejaquelein*.

[5] *Mémoires de Puisaye*, t. IV, p. 450.

lorsque, le lendemain, dans la matinée, il apprit qu'un négociateur républicain venait d'arriver de Nantes, il se fit amener son cheval, dit aux siens : « En route, cavaliers ! » et, agitant son chapeau au-dessus de sa tête, il partit au galop, après avoir crié : *Vive le roi*[1] *!*

Stofflet était alors le seul homme de son parti qui ne tremblât point devant Charette. Le général vendéen Beauvais s'étant avisé de présenter quelques observations sur ce qu'avait de peu honorable cette comédie de pacification, Charette le regarda de manière à couper court au débat : « Je me tus, a raconté l'officier royaliste, sachant qu'il n'y avait pas de sûreté pour moi à en dire davantage[2]. »

Le local des conférences avait été fixé, à quelque distance du château, au milieu d'une lande, sous une tente. Là se réunirent chaque jour, à une heure convenue, pendant près d'une semaine : d'une part, les commissaires de la Convention ; d'autre part, les chefs insurgés ; ceux-ci, comme ceux-là, accompagnés d'une escorte déterminée, qui se rangeait à quelques pas du pavillon[3]. Dans les débats, l'habitude de la tribune donnait une grande supériorité aux négociateurs républicains, et ils furent frappés de l'attitude embarrassée de leurs adversaires. Charette surtout, qui était très-ignorant et avait beaucoup de difficulté à s'exprimer, leur parut bien au-dessous de sa réputation. Cormatin, qui avait sur le rude chef de partisans, son collègue, l'avantage d'être fort verbeux, joua le rôle important[4].

Enfin, le 29 pluviôse (17 février) 1795, une déclaration fut arrêtée, que signèrent Charette, Fleuriot, de Conclus, Sapinaud, pour les « armées du centre et des

---

[1] *Mémoires de Puisaye*, t. IV, p. 454.

[2] *Mémoires du général Beauvais sur la Vendée*, p. 67 et suiv.

[3] *Éclaircissements historiques*, n° IX, à la suite des *Mémoires de madame de La Rochejaquelein*.

[4] *Mémoires de Puisaye*, t. IV, p. 446 et 447.

Pays-Bas; » Delaville et Bougé, pour « l'armée d'Anjou ; » Cormatin et Scepeaux, pour les « Chouans, » — car on avait admis à traiter d'égal à égal avec les représentants du peuple jusqu'à ces *Chouans* dont la plupart n'étaient que des détrousseurs de grand chemin[1], ces affreux Chouans qui, lorsqu'ils faisaient un républicain prisonnier, s'amusaient à lui arracher les yeux avec des tire-bourre[2] ! — Or, la déclaration commençait en ces termes, qui, non-seulement légitimaient la prise d'armes, mais imprimaient à la République une flétrissure : « Des attentats inouïs contre notre liberté, l'intolérance la plus cruelle, le despotisme, les injustices, les vexations les plus odieuses, nous ont mis les armes à la main[3]. » Ceci bien entendu, les chefs vendéens déclaraient « se soumettre à la République française une et indivisible, et prenaient l'engagement — qu'ils se réservaient de violer et qu'ils violèrent — de ne jamais porter les armes contre la République[4]. »

Les arrêtés relatifs à la pacification portaient :

Que les Vendéens sans profession seraient libres d'entrer dans les armées de la République;

Que ceux qui avaient des biens meubles ou immeubles seraient remis en possession de ces biens ;

Qu'on laisserait aux populations le libre exercice de leur culte ;

Que, pour relever les maisons ou chaumières en ruines, réveiller l'industrie, ranimer l'agriculture, on accorderait des secours[5].

Conditions humaines et réparatrices, auxquelles il se-

---

[1] Voy. le *Moniteur*, an II (1794), numéro 140. — *Ibid.*, an IV, numéro 57. — Beaulieu, t. IV, p. 165.

[2] Voy. le Discours de Louvet, séance du 19 thermidor 1795.

[3] *Moniteur*, an III (1795), numéro 176.

[4] *Ibid.*

[5] *Bibliothèque historique de la Révolution*. 1046, 7-8. (*British Museum.*)

rait doux d'applaudir, si le traité s'était borné là. Mais il renfermait des conditions honteuses, tellement honteuses, qu'il fallut les tenir secrètes. A chaque rebelle, on promit, *en numéraire*, une indemnité proportionnée à son rang dans « l'armée, » — on en était venu à appeler ainsi les rassemblements d'insurgés[1], — et Charette eut, pour sa part, deux millions[2] !

Ce n'est pas tout : il obtint — chose monstrueuse — de conserver le commandement et la police du territoire occupé par son armée, sous l'autorité de la Convention[3]. C'était lui laisser le pouvoir de rallumer la guerre quand bon lui semblerait, et la suite dira s'il se fit scrupule d'en profiter.

Or, quelques jours auparavant (le 1er février 1795), il avait reçu du frère de Louis XVI, celui qui s'intitulait « Régent de France, » une lettre où il était dit : « Enfin, monsieur, j'ai trouvé le moyen que je désirais tant ; je puis communiquer avec vous ; je puis vous parler de mon admiration, de ma reconnaissance... ... Si cette lettre est assez heureuse pour vous parvenir à la veille d'une affaire, donnez pour mot d'ordre : *Saint Louis :* et, pour cri de ralliement : *le Roi et la Régence.* » — A quoi, Charette, qui jurait alors de se soumettre à la République française une et indivisible, avait répondu : « La lettre dont Votre Altesse royale vient de m'honorer transporte mon âme... Combien les mots d'ordre et de ralliement que Votre Altesse royale indique sont encourageants et faits pour nous conduire ! Ils furent ma devise dès le principe, et je ne les oublierai de ma vie[4]. »

---

[1] *Mémoires de Puisaye*, t. IV, p. 460.
[2] Montgaillard, t. IV, p. 312.
[3] *Mémoires de Puisaye*, t. IV, p. 460.
[4] *Correspondance secrète de Charette, Stofflet, Puisaye, Cormatin, d'Autichamp, etc., imprimée sur pièces originales saisies par les armées de la République, an VII.* — Ce document est parfaitement authen-

De sorte que cette prétendue pacification dont on allait faire tant de bruit, ne fut qu'un pacte entre la bassesse et le mensonge.

Avant de poursuivre ce récit, et comme contraste bien digne d'arrêter les regards de l'histoire, nous placerons ici un document très-curieux, que nos prédécesseurs semblent avoir ignoré, et qui remonte à une date antérieure au 9 thermidor. Rien de plus frappant comme indication de la pente que, depuis ce moment, les esprits avaient descendue, en tout ce qui était force d'âme, conviction fière et dignité. C'est l'interrogatoire du prince de Talmont par Rossignol. Le langage, de part et d'autre, est d'une hauteur qui rappelle une scène de Corneille. On en va juger[1].

Talmont. — N'est-ce pas au général Rossignol que j'ai l'honneur de parler?

Rossignol. — Oui. Le représentant du peuple et moi, nous vous avons mandé pour avoir de vous des renseignements certains sur les moyens, sur les intentions, sur les correspondances de votre parti. Vous n'ignorés pas ce que la loi prononce sur votre sort; vous n'avés plus rien à espérer et à craindre, et les lumières que vous nous donnerés peuvent être encore utiles à votre pays[2]. Quel a été le résultat de votre dernier conseil tenu à Blain?

tique. Puisaye lui-même en convient dans ses *Mémoires*. On en trouve dans le *Moniteur* un compte rendu très-circonstancié.

[1] Nous devons communication de ce document d'un intérêt à la fois si historique et si dramatique à M. Benjamin Fillon. Il fait du reste partie de pièces importantes imprimées en 1794 et formant une brochure in-8° de 22 pages, devenue presque introuvable. La copie que nous donnons est textuelle. L'orthographe a été conservée.

[2] Rossignol, on le voit, ne cherchait pas à amener Talmont à des aveux par de menteuses promesses. Il l'avertissait d'avance, avec une franchise caractéristique, qu'il « n'avait plus rien à espérer, » et laissait à son patriotisme le soin de décider de ses réponses.

TALMONT. — Vous n'êtes pas sans doute dans l'usage de divulguer les plans de campagne que vous arrêtés dans vos conseils. Nous sommes généraux l'un et l'autre, et vous savés comme moi ce que nous devons au secret de nos opérations.

ROSSIGNOL. — Général comme vous!.. Vous combattiés pour la tyrannie, et je commande aux soldats de la raison et de la liberté. Savés-vous qui je suis?

TALMONT. — Sans doute un homme à talens, qui devés votre élévation à votre courage et à vos lumières.

ROSSIGNOL. — Vous me flattés. Je suis compagnon orfèvre.

TALMONT. — Cela n'est pas possible.

ROSSIGNOL. — C'est aussi vrai que vous étiez ci-devant prince de Talmont.

TALMONT. — Je le suis encore.

ROSSIGNOL. — Laissons cela. Quel était le but de l'armée soi-disant catholique?

TALMONT. — L'armée catholique combattait pour son roi, pour l'honneur et le rétablissement des anciennes lois de la monarchie.

ROSSIGNOL. — Quoi! c'était pour servir un maître que vous répandiés tant de sang, que vous ravagiés tant de pays!

TALMONT. — Chacun de nous avait servi avec distinction, et nous préférions la tyrannie d'un seul, puisque c'est ainsi que vous l'appelés, à celle de six cents hommes, dont les passions, l'orgueil et l'immoralité font de leur patrie un théâtre d'oppression et de carnage, où personne n'ose énoncer librement son opinion, et où il n'est pas une seule famille qui n'ait à regretter un père, un frère, un ami. Vous même, général, vous que la fortune et la guerre couronnent en ce moment, croyés-vous échapper à la faux de l'anarchie? Désabusés-vous. La Convention ne met dans les places des hommes intègres et de bonne foi que pour les livrer, sous le prétexte frivole de trahison et de perfidie, au glaive de la vengeance, qu'on appelle celui de la justice.

Rossignol. — Arrêtez, Talmon!... Vous calomniés la représentation nationale ; elle a frappé tous les scélérats qui s'entendaient avec vous et vos pareils pour la prolongation de la guerre, ou pour l'établissement des rois ; mais elle décerne des couronnes civiques aux hommes qui se battent de bonne foi pour la liberté, et savent sans regrêt mourir pour elle. Mais revenons. N'avez-vous pas eû avec l'Angleterre une correspondance qui vous promettait, à une époque déterminée, des secours en hommes, en vivres, en munitions, et surtout une combinaison simultanée d'attaque sur Granville?

Talmont. — Oui.

Rossignol. — D'où vient donc que cette opération a échoué?

Talmont. — On avait répandu dans l'armée royale des bruits qui tendaient à déshonorer les chefs, et elle n'a pas donné avec sa chaleur ordinaire. D'ailleurs, l'Angleterre a manqué de parole, ou des causes physiques et locales ont empêché le débarquement.

Rossignol. — Si l'Angleterre vous a manqué de parole, vous devez être irrité contre ses ministres, et n'ayant plus rien à ménager avec eux, vous pourriés, en mourant, rendre service à votre patrie en dévoilant les complôts ourdis contre elle.

Talmont. — Je veux, en mourant, emporter au tombeau l'estime de tous les partis. Vous n'avés pas sans doute espéré que je me déshonorerois par une bassesse. Amis ou ennemis, les puissances étrangères et nous, servions la même cause ; elle triomphera, et je ne veux pas qu'on dise que je ne l'ai pas servie jusqu'à ma dernière heure.

Rossignol. — Elle triomphera !... Vous ignorés donc les succès de la République?

Talmont. — Non, j'ai entendu parler de ses prétendues victoires. Au surplus, la guerre a ses vicissitudes, et vous n'ignorés pas, général, que dans soixante-huit combats livrés contre vous, nos armes n'ont pas toujours été malheureuses.

Rossignol. — Non, je vous le répète : vous avez vaincu quand des généraux perfides vous livraient nos armes et nos munitions. Votre armée n'a pas trouvé parmi nous les mêmes ressources, et vous n'aviez plus de poudre, m'a-t-on dit, lorsque votre colonne s'est dissoute.

Talmont. — Si j'en avais eu, je ne serais pas ici, et il faut avouer que nous n'en avons pas manqué longtemps. La nation nous en fournissait, et c'est ce qu'il y avait de commun entre elle et nous.

Rossignol. — D'où vient que vous n'êtes pas venu en chercher à Rennes?

Talmont. — On n'a pas toujours suivi mes avis dans le Conseil. Ma première intention, après avoir passé la Loire avec cent mille hommes, était de marcher sur Paris ; depuis, j'ai eu des projets sur Rennes et le reste de la Bretagne ; mais des paysans, jaloux de retourner dans la Vendée, dégoûtés de courses et de fatigues, ont dicté impérieusement nos démarches et précipité notre ruine en hâtant la leur.

Rossignol. — Voilà donc où ont abouti tant de dévastations, tant de pillages, tant d'assasinats, tant de convulsions du fanatisme !

Talmont. — On nous accuse de fanatisme, et c'est à tort. Nous n'avons jamais eu dans nos armées d'autres pratiques que celles de nos pères; et quant aux malheurs que cette guerre a entraînés, ce n'est pas à la République à s'en plaindre; elle les a nécessités en portant le fer et le feu dans nos possessions, en fusillant nos prisonniers, en égorgeant nos malades. Nous nous battions avec fureur mais avec loyauté, et celui de nous qui, dans l'action, se livrait à la destruction avec le plus de force, n'eût pas touché un seul soldat patriote le lendemain du combat. Vos prisonniers de Saint-Florent attesteront à jamais cette vérité ; mais les nôtres [1]...

ROSSIGNOL. — La République ne traite point d'égal à égal avec des rebelles, et l'opinion de la France entière s'élèverait contre toute disposition de paix et de conciliation [2].

TALMONT. — L'opinion !... L'accueil qu'on nous a fait partout prouve qu'elle était en notre faveur. L'opinion ! ah ! si j'étais seul avec chacun de vous, peut-être votre langage serait-il bien différent.

ROSSIGNOL. — Vous ne connaissés pas les amis de l'égalité. Ils n'ont pas, comme les courtisans, un langage pour le théâtre, un autre pour l'intimité ; il n'y a pas dans l'armée un soldat qui ne sache qu'il combat pour ses plus chers intérêts. Au surplus, nous nous écartons toujours. Quels étaient vos agents pour correspondre avec l'Angleterre ?

TALMONT. — Des hommes sûrs qui prenaient tous dif-

---

[1] Ce que Talmont disait ici était absolument inexact. Il est certain que ce furent les affreux massacres de Machecoul qui ouvrirent l'ère des représailles inexorables en Vendée. Même dans l'armée dont Talmont faisait partie, Marigny ne se faisait aucun scrupule d'égorger les prisonniers après le combat, et sa barbarie ne fut jamais dépassée. Nous en avons donné d'effroyables preuves. Ce qui est vrai, c'est que Lescure, La Rochejaquelein et Bonchamps déployèrent beaucoup d'humanité. Mais, partout où ils n'étaient pas, et quand ils ne furent plus, la férocité vendéenne ne connut pas de bornes.

[2] On eût en effet regardé comme un déshonneur, à cette époque, de traiter avec la révolte armée. Et il est à remarquer que ces mêmes Thermidoriens qui achetèrent la paix à Charette argent comptant, avaient repoussé, quelques mois auparavant jusqu'à l'idée d'une *amnistie* proposée en faveur des Vendéens... Par qui ? Par Levasseur, un montagnard ! Carrier rappela ce fait dans sa défense.

férentes routes, différents moyens pour arriver à Jersey
et en rapporter les réponses. — Charette, par exemple, à
Noirmoutier, a pour cela les plus grandes facilités.

Rossignol. — N'en connaissez-vous aucun qui soit actuellement dans la République?

Talmont. — J'ai déjà répondu combien j'étais éloigné
de trahir ma cause. Je n'achéterai pas la vie à ce prix ; je
ne forme qu'un vœu, c'est de hâter le moment où je dois
la perdre.

Rossignol. — C'est à la Convention nationale à prononcer[1].

Reprenons notre récit. Le jour où fut signée la paix de
la Jaunaye, Charette arriva au rendez-vous avec une escorte, et, en abordant le général Canclaux, lui dit à haute
voix : « Le général Canclaux veut-il permettre à Charette
de lui offrir le baiser fraternel? » Canclaux, pris à l'improviste, hésite, se tourne vers Bollet, et semble attendre
son approbation. « Oui, oui, » dit Bollet, en le poussant
brusquement. Charette changea de couleur, frappé qu'il
fut d'une pusillanimité aussi imprévue[2].

Lorsque la nouvelle de la paix se fut répandue et qu'on
en connut les conditions, elles parurent si fortement empreintes de royalisme, que cela donna lieu aux rumeurs
les plus étranges. On prétendit que les envoyés de la Convention s'étaient engagés à rétablir la monarchie. On alla
jusqu'à affirmer qu'une clause secrète promettait aux
royalistes le fils de Louis XVI, alors enfermé au Temple[3].

---

[1] « La copie sur laquelle celle-ci a été faite est de la main de Rossignol. Elle paraît provenir des papiers du Comité de Salut public, auquel
elle avait sans doute été adressée par le général. Elle porte cette note mar-
ginale : numéro 6124, 16 pluviôse. — Elle passa ensuite entre les mains
de Courtois, auteur du rapport sur les papiers de Robespierre. » Note de
M. Benjamin Fillon.

[2] Danican, les Brigands démasqués, p. 179.

[3] Mémoires de Puisaye, t. IV, p. 461.

Mais ce qui mit le comble à l'humiliation que les représentants de la République infligeaient à la République,
ce fut l'entrée de Charette à Nantes. Elle eut tout l'éclat,
toute la pompe d'un triomphe. Un panache blanc flot-
tait à son chapeau et il portait tous les insignes de son
parti. On cria sur son passage : « *Vive le pacificateur
de la Vendée*[1] *!* »

Lui, s'avançait d'un air sombre, que chacun remarqua
et que rien ne put adoucir[2], soit qu'il craignît pour sa
sûreté, ou que, décidé à enfreindre la paix qu'il venait de
signer, il se fît intérieurement honte à lui-même. On eut
beau l'inviter à des fêtes brillantes, lui donner des repas
somptueux, l'entourer d'hommages, il ne cessa point,
tant que dura son séjour à Nantes, d'être taciturne et de
se montrer inquiet.

Quant à ses officiers, leur conduite fut scandaleuse.
Leur ignorance, leur forfanterie, indisposèrent contre eux
les cercles de bon ton ; les cabarets retentirent des éclats
de leur joie grossière, et quelques-uns d'entre eux y donnèrent le spectacle des mœurs les plus crapuleuses[3].
L'escorte de Charette, casernée dans un château voisin de
celui de la Jaunaye, le mit au pillage avant de le quitter,
à ce point que les cavaliers de cette armée qui prétendait
combattre pour la religion et le bon ordre, emportèrent
jusqu'aux rideaux de lit[4].

Telle fut cette paix de la Jaunaye que Hoche, le 1er ventôse (19 février) 1795, annonça aux troupes qu'il com-

---

[1] *Mémoires sur la Vendée,* par un administrateur militaire, p. 185.

[2] *Ibid.* — *Mémoires de Puisaye,* t. IV, p. 162. Puisaye s'exprime ainsi :
« Des témoins oculaires m'ont assuré que le regret et la douleur étaient
peints sur sa figure. »

[3] *Éclaircissements historiques,* n° XI, à la suite des *Mémoires de
madame de La Rochejaquelein.*

[4] *Ibid.*

mandait, non sans ajouter qu'il en éprouvait « un plaisir bien vif[1]. »

La Bretagne restait à pacifier : on la pacifia de la même façon. A la Prévalaye, près Rennes, des conférences s'ouvrirent, d'où Cormatin eut l'insolence de demander que Hoche et les généraux fussent exclus, ce que des représentants de la réaction eurent la bassesse d'ordonner[2]. Enfin, un traité qui était pour l'armée de Bretagne ce que celui de la Jaunaye était pour l'armée de Charette, fut signé à la Mabilaye, le 1er floréal (20 avril) 1795.

Cormatin avait eu soin de faire stipuler qu'on lui donnerait quinze cent mille francs[3] : c'était mettre à haut prix, comme on voit, la trahison qu'il méditait et dont il porta la peine trop tard.

Pendant ce temps, Charette, rentré dans le pays insurgé, ne prenait même pas la peine de dissimuler. C'était la cocarde blanche que les siens portaient au chapeau; c'était le drapeau blanc qu'ils promenaient aux exercices et aux cérémonies. Rien n'ayant changé, sinon qu'on ne se battait plus et que les insurgés jouissaient de toute la sécurité désirable, Charette put attendre à son aise le moment de violer ses promesses. Aussi s'adonna-t-il plus que jamais à ses habitudes de luxe, passant son temps à la chasse ou au bal, se moquant de ceux qui lui avaient acheté ce qu'il ne leur avait pas vendu, ne daignant pas ouvrir leurs lettres, et se servant de leurs gazettes pour allumer sa pipe[4].

---

[1] *Moniteur*, an III (1795), numéro 162.
[2] *Vie de Lazare Hoche*, p. 258.
[3] *Mémoires de Puisaye*, t. IV, p. 491.
[4] On peut voir de quelle manière la conduite de Charette est jugée dans les *Éclaircissements historiques* à la suite des *Mémoires de madame de La Rochejaquelein*. Mais que dire de la politique thermidorienne, qui donna lieu à cette conduite et la toléra ?

CHAPITRE IV

HISTOIRE DU MAXIMUM

Nouveauté et importance du sujet. — Les assignats. — Solidité de leur gage. — Fabrication systématique de faux assignats. — Obstacles à vaincre. — Comment ils furent combattus. — Renchérissement produit par la surabondance des assignats. — La liberté du commerce des blés ; objections de Galiani ; objections de Necker ; influence des idées de Galiani et de Necker sur ce point. — L'accaparement. — Danger, dans une guerre qui isolait la France. — Infâmes manœuvres pour affamer le peuple. — Théorie des économistes en lutte avec les besoins et les souffrances de la multitude.— Débats sur l'établissement d'un *Maximum* du prix des grains. — Décret qui l'établit. — Effets extraordinaires de cette mesure. — Son principe en opposition avec celui sur lequel reposait la puissance de la bourgeoisie ; résistances. — Établissement d'un *Maximum* uniforme du prix des grains ; motifs qui déterminent ce second décret.—Enchaînement de conséquences qui conduisent à étendre le *Maximum* à tous les objets de première nécessité. — Énumération de ces objets, et détermination des prix qui y correspondent. — La loi du « rapport de l'offre à la demande » méconnue ; pourquoi. — La résistance redouble ; moyens violents pris pour la dompter. — Désaccord entre les mesures adoptées et l'ordre social inauguré en 1789. — Effort pour échapper à la loi du « rapport de l'offre à la demande, » comme fait régulateur des prix. — *Tableau du Maximum*, œuvre gigantesque de statistique ; comme quoi ce ne pouvait être alors rien de plus. — Barère compare le commerçant qui entrave la Révolution à un enfant ingrat qui battrait sa nourrice.—Les assignats presque toujours au pair jusqu'au 9 thermidor ; le *Maximum* les soutient. — Les Thermidoriens attaquent le *Maximum*. — Réforme proposée par Robert Lindet. — Foudroyante sortie de Cambon contre Tallien. — Abrogation du *Maximum*. — Elle entraîne une effroyable chute des assignats. — Tableau des résultats de cette chute ; détresse du peuple. — Boissy d'Anglas cherche à rassurer Paris ; il est surnommé *Boissy-Famine*. — Hideux aspect du Palais-Royal. — Le *Maximum* considéré comme expédient révolutionnaire et comme mesure économique. — Conclusion.

L'abolition du *Maximum* fut un des traits caractéris-

ques de la réaction thermidorienne. Mais avant de retra-
er les circonstances qui se lient à cette abolition, de
uelque manière qu'on l'apprécie, il convient de raconter
uelles causes rendirent le *Maximum* nécessaire, com-
ent il naquit, comment il se développa, et quels furent
es effets, soit comme innovation économique, soit comme
esure révolutionnaire.

Jusqu'à ce jour, par une négligence à peine concevable,
es historiens de la Révolution se sont abstenus d'écrire
histoire du Maximum : nous essayerons de remplir
ette lacune, en rassemblant dans un même tableau
ut ce qui se rapporte à un sujet qui est à coup sûr un
es plus intéressants, un des plus vastes, auxquels se
uissent arrêter la pensée du philosophe et celle de
homme d'État.

La création du *Maximum* ayant été en partie détermi-
ée par l'émission d'un papier-monnaie, nous décrirons
'abord en quelques mots le mouvement des assignats.

L'établissement des assignats ne fut point, comme
eaucoup d'esprits superficiels l'imaginent, le fait de
ueurs audacieux, prêts à mettre les destinées du monde
u hasard d'un coup de dé ; non : cette grande mesure,
lle de la nécessité, présenta tout d'abord un caractère
e sagesse qui en justifiait la hardiesse. D'une évaluation
asée sur les revenus effectifs des biens nationaux, tels
ue ces revenus rentrèrent au trésor public, il résulte
ue le *gage* des assignats était d'une valeur de plus de
uinze milliards [1]. Nul doute qu'un papier aussi solide-
ent garanti ne se fût soutenu, si un ensemble de cir-
onstances extraordinaires, presque fabuleuses, n'eût
onné à tout ce qui pouvait être une cause d'ébranlement
intensité la plus meurtrière.

[1] Rapport de Johannot, au nom des comités, dans la séance du 2 ni-
se (22 décembre) 1794. Voy. le *Moniteur*, an III (1794), numéro 95.

c

Au premier rang des obstacles que les assignats eurent à vaincre, figure la contrefaçon, hideusement réduite en système par la coalition et ses suppôts.

Dans un précédent volume, nous avons mis au jour le document infâme contenant les propositions de l'Écossais Playfair au gouvernement anglais, et développant cette théorie que, contre la Révolution française, l'emploi du faux, non moins moral que celui de l'épée, avait l'avantage d'être beaucoup plus homicide. Et en effet, la fabrication des faux assignats comme instrument de guerre fut un levier que nos ennemis manièrent avec un énorme succès, parce que, contre des ressources de ce genre, le courage et le dévouement ne pouvaient rien ! A Londres[1], en Hollande[2], en Suisse[3], une odieuse activité signala le noir génie des faussaires. Le mal certes n'eût pas été fort grand, si les royalistes s'étaient bornés à faire circuler des assignats tels que ceux qui furent saisis sur les bords du Rhin, « signés *Calonne*, et payables au retour du roi[4]; » mais leur haine trouva d'autres armes. Comment se défendre d'un sentiment d'horreur à la lecture de l'arrêté royaliste, dont la teneur suit :

« Le Conseil militaire de l'armée catholique et royale de Bretagne, autorisé par monseigneur comte d'Artois, lieutenant général du royaume, en vertu des pouvoirs à lui confiés par Monsieur, régent de France :

« Pénétré de la nécessité de pourvoir aux frais immenses qu'exigent l'équipement, l'habillement, l'armement, la subsistance et la solde des hommes qui se réunissent en foule sous les drapeaux de la religion et du roi...;

---

[1] Voy. le *Moniteur*, an Ier (1792), numéro 54, et an II (1794), numéro 205.

[2] *Ibid.*, an Ier (1793), numéro 141.

[3] *Ibid.*, an II (1793), numéro 95.

[4] Voy. le *Moniteur*, an II (1794), numéro 129.

« Considérant que le meilleur moyen d'y parvenir est
la création d'un papier-monnaie légitimement émis et
dont le remboursement soit assuré ;

« Qu'au souverain seul il appartient de mettre une
telle monnaie en circulation ;

« Que, néanmoins, dans la crise terrible qui agite la
France, la confiance des peuples étant ou forcée ou trompée, un papier-monnaie *qui ne porterait pas tous les signes apparents d'une ressemblance parfaite avec celui
que les rebelles répandent...*, n'atteindrait pas le but
qu'il se propose,

« Arrête :

« Il sera établi une manufacture d'assignats, en tout
semblables à ceux qui ont été émis, ou le seront, par la
soi-disant Convention nationale.

« Ces assignats porteront un caractère secret de reconnaissance, pour que le remboursement en soit fait à bureau ouvert aussitôt que les circonstances le permet-
tront, etc...

« Fait et arrêté ce 20 septembre 1794, l'an II du règne de Louis XVII.

Signé le comte Joseph de Puisaye,
« Lieutenant général des armées du roi ;

« Le chevalier de Tinténiac,
« Maréchal de camp, etc. [1]. »

Ainsi, jeter sur la place des masses d'assignats contre-
faits qui ne répondaient à aucune hypothèque ; pousser
de la sorte à une dépréciation soudaine, terrible, de l'in-

---

[1] *Correspondance secrète de Charette, Stofflet, Puisaye et autres,
imprimée sur pièces originales saisies par les armées de la République,*
t. I, p. 97-99.
La parfaite authenticité de cette correspondance est reconnue en termes
formels par Puisaye dans ses *Mémoires.*

strument des échanges, aux mains de ceux qui s'en trouvaient alors pourvus ; ruiner d'un coup des milliers de familles ; en un mot, mentir pour voler... Voilà ce qui,
dans la grammaire royaliste, s'appelait servir légitimement la cause de la religion et du roi !

Aussi il faut voir sur quel ton de triomphe le comte
de Puisaye écrivait au Comité central, catholique et
royal :

« Ma manufacture sera bientôt en pleine activité. J'ai
déjà soixante-dix ouvriers, et, avant peu, vous aurez un
million par jour, ensuite deux, et ainsi de suite. Vous sen-
tez combien ce moyen est puissant, sous tous les rapports.
Employez-le utilement ; enrichissez les campagnes ; ga-
gnez les villes ; ne ménagez pas les assignats, que tout le
monde en ait[1] ! »

Et, pour que la postérité n'en ignore, l'auteur de cette
lettre se vante, en ces termes, du succès de ses manœuvres, dans le livre où il en a lui-même consigné l'exécrable souvenir :

« Les assignats de la Convention ne pouvant résister
à cette mise en circulation d'une immense quantité d'effets qui encombraient les villes, les campagnes et les
marchés publics, tout le monde sait que les ennemis de
l'espèce humaine furent privés, en un instant, de cet effrayant aliment de leurs crimes[2]. »

Abrégeons ces détails affreux. Dans la séance de la
Chambre des Communes d'Angleterre du 21 mars 1794[3],
Shéridan, d'une voix indignée, s'écriait : « Croiriez-vous,
messieurs, qu'il existe en Angleterre un moulin employé

---

[1] *Correspondance secrète de Charette, etc.*, t. I, p. 122.
[2] *Mémoires du comte Joseph de Puisaye*, t. III, p. 596.
[3] Le *Moniteur* dit à tort 19 mars.

pour une manufacture de papiers qui servent à la fabrication de faux assignats français[1]? » Sur quoi, M. Taylor déclara qu'il pouvait nommer de tels moulins, et qu'il avait vu, de ses yeux vu, les faux assignats[2]. Les généreuses dénonciations de Shéridan jetaient sur la politique de Pitt plus de jour qu'elle n'était capable d'en supporter : on étouffa la discussion[3].

Un autre levier entre les mains des royalistes fut l'assignat royal. La partie des assignats qui avait été émise sous le gouvernement de Louis XVI portant l'effigie royale, les contre-révolutionnaires prirent avantage de là pour opposer au papier émis depuis la chute de Louis XVI une concurrence ruineuse. Ils affectèrent de croire et ne se cachèrent pas pour dire que, si la Révolution succombait, seuls les assignats à effigie royale lui survivraient. Rien de si prompt à s'effaroucher que le crédit. Cette idée une fois répandue, les assignats royaux obtinrent sur les assignats républicains une préférence si marquée, qu'ils gagnaient jusqu'à dix ou quinze pour cent[4].

Les diverses créances sur l'État, dont la date était antérieure à l'établissement de la République, et qu'elle avait loyalement reconnues, formaient aussi une espèce de papier-monnaie dont le crédit, appuyé sur les espérances royalistes, nuisait au succès du papier républicain.

Ce n'est pas tout : les contre-révolutionnaires, porteurs d'assignats, avaient à les avilir un intérêt politique manifeste. Ils en offraient donc des masses considérables contre les lettres de change sur les diverses places de l'Europe ;

---

[1] *Moniteur*, an II (1794), numéro 203.

[2] *Ibid.*; *Morning Chronicle* n° 7739 ; *Star*, n° 1806 ; *Lloyd Evening Post*, n° 5733 ; *Oracle public Advertiser*, n° 18651.

[3] Il est remarquable que le compte rendu de cette séance mentionné dans les journaux anglais précités se trouve omis dans la collection des *Parliamentary Debates*.

[4] Voy., pour ce qui concerne la démonétisation des assignats à face royale, le *Moniteur*, an Ier (1793), numéro 213.

et ces lettres de change, qu'ils se passaient l'un à l'autre, constituaient, à l'intérieur, un papier qu'on recherchait de préférence aux assignats, parce qu'il était garanti par l'étranger, tandis que ces derniers se trouvaient discrédités par l'empressement même que les royalistes mettaient à s'en défaire. L'efficacité de ce moyen parut telle, que Pitt engagea les banquiers anglais à s'y prêter de leur mieux [1].

Si la vente des biens nationaux qui servaient de gage au papier-monnaie révolutionnaire se fût effectuée avec la rapidité désirable, elle eût permis au gouvernement de retirer de la circulation une grande quantité d'assignats, et d'en soutenir de la sorte la valeur ; mais ici encore la politique intervenait pour altérer la justesse des calculs financiers. Les biens nationaux se composant de ce que les royalistes appelaient la dépouille du clergé, les acquérir n'était-ce pas pécher contre toutes les lois divines ? Et comment imaginer que, si jamais la royauté avait le dessus, elle sanctionnât la légalité de transactions semblables ? Voilà les craintes que les partisans du régime renversé et les prêtres avaient soin d'alimenter par leurs discours ; et, comme la Révolution, malgré la prodigieuse puissance qu'elle déployait, était encore dans une situation militante, l'incertitude de l'avenir tenait à l'écart les acheteurs.

Donc, sans parler du rival naturel de tout papier-monnaie, le numéraire, les assignats républicains eurent à lutter, dès l'origine, contre :

1° Le faux, réduit en système ;

2° Les assignats à face royale ;

3° Les anciennes créances sur l'État ;

4° Le papier étranger ;

---

[1] Il faut savoir gré à M. Thiers de n'avoir pas oublié ce trait dans le tableau, très-incomplet d'ailleurs, qu'il trace de la chute des assignats. Voy. son *Histoire de la Révolution*, t. V, p. 159-160.

5° Les obstacles apportés par le fanatisme religieux et les ressentiments de parti à la vente des biens nationaux.

De ce qui précède, il suit que, pour être appréciée sainement, la conception économique des assignats ne doit pas être séparée des circonstances politiques qui en entravèrent le succès. Et si le gouvernement révolutionnaire ne parvint pas à maîtriser d'une manière absolue ces circonstances fatales, ce ne fut certes ni faute d'habileté et de vigueur, ni faute de génie.

Au crime du faux en matière d'assignats, il opposa... la mort.

Il fit rendre un décret qui transformait les assignats à face royale en effets au porteur, et les déclarait, pendant un laps de temps déterminé, recevables soit en payement des contributions, soit en payement de domaines nationaux; moyen sûr de les faire disparaître de la circulation sans dépouiller personne[1].

Par la création du Grand-Livre, il fondit toutes les anciennes dettes royales en une seule dette républicaine, et mit fin de la sorte à la préférence qui leur était accordée sur les assignats[2].

Il fit proclamer traîtres à la patrie les Français qui plaçaient leurs fonds sur les banques ou comptoirs des pays en guerre avec la République.

Enfin, sur la proposition de Cambon, décrétée par l'Assemblée nationale, il frappa un emprunt forcé d'un milliard en assignats, remboursable en bons d'acquisition de domaines nationaux : mesure dont le but était de faciliter la vente de ces domaines, et, conséquemment de faire rentrer au Trésor, pour être brûlés, les assignats donnés en payement[3].

[1] Voy. le *Moniteur*, an Ier (1793), numéro 213.
[2] *Ibid.*, numéro 273.
[3] *Ibid.*, numéro 141 et 142.

Tout cela sans doute n'était pas exempt de violence. Mais quelle question fut jamais plus intimement liée au salut public? Quelle situation fut jamais plus formidable? Quel gouvernement eut jamais à combattre des manœuvres plus criminelles?

Aussi arriva-t-il que, même par des mesures de cette espèce, les nécessités d'une lutte à laquelle l'histoire des tragédies humaines n'offre rien de comparable ne purent être entièrement dominées. La question eût été de pouvoir limiter les émissions d'assignats sous l'empire d'une prudence qui ne fût, en aucune occasion, prise en défaut. Or, c'était là précisément la chose impossible, avec quatorze armées à entretenir, avec sept guerres à soutenir à la fois : guerre contre l'Angleterre, guerre contre la Hollande, guerre contre l'Autriche, guerre contre la Prusse, guerre contre le Piémont, guerre contre l'Espagne, guerre contre la Vendée; et alors que, par la cessation de tout commerce, de toute industrie, les sources ordinaires de la richesse étaient à sec.

La surabondance des assignats fut donc le résultat d'un vaste ensemble de faits inouïs, et, à son tour, elle enfanta des conséquences qu'il est puéril de prétendre mesurer avec l'étroit compas des économistes.

De ces conséquences, la première fut le renchérissement des divers objets de consommation, renchérissement qui prit les proportions d'une question d'État, dès qu'il en vint à affecter les objets de première nécessité.

Dans ses fameux et admirables *Dialogues sur le commerce des blés*, Galiani avait eu grandement raison de dire que si le blé, en tant que production du sol, peut être considéré comme appartenant à la législation économique et au commerce, il relève de la politique à un point de vue supérieur, et constitue, en tant que nourriture essentielle du peuple, le but suprême de la sollicitude du gouvernement, dans certaines situations

données. « Lorsque vous approvisionnez une place frontière, lorsque vous faites marcher une armée, lorsque
vous équipez un vaisseau, ne pensez-vous pas autant, et
même plus, au blé, au pain, au biscuit, qu'à la poudre
et au canon? Ce que je dis est si vrai que, dans tous les
traités de paix, vous trouverez que les vivres sont contre-
bande de guerre, et qu'il est défendu aux puissances
neutres d'en porter à l'ennemi, avec la même sévérité
qu'il leur est défendu de lui porter des armes et des
munitions de guerre[1]. »

Quand Galiani s'exprimait de la sorte, — ce Galiani en
qui un corps d'arlequin soutenait une tête de Machiavel[2],
— il ne se doutait pas de l'importance souveraine que la
Révolution française allait donner à ses paroles, en faisant
de la France entière — et ceci à la lettre — une place
assiégée.

Vainement Turgot, Morellet et les économistes de cette
école avaient-ils posé ce qu'ils appelaient la liberté du
commerce comme un principe absolu, inflexible, applicable dans tous les temps et tous les lieux, applicable à
tout ce qui se peut vendre et acheter : la Révolution était
là, qui, préférant son salut à la satisfaction intellectuelle
de quelques beaux esprits, allait profiter de ces sages
remarques du philosophe italien : « En fait d'économie
politique, un seul changement détermine une différence
immense... Si vous avez une terre sur une colline formée
en pain de sucre et une source d'eau sur le sommet, au
milieu de votre terre, laissez cette eau courir librement,
elle arrosera votre champ d'une manière parfaite. Si vous
voyez qu'il s'en écoule hors de vos limites, soyez tranquille: c'est un superflu dont votre terre, pleinement ar-
rosée, n'a plus besoin. Mais si, au contraire, la fontaine est

---

[1] *Dialogues sur le commerce des blés*, p. 30-31, Londres, MDCCLXX.
[2] C'est ainsi que le définissait, avec un mélange de mauvaise humeur et
d'admiration profonde, l'abbé Morellet, son antagoniste.

placée au bas de la colline sur le bord de votre terre, prenez-y garde : l'eau s'écoulera suivant sa pente, et jamais elle n'arrosera votre champ. Il vous faudra alors des chaussées, des écluses, des pompes pour forcer la nature et combattre son niveau... En Espagne, la province à blé est la Vieille-Castille. Cette province occupe à peu près le milieu d'un royaume presque rond. Or, vous ne courez aucun risque à permettre l'exportation des blés de la Castille hors des ports de la monarchie ; car, de quelque côté qu'on aille de la Castille à la mer, le blé doit traverser les provinces de l'Espagne avant d'arriver aux ports. Et si quelqu'une de ces provinces est dans la disette, le blé s'arrêtera où il trouvera le besoin, le haut prix, et n'ira pas plus loin... Mais si la France avait malheureusement ses provinces à blé placées sur les frontières telles que la Flandre, la Picardie, la Normandie, vous courez un grand risque avec votre liberté ; car, si, dans la même année, la Flandre autrichienne et l'Angleterre d'un côté, et, de l'autre, le Dauphiné, la Provence, le Languedoc, se trouvent dans la disette, votre blé ira nourrir l'étranger, l'ennemi de la nation peut-être, et les sujets du roi mourront de faim [1]. »

Il eût été difficile de faire ressortir avec plus de vivacité, de grâce et de force le danger d'abandonner, partout et toujours, à l'égoïsme de l'intérêt privé la subsistance du peuple.

Et Galiani n'avait pas montré avec moins d'éclat que le blé, par sa nature, est peu propre au commerce, parce qu'étant matière encombrante, il exige des frais de transport comparativement énormes ; parce qu'il est difficile à transporter à cause de l'humidité qui le pourrit, de la chaleur qui le fait germer, des rats et des insectes qui le mangent ; parce qu'il est difficile à garder, étant sujet à

---

[1] *Dialogues sur le commerce des blés,* p. 15 et 16.

se gâter dans les magasins; parce qu'il vient au monde
au beau milieu de l'été, n'arrive à être battu et mis en
grange que vers le milieu de l'automne, et a, pour entrer
en mouvement, la saison la plus contraire de l'année;
mer orageuse, rivières prises par les glaces ou débordées,
chemins couverts de neige ou de boue[1], journées courtes,
temps affreux. *Non omnis fert omnia tellus*, voilà le fait
qui sert de base au commerce : comment servirait-il de
base au commerce des grains? Le blé ne croît-il pas, plus
ou moins, partout? Il peut y avoir ici insuffisance, là superflu; mais, comme les envois doivent atteindre leur
destination à point nommé, c'est miracle si, à de grandes
distances, le besoin et le superflu parviennent à se rencontrer. D'où la conclusion que le commerce du blé demande de vastes moyens d'information, beaucoup de
précision dans les calculs, le pouvoir de subir de grandes
pertes en vue de grands bénéfices, de larges mains, en
un mot, et de longs bras. Et c'est pourquoi Galiani
n'avait pas hésité à dire : « Le commerce du blé est
le commerce de la spéculation et du monopole par excellence[2]. »

Restait à savoir si, devant la spéculation et le monopole, la sollicitude publique devait rester désarmée, le
jour où il s'agirait de défendre, contre la cupidité de
quelques gros spéculateurs, le pain du pauvre, la vie
du peuple?

Ce jour, la Révolution l'amena; mais il ne fallut rien
moins que la force des choses, attestée par les clameurs
d'une multitude aux abois, pour provoquer l'intervention
de l'État, tant la doctrine des économistes avait, en dépit

---

[1] Ce qui était vrai du temps de Galiani ne l'est plus autant aujour-
d'hui, il faut l'avouer; et, par exemple, l'établissement des chemins de
fer a fait disparaître en grande partie l'inconvénient des routes couvertes
de neige et de boue.

[2] *Dialogues sur le commerce des blés*, p. 169 et suiv.

de Galiani et de Necker, prit possession des esprits ! Et
quoi de surprenant à cela ? Le lendemain de la chute du
régime féodal, la bourgeoisie, en qui résidait la double
puissance de l'intelligence et des richesses, s'était sentie
dans la position d'un jeune homme qui, plein de vigueur
et fier de son émancipation récente, a horreur de tout ce
qui ressemble à une tutelle. Quant à la masse du peuple,
ignorante et pauvre, elle avait besoin d'être protégée,
au contraire ; mais ce n'était pas elle qui disposait en
général des plumes savantes, de la popularité des salons
et des ressources de la publicité. Quel que fût le mérite
intrinsèque des livres de Galiani et de Necker, il est
douteux qu'ils eussent obtenu le succès de vogue qui les
couronna, si, dans le monde des lettrés, on ne les eût
salués comme de brillants paradoxes dont on n'avait
nullement à prendre souci.

Cependant, elle ne tarda pas à porter ses fruits, cette
théorie du *Laissez-faire* dont les économistes avaient tant
vanté l'excellence. Le peuple remarqua, d'abord avec
étonnement, puis avec effroi, que les années de mauvaise
récolte, en provoquant la hausse du prix des grains,
remplissaient les coffres du cultivateur, tandis qu'en
produisant une baisse, les années d'abondance tendaient
à le ruiner. Système singulier que celui qui intéressait
la classe des producteurs de blé à l'avénement de la
disette ! Et s'il arrivait que ceux qu'une famine réelle
aurait enrichis songeassent à créer une famine artifi-
cielle !

Ce danger était d'autant plus à craindre, qu'entre le
producteur et le consommateur, l'intervention des capitalistes tendait de jour en jour à se généraliser davantage, et à donner de la sorte à l'élément de la spéculation,
là où il semble le moins admissible, une prépondérance
redoutable.

Necker avait dénoncé, dans un langage plein d'une

rave émotion, l'inconvénient de cette pratique. « Lorsque
ar l'intervention des négociants, avait-il dit, les blés
assent dans les mains de la partie de la nation qui
ispose de la plus grande quantité d'argent, il s'élève
)ut à coup, vis-à-vis des consommateurs, une classe de
)ntractants qui ont une force nouvelle jusqu'alors in-
)nnue. Ceux-là ne vendront pas, comme les proprié-
iires ou les fermiers, pour dépenser ou acquitter les
mpôts, puisque les blés dans les magasins des négociants
e représentent plus un revenu, mais un capital qu'ils
)euvent garder aussi longtemps que leur intérêt ou une
)éculation bien ou mal combinée les y engage... Je con-
iens qu'au commencement d'une nouvelle récolte ordi-
aire, il y a pour plus d'un milliard de grains en France,
t qu'alors les manœuvres des marchands, abandonnés à
a plus grande liberté, ne pourraient mouvoir l'opinion
jue faiblement; car les moyens des spéculateurs ne sont
)as proportionnés à la somme des blés amassés de toutes
)arts dans les granges et les greniers. Mais, vers la fin de
'année, le blé nécessaire à la subsistance des habitants
lu royaume n'est plus qu'un petit objet, comparé à
leux milliards d'argent monnayé qui circulent en France,
t à l'étendue du crédit, qui augmente encore les moyens
les spéculateurs. La subsistance en blé nécessaire à cinq
:ent mille hommes pendant quinze jours ne vaut qu'un
nillion : or, combien de millions ne sont pas au pouvoir
les hommes de commerce et de finance?... Qu'on ait
issez de crédit seulement pour obtenir cent mille francs
ur ses engagements; qu'on distribue ensuite cette somme
)ar forme d'arrhes entre les mains des propriétaires de
)lé ; on pourra se rendre maître pendant quelque temps
l'une valeur en denrées dix fois plus grande. La force du
létenteur de blé contre celui qui en a besoin pour vivre
st telle, qu'il est difficile de se faire une idée des abus
qui pourraient naître d'une liberté illimitée dans l'inté-

rieur du royaume, même lorsque l'exportation serait
interdite[1]. »

De fait, les abus prévus par Necker ne tardèrent pas à
se produire. Pour s'enrichir dans le commerce des blés,
que fallait-il? Vendre cher. — Et pour vendre cher, que
fallait-il? Créer une disette ou la peur d'une disette. —
Et le secret? L'accaparement.

Dans les circonstances ordinaires, la liberté du commerce, si elle est logique et complète, peut fournir un
correctif aux abus mêmes qu'elle entraîne. Là, par exemple, où la libre importation des blés étrangers n'est
sujette à aucune entrave, le pouvoir d'accaparer est
naturellement paralysé entre les mains des spéculateurs
du dedans par la concurrence des spéculateurs du dehors,
toujours à l'affût des besoins et prêts à mettre l'offre au
service de la demande. Mais la Révolution française
n'avait à compter sur rien de semblable, la France se
trouvant alors isolée dans le monde, que dis-je? en
guerre avec le monde entier. Pour elle, conséquemment,
la liberté du commerce des blés n'avait aucun des avantages qui, dans le cours ordinaire des choses, en tempè-
rent les inconvénients ou en détournent les périls.

Encore est-il à remarquer que le système de l'accaparement, calcul de la cupidité chez les uns, fut alors, de la
part des autres, une manœuvre de contre-révolution, un
moyen de lier, dans l'esprit de la multitude, l'idée du
régime nouveau à celle de la famine. Il est certain qu'on
eut recours, dans ce but, à des menées infâmes : ici, on
cachait les grains sous la paille, dans les écuries ; là, on
laissait pourrir les meules de blé, ou bien on les aban-
donnait à la voracité des rats. Puis on disait au peuple
à jeun : « Voilà ce que vous valent les idées nouvelles[2] ! »

---

[1] Necker, *sur la Législation et le Commerce des grains*, p. 287-289.
Collection des principaux économistes. 13e livraison.

[2] Voy. *Bibl. hist. de la Rév. Subsistances*, 473, 4-5. (*British Museum.*)

On ne sait vraiment ce que serait devenue la Révolution,
si, conformément à la théorie des économistes, et de peur
de toucher à la liberté comme ils l'entendaient, on eût
proclamé inviolable la liberté d'affamer le peuple! Mais,
c'était trop attendre de sa débonnaireté. Un estomac vide
n'a pas de ces complaisances. Le marquis et le chevalier
que Galiani met en jeu dans ses *Dialogues* poussent vivement le débat jusqu'au moment du dîner. Arrivés là, ils
vont gaiement se mettre à table, et, après avoir fait
honneur à un bon repas, ils reprennent ainsi la discussion. — Le marquis au chevalier : « Nous voici à présent
en état d'accorder l'exportation de tout le pain du
monde..., au moins jusqu'au souper [1]. » Terrible sar-
casme, à l'adresse de ces beaux esprits qui, devant une
table bien garnie, exigeaient de gens en peine de leur
pain de chaque jour qu'ils jeunassent patiemment en
l'honneur de la théorie, et haussaient les épaules lorsqu'ils
entendaient ces pauvres *ignorants* crier : « A bas les
accapareurs ! »

Cette justice est due aux économistes, qu'ils avaient
prévu quelques-uns des inconvénients de leur système :
ils ne se dissimulaient point, par exemple, que, quand il
y aurait menace de disette, des spéculateurs pourraient
bien être tentés de s'emparer du marché, de manière à
réaliser sur les ventes d'exorbitants profits, et, suivant la
forte parole d'un Père de l'Église, « à s'enrichir par les
larmes. » Mais la science économique avait réponse à tout.
Ce qu'elle répondait ici, c'est que les hauts prix ont du
bon, plus de bon qu'on ne croit, parce qu'ils forcent la
consommation à se restreindre, lorsque la production n'a
pas été abondante, c'est-à-dire précisément lorsqu'il est
utile que la société s'impose les privations de la prudence,
les spéculateurs jouant, dans ce cas, le rôle d'un capi-

---

[1] *Dialogues sur le commerce des blés*, p. 20.

taine de vaisseau qui, craignant de manquer de vivres, réduit les rations journalières de biscuit distribuées à l'équipage, de façon à faire durer sa provision jusqu'au moment où le navire touche terre.

La comparaison eût été juste, appliquée à l'État, dont la fonction est précisément de prendre soin de l'équipage et de pourvoir à son salut, aux heures de détresse. Mais l'affaire du spéculateur est de s'enrichir, non de veiller à ce que chacun reçoive sa ration journalière. Le moyen de croire qu'en temps de disette, et sous l'empire de ce régime du laissez-faire qui supprime le capitaine de vaisseau, il sera donné à la spéculation de distribuer équitablement, par portions égales, la quantité de vivres dont elle dispose aux divers membres d'un équipage de plusieurs millions d'hommes, les uns riches, les autres pauvres! Les riches, même en temps de disette, sont toujours sûrs d'avoir le nécessaire, tandis que les pauvres, dont le pain cependant est à peu près l'unique nourriture, risquent absolument d'en manquer. Et ce besoin du pain, il n'est pas seulement impérieux, il est pressant : « On peut, comme le dit fort bien Galiani, faire traîner une paire de souliers vingt jours de plus; mais comment faire traîner vingt jours de plus un morceau de pain[1]?» Il est vrai que, lorsque l'équilibre est rompu, la mort des surnuméraires est là pour le rétablir! Cruel remède, et sur lequel, d'ailleurs, il est dangereux de compter en temps de révolution! D'où cet effroyable mot de Chaumette : « Prenez garde! quand le pauvre n'aura plus rien à manger, il mangera le riche! » Ce qui est certain, c'est que, dans certaines circonstances données, la puissance du spéculateur en blé serait écrasante, si, par le mouvement qu'elle imprime à l'indignation populaire, la grandeur même de l'abus ne servait à en arrêter le développement.

----

[1] *Dialogues sur le commerce des blés.*

C'est ce qui avait eu lieu quand la Révolution française était à la veille d'éclater[1], et c'est ce qui eut lieu quand elle eut éclaté. La discussion du sujet brûlant qui avait mis aux prises Galiani et Morellet, Necker et Turgot, descendit, grâce à la disette, sur la place publique ; et alors, qu'on le voulût ou non, il fallut compter avec l'anxiété du peuple, avec ses terreurs, avec ses souffrances, avec ses colères.

Soit calcul de la cupidité, soit machiavélisme de l'esprit de parti, les marchands ou propriétaires de blé en recélaient des quantités considérables : on demanda que les ressources de la nation cessassent d'être un mystère.

La concurrence des marchands de blé, très-utile aux propriétaires, parce qu'à leur égard les marchands sont acheteurs, était, au contraire, très-défavorable au peuple, parce qu'elle diminuait le nombre des vendeurs avec lesquels les consommateurs avaient à traiter[2] : pour obvier à cet inconvénient, rapprocher le producteur du consommateur et empêcher les grains d'aller s'enfouir dans les magasins des accapareurs, on demanda que les fermiers fussent obligés de paraître dans les marchés.

La malveillance ou la défiance faisaient obstacle à ce que les marchés fussent approvisionnés suffisamment : on demanda que les autorités administratives eussent à requérir l'apport indispensable.

La surabondance des assignats, jointe aux manœuvres des accapareurs, menaçait d'un renchérissement sans limites : on demanda qu'une limite fût posée, ou, en d'autres termes, que le prix des grains dans chaque département ne pût point s'élever au-dessus d'un *Maximum* déterminé par la loi.

---

[1] Voy. le Ier tome de cet ouvrage.
[2] C'est ce que Necker avait exposé avec beaucoup de force dans son livre *sur la Législation et le Commerce des grains*, p. 284 et 285, Collection des principaux économistes.

Bientôt, l'opinion populaire se prononça sur ces divers points avec tant de fougue, que, le 16 avril 1793, ils furent l'objet d'une pétition en forme, adressée à l'Assemblée nationale par le Département de Paris [1].

Quelques jours après, le débat s'ouvrit, et la part violente qu'y prirent les tribunes montra de reste combien grave était l'intérêt mis en jeu. Ducos ayant déclaré que, si l'on établissait un *Maximum*, les fermiers refuseraient de vendre à un prix inférieur à la taxation; qu'en fixant le prix des grains, il fallait faire figurer dans ce prix, comme données, les avances de la semence et de la culture, l'achat des bestiaux, l'acquisition des instruments aratoires, le salaire du laboureur : faute de quoi, « la culture s'arrêterait, la terre resterait en friche et le peuple mourrait de faim... » un frémissement passionné courut parmi la foule qui remplissait les tribunes. L'orateur fut interrompu. L'orage entra dans la salle [2].

Ducos avait certes raison de dire qu'il fallait tenir compte des avances de la semence et de la culture, mais personne ne prétendait le contraire, et là n'était pas la question. Les avances dont l'orateur parlait étant choses parfaitement évaluables, rien n'empêchait de les évaluer et par conséquent d'assigner au *Maximum* une base équitable. C'est ce que Philippeaux, avant que Ducos montât à la tribune, avait très-bien établi, et même il était allé jusqu'à proposer qu'on fixât d'abord le *Maximum* à « un taux fort supérieur à celui que les chances du commerce pouvaient faire espérer au cultivateur quand il avait pris la ferme [3]. »

Le *Maximum* une fois déterminé de manière à ôter au cultivateur tout légitime sujet de plainte, Philippeaux insistait pour qu'on décrétât sa décroissance de mois en

---

[1] *Moniteur*, an Ier (1793) numéro 110.
[2] Séance du 28 avril 1793. Voy. le *Moniteur*, an II (1793), numéro 122.
[3] *Ibid.*

mois, de telle sorte que les fermiers eussent intérêt à bien garnir les marchés dès le premier mois, et que les accapareurs fussent amenés à vider leurs magasins, sous peine de se ruiner[1].

Mais si ce système de taxation décroissante prévalait, le marchand ne s'abstiendrait-il pas d'acheter des grains qu'il serait exposé à vendre au bout d'un mois à un prix moindre que celui de l'achat? Cette objection, qui fut présentée par Réal[2], fit peu d'effet, parce que, loin de paraître désirable, une intervention trop active des marchands dans la question de distribution du blé paraissait dangereuse. Le but qu'on se proposait était, non d'encourager les achats des marchands, mais, au contraire, de se passer, autant que possible, de leur intermédiaire, en appelant le fermier et le consommateur à traiter directement dans les marchés publics.

Thirion appuya vivement la proposition de Philippeaux, relative à un *Maximum* décroissant. Selon lui, le langage à tenir aux accapareurs était celui-ci : « Plus vous garderez votre grain, moins vous gagnerez[3]. »

Le résultat de cette discussion fut un décret dont voici la teneur :

« Tout marchand ou propriétaire de grains et farines sera tenu de faire à la municipalité du lieu de son domicile déclaration de la quantité et nature de grains qu'il possède.

« On ne pourra vendre des grains ou de la farine que dans les marchés publics établis à cet effet. — Toutefois, il sera loisible aux particuliers de s'approvisionner chez les cultivateurs, marchands ou propriétaires de leur canton, moyennant certificat de la municipalité, qu'ils ne font

---

[1] Séance du 28 avril 1793. Voy. le *Moniteur*, an II (1793), numéro 122.
[2] Séance du 2 mai 1793. Voy. le *Moniteur*, an II (1793), numéro 125.
[3] *Ibid.*

pas commerce de grains, et que ce qu'ils achètent est nécessaire pour leur consommation d'un mois.

« Les directoires de département sont autorisés à établir
des marchés où cela sera nécessaire.

« Les corps administratifs sont autorisés à requérir l'apport nécessaire dans les marchés.

« Pour parvenir à fixer le *Maximum* du prix des grains
dans chaque département, les directoires de district seront tenus d'adresser à celui de leur département le tableau des mercuriales des marchés depuis le 1er janvier
dernier jusqu'au 1er mai présent mois. Le prix moyen
résultant de ces tableaux, auquel chaque espèce de grain
aura été vendue entre les deux époques ci-déterminées,
sera le *Maximum* au-dessus duquel le prix des grains ne
pourra s'élever.

« Le *Maximum*, ainsi fixé, décroîtra dans les proportions suivantes : au 1er juin, il sera réduit d'un dixième ;
plus, d'un vingtième sur le prix restant, au 1er juillet ;
d'un trentième, au 1er août ; et, enfin, d'un quarantième,
au 1er septembre.

« Quiconque aura vendu ou acheté au delà du *Maximum* sera puni d'une amende de 500 à 1000 francs, et
les grains ou farines encore en sa possession seront confisqués.

« Pour ceux qui seraient convaincus d'avoir mécham-
ment et à dessein gâté ou enfoui farines ou grains, la
mort[1]. »

Ce décret, ainsi que tous ceux dont l'exécution réclame l'emploi de la force, donna lieu à une surveillance
très-importune, à des actes vexatoires, mais il pourvut à
des nécessités qu'il eût été impossible autrement d'éluder,
et servit à écarter des périls dont la seule image fait fré-
mir. Sa date est remarquable : 5 mai 1795. La France,

---

[1] Séance du 5 mai 1795. Voy. le *Moniteur*, an II (1795), numéro 126

à cette époque, s'élançait tête baissée dans cette lutte titanique, où elle se montra disposant à son gré de la victoire, chassant devant elle, comme autant de faibles troupeaux, au nord, au midi, à l'est, à l'ouest, partout, des légions innombrables d'ennemis, et forçant en quelque sorte le monde entier à reculer d'étonnement à son approche ! Ce n'est point par des moyens ordinaires que s'opèrent de semblables prodiges. Entretenir quatorze armées à la fois sur les frontières d'un pays que rongeait au dedans la guerre civile, qu'agitaient les complots, et où toutes les sources de la richesse se trouvaient taries, était un problème dont il est au moins douteux que la science économique de l'abbé Morellet eût fourni la solution, et l'on a quelque peine à condamner l'assignat soutenu par le *Maximum*, quand on songe aux choses miraculeuses qui alors furent accomplies.

Il est très-vrai que l'établissement du *Maximum*, même borné à la vente des grains, était en opposition flagrante avec le principe d'individualisme et de *laissez-faire*, fondement naturel de la puissance bourgeoise, depuis que le régime féodal avait succombé; et là fut en effet le grand obstacle. L'intérêt privé résista de son mieux aux exigences du salut public, et la contre-révolution encouragea, tant qu'elle put, cette résistance. Parmi les cultivateurs, il y en eut qui se prêtèrent si peu à l'approvisionnement des marchés, que, pour obtenir d'eux la vente du blé qu'ils entassaient dans leurs magasins, il fallut recourir à la force armée[1]. La malveillance de certains propriétaires fut poussée jusque-là, qu'ils accordèrent à leurs fermiers tout le temps que ceux-ci voulurent pour payer le prix de leur ferme, afin de les mettre en état de garder leur blé et d'imiter les agioteurs[2]. De leur côté, plusieurs

---

[1] Discours de Thuriot, dans la séance du 4 septembre 1793. Voy. le *Moniteur*, an II (1793), numéro 248.

[2] *Ibid.*

administrations locales négligèrent de fixer le *Maximum*[1],
composées qu'elles étaient en partie d'hommes dont il
contrariait les spéculations. Autre inconvénient : le *Maximum*, tel que l'avait établi la loi du 3 mai 1793, n'étant
pas uniforme, les grains tendaient naturellement à sortir
des départements où il était moins élevé, pour aller se
vendre dans ceux où il l'était davantage.

Comment obvier au mal? Devait-on interdire le commerce des grains? Devait-on décider qu'il y aurait un
Maximum uniforme du prix des grains pour toute la République? C'est ce que Thuriot et Danton demandèrent[2].
Mais que deviendraient, dans ce cas, les départements qui
ne produisent pas de blé ou en produisent peu? Charlier
répondit que les administrations de ces départements
enverraient des commissaires faire des achats dans les
lieux de production[3]. Mais il était à craindre que la détermination d'un prix général n'arrêtât la circulation tout
court, le blé qu'on aurait acheté en Picardie, par exemple, ne pouvant se vendre au même prix à Paris, à cause
des frais de transport[4]. Cette objection, quelque péremptoire qu'elle parût, n'arrêta point l'assemblée, la
sollicitude publique prenant la circulation des grains à
sa charge, et rien n'empêchant les administrations locales qui auraient à ordonner des achats de tenir compte
des frais de transport dans leurs calculs. Nous verrons,
dans la suite de ce récit, que le système présentait une
autre difficulté qui ne fut point prévue alors, et dont la
Convention eut plus tard à se préoccuper. L'idée d'un
Maximum uniforme l'emporta donc ; et, le 4 septembre

---

[1] Séance du 4 septembre 1793. *Moniteur*, an II (1793), numéro 248.
[2] *Ibid.*
[3] *Ibid.*
[4] Necker l'avait prévu, et avait déclaré la détermination d'un prix fixe
et général « une mesure impraticable. » Voy. son livre sur *la Législation
et le Commerce des grains*, p. 312.

1793, le décret suivant fut adopté : « A dater de ce jour, le quintal de blé de froment ne pourra excéder, jusqu'au 1er octobre 1794, dans toute l'étendue de la République, la somme de 14 livres [1].

Le vice d'un pareil décret était d'introduire violemment dans la société l'action d'un principe en désaccord avec l'ensemble des relations sociales auxquelles le régime féodal, en tombant, avait fait place. Ce principe supposait un ordre social bien différent de celui qui existait alors, et son application conduisait, par une pente inévitable, à des conséquences très-graves, qui, en effet, ne tardèrent pas à se développer. Dès qu'on fixait un *Maximum* pour le prix du blé, pourquoi n'en pas fixer un pour tous les objets de première nécessité? Si la société, représentée par l'État, avait à protéger la vie du pauvre, pourquoi ne pas lui demander de la protéger sous ses divers aspects? D'un autre côté, entre régler la vente des objets de consommation et s'occuper de la détermination des salaires, il n'y avait qu'un pas. De cet enchaînement logique d'idées résulta le décret du 29 septembre 1793, portant en substance :

« Les objets jugés de première nécessité, et dont la Convention a cru devoir fixer le *Maximum*, sont : la viande fraîche, la viande salée, le lard, le beurre, l'huile douce, le bétail, le poisson salé, le vin, l'eau-de-vie, le vinaigre, le cidre, la bière, le bois à brûler, le charbon, la chandelle, l'huile à brûler, le sel, la soude, le savon, la potasse, le sucre, le miel, le papier blanc, les cuirs, les fers, la fonte, le plomb, l'acier, le cuivre, le chanvre, le lin, les laines, les étoffes, les toiles, les matières premières qui servent aux fabriques, les sabots, les souliers, les colza et rabette, le tabac.

« Le *Maximum* du prix du bois à brûler, de première

---

[1] *Moniteur*, an II (1793), numéro 248.

qualité, celui du charbon de bois et du charbon de
terre, est le même qu'en 1790, plus le vingtième de ce
prix.

« Le *Maximum* ou le plus haut prix du tabac en ca-
rotte est de vingt sous la livre, poids de marc ; celui de la
livre de sel est de deux sous ; celui du savon, de vingt-
cinq sous.

« Le *Maximum* du prix de toutes les autres denrées et
marchandises énoncées dans l'article 1er sera, pour toute
l'étendue de la République, jusqu'au mois de septembre
prochain, le prix que chacune d'elles avait en 1790, tel
qu'il est constaté par les mercuriales, ou le prix courant
de chaque département, et le tiers en sus, déduction faite
des droits fiscaux et autres auxquels elles étaient alors
soumises.

« Le *Maximum*, ou le plus haut prix respectif des
salaires, gages, main-d'œuvre, et journées de travail sera
fixé, jusqu'en septembre prochain, par les conseils généraux des communes, au même taux qu'en 1790, avec la
moitié de ce prix en sus[1]. »

Ce système de réglementation entraînait l'établissement
de pénalités sévères à l'égard des contrevenants : il fut
décrété que « toutes personnes achetant ou vendant au
delà du *Maximum* seraient condamnées à une amende
solidaire double de la valeur de l'objet vendu, et inscrites
sur la liste des suspects[2]. »

Ainsi, les hommes qui avaient en main les destinées
de la Révolution se roidissaient de plus en plus, et contre
le régime du *laisser-faire*, et contre cette théorie des
économistes en vertu de laquelle l'unique régulateur du
prix du travail devait être « le rapport de l'offre à la
demande. »

Non qu'ils fussent disposés à nier la souveraine in-

[1] *Moniteur*, an II (1793), numéro 274.
[2] *Ibid.*

fluence de ce rapport dans toute société soumise à l'action
de la concurrence illimitée ; mais il leur semblait que les
économistes, en donnant « le rapport de l'offre à la
demande » pour nécessaire pivot à la science des richesses, avaient mis l'absolu à la place du relatif, et élevé
aux proportions d'un *principe* ce qui n'était qu'un *fait*,
et un fait résultant d'une organisation sociale susceptible
d'être améliorée, ou même changée. Ils ne niaient pas
que l'effet naturel de la concurrence illimitée ne fût de
faire dépendre les salaires de la proportion qui existe
entre le nombre des ouvriers à employer et la quantité de
cette portion de la richesse qui, sous le nom de capital,
sert à acheter le travail ; mais ils se demandaient si le
bien-être général, les droits légitimes du travail et la
justice trouvaient leur compte à un résultat semblable.
Car, en y regardant de près, ils voyaient :

Que la concurrence illimitée n'offre aucun moyen
de maintenir au niveau convenable la proportion indiquée ;

Qu'il n'est en aucune sorte au pouvoir du travailleur,
soit d'arrêter l'accroissement de la population et d'empêcher ainsi l'abaissement des salaires, soit de diriger vers la production une portion plus considérable
du capital national, et, par là, de pousser à l'élévation
des salaires ;

Que, conséquemment, le travailleur n'a pas le moindre
contrôle sur des circonstances auxquelles, néanmoins,
sont suspendues, comme à un fil, son existence, celle de
sa femme et celle de ses enfants ;

Que, d'autre part, l'action de « l'offre et la demande »
est une action confuse, aveugle, fille du hasard et de la
nuit, nul producteur individuel ne pouvant connaître
l'étendue, même approximative, du marché, et le système du *laisser-faire* provoquant chacun à s'y élancer les
yeux fermés, sans s'inquiéter s'il y a place ou non pour

de nouveaux venus, et dans l'espoir d'en chasser, en tout cas, quelques-uns de ceux qui l'ont précédé, au risque d'un engorgement, d'une déperdition énorme de capital, et de la mise en coupe réglée de pauvres travailleurs privés soudainement de leur pain de chaque jour. Si le nombre de ceux qui ont besoin de travailler pour vivre croissait en général moins vite que le capital destiné à acheter leur travail, le « rapport de l'offre à la demande » n'aurait rien de meurtrier pour le travailleur ; mais, comme c'est précisément le contraire qui a toujours lieu, c'est sur le travailleur que pèse, d'un poids écrasant, le *fait* que les économistes avaient si pompeusement érigé en *principe*[1]. Ce fait, inhérent au régime du « laisser-faire et de la concurrence, » était-il immuable de sa nature ? La société avait-elle enfin rencontré dans l'ordre particulier de relations industrielles et commerciales qui, seul, le rendait nécessaire, sa forme absolue, inflexible, définitive ? Il était naturel que l'instinct démocratique protestât énergiquement contre cette conclusion, et que le peuple trouvât peu consolant ce prétendu axiome de Turgot : « Dans chaque branche de travail, il arrive et *il doit* arriver que le salaire de l'ouvrier se borne à ce qui est indispensable au soutien de son existence ! »

Mais si, dans l'antagonisme absurde où le régime du « laisser faire » place le travail et le capital, le « rapport de l'offre à la demande » comme régulateur des prix est

---

[1] Et c'est ce résultat certain et funeste de l'accroissement de la population, là où la vie du pauvre est livrée à l'action du « rapport de l'offre à la demande, » qui conduit M. John Stuart Mill à penser que l'obligation de ne pas faire trop d'enfants devait être rangée au nombre des plus importants devoirs sociaux, et que la société devait, au besoin, intervenir pour veiller à ce qu'un tel devoir ne fût pas violé. Il est remarquable que la théorie de la liberté *économique* ait poussé à cette conséquence celui de tous les économistes modernes qui a déployé le plus de profondeur dans ses vues, s'est le plus rapproché du socialisme de nos jours, et a le plus aimé le peuple.

défavorable au premier, il est en revanche très-favorable
au second, de la part duquel, par conséquent, toute mesure destinée à le gêner ou à le limiter appelait une
résistance proportionnée au pouvoir dont l'ensemble des
capitalistes disposaient. Cette résistance ne manqua pas
de se produire. Lors de la proclamation du *Maximum*
des denrées, on vit plusieurs marchands fermer leurs
boutiques, et on les entendit déclarer qu'ils n'avaient plus
ni sucre, ni huile, ni chandelles[1]. Des fabricants mena-
cèrent d'arrêter la production[2]. De son côté, l'aristocratie
songea tout d'abord à profiter seule de la baisse des marchandises : ce que le marchand rassemblait, les riches
malveillants s'empressaient de l'acheter en bloc, de manière à vider subitement les boutiques, et à faire pousser
les hauts cris à ceux qui achètent et vivent au jour le
jour[3]. Les choses en vinrent à ce point, que la police
municipale dut mettre une borne à ces achats en masse,
surveiller les ventes quotidiennes, défendre aux marchands de livrer, d'une certaine marchandise, plus à un
citoyen qu'à un autre[4]. C'était le temps où à l'Hôtel de
Ville, Chaumette tonnait contre les manœuvres employées
pour réduire le peuple au désespoir, et parlait, tantôt de
mettre les matières premières en réquisition, tantôt de
punir les fabricants qui seraient convaincus de réduire
l'inactivité en système[5].

Rien certainement — les nécessités d'une situation
tout à fait exceptionnelle mises à part — n'était plus
propre à montrer le côté défectueux des mesures prises ;

---

[1] Séance du conseil général du 23 du 1er mois. Voy. le *Moniteur*, an II
(1793), numéro 25.

[2] *Ibid.*

[3] Rapport de Barère dans la séance de la Convention du 11 brumaire 1793. Voy. le *Moniteur*, an II (1793), numéro 43.

[4] *Ibid.*

[5] Séance du Conseil général du 23 du 1er mois. Voy. le *Moniteur* an II
(1793), numéro 25.

elles avaient le tort de ne pouvoir cadrer qu'à l'aide de la violence avec un ordre social fondé sur le principe de l'individualisme, principe opposé à celui d'où elles tiraient leur origine; elles étaient trop ou trop peu; et l'intervention du gouvernement une fois en jeu par la fixation des prix, chaque pas dans cette voie rendait un pas de plus indispensable.

C'est ainsi que, bientôt, la Convention fut amenée à reconnaître que, pour être équitable et logique, la loi du *Maximum* aurait dû embrasser tous les agents, directs ou indirects, de la production, depuis celui qui fournit les matières premières jusqu'au marchand détaillant qui les vend manufacturées à chaque citoyen. « S'en tenir à la première loi, dit Barère dans la séance du 11 brumaire 1793, c'est blesser la justice quant aux marchands détaillants, auxquels la loi ne donne aucun dédommagement d'une perte énorme; c'est favoriser exclusivement le marchand en gros et l'entrepreneur de fabrique, celui qui tient les magasins, et ne rien statuer à l'égard du fabricant-ouvrier, presque toujours dans la classe pauvre; c'est épuiser les petites boutiques et ménager les grandes. En faisant la loi qui taxe les denrées chez le marchand ordinaire, nous avons ressemblé à ce financier qui porterait la perception des droits à l'embouchure de la rivière, au lieu de la porter à la source. C'est à la source que le *Maximum* doit commencer[1]. »

Comme conclusion, Barère proposait l'application du *Maximum* :

1° Aux magasins de matières premières ;

2° A la fabrique ;

3° Au marchand en gros ;

4° Au marchand détaillant.

Un prix fixe par lieue devait, en outre, être déterminé

[1] *Moniteur*, an II (1793), numéro 45.

our le transport des marchandises de la fabrique au magasin.

« Par là, disait Barère, on bannira l'arbitraire des prix, qui est à la fortune des citoyens ce que l'arbitraire de l'autorité est à la liberté civile[1]. »

A la suite de ce rapport, la Convention décréta qu'il serait fait un tableau portant :

« 1° Le prix que chaque genre de marchandises comprises dans la loi du *Maximum* valait dans leur lieu de production en fabrique, en 1790, augmenté d'un tiers;

« 2° Cinq pour cent de bénéfice pour le marchand en gros ;

3° Cinq pour cent de bénéfice pour le marchand en détail ;

« 4° Un prix fixe par lieue pour le transport[2]. »

Sur ces quatre bases devait être établi le prix de chaque marchandise dans toute l'étendue de la République[3].

A ceux qui justifieraient avoir perdu leur fortune par l'effet du *Maximum* une indemnité était assurée[4].

C'était un travail véritablement gigantesque et d'une imposante nouveauté que celui-là ; et Barère eut certes droit de s'écrier plus tard : « Quel despote eût osé s'engager dans un tel labyrinthe ? Quels esclaves auraient osé lui dévoiler les secrets de leurs richesses[5] ? »

L'ardeur et le succès qui marquèrent cette grande opération ont été constatés dans un précédent chapitre[6]. Tous les mystères de la production furent explorés ; le jour pénétra au fond de tous les laboratoires où sont ras-

---

[1] *Moniteur*, an II (1793), numéro 43.
[2] *Ibid.*
[3] *Ibid.*
[4] *Ibid.*
[5] *Ibid.* (1794), numéro 154-155.
[6] Voy. le tome X, chap. intitulé l'*Hiver de* 1794.

semblés les matériaux de l'activité humaine ; l'industrie,
interrogée par des commissaires aussi infatigables que
savants, ne laissa aucune question sans réponse ; et
d'une enquête, qui n'eut peut-être jamais d'exemple,
sortit un immense ouvrage de statistique : nous disons
de statistique, car le *Tableau du Maximum* ne pouvait
être rien de plus. Dans une société où l'unique lien des
divers intérêts individuels est l'échange, la valeur d'un
objet dépend, non de son utilité intrinsèque, mais de
l'empressement qu'on met à l'acquérir, empressement
qui lui-même dépend de mille circonstances changeantes :
abondance ou rareté de l'objet dont il s'agit, fluctuation
de la mode, modifications apportées aux habitudes ou
aux goûts, mouvement de la population, tendance du
capital à se placer en telle branche de l'industrie plutôt
qu'en telle autre, etc.; il est donc clair que dans une
société ainsi faite on ne saurait donner pour base tant
soit peu durable au prix de vente des choses la détermination de leur prix de revient : elles y vaudront, non
pas en raison de ce qu'elles peuvent avoir coûté à produire, mais en raison de ce qu'on offrira pour les posséder.

Au fond, l'idée de remplacer l'action du « rapport de
l'offre à la demande » par une constatation scientifique
du prix de revient de chaque marchandise, sauf à suivre
dans leurs variations successives les éléments variables
dont ce prix se compose, impliquait une vaste révolution
sociale; et les auteurs du *Maximum* y marchaient, sans
bien savoir jusqu'où menait la route que la Révolution
avait ouverte devant eux.

Il en résulta qu'ils eurent à lutter contre une foule de
difficultés, sinon tout à fait imprévues, du moins en-
trevues d'une manière confuse ; et, quelquefois, ce qu'ils
attribuèrent à des manœuvres criminelles ne fut que
l'effet naturel de la résistance opposée à leurs mesures

par l'ensemble d'un ordre social dont elles contrariaient la loi.

Il y avait néanmoins du vrai dans ces mots amers de Barère : « La liberté avait délivré l'agriculture des liens de la féodalité et de la rouille seigneuriale qui dévorait les terres ; elle avait affranchi le commerce des péages, des corporations, des maîtrises, des douanes provinciales ? Et qu'a fait l'agriculture pour la liberté ? Elle n'a songé qu'à grossir ses profits, à affamer les marchés, à faire hausser le prix de tous les besoins de la vie. Et le commerce ? Il a tari la source de la circulation par des exportations clandestines ; il a tenté d'affamer la liberté, qui ne pensait qu'à l'élever et à l'enrichir : enfant mal élevé et ingrat qui bat sa nourrice[1] ! »

Ces plaintes n'étaient justes qu'à demi ; mais leur amertume même explique les rigueurs qui, à cette époque de transformation douloureuse, furent jugées nécessaires contre l'excès de la cupidité prise en flagrant délit, ou contre les menées politiques auxquelles les résistances industrielles servaient de voile.

Quoi qu'il en soit, ce qui ne saurait être trop remarqué, c'est que, jusqu'au 9 thermidor, les assignats restèrent presque toujours au pair[2] ! Le *Maximum* soutint l'assignat, lui donna la vie ; et l'assignat, ainsi appuyé, confondit tous les raisonnements timides, créa des ressources à peine croyables, nourrit quatorze armées, et rendit la République assez forte pour mettre le pied sur l'Europe des rois[3]. Ce fut après le 9 thermidor seulement que la dépréciation présenta les caractères que les

---

[1] *Moniteur*, an II (1793), numéro 43.

[2] *Mémoires de Levasseur*, t. IV, chap. iv, p. 110. Levasseur ajoute : « Et, soit dit en passant, c'est à cette époque qu'on reporte habituellement leur dépréciation, tant on a l'habitude de mentir à notre égard, sans crainte d'être dévoilé !

[3] Voy. Mercier, le *Nouveau Paris*, chap. lxxxv.

détracteurs de la Révolution n'ont pas manqué de reporter à une époque antérieure : confusion de dates plus habile que loyale! La vérité est que la multiplication excessive des assignats appartient à la période réactionnaire ; et en voici la preuve : la quantité d'assignats en circulation le 13 brumaire (3 novembre) 1794 était de *six milliards quatre cents millions* [1] ; et le 25 messidor (13 juillet) 1795, en moins de neuf mois, elle s'était élevée au chiffre *de douze milliards* [2], presque au double !

D'autre part, c'était, nous l'avons dit, le *Maximum* qui soutenait l'assignat. Or, les Thermidoriens, récemment convertis à la domination des intérêts bourgeois, et ardents à détruire tout ce que la Révolution avait fondé, se mirent à attaquer le *Maximum* avec un acharnement extrême. Les hommes qui, tels que Robert Lindet et Cambon, avaient conservé leur foi, purent alors mesurer la portée de la faute qu'ils avaient commise en abandonnant Robespierre : ils essayèrent de lutter contre le torrent ; mais ils avaient souffert qu'on leur enlevât leur point d'appui, et il était maintenant trop tard pour se repentir.

Dans la loi qui établissait un *Maximum* uniforme, l'expérience était venue révéler un inconvénient très-grave : la nature ayant divisé la France en deux parties bien distinctes quant au sol et aux productions, parties dont l'une présente une culture aisée, et l'autre une culture difficile, il était arrivé que, dans quarante départements, le prix réel des grains avait été au-dessus du *Maximum*, et dans quarante autres, au-dessous. Ce résultat, qu'on avait eu le tort de ne pas prévoir, Robert Lindet lui-même le signala, mais pour en conclure seulement que la loi voulait être améliorée, non qu'il fallût

---

[1] Déclaration de Cambon, dans la séance du 13 brumaire 1794. Voy. le *Moniteur*, an III (1794), numéro 46.

[2] Rapport de Savary au nom du Comité de législation, séance du 25 messidor 1795. Voy. le *Moniteur*, an III (1795), numéro 300.

la détruire. Qu'on calquât le *Maximum* sur la nature du sol et les productions, Robert Lindet, loin d'y contredire, le proposait formellement[1]. Mais devait-on conserver la fixation du prix des grains? Il n'hésitait pas à répondre : « Oui, à cause des manœuvres de l'agiotage, des spéculations de l'avarice, des fraudes de la malveillance et des combinaisons perfides de l'aristocratie[2]. »

Tallien et ceux de son parti ne l'entendaient pas de la sorte : la lutte s'envenima. Tallien, à qui Cambon avait fait dire qu'il ne l'attaquerait pas s'il n'était pas attaqué, Tallien eut l'imprudence de provoquer un adversaire dont la vie politique avait l'avantage d'être sans tache. Cambon fut terrible. Dans la séance du 18 brumaire (8 novembre) 1794, il s'écria, le visage tourné vers l'ex-proconsul de Bordeaux : « Viens m'accuser, Tallien. Je n'ai rien manié, je n'ai fait que surveiller. Nous verrons si, dans tes opérations particulières, tu as porté le même désintéressement; nous verrons si, au mois de septembre, lorsque tu étais à la Commune, tu n'as pas donné ta griffe pour faire payer une somme de un million cinq cent mille livres, dont la destination te fera rougir. C'est moi qui t'accuse, monstre sanguinaire; je t'accuse d'avoir trempé dans les massacres commis dans les cachots de Paris. Je t'accuse d'être venu dire ici que le brigandage était nécessaire : cette motion est écrite. Je t'accuse d'avoir méconnu l'Assemblée en disant : « Vous avez beau « décréter, la Commune n'exécutera pas. » Ces mots sont consignés dans les procès-verbaux. Tu as administré à Bordeaux, et tu n'as pas rendu compte[3].... » Tallien, comme foudroyé, répondit : « Je ne m'occupe point

---

[1] Séance du 13 brumaire (3 novembre) 1794. Voy. le *Moniteur*, an III, (1794) numéro 46.

[2] *Ibid.*

[3] Séance du 18 brumaire (8 novembre) 1794. Voy. le *Moniteur*, an III (1794), numéro 50.

ici des injures ; mais lorsque la Convention voudra entendre les dénonciations, je prends l'engagement de répondre à tout[1]. » Qui l'empêchait de répondre sur-le-champ ?

Ceci se passait le 18 brumaire (8 novembre) 1794; et, le 3 nivôse (23 décembre), les lois sur le *Maximum* étaient abrogées[2].

Cette abrogation porta un coup mortel aux assignats, qui finirent par tomber dans un avilissement tel, qu'il fallut 24,000 livres tournois pour payer une mesure commune de bois à brûler[3]. Une course en fiacre, au plus fort de la crise, coûta 600 livres, 10 livres par minute. Mercier cite un particulier qui, rentrant chez lui le soir, demanda au cocher : « Combien ? » et, sur la réponse de celui-ci : « 6,000 livres, » tira son portefeuille sans mot dire et paya[4].

La surabondance des assignats ne fut pas d'abord sans produire une excitation qui ressemblait à la vie. Un esprit de spéculation maladif, et qui eut son côté comique, se répandit d'un bout à l'autre de la société. On vit des ex-religieuses trafiquer en perruques blondes ; à côté d'anciennes comtesses devenues ravaudeuses, on vit d'anciennes marquises vendre des souliers d'homme. Chacun ne parlant plus que par millions, le moindre marché, ainsi que Mercier le fait observer, semblait être une transaction importante. L'idée décevante que ce qui valait peu aujourd'hui pouvait valoir beaucoup demain ouvrait aux natures ardentes et faibles les portes du pays des songes. Une marchande d'herbes se croyait sur le chemin de la fortune, lorsque, à la fin de sa journée, elle serrait dans son portefeuille les 20,000 livres qu'elle

----

[1] Séance du 18 brumaire (8 novembre) 1794. Voy. le *Moniteur*, an III (1794), numéro 50.

[2] *Hist. parl.*, t. XXXVI, p. 207.

[3] Toulongeon le déclare en termes formels.

[4] Le *Nouveau Paris*, chap. XLIV.

venait de gagner. Il y eut un instant où « tout le monde fut riche en imagination; on ne fut malheureux que lorsqu'on fut détrompé [1]. »

Et comment l'illusion aurait-elle pu durer? Bientôt il n'y eut plus possibilité d'obtenir que les marchands livrassent leurs produits contre du papier. Payer en argent, ou se passer de ce qu'on désirait, telle fut l'alternative.

L'agiotage, qui avait maintenant ses coudées franches, profita seul de ce désastre public. Des spéculateurs se mirent à recueillir à vil prix des masses considérables d'assignats, au moyen desquels ils se rendirent acquéreurs de biens nationaux[2], sans que cela produisît un mouvement sensible de hausse, tant la chute était profonde; de sorte que ces mêmes assignats qui n'étaient qu'une valeur idéale dans les mains du pauvre servirent à enrichir des riches. Ce n'est pas tout : comme la trésorerie continuait ses engagements en assignats à leur taux nominal, et que cette valeur avait toujours cours forcé, les fraudes allèrent se multipliant, et maint débiteur prit avantage du cours forcé pour payer ses dettes en monnaie imaginaire[3].

Un trait qui caractérise l'administration thermidorienne, c'est que, dans cette situation déplorable, dont elle avait à répondre, une mesure fut votée, d'un égoïsme tel, qu'il touchait au scandale. Le 23 nivôse (12 janvier) 1795, Thibault proposa, au nom des trois Comités, que l'indemnité des représentants du peuple fût portée de 18 à 36 livres par jour, à dater du 1er vendémiaire[4]. Le motif mis en avant était que la dépréciation des assignats rendait le salaire des députés insuffisant; et cela était vrai. Mais, sous ce rapport, la condition des députés n'é-

---

[1] Le Nouveau Paris, chap. LXXXV.
[2] Mémoires de Levasseur, t. IV, ch. IV, p. 111-112.
[3] Ibid.
[4] Ibid., p. 114.

tait certes pas pire que celle des rentiers, que celle des
divers employés du gouvernement. Et puis, était-il tolé-
rable que ceux-là se dérobassent exceptionnellement aux
lamentables effets de l'abrogation du *Maximum*, par qui
cette abrogation avait été votée? La chute des assignats
et une hausse exorbitante dans le prix de toutes les denrées de première nécessité, voilà ce qu'avait produit la
science économique des Thermidoriens, et quand les conséquences éclataient dans toute leur horreur, à la face
du peuple affamé, désespéré, leur préoccupation était de
doubler leurs appointements! Duhem, Levasseur, tous
les héritiers de la grande tradition révolutionnaire, élevèrent une voix indignée. Protestations vaines! Les thermidoriens se répandirent en injures contre les opposants[1];
et cette religion républicaine du dévouement qui avait
enfanté tant de miracles était déjà si fort affaiblie, que le
décret passa[2].

Cependant le peuple luttait contre les étreintes de la
famine. Il y a dans le livre de Galiani un mot d'une vérité poignante, c'est celui-ci : « Un homme peut consom-
mer trois fois moins sans que sa santé paraisse altérée.
Mais le résultat ne se produit pas moins au bout de certain temps[3]... » Ce résultat, c'est la mort. Le peuple
mourait donc du renchérissement subit que l'abrogation
du *Maximum* avait naturellement provoqué. Et, pour
comble, la disette exerçait ses ravages au sein de l'abondance. Car, pas plus que les marchands, les propriétaires
n'étaient disposés à recevoir du papier en échange de
leur blé, qu'ils préféraient garder dans leurs magasins[4];
et cela, ils le faisaient tout à leur aise, depuis qu'il était

---

[1] *Mémoires de Levasseur*, t. IV, chap. IV, p. 114.
[2] *Hist. parl.*, t. XXXVI, p. 207 et suiv.
[3] *Dialogue sur le commerce des blés*, p. 28.
[4] *Mémoires de Levasseur*, t. IV, chap. IV, p. 111-112.

convenu que la rigueur n'était bonne à employer que contre les révolutionnaires fidèles à la Révolution !

Les alarmes croissant avec les souffrances, il fallut créer une Commission des approvisionnements[1]; et Boissy d'Anglas fut l'homme chargé de prouver à des estomacs à jeun qu'on avait tort de s'inquiéter[2]. Il annonça même formellement le 25 nivôse (14 janvier) 1795, que les subsistances de Paris étaient assurées[3]. Mais plus il s'étudiait à rassurer les esprits, plus les appréhensions devenaient vives. « Les paroles de Boissy d'Anglas, écrit Mercier à ce sujet, rappelaient ce médecin qui, consulté sur l'état d'un malade en danger répondit : « Demain « il n'y paraîtra pas. » Et le malade mourut le lendemain[4]. » Le fait est que le rapporteur de la Commission des approvisionnements reçut, pour prix de ses assurances, le surnom de *Boissy-Famine*[5]. On se fera une idée du sort de l'ouvrier en 1795, si l'on songe que son salaire étant de 40 francs, un plat de haricots, en octobre, ne coûtait pas moins de 38 francs, et une paire de souliers pas moins de 200 livres. Le café valait 10 fr. la tasse[6]. Et ce qu'il y a de curieux, c'est que jamais les spectacles ne furent plus suivis qu'en ces temps de disette. On y mangeait des noix ou des noisettes, et l'on disait en sortant : « J'ai épargné le bois et la chandelle[7].»

Il est vrai que, par cette route, on arriva enfin à l'âge d'or des agioteurs et au culte pratiqué dans les arcades

---

[1] *Moniteur*, an III (1795), numéro 109.

[2] Voy. le discours de Boissy d'Anglas dans la séance du 8 nivôse (28 décembre) 1794. *Moniteur*, an III (1794), numéro 100.

[3] *Moniteur*, an III (1795), numéro 117.

[4] Le *Nouveau Paris*, chap. XLIV.

[5] *Ibid.*, chap. CXXIV. — Mercier prétend (chap. XLIV) qu'après Barère, Boissy d'Anglas était le menteur le plus intrépide de son temps. Mais Mercier avait contre Boissy d'Anglas des motifs d'animosité personnelle qui doivent mettre en garde contre les passages où il l'injurie.

[6] Le *Nouveau Paris*, chap. CCLXIV.

Ibid., chap. XLIV.

du Palais-Royal, « serres chaudes de toutes les plantes
empoisonnées[1]. » Là, les marchands d'argent eurent leur
domicile, leur laboratoire, leur table, leur promenade ;
là, on avait rapproché, pour leur usage, boutiques de
bijoutiers aussi resplendissantes que s'il n'y eût pas eu
de misère ; tripots de jeu soutenant des repaires de prostituées ; étalages de livres lubriques et de gravures ob-
scènes ; magasins où s'entassaient les pâtés de perdrix,
les cerises au petit panier, les pois dans leur primeur, et
les hures de sanglier[2] ; là vint se presser une immonde
cohue de joueurs de bas étage, d'entrepreneurs d'affaires
louches, de filles de mauvaise vie et d'élégants escrocs.
Les dominateurs du lieu, en ces jours si durs au pauvre,
ont été décrits en ces termes par un observateur contemporain : « Les voyez-vous marcher par bandes, la tête
haute, le regard effronté, toujours un cure-dents à la
bouche, et la main au gousset pour faire résonner leurs
louis ? Ils bravent les regards de l'homme de bien, et les
patrouilles, qui les séparent sans les diviser ; ils se re-
joignent en groupes comme des globules de vif argent ;
ils vont, viennent, s'accostent, se partagent en pelotons
qui, un instant après, font masse ; celui qui se trouve au
milieu donne le mot d'ordre : un geste, un demi-mot,
qui change à toute heure ; et soudain ils se passent le
cours du louis, crayonné rapidement sur un chiffon de
papier. On les distingue à leur bonnet de poil à queue de
renard. Parmi eux, des femmes... Ce n'est point là qu'on
vole les portefeuilles ; on y pompe ce qui est dedans[3]. »

Telle se présente aux méditations du philosophe et de
l'homme d'État l'histoire du *Maximum*.

Comme expédient révolutionnaire suggéré par un ensemble de circonstances inouïes, le *Maximum* concourut

---

[1] Le *Nouveau Paris*, chap. XCI.
[2] *Ibid.*
[3] *Ibid.*

très-certainement au salut de la France; et il est aussi absurde de le maudire, qu'il le serait de maudire l'ordre donné par le capitaine d'un vaisseau qui enfonce, de jeter à la mer une certaine quantité de marchandises pour alléger le navire.

Comme mesure économique, le *Maximum* supposait une organisation sociale fondée sur une intime association de tous les intérêts. Appliqué à une organisation sociale fondée sur leur antagonisme, et qui, à cause de cela même, ne pouvait admettre d'autre loi des relations commerciales, d'autre régulateur des prix, que le « rapport de l'offre à la demande, » comment le *Maximum* n'aurait-il pas succombé? Il était dans la nature des choses que les moyens violents qu'il fallut employer pour le soutenir le décriassent et rendissent, au bout de peu de temps, sa chute inévitable.

Toutefois, si l'on se place au point de vue des changements dont est susceptible la constitution des sociétés humaines, on sera bien vite amené à reconnaître qu'il y avait une grande portée dans la tentative qui vient d'être décrite. En réalité, elle consistait à chercher une base scientifique aux relations commerciales, et elle conduisait à soustraire la vie du pauvre au despotisme du hasard. Si la Révolution avait pu durer davantage, ceux qui avaient établi le *Maximum* sans en prévoir les développements logiques, eussent été amenés, de déduction en déduction, jusqu'à l'accomplissement d'une révolution sociale dont eux-mêmes, en ce temps-là, ne pouvaient guère soupçonner la profondeur.

CHAPITRE V

MARCHE DE LA CONTRE-RÉVOLUTION

La Terreur change de mains. — Sieyès rentre en scène. — Rapport de
Courtois sur les papiers de Robespierre; vol fait à l'histoire. — Portrait de la *Jeunesse dorée*. — Appels farouches de Fréron.— Le buste
de Marat dans un égout. — Gossec et l'Institut national de musique.—
On décrète une fête commémorative du 9 thermidor. — Arrestation de
Billaud, Collot, Barère et Vadier, sur la motion de Legendre. — Les
vingt-deux Girondins rappelés dans l'Assemblée. — Les Thermidoriens
votent leur propre flétrissure. — Ils cachent la honte de leur défection
sous le désir de venger Danton. — Agitation en sens inverse. — Changements introduits dans les mœurs et les usages.— Parures lascives.—
Énervement des caractères. — Affectations niaises; leur importance
comme symptômes d'abâtardissement. — Le faste en haut, et en bas
la faim. — Lecointre demande le rétablissement de la Constitution
de 1793.— Émotion dans les faubourgs. — Sieyès fait adopter la peine
de déportation. — Rapport de Saladin sur les membres inculpés. —
Discussion. — Noble attitude de Robert Lindet défendant ses anciens
collègues. — Carnot les défend aussi, mais avec moins d'élévation. —
Attitude des inculpés. — Fermentation dans le peuple. — Composition
du Comité de Salut public à cette époque.— André Dumont.— Dubois-
Crancé. — Séance du 12 germinal; invasion de l'Assemblée par le
peuple; scènes tumultueuses; quel était le cri du peuple; fuite de la
droite; indécision de la gauche; le peuple est dispersé. — Décrets
proscripteurs. — Les proscrits et ceux qui les frappent. — La contre-
révolution s'assure la possession du champ de bataille. — Motion de
Fréron touchant l'abolition de la peine de mort pour délits contre-révolutionnaires. — Le bourreau jugé nécessaire par la contre-révolution.
— Procès de Fouquier-Tinville; caractère de ce procès; animosité des
Dantonistes contre les accusés, contenance des accusés : jugement;
exécution.

« Mieux vaut être Charette que représentant du
peuple, » s'écria un jour, en pleine Convention Ruamps,

désespéré; et, comme on murmurait, il reprit: « Grâce à l'amnistie accordée aux Vendéens, Charette ne sera pas inquiété, tandis qu'il n'y a ni paix ni trêve à espérer pour certains représentants du peuple[1]. »

Ceci se passait dans la séance du 30 nivôse (20 décembre) 1794. C'était le moment où les meneurs de la réaction thermidorienne faisaient offrir des honneurs, du pouvoir et de l'argent à Charette, tout couvert du sang des républicains; et le cri de Ruamps venait d'être provoqué par une motion de Clauzel, concluant à l'examen du passé de Billaud-Varenne, Collot-d'Herbois, Barère et Vadier.

Ces hommes avaient eux aussi, sans nul doute, beaucoup de sang sur les mains; mais la Convention, à qui on demandait de les juger, s'était, par ses votes, associée à leurs fureurs; mais il y avait quelques mois à peine que leurs accusateurs, alors leurs complices, les félicitaient d'avoir sauvé la patrie en frappant Robespierre; mais l'accusation dirigée aujourd'hui contre eux avait déjà été solennellement déclarée calomnieuse[2], dans la bouche de Lecointre; mais si Barère, Billaud-Varenne et Collot-d'Herbois s'étaient rendus coupables de grands excès, on ne pouvait nier que, comme membres du Comité de Salut public, ils n'eussent fait de grandes choses, et c'était le comble de la dérision que des hommes se disant républicains frappassent, au nom de la République, ceux qui l'avaient si longtemps représentée aux yeux du monde, alors qu'on faisait plus qu'amnistier ceux par qui elle avait été combattue à outrance !

« La terreur a passé en d'autres mains, » dit le député Noël Pointe dans la séance du 4 nivôse (24 décembre)[3]. C'était la vérité même. Le 6 nivôse, il fut décrété qu'on examinerait la conduite des anciens membres du Comité

---

[1] *Hist. parl.*, t. XXXVI, p. 209.

[2] Dans la séance du 13 fructidor (30 août) 1794.

[3] *Hist. parl.*, t. XXXVI, p. 209.

de Salut public, et, le 7, vingt et un membres furent
désignés à cet effet[1]. La veille, une scène violente avait eu
lieu. Clauzel ayant dit de Duhem qu'il était en correspondance avec les émigrés, celui-ci s'était écrié, hors de lui,
et après avoir arraché sa cravate : « Si tu ne prouves ton
accusation, je t'assassine[2]. » Car c'est à ce point de délire que les passions étaient arrivées.

Alors reparut sur la scène politique un de ces hommes
en qui une taciturnité systématique n'est que le charlatanisme de l'impuissance, qui passent leur vie à ruminer
de brèves sentences, s'assurent une renommée de philo-
sophes profonds, rien qu'en s'abstenant de dépenser les
trésors intellectuels qu'ils n'ont pas, et, à force de parler
peu, font croire qu'ils pensent beaucoup. L'homme en
question était Sieyès. Représentant du peuple, et tenu,
en cette qualité, de combattre le mal, sauf à périr dans
la lutte, il n'avait eu pendant la Terreur d'autre souci
que de se faire oublier ; et des écrivains pour qui l'égoïsme
c'est la sagesse, ont admiré sa réponse à ceux qui lui
demandaient à quoi il s'était employé durant les heures
orageuses : « J'ai vécu. » Ces deux mots contenaient
toute l'histoire de ses vertus civiques ; tandis que tant
d'autres mouraient, qu'il eût fallu imiter ou défendre, il
« avait vécu ! » Quand le péril ne fut plus qu'à couvrir
de son corps la Révolution violemment assaillie, il re-
couvra soudain la parole et s'empressa de courtiser le
bruit. Sa rentrée en scène, il l'annonça lui-même dans
une espèce d'histoire de sa vie, où il donnait comme justification décisive de son long mutisme cette assertion
tranchante et sentencieuse : « L'opinion publique alors
était dans le silence[3]. »

---

[1] *Moniteur*, an III (1794), numéro 99.

[2] Séance du 16 nivôse (26 décembre).

[3] On trouve de longs extraits de cette brochure de Sieyès dans le *Moniteur* du 27 pluviôse (15 février) 1795.

Il paraît, du reste, que ce prudent personnage était bien décidé à ne jouer sa partie qu'à coup sûr. Désigné comme membre de la Commission des vingt et un, il sembla craindre que, pour lui, le moment de reparaître ne fût pas encore venu. Le 9 nivôse (29 décembre) 1794, il écrivait à l'Assemblée que son nom n'aurait pas dû être mis dans l'urne, parce que l'absence d'un de ses collègues l'avait appelé au Comité de législation. Cette réclamation fut mal accueillie. Bernard (de Saintes) déclara rudement qu'il y avait inconvenance à employer des subterfuges pour éluder l'accomplissement d'un devoir. Clauzel ajouta : « Il est temps que Sieyès soit plus exact à son poste; » et la Convention décréta qu'il aurait à remplir les fonctions de membre de la Commission des vingt et un[1].

Le 16 nivôse (5 janvier) 1795, Courtois lut son rapport sur les papiers de Robespierre : pièce de rhétorique, très-déclamatoire, dont la rédaction fut généralement attribuée à Laÿa, auteur de l'*Ami des lois*[2], et dont la conclusion était que les Thermidoriens avaient sauvé la République.

Les papiers de Robespierre comprenaient une foule de lettres et de documents d'où résultait la preuve que ceux qui, après l'avoir tué, calomniaient sa mémoire, avaient été les plus ardents, quand il vivait, à vanter sa vertu ou son génie : quelles révélations accablantes n'allaient pas sortir de la publication des pièces trouvées chez Robespierre, si l'on permettait cette publication ! L'émotion fut vive, elle fut générale, dès qu'on posa cette question brûlante. André Dumont, un des adulateurs de Robespierre et un de ses meurtriers, s'écria, saisi d'épouvante : « On veut assassiner tous les patriotes égarés qui

---

[1] *Moniteur,* an III (1794), numéro 101.
[2] *Hist. parl.,* t. XXXVI, p. 211.

ont écrit au tyran dans le temps de sa popularité[1]. »
Courtois et ses amis ne rougirent pas de s'opposer aussi
à l'impression. Mais comment persister dans ce refus
scandaleux sans avouer qu'on se savait coupable et
qu'on craignait la lumière? Un véhément discours de
Choudieu emporta le vote. L'impression fut décrétée,
non pas l'impression intégrale, mais celle des lettres
écrites à Robespierre par ses collègues[2]. Si du moins ce
vote avait fait loi! Malheureusement, l'exécution dépendait des hommes aux mains de qui les documents se
trouvaient. Membres du parti dominant et bien sûrs de
n'avoir pas à rendre compte de leurs manœuvres pour le
servir, ils se livrèrent à un triage dont le bénéfice était
immense, l'impunité certaine; et, parmi les pièces publiées on ne vit figurer ni celles qui auraient pu compromettre les Thermidoriens, ni celles qui auraient ho-
noré leurs victimes : vol à jamais odieux fait à la justice,
à la vérité et à l'histoire[3] !

Pendant ce temps, les bandes de mauvais sujets qu'on
désigna sous le nom de *jeunesse dorée*, par allusion à la
mollesse et au luxe de l'ancien régime tout à coup substi-
tués aux mœurs républicaines, continuaient à remplir
Paris de désordres. Le *Réveil du peuple*, hymne de discorde, était le chant de guerre de cette armée en lunettes;
car ces tumultueux soldats de l'ordre nouveau portaient
constamment des lunettes, comme si leur vue eût été
affaiblie. Leurs armes consistaient dans un bâton court
et plombé, d'une égale grosseur aux deux extrémités, et
qu'on eût dit destiné à remplir l'office du contre-poids
nécessaire aux danseurs de corde. Un habit carré, très-

[1] Séance du 29 pluviôse (17 février) 1795.
[2] *Ibid.*
[3] Voy. à ce sujet les *Mémoires de Levasseur*, t. IV, ch. IV, p. 134,
l'*Hist. parl.*, t. XXXVI, p. 212 et la note critique placée à la suite de ce
chapitre.

court, et boutonné très-serré ; une cravate verte monstrueuse où le menton disparaissait et qui menaçait de
masquer le nez ; un gilet de panne chamoise à dix-huit
boutons de nacre ; de longs cheveux poudrés, flottant
des deux côtés sur les épaules et qu'on appelait des
oreilles de chiens ; les culottes descendant jusqu'aux
mollets ; les souliers à la pointe du pied et aussi minces
qu'une feuille de carton ; du linge fin comme de la
batiste, et, pour en faire ressortir la blancheur, une ai-
guille d'or en forme d'étoile ou de papillon, tel était le
costume des héros du bon ton ressuscité[1].

« Ils assaillaient les patriotes quand ils se trouvaient
six contre un, » dit Mercier ; et son témoignage est confirmé par celui de Levasseur[2]. Nous avons déjà nommé
l'homme qui s'était donné la mission de pousser aux violences de la rue : c'était celui que, plus tard, Isnard
peignait en ces termes : « Il est demeuré tout nu et couvert de la lèpre du crime[3] ; » c'était Fréron. A l'entendre,
le retour de l'ordre ne pouvait être mieux célébré que
par le « massacre des massacreurs. » Le 25 nivôse
(12 janvier) 1795, il criait, dans son journal, à la *jeunesse dorée :* « Vous avez déjà fermé les Jacobins, vous
les anéantirez[4]. » Une émeute répondit à cet appel ;
mais, cette fois, tout se borna heureusement à une invasion tumultueuse des cafés connus pour être le rendez-
vous habituel des Jacobins[5].

Où la *jeunesse dorée* triomphait, c'était dans les théâ-
tres, dont elle ne manquait jamais de prendre d'avance

---

[1] Mercier, le *Nouveau Paris*, chap. ccxviii. — Charles Nodier, *Souvenirs de la Révolution et de l'Empire*, t. I, p. 113. — *Journal de Paris*,
numéro 25. — On peut voir aussi, à ce sujet, les spirituelles caricatures
de Carle Vernet.

[2] *Mémoires de Levasseur*, t. IV, chap. III, p. 53-54.

[3] Ch. Nodier, *Souvenirs de la Révolution et de l'Empire*, t. I, p. 114.

[4] *Orateur du Peuple*, numéro du 25 nivôse.

[5] Voy. l'*Hist. parl.*, t. XXXVI, p. 221.

possession à prix d'or. Au commencement du mois de
février 1795, elle signala son empire sur le parterre en
renversant, le même soir, au théâtre Feydeau, au théâtre
de la République et au théâtre Montansier, le buste de
Marat, que des enfants coururent, immédiatement après,
jeter dans un égout de la rue Montmartre. L'Assemblée
laissa faire. Et moins de cinq mois auparavant, elle
était allée en corps porter les cendres de Marat au Panthéon[1] !

Une chose à remarquer, c'est l'affectation que mettaient les contre-révolutionnaires à se placer sous les
auspices de la Révolution, tout en travaillant à sa ruine.
C'est ainsi qu'au théâtre Feydeau, on les vit remplacer le
buste de Marat par celui de Jean-Jacques, au milieu des
plus vifs applaudissements[2].

Quelquefois aussi, la réaction semblait s'arrêter soudain et se demander avec inquiétude si elle poursuivrait
sa marche ; témoin l'étrange scène à laquelle donna lieu,
le 2 pluviôse (21 janvier) 1795, la fête commémorative
de la mort de Louis XVI. L'Institut national de musique,
réuni dans la salle des séances, ayant fait entendre un
morceau dont le caractère était d'une extrême douceur,
des murmures éclatèrent. Que signifiaient ces accents
presque plaintifs ? Était-ce par des soupirs qu'on entendait
célébrer l'anniversaire du 21 janvier ? Interpellant les
musiciens d'une voix menaçante, un député les somme
de déclarer s'ils déplorent « la mort du tyran. » Pour
toute réponse, ceux-ci se mettent à jouer le *Ça ira !*
Puis Gossec, prenant la parole, repousse d'un air ému
un doute dont l'injure semble avoir pénétré fort avant
son cœur : « L'intention de ma musique, dit-il, était
d'exprimer le bonheur d'être délivré d'un tyran. » Et

---

[1] Cette translation, ainsi que nous l'avons raconté, avait eu lieu le 26 fructidor (12 septembre) 1794.

[2] *Moniteur* du 16 pluviôse (4 février).

l'Assemblée d'applaudir, sans qu'une voix, une seule voix, s'élevât pour protester[1].

Il est vrai qu'en revanche l'Assemblée, à peine rentrée en séance, institua une fête commémorative du 9 thermidor, associant ainsi dans les malédictions auxquelles elle invitait les générations futures la mémoire du « tyran Robespierre » et celle du « tyran Louis XVI! »

Cependant, la Commission des vingt et un préparait des matériaux à la proscription, mais trop lentement au gré de certains Thermidoriens. Merlin (de Thionville), dans la séance du 5 ventôse (23 février), s'en plaignit avec fureur : « Vous avez chargé, s'écria-t-il, votre Commission des vingt et un d'examiner la conduite de Billaud-Varenne, Collot-d'Herbois, Barère et Vadier. Qu'aviez-vous besoin de ces formes lentes? Brutus les employa-t-il, avant d'assassiner César? Pourquoi le peuple français, que vous représentez, aurait-il besoin d'un tribunal[2]? » Cette justice est due à l'Assemblée, qu'elle murmura. Legendre lui-même, entraîné cette fois par un mouvement généreux, ne put s'empêcher de répondre à Merlin (de Thionville) : « Lorsqu'on a été opprimé, il ne faut pas devenir oppresseur[3]. »

Quelques jours après, le 12 ventôse (2 mars), Saladin, au nom de la Commission des vingt et un, présentait son rapport contre Billaud-Varenne, Collot-d'Herbois, Barère et Vadier. A peine a-t-il achevé, que Legendre demande l'arrestation des prévenus séance tenante. De vifs applaudissements accueillent cette proposition, que personne ne combat, et elle est décrétée à une majorité immense[4].

« Il y avait dans cette dénonciation, écrit amèrement Levasseur, une grande audace de crime. Les accusateurs

---

[1] *Hist. parlem.*, t. XXXVI, p. 224-225.
[2] *Moniteur*, an III (1795), numéro 159.
[3] *Ibid.*
[4] *Moniteur*, an III, numéro 164.

comprenaient Fouché, Barras, Fréron, les plus féroces
proconsuls. Les votes de la Convention étaient attaqués
par des hommes qui avaient toujours fait partie de sa
majorité... Pas une accusation qui ne retombât sur la
tête des accusateurs[1]. »

La remarque est vraie ; mais Levasseur aurait dû
ajouter que les trois anciens membres du Comité de Salut
public ne faisaient ici que subir le juste châtiment du
rôle indigne, du rôle insensé qu'ils avaient joué le
9 thermidor : il était dans la logique des passions humaines que les victimes de Billaud-Varenne eussent ses
alliés pour vengeurs, comme Danton avait eu pour vengeurs, en ce qui concernait sa mort, les alliés de Robespierre.

Dès qu'on se préparait à proscrire les anciens Montagnards, il était naturel que les anciens Girondins repris-
sent leur ascendant. On a vu que l'Assemblée avait rappelé dans son sein les soixante-treize signataires de la
protestation contre le 31 mai, mais non les vingt-deux
membres de la Gironde qui, tels que Lanjuinais, Pontécoulant, Defermon, Henri Larivière, étaient hors la loi.
Quant à ceux-ci, la Convention avait cru faire beaucoup
en décrétant qu'ils ne seraient point inquiétés. Mais,
depuis, le mouvement de la réaction avait été si rapide,
que le rapport du décret du 27 frimaire était devenu
presque une des nécessités de la situation. Aussi personne ne fut-il étonné lorsque, le 18 ventôse (8 mars),
un député bien connu, montant à la tribune, y prononça
ces paroles : « Recevons sur le vaisseau de la République
ceux de nos compagnons qui, sauvés sur une planche
fragile, ont survécu au commun naufrage[2]. » L'homme
qui appelait la Révolution un « naufrage » était le poëte

---

[1] *Mémoires de Levasseur*, t. IV, chap. VII, p. 216.
[2] *Moniteur*, an III (1795), numéro 170.

Marie-Joseph Chénier, le même qui, six mois auparavant, avait proposé de « porter les cendres de Marat au
Panthéon [1], » Chénier concluait à ce qu'on rappelât les
vingt-deux au sein de la Convention nationale [2].

C'était répudier la journée du 31 mai, à laquelle les
Thermidoriens avaient pris tant de part ; et le doute à
cet égard leur était si peu permis que, Bentabolle ayant
crié de sa place : « Est-ce le 31 mai qu'on veut attaquer ? »
un très-grand nombre de voix répondirent : « Oui, oui ! »
ce qui excita de vifs applaudissements [3]. D'un autre côté,
quelques membres de l'extrême gauche ayant essayé de
défendre cette journée fameuse, Sieyès les traita « d'in-
sensés et de factieux [4]. » Il fallait donc, ou que les Thermidoriens se réunissent à l'extrême gauche pour combattre leurs anciens ennemis, ou bien que, déclarant
criminelle leur participation au 31 mai, ils votassent leur
déshonneur devant l'histoire : c'est ce dernier parti qu'ils
préférèrent, et la motion passa aux cris de : *Vive la République !* répétés avec violence par ceux que ces cris flé-
trissaient [5].

Le rapport du décret qui ordonnait la célébration du
31 mai était la conséquence inévitable de ce vote. Mais
il y eut cela de scandaleux que le décret en question fut
aboli sur la proposition d'un des hommes qui y avaient
le plus applaudi, André Dumont [6]. Il avait fallu deux
mois seulement pour qu'une fête *glorieuse* devînt une
fête *impie* [7].

La rentrée des vingt-deux, faisant suite à celle des

---

[1] *Moniteur*, an II (1794), numéro 367.
[2] *Ibid.*, an III (1795), numéro 170.
[3] *Ibid.*
[4] *Mémoires de Levasseur*, t. IV, chap. VI, p. 195.
[5] *Ibid.*, p. 200.
[6] *Hist. parl.*, t. XXXVI, p. 192.
[7] *Mémoires de Levasseur*, t. IV, chap. VI, p. 200-201.

soixante-treize, donnait une force écrasante à la majorité
dont le vote allait décider du sort des anciens membres
du Comité de Salut public, incriminés. Sans cette ad-
jonction, le résultat n'eût pas été certain ; car le centre
ne paraissait point disposé à appuyer la poursuite[1] ; et les
Montagnards de l'extrême gauche avaient, en un tel débat, cet avantage que, dans les accusés, ce qu'ils paraissaient défendre, c'était moins leurs personnes ou leurs
actes, que le passé même de la Révolution, mis en cause
par le royalisme. Mais l'admission des Girondins ne pouvait manquer de faire pencher la balance. Et toutefois,
quoique très-animés contre les prévenus, ils furent loin
de déployer l'acharnement par où éclata, chez les Thermidoriens, le désir de venger Danton[2], dont Billaud-Varenne se vantait d'avoir le premier demandé la mort.

Les Thermidoriens, en ceci, étaient-ils parfaitement
sincères, ou cette soif de vengeance n'était-elle qu'un
prétexte sous lequel ils s'étudiaient à cacher la honte de
leur défection? Ce qui est sûr, c'est qu'ils avaient sans
cesse le nom de Danton à la bouche, et le hurlaient,
dans les moments décisifs, avec une sorte de rage[3]. Legendre, qui avait si lâchement abandonné son ami quand
il aurait pu le sauver, peut-être, en montrant du courage, espérait-il, par une fureur rétrospective, apaiser
les mânes de Danton?

Tout annonçait donc qu'un coup violent allait être
frappé; et, pour y préparer les esprits, la réaction répandait mille rumeurs sinistres. On ne parlait que de
noirs projets conçus par les « Terroristes, » appellation
meurtrière dirigée indistinctement, depuis le 9 thermidor, contre tous les vrais patriotes, quelle que fût leur
modération. En pluviôse, Cadroy, le Carrier de la contre-

[1] *Mémoires de Levasseur*, t. IV, chap. VII, p. 239.
[2] *Ibid.*
[3] *Ibid.*

révolution, avait écrit de Marseille : « Les factieux disent
qu'ils n'ont eu du sang que jusqu'à la cheville, mais
qu'ils en auront bientôt jusqu'aux genoux [1] : » les feuilles
royalistes étaient autant d'échos qu répétaient, en les
grossissant encore, ces prédictions lugubres. On jetait
en pâture à la crédulité de la peur et à la crédulité de la
haine des fables dont la stupidité seule égalait l'horreur,
celle-ci, par exemple, qu'à Meudon il y avait eu un établissement où l'on tannait, pour en faire des cuirs, les
peaux des guillotinés. Il fallut que les représentants
chargés de surveiller à Meudon le parc d'artillerie vinssent gravement démentir en pleine assemblée ce mensonge des Euménides [2]. La tactique, qui consistait à employer le nom de Robespierre comme aliment de l'esprit
de vengeance et comme épouvantail, enfanta des milliers
de pamphlets, caractérisés en général par des titres dont
la grossièreté allait jusqu'à l'indécence, et dont l'inva-
riable conclusion était que Robespierre n'était pas assez
mort [3].

La vérité est que la marche imprimée aux affaires depuis le 9 thermidor amenait de plus en plus les amis
sincères de la Révolution à comprendre l'immensité de
la perte qu'ils avaient faite dans la personne de cet
homme extraordinaire. Ils se rappelaient que, lui par
terre, le pouls de la République avait, à l'instant même,
cessé de battre. Ils mesuraient d'un œil d'effroi l'étendue
de la route qu'en quelques mois l'on avait parcourue à
reculons. Du glaive que la Révolution avait manié ils

---

[1] Nougaret, *Hist. abrégée*, liv. xxiv, p. 459.

[2] Voy. la séance du 12 ventôse (2 mars 1795).

[3] Au *British Museum*, on trouve dans le dossier de Robespierre une
multitude de ces pamphlets. Ils n'ont de frappant que le titre, et on ne
saurait imaginer rien de plus vide, de plus misérable que leur contenu.
Mais ils sont curieux comme indiquant le genre d'impulsion que les meneurs s'étudiaient à donner aux esprits.

n'apercevaient plus que la pointe, et voilà qu'on brûlait
de la leur plonger dans le cœur. Aussi Tallien avait-il
raison de s'écrier : « Nous ne pouvons nous dissimuler
que l'ombre de Robespierre plane encore sur le sol de
la République[1]. » Et il semblait se désoler qu'un coup de
hache n'eût pas suffi pour tuer « le génie infernal de ce
tyran de l'opinion. »

Le peuple, de son côté, se souvenait de celui dont
la doctrine était que la société pèche par la base là, où
l'existence du pauvre est abandonnée à la merci du hasard.

A cette doctrine les Thermidoriens avaient substitué
celle du « laissez-faire ; » ils avaient prouvé très-doctement
que la théorie des lois sur le *Maximum* était condamnée
par l'économie politique. Mais, à l'abolition de ces lois,
à leur abolition brusque, à leur abolition pure et simple,
qu'avait gagné le peuple? De n'avoir plus entre les mains,
en guise d'assignats, que des chiffons de papier et de
mourir littéralement de faim[2].

En revanche, au-dessus de lui, les représentants de
son « réveil » se livraient à toutes sortes de fantaisies fas-
tueuses et de raffinements voluptueux. Des gens, qui s'é-
taient prétendus ruinés par les impôts révolutionnaires
et les réquisitions, affichèrent subitement une opulence
que nul n'aurait soupçonnée[3]. Ce fut par le relâchement
des mœurs, combiné avec une élégance de convention,
qu'on prépara les voies au retour de la monarchie.
Les fleurs de lis revinrent peu à peu cachées à demi
dans un pli d'éventail. Les enseignes proscrites de la
royauté trouvèrent asile, en attendant mieux, au fond
des bonbonnières. On se plut à saluer comme arbitres
souverains du goût certains hommes qui avaient fait leur

---

[1] *Moniteur*, an II (1794), numéro 543.
[2] Voy. le chapitre précédent.
[3] *Mémoires de Levasseur*, t. IV, chap. i, p. 15.

éducation morale dans les boudoirs de madame du Barry[1].

En matière de parure, toutefois, les formes républicaines de l'antiquité durent à leur attrait voluptueux d'être adoptées par les déesses de la réaction. On ne vit plus dans les bals que des Aspasies aux bras nus, au sein découvert, aux pieds chaussés de sandales, aux cheveux tournés en natte autour de la tête. Un coiffeur n'eût pas été à la mode s'il n'eût achevé son ouvrage devant un buste antique. La chemise fut bannie comme hostile à la pureté des contours, et le corset en tricot de soie couleur de chair, collant sur la taille, livra au premier venu le secret des charmes qu'en d'autres temps la pudeur avait protégés. Selon les idées quintessenciées du moment, une poche étant quelque chose d'affreusement vulgaire, et le mouchoir quelque chose d'ignoble, les danseuses enfonçaient leur éventail dans leur ceinture, logeaient leur petite bourse dans leur sein, et avaient leur mouchoir dans la poche d'un amoureux, qui le leur passait en cas de besoin[2].

Inutile de remarquer combien il était ridicule de porter, dans une ville aussi froide que Paris en hiver, et aussi souvent visitée par la pluie, ces tuniques athéniennes dont la forme se justifiait, en Grèce, par la douceur du climat. Et cependant, pas de petite-maîtresse qui, le dimanche, ne se montrât parée d'une robe athénienne de linon, et n'en ramenât sur le bras droit les plis pendants, de manière à se dessiner à l'antique et à laisser voir sa jambe à travers sa robe entr'ouverte[3]. La réaction, par madame Tallien et les autres souveraines du moment,

---

[1] Charles Nodier, *Souvenirs de la Révolution et de l'Empire*, t. I, p. 112 et 113.
[2] Mercier, le *Nouveau Paris*, chap. LXXXIII.
[3] *Ibid.*, chap. CCXVIII.

encourageait ces modes, si propres à produire l'énervement des caractères.

Et cet énervement, en effet, ne tarda pas à se révéler
par des signes non équivoques, quelques-uns d'une sin-
gularité risible. Non contents de se parfumer à la façon
des femmes[1], les « merveilleux » faisant partie de la
jeunesse dorée, imaginèrent de désosser en quelque sorte
la langue, comme si, pour eux, parler eût été une fa-
tigue. Ayant soin d'éviter en parlant toutes les touches
mâles de la prononciation, c'est à peine s'ils consentaient
à ouvrir leurs lèvres quand ils avaient quelque chose à
dire ; et ce qui s'en échappait alors, selon le témoignage
d'un journal du temps, c'était « une sorte de bruit confus
semblable au *pz*, *pz*, *pz*, par lequel on appelle un petit
chien de dame[2]. » La prononciation de la lettre *r* exigeant
d'eux sans doute un effort trop viril, ils disaient : *paole
d'honneu, supême, incoyable*, etc...., affectations niaises
qu'il importe, à cause de cela même, de relever, parce
qu'elles montrent vers quel état d'abâtardissement les
mœurs se précipitaient. C'est à cette époque qu'on voit
certaines femmes adopter l'usage des pantalons de couleur de chair, dans le but d'irriter l'imagination des
jeunes gens[3]. Jamais il n'y eut plus de bals lascifs, jamais
ils n'attirèrent une foule plus ardente, jamais ils ne se
prolongèrent plus avant dans la nuit. Un chiffre résume
les résultats de ces tendances nouvelles : dans l'espace
de dix-huit mois, le nombre des enfants trouvés s'accrut
du double[4].

Or, tandis qu'il n'était bruit que de tables offrant des
arbres qui ployaient sous les fruits de toutes les saisons,
et de fontaines versant à profusion l'orgeat, la limonade,

[1] Mercier, le *Nouveau Paris*, chap. ccxviii.
[2] *Journal de Paris*, numéro 23.
[3] Mercier, le *Nouveau Paris*, chap. xcii.
[4] *Ibid.*

la liqueur des îles[1]; tandis qu'en des salons resplendissant de lumières, tourbillonnaient tant de beautés aux pieds nus, la chute effroyable des assignats, provenant du brusque retrait des lois sur le *Maximum*, forçait le pauvre rentier à vendre ses meubles pièce à pièce ; et le pain destiné au pauvre était devenu si rare, que les distributions avaient dû être réduites à deux onces par jour[2].

Une situation semblable présageait une catastrophe. Le 27 ventôse (17 mars), il y eut un grand rassemblement qu'occasionnait la disette. Une foule immense vint assiéger les portes de la Convention. Des députations envoyées par les sections du Finistère et de l'Observatoire entrèrent dans la salle. Le cri était : « Du pain ! du pain ! » On apprit qu'au faubourg Saint-Marceau, l'agitation était extrême ; que des groupes d'affamés s'y étaient formés, au bruit d'une sonnette[3], — ce qui semblait indiquer un projet d'insurrection. Boissy d'Anglas ayant annoncé que mille huit cent quatre-vingt-dix-sept sacs de farine avaient été distribués, l'émotion populaire se calma pour le moment ; mais un palliatif n'est pas un remède, et, d'ailleurs, à la disette se joignaient bien d'autres causes d'irritation.

Nous avons déjà dit combien Lecointre, esprit malheureusement très-peu éclairé, était sincère, énergique et probe. Conduit d'abord par un sentiment d'humanité à servir la réaction, il s'était éloigné d'elle avec une espèce d'horreur, aussitôt qu'elle lui était apparue vindicative, cruelle et prête à passer toutes les bornes. « Chose étrange ! écrit Levasseur, il avait le premier demandé la mise en jugement des anciens comités, et quand cet acte

---

[1] Mercier, le *Nouveau Paris*, chap. LXXXIII.

[2] Ce fait est donné par Toulongeon lui-même comme une conséquence de l'abolition du *Maximum*.

[3] Boissy d'Anglas parla de cette circonstance dans son discours du 27 ventôse.

de vengeance fut repris, sur la motion de Legendre, il
en conçut autant de chagrin que nous [1]. » Convaincu enfin que c'était, non pas tel ou tel révolutionnaire, mais
la Révolution, que ses alliés de la veille travaillaient à renverser, il vint jeter tout d'un coup, au milieu des préoccupations publiques [2], l'idée du rétablissement de la constitution de 1793. C'était une étincelle sur un amas de
poudre. La motion fut repoussée par l'Assemblée, mais
accueillie par le peuple avec un sombre enthousiasme.
« Du pain et la constitution de 1793 » devint, à partir
de ce moment, le cri populaire ; et ce double vœu, où
l'expression des besoins physiques du peuple s'associait
à celle de ses besoins moraux, fut porté à la Convention,
dès le 1er germinal (21 mars), par des députations du
faubourg Saint-Antoine. Thibaudeau, qui présidait, ayant
déclaré d'un ton ferme que la Convention remplirait courageusement ses devoirs, malgré les murmures et les
dangers [3], cette fois encore on put croire que l'orage était
détourné.

Mais les Thermidoriens ne comptaient pas assez sur la
permanence du résultat pour affronter tranquillement
de nouveaux troubles. Feignant d'attribuer les attroupements dont Paris venait d'être le théâtre au seul désir de
délivrer Billaud-Varenne, Collot-d'Herbois et Barère, ils
se hâtèrent de décréter « une grande loi de police » dont
l'objet spécial était la répression des attroupements séditieux [4]. Ce fut Sieyès qui présenta le rapport. La peine
qu'il proposa et qui fut votée était la déportation. Chales
s'écria : « Les nouveaux Terroristes savent que le moyen
de la guillotine est usé ; c'est pourquoi ils inventent la
déportation. On déportera par centaines les citoyens, sans

[1] *Mémoires de Levasseur*, t. IV, chap. viii, p. 242.
[2] Dans la séance du 29 ventôse (19 mars).
[3] *Mémoires de Thibaudeau*, t. I, p. 147.
[4] *Moniteur*, an III (1795), séance du 1er germinal.

que personne en sache rien. Les journaux même n'en parleront pas. Si cela passe, il faut se donner la mort[1]. »

La discussion du rapport de Saladin contre les membres inculpés des anciens Comités de Salut public et de Sûreté générale s'ouvrit le 2 germinal (22 mars). Dès huit heures du matin, les tribunes de la Convention étaient remplies de jeunes gens qui, en attendant l'ouverture de la séance, chantaient d'un air animé le « *Réveil du peuple.* » La jeunesse dorée était là, tumultueuse, menaçante, implacable. Duroy, un des membres de l'extrême gauche, montrant du doigt les tribunes, déclara d'une voix indignée qu'elles étaient remplies d'assassins[2]. Le bruit courait que les spectateurs étaient armés de poignards. Ce qui est certain, c'est que les femmes n'avaient pas été admises, bien que cette exclusion ne fût fondée ni sur l'usage ni sur la loi. Lecointre, interpellé par Duroy de faire connaître ce dont il avait été témoin en entrant dans l'Assemblée, n'hésita point à dire qu'il avait effectivement vu les gardes repousser les femmes ; que les portes devaient être ouvertes à tout le monde ; que, quant à lui, il était contre les prévenus, mais pour la liberté. On passa outre[3].

Robert Lindet prit alors la parole, en faveur de ses anciens collègues accusés, et il éleva la défense à une hauteur digne de la position qu'eux et lui avaient occupée. Ce qu'il affirma qu'il allait défendre devant la Convention, c'était la Convention. Eh ! qu'avaient donc fait Billaud-Varenne, Collot-d'Herbois et Barère, que la Convention n'eût sanctionné, applaudi, consacré ou même converti en décret? Ce 31 mai, qu'on trouvait bon de flétrir aujourd'hui, qu'avait-il donc été, sinon le triomphe d'une majorité patriote sur une minorité contre-révolu-

---

[1] *Moniteur*, an III (1795), séance du 1er germinal.
[2] *Ibid.*, an III (1795), numéro 186.
[3] *Ibid.*

tionnaire? Ah! l'on s'y prenait un peu tard pour découvrir l'innocence de ceux qui, frères d'armes de Wimpfen, avaient pactisé avec le royalisme en armes et demandé à la guerre civile de les venger! Avec quelle complaisance on rappelait tout ce qui avait tenu au malheur des temps, à une situation sur laquelle le contrôle humain si souvent n'eut pas de prise; et avec quelle ingratitude on oubliait tant de services rendus, tant de grandes choses accomplies! L'ancien Comité de Salut public avait manié le pouvoir d'une main nerveuse : lui reprochait-on d'avoir sauvé la France, vaincu l'Europe et étonné la terre? Il avait eu recours au système des réquisitions; mais ce système avait assuré les approvisionnements. Il avait fait régner la loi du *Maximum*, mais l'aisance du peuple en était résultée. La République se montrait-elle au monde sous un plus imposant aspect, depuis que les artisans de sa grandeur étaient vilipendés ou menacés? Les affaires allaient-elles mieux depuis que le change, sous l'empire de la réaction, était tombé de quarante à treize livres? Le peuple était-il plus heureux, depuis que l'abolition du *Maximum* avait tué l'assignat, et que la liberté de l'agiotage était venue encourager les accapareurs à saisir le pauvre à la gorge? Au surplus, si tout ce qui s'était fait jusqu'alors méritait condamnation, que l'Assemblée, l'Assemblée tout entière, baissât la tête et se préparât à recevoir son châtiment. Car elle représentait le souverain, et rien ne s'était fait en dehors d'elle. « Oui, continuait Lindet, vous êtes jugés, et n'avez plus qu'à marcher à l'échafaud. Vos ennemis n'attendent que le moment favorable. Ils choisissent trois d'entre vous aujourd'hui; ils se réservent de désigner les autres. » Il finissait en déclarant avec une fierté dédaigneuse et intrépide que le rapport de la Commission était insuffisant; qu'il était injuste d'isoler du gouvernement quelques-uns de ses membres; que, s'ils n'étaient pas tous innocents, ils étaient tous coupables, lui le premier ; que jamais on ne lui arracherait un désaveu dégradant, une rétractation qui n'était point dans son cœur ; qu'on pouvait chercher, si l'on voulait, dans les vingt mille signatures qu'il avait données un texte d'accusation contre lui. « J'ai voulu conserver Lyon à la République ; j'ai conjuré le fédéralisme ; j'ai pacifié le Calvados ; j'ai arrêté ceux qui voulaient se porter contre Paris : c'est assez pour que je périsse[1]. »

A ce noble et puissant discours, qu'avaient à répondre les Thermidoriens ? Si le 31 mai était un crime, était-ce aux Dantonistes à en tirer vengeance, eux dont il était en si grande partie l'ouvrage ? Si Lanjuinais avait à se plaindre, Legendre pouvait nommer l'homme brutal qui, un jour, prenant Lanjuinais au collet, avait cherché à le précipiter de la tribune ! Si la Gironde avait une accusation à lancer, sur qui cette accusation devait-elle tomber plutôt que sur Tallien, membre de l'ancienne Commune, et, de tous les ennemis de la Gironde, le plus furieux ? Les meneurs de la réaction étaient mal venus à flétrir ce régime de la Terreur, dont les uns avaient été les agents, que les autres avaient approuvé bien haut, et contre lequel nul d'entre eux n'avait élevé la voix ? « Nous avions peur, alors, » disaient-ils ; de sorte qu'ils aimaient mieux se proclamer lâches que manquer leur proie[2].

Le lendemain du jour où Robert Lindet avait déployé une éloquence si haute et un si fier caractère, Carnot parut à son tour dans la lice. Mais sa manière de défendre ses anciens collègues n'eut ni la même élévation ni la

---

[1] Voy. la séance du 2 germinal (22 mars) 1795.

[2] C'est ce que Thibaudeau, dans ses *Mémoires*, chap. xii, p. 151, présente ainsi . « On aimait mieux être entaché de faiblesse que de cruauté. » Misérable excuse, et d'autant plus misérable que la réaction surpassa, comme nous le prouverons, les Terroristes en cruauté, à moins que la cruauté ne change de caractère en changeant de victimes !

même force. Au lieu d'invoquer hardiment le principe de
la solidarité commune, il partit du fait de la distribution
du travail entre les membres du Comité, pour prétendre
que chacun d'eux n'était comptable que des actes relatifs à son département. Il rejeta tout sur Saint-Just et
Robespierre, qui n'étaient plus là pour lui répondre, et
dont il était habile, mais peu généreux, d'insulter en ce
moment la mémoire[1].

Quant aux accusés, ce fut derrière un système analogue à celui qu'avait développé Carnot qu'ils cherchèrent
à s'abriter. Ils se justifièrent en attaquant les morts.
Collot-d'Herbois, néanmoins, trouva dans l'extrême émotion de son cœur quelques paroles dignes d'être rete-
nues : « Nous avons fait trembler les rois sur leurs trônes,
terrassé le royalisme à l'intérieur, préparé la paix par la
victoire : qu'on nous condamne, Pitt et Cobourg auront
seuls à s'en féliciter[2]. »

Au reste, ainsi qu'il arrive dans toutes les luttes politiques, l'opinion de la Convention était faite d'avance.
Selon l'aveu de Thibaudeau, « on ne jugeait pas, on combattait[3]. »

Les débats durèrent plusieurs jours, pendant lesquels
la fermentation ne fit qu'aller croissant. Des femmes
couraient les faubourgs, assemblant les citoyens au son
d'une cloche; beaucoup d'entre elles se rendirent à la
Convention, gémissantes, désespérées, demandant du
pain à grands cris[4] : « Du pain ! du pain ! du pain ! » Ces

---

[1] Thibaudeau dit dans ses *Mémoires*, t. I, p. 151 : « Il n'y eut pour
ainsi dire que Carnot qui, dans tout le cours du procès, déploya un noble
et grand caractère. » On n'a qu'à comparer le discours de Carnot et celui
de Robert Lindet pour voir jusqu'à quel point, à l'égard du dernier, l'appréciation de Thibaudeau est injuste.

[2] *Mémoires de Levasseur*, t. IV, chap. VII, p. 217.

[3] *Mémoires de Thibaudeau*, t. I, p. 151.

[4] Voy. la séance du 7 germinal (24 mars).

mots formidables remplissaient en quelque sorte Paris.
« Du pain et la Constitution de 93 ! » criaient des milliers
de voix; et quelques-unes ajoutaient : « La liberté des
patriotes incarcérés ! »

Pendant ces heures d'orage, immense était l'anxiété
des Montagnards restés fidèles à la Révolution. Leur
pouls battait à l'unisson de celui du peuple ; mais entre
le peuple et eux les moyens de communication habituelle
manquaient depuis que le club des Jacobins avait été
dispersé et le pouvoir de la Commune abattu. « Nous
ne voulions pas donner nos têtes, écrit Levasseur, mais
nous voulions bien les risquer contre le succès[1]. » Ainsi
partagés entre la crainte et l'espérance, ils résolurent
d'attendre les événements, sauf à se décider aussitôt
qu'une chance favorable semblerait se présenter. Le
11 germinal (31 mars), ils crurent toucher au moment
qui leur apporterait le succès dans le péril. La journée
avait été singulièrement trouble parmi le peuple des
faubourgs : le soir, durant la séance, les députés de
l'extrême gauche se concertèrent et résolurent de se
mêler, le lendemain, au mouvement, s'il prenait des
proportions imposantes[2].

Le Comité de Salut public, au milieu de cette crise,
se trouvait composé des personnages suivants : Boissy
d'Anglas, André Dumont, Marec, Bréard, Merlin (de
Douai), Fourcroy, Chazal, Lacombe Saint-Michel, Dubois-
Crancé, Laporte, Sieyès et Rewbell, les trois derniers ayant
été appelés depuis peu à faire partie du Comité[3] en remplacement de Cambacérès, Carnot et Pelet (de la Lozère).

Cette liste, on le voit, comprenait plusieurs noms qui
avaient brillé d'un éclat sinistre. André Dumont, par

---

[1] *Mémoires de Levasseur*, t. IV, p. 248.
[2] *Ibid.*, p. 249.
[3] Le dernier renouvellement avait eu lieu le 15 ventôse (15 mars).

exemple, était le même qui, chargé d'aller établir à
Beauvais le régime de la Terreur, avait écrit à la Convention : « Je vais mettre cette ville au bouillon maigre,
avant de lui faire prendre médecine[1] ; » c'était le même
qui avait dit, en arrivant à Beauvais : « Ce que vous ne
pourrez pas poignarder, il faut l'incendier[2]. » Dubois-
Crancé, sans avoir été aussi loin dans les voies de la Terreur, avait un passé qui expliquait mal sa présence au
sein d'un pouvoir émané de la réaction. C'était lui
qui, aux Jacobins, avait demandé qu'avant d'être
maintenu comme membre du club, chaque assistant fût
tenu de répondre d'une manière satisfaisante à cette
question : *Qu'as-tu fait pour être pendu*[3]*?* Mais les temps
étaient bien changés. Aujourd'hui, Dubois-Crancé et André Dumont figuraient à l'avant-garde des royalistes ; et
ceux-ci avaient trop d'intérêt à les y laisser pour se souvenir que le premier avait assiégé Lyon, et que le second
s'était vanté d'avoir saisi des gravures représentant, disait-il, « la figure ignoble des deux raccourcis, Capet
d'exécrable mémoire et la scélérate Marie-Antoinette[4]. »
C'est ainsi que s'exprimait, avant que la réaction l'eût
emporté, le modéré André Dumont.

Le 12 germinal (1er avril), l'Assemblée se réunit sous
l'empire d'une sombre inquiétude. Paris était fort agité.
Un cri de Ruamps annonça qu'une tempête approchait.
Montrant du doigt ceux de la droite, il leur lança cette
menace : « Je dirai à toute la France que vous êtes des
tyrans. J'ai vu ce matin le royalisme au bois de Boulogne. » Ces mots excitent sur les bancs de la droite une
violente colère et des murmures prolongés. Les deux partis semblaient se mesurer des yeux. Bourgeois s'étant pré-

---

[1] Prudhomme, t. I, p. 174.
[2] *Ibid.*, p. 175.
[3] *Ibid.*, p. 92.
[4] *Moniteur*, an II (1794), numéro 175.

cipité à la tribune, le poing fermé, l'œil en feu, Tallien et
Bourdon (de l'Oise) s'y élancent de leur côté. Toute la salle
frémit. Le président se couvre. Enfin, Boissy d'Anglas obtient d'être entendu et commence un long rapport sur les
subsistances. Mais voilà que soudain un mugissement redoutable apprend à l'Assemblée que le peuple approche.
Bientôt, en effet, les portes sont forcées, et un torrent
d'hommes, de femmes et d'enfants pénètre dans la salle.
Ils agitaient leurs bonnets, ils criaient avec passion : « Du
pain ! du pain ! » La gauche se répandit en applaudissements. La majorité, calme d'abord, s'émut peu à peu.
Tout à coup elle se lève en criant : *Vive la République !*
Legendre veut parler, mais la foule l'interrompt : « Nous
n'avons pas de pain ! » Merlin (de Thionville) s'est mêlé
parmi les envahisseurs ; il cherche à les apaiser, il leur
prend la main, il les embrasse. De retour à sa place, et
voyant les mots : « Constitution de 1793 ! » écrits sur plusieurs bonnets : « Personne plus que nous, dit-il d'une
voix forte, ne veut la Constitution de 1793. — Oui,
oui ! » répondent tous les membres de l'Assemblée. En
ce moment, nouveau torrent de peuple. Dans les tribunes, c'était toujours ce refrain lugubre : « Du pain !
du pain ! » Il y eut un moment de silence, lorsqu'un
nommé Vaneck, orateur des faubourgs, prit la parole pour
protester contre l'incarcération des patriotes, se plaindre
du discrédit des assignats et de la famine, dénoncer ces
divisions de l'Assemblée qui laissaient la patrie saignante,
et demander justice des « messieurs à bâtons. » Une longue interruption suivit. Thibaudeau, qui présidait, était
sorti dans le jardin, abandonnant au hasard le dénoûment de ce drame ; et André Dumont, appelé au fauteuil,
ne cessait d'assurer que la Convention s'occupait des subsistances. Le flot populaire croissant de minute en minute, on étouffait. Deux membres de la gauche, Gaston
et Duroy, furent vus suppliant le peuple de se retirer ;

mais en vain. Une partie du côté droit prit la fuite. Si,
profitant de cette inspiration de la peur, la minorité eût
adopté alors quelque mesure énergique, peut-être avait-
elle la partie entre ses mains. Mais elle ne fit rien qu'assister, incertaine et comme éperdue, au tumultueux défilé des faubourgs. Un plan arrêté d'avance eût été nécessaire, et elle n'en avait pas. Or, à mesure que le
temps s'écoulait, les dépositaires du pouvoir s'occupaient
des moyens d'écraser le mouvement ; la jeunesse dorée
se formait en bataillons ; la générale, battue dans tous
les quartiers, appelait la garde nationale au secours de
la majorité de la Convention. Les sections du *Bonnet de
la Liberté* et de *Bonne-Nouvelle* entrèrent : elles venaient
encourager l'Assemblée à rester ferme à son poste. Encore quelques instants, et la chance tournait évidemment en faveur de la réaction. André Dumont, rendu à
toute sa violence, déclara que le mouvement était l'œuvre
des assassins et des royalistes. « Le royalisme ! répliqua Choudieu, il est là ; » et il étendait la main vers le fauteuil du président. André Dumont reprit : « Ils bravent
l'orage : ils ignorent que la foudre tombera sur leurs
têtes. » La foule continuait à crier : « Du pain ! du pain !
du pain ! » Informés que la garde nationale allait arriver,
les membres de la gauche commencèrent à presser la
foule de se retirer. Mais les exhortations des uns se perdaient dans le tumulte, et aux exhortations des autres
le peuple répondait par d'âpres refus. « Nous sommes
ici chez nous ! » dit une femme à Choudieu, qui la sup-
pliait de sortir. De leur côté, s'apercevant combien était
inoffensive cette multitude grondante et combien peu
leurs adversaires étaient préparés à tirer parti du mouvement, les réactionnaires désiraient maintenant qu'il se
prolongeât assez pour leur ménager le bénéfice d'une
victoire éclatante. Duhem ne put obtenir d'André Dumont qu'en sa qualité de président il donnât l'ordre à la

foule d'évacuer la salle. Le désordre diminuait cependant, et Boissy d'Anglas avait repris son rapport sur les subsistances, quand Ysabeau, s'élançant à la tribune, vint raconter que son collègue Auguis avait été blessé au moment où il parcourait Paris pour y ramener la paix. Il n'y eut qu'un cri parmi ceux de la droite, qui un à un étaient revenus à leurs places : « Ah ! grand Dieu ! » Et, affectant une douleur immense, ils éclatèrent en anathèmes sur ce que la représentation nationale était entourée d'attentats. Thibaudeau, qui avait reparu, fulmina alors contre la gauche un discours dont la fermeté fut trouvée tardive et qui lui attira, de la part d'un membre de la gauche, le reproche d'avoir déserté son poste. Pendant ce temps, les bataillons du centre de la garde nationale et la jeunesse dorée de Fréron avaient cerné la Convention. Des grenadiers, conduits par Legendre, Kervelegan et Tallien, entrent dans les couloirs, la baïonnette au bout du fusil ; le peuple se disperse, et un implacable cri de vengeance, poussé par la majorité, annonce la réouverture de la séance[1].

Les forces dirigées sur la Convention venaient d'être placées sous le commandement du général Pichegru, arrivé à Paris dans ces entrefaites, et auquel on avait donné pour adjoints Merlin (de Thionville) et Barras. D'un côté, le peuple sans direction et sans armes ; d'un autre côté, la bourgeoisie armée jusqu'aux dents et bien commandée. A chaque porte des sentinelles. Sur la place du Carrousel, les canonniers de la garde nationale, prêts à mettre le feu à leurs pièces, et « les muscadins » chantant « le *Réveil du peuple*[2]. Une pareille situation offrait

---

[1] Voy. pour cette séance le *Moniteur*, an III (1795), numéros 194 et 195. — Les *Mémoires de Thibaudeau*, t. I, chap. xii, p. 153 et suiv. — Les *Mémoires de Levasseur*, t. IV, chap. viii, p. 249.

[2] *Mémoires de Levasseur*, t. IV, chap. viii, p. 257.

à la réaction un triomphe facile et sûr : elle en profita.
André Dumont dénonce Chales et Choudieu pour avoir
dit : « Le royalisme est là ! » il dénonce Foussedoire pour
avoir accusé la garde nationale de vouloir un roi ; et, sur
la proposition de Bourdon (de l'Oise), l'arrestation de
Chales, celle de Choudieu, celle de Foussedoire, sont dé-
crétées. Ainsi qu'il arrive toujours en de telles circonstances, les nouvelles propres à enflammer ou à justifier
l'explosion des colères ne manquèrent pas ; et la fureur
de la majorité ne connut plus de bornes lorsque Ysabeau s'écria : « Encore un attentat ! on a fait feu sur Pénières, et probablement il est mort. » Aussitôt, et sans
se donner le temps de vérifier l'assertion, la majorité se
hâte de proscrire. André Dumont fait arrêter son collègue
Huguet, « afin, dit-il, que la journée soit complète. »
Fréron fait arrêter Léonard Bourdon, son allié du 9 thermidor. Choudieu, désigné comme l'assassin de Philippeaux, pour avoir réfuté les erreurs de Philippeaux touchant la Vendée, Choudieu essaye de se défendre : on
étouffe sa voix : « Tais-toi, assassin [1] ! »

Demander, en un tel moment, la déportation immédiate de Billaud-Varenne, Collot-d'Herbois et Barère,
c'était l'obtenir. Sur la motion d'André Dumont, on la
vota d'enthousiasme [2]. « A quoi bon délibérer ? dit Merlin
(de Thionville) ; l'opinion publique les a jugés ; il ne reste
plus qu'à prendre le poignard et à frapper. » Une vive
indignation éclate sur les bancs de la Montagne. On
crie avec force : « A bas le bourreau ! » Alors, le visage
tourné vers la gauche, et accompagnant sa voix d'un
geste menaçant, Merlin (de Thionville) prononce ces
paroles : « Il y a quarante scélérats sur cette Montagne
qui méritent le même sort. » Levasseur laissa échapper

---

[1] *Moniteur*, an III (1795), numéro 195.
[2] *Mémoires de Thibaudeau*, t. I, chap. xii, p. 155.

ce cri : « Suis-je du nombre ? » expression malheureuse,
qui pouvait prêter et prêta à une interprétation défavorable. « Oh! non, répondit Merlin, nous te connaissons,
toi [1]. » Laissons Levasseur lui-même ajouter le dernier
trait à ce sinistre tableau : « Je réclamai l'appel nominal,
et une foule de députés signèrent avec moi ma motion.
Aux termes du règlement, il fallait cinquante signatures :
nous en eûmes plus de cent. Mais Tallien, qui présidait,
nia impudemment qu'il y eût un nombre suffisant de
signatures. Duhem, Choudieu et moi, nous réclamâmes
la lecture de la liste : Tallien s'y refusa. La Montagne,
atterrée, se tut. Tout fut consommé [2]. »

La séance du 12 germinal se prolongea jusqu'au 13 et
ne fut levée qu'à six heures du matin. Ce fut pendant
la nuit que la majorité décréta la déportation immédiate
de Billaud-Varenne, de Collot-d'Herbois, de Barère, de Vadier, et la translation, au château de Ham, de Duhem,
Choudieu, Chales, Léonard Bourdon, Huguet, Amar,
Foussedoire et Ruamps, membres de la minorité [3]. Thibaudeau, après avoir confessé qu'on les « condamna en
masse sans examen, » ajoute : « Telle était la fatalité des
circonstances [4] ! » Il paraît, cependant, que même les
plus emportés ne furent pas sans avoir conscience de ce
qu'une telle conduite avait d'inique. Le *Moniteur* nous
a conservé ces mots de Merlin (de Thionville), prononcés
au sein de l'orage : « Je désire qu'on oublie les haines
particulières [5]. » Noble langage, auquel ne répondit pas,
malheureusement, la modération de son attitude !

Le 13 germinal, dans la soirée, les bancs de la Montagne étaient déserts. On avait fait prévenir Levasseur et

---

[1] *Mémoires de Levasseur*, t. IV, chap. VIII, p. 253 et 254.
[2] *Ibid.*, p. 255.
[3] *Moniteur*, an III (1795), numéro 194.
[4] *Mémoires de Thibaudeau*, t. I, chap. XII, p. 153.
[5] *Moniteur*, an III (1795), numéro 196.

ses amis de ne pas se rendre à la séance, où l'on affectait de craindre qu'ils ne fussent arrêtés : artifice indigne
dont le but était de les amener à se dénoncer eux-mêmes
par leur absence. C'est ce qui arriva. Louvet, montrant
le côté gauche de l'Assemblée, s'écria : « Voyez-vous cette
place, siége ordinaire des factieux : où sont-ils [1] ? » Trois
jours après, Pénières, qu'Ysabeau, on l'a vu, avait présenté comme « probablement mort, » paraissait à la tribune, le visage rayonnant de santé, mais animé du feu de
la colère, et pressait l'Assemblée de déclarer coupables
du crime d'avoir voulu égorger la Convention ceux de
ses membres qui avaient protesté contre les décrets proscripteurs. Tant d'injustice excita quelques réclamations.
Legendre n'osa appuyer la motion, mais il s'en dédom-
magea en désignant aux haines de la majorité, lui Dantoniste, le Dantoniste Thuriot. Il est vrai que Thuriot,
après le 9 thermidor, avait eu peur de ses propres complices et s'était étudié à calmer des ressentiments qui
perdaient la République ; il avait prêché la concorde [2] ;
voilà ce que ne lui pouvaient pardonner des hommes
qui, au moment même où ils suaient la violence par tous
les pores, osaient se parer du beau nom de modérés.
Entre autres noirs forfaits, Thuriot avait commis celui-ci ;
il avait dit un jour à plusieurs membres de l'Assemblée :
« Comment ! vous souffrez de pareilles choses ? » C'est de
là que Legendre partait pour conclure à ce qu'on mît
Thuriot au nombre des proscrits [3], ainsi que Levasseur,
Grassous et Maignet [4]. Thuriot ne trouva pas dans Merlin
(de Thionville) un accusateur moins emporté [5]. Une voix

---

[1] Thibaudeau, t. I, chap. XII, p. 157-158.

[2] Dussault, *Fragment pour servir à l'histoire de la Convention nationale.*

[3] Voy. le *Moniteur,* an III (1795), numéro 199.

[4] *Ibid.*

[5] *Ibid.*

nomma Moïse Bayle. Aussitôt son nom est inscrit sur la liste fatale. Vainement Gaston fait-il observer que c'est la première fois qu'on accuse Moïse Bayle, et qu'avant de le condamner, il est juste de l'entendre : Barras, craignant que l'Assemblée ne se laisse toucher, s'empresse d'informer la Convention que les factieux avaient déjà préparé une nouvelle Commune de Paris. « Il faut prouver cela ! » lui crie Guyton-Morveau. Et Barras de répondre : « Je le prouverai, et je demande que Guyton prouve le contraire. » Cette réponse fut applaudie[1] ! Louvet sollicitait la parole pour prouver qu'il ne fallait pas du moins frapper à la hâte ceux des députés contre lesquels il n'existait pas de pièces : on ne lui permit pas d'ouvrir la bouche. Le décret proscripteur fut voté ; et les hommes qui venaient de fouler aux pieds tous les principes d'un véritable gouvernement républicain se séparèrent au cri de : *Vive la République*[2] !

Les jours suivants, l'on continua de frapper. Malheur à quiconque refusait de renier son passé devant la contre-révolution victorieuse ! Pache, Rossignol, furent envoyés au château de Ham[3]. Et il était certes bien naturel que la politique qui avait conduit Charette à Nantes en triomphe jetât Rossignol dans les fers. Seulement, c'était le comble du scandale que tout cela se fît au nom de la République. Ainsi que Billaud-Varenne, Collot-d'Herbois et Barère, le vieux Vadier avait été condamné à la déportation : il parvint à s'échapper[4].

Il ne restait plus à la contre-révolution qu'une chose à faire : s'assurer la possession du champ de bataille. Tel fut l'objet du décret rendu le 21 germinal (10 avril). Ce

---

[1] Voy. le *Moniteur* an III (1795), numéro 199.
[2] Voy. dans le *Moniteur*, an III (1795), numéro 199, le compte rendu circonstancié de cette scandaleuse séance.
[3] Nougaret, *Hist. abrégée*, liv. XXIV, p. 461.
[4] *Ibid,*

décret chargeait le Comité de Sûreté générale « de faire désarmer sans délai les hommes connus dans leurs sections comme ayant participé aux horreurs commises sous la tyrannie qui avait précédé le 8 thermidor[1]. » Jamais loi d'un vague plus menaçant n'avait été portée. En quoi consistait la tyrannie qui avait précédé le 8 thermidor? et en quoi consistait le crime d'y avoir participé? Il fallut s'en remettre au zèle des sections contre-révolutionnaires du soin de procéder au désarmement d'une nouvelle catégorie de suspects[2]. Carrière sans bornes ouverte à l'arbitraire, se mettant au service de la vengeance, et à l'anarchie se mettant au service de l'oppression!

Il faut dire ici, à l'honneur de Fréron, que, dans la séance du 17 germinal (6 avril), il proposa la substitution de la peine de la déportation à la peine de mort pour les délits révolutionnaires, excepté ceux d'émigration, d'intelligence criminelle et prouvée avec l'étranger, de fabrication de faux assignats, de trahison militaire et de provocation au rétablissement de la royauté[3].

Cette dernière exception est remarquable : elle montre jusqu'où allait l'aveuglement des Thermidoriens, qui ne voulaient pas de roi et le déclaraient bien haut, alors qu'ils ne faisaient point un seul pas qui ne tendît à ramener au régime monarchique. Les royalistes le sentaient bien ; aussi n'attachaient-ils aucune importance au mot, pour ne pas effaroucher avant l'heure des alliés qui, si follement, leur livraient la chose. Le discours de Fréron contenait cette phrase : « Vous répondrez à quiconque jettera un cri en faveur de la royauté par un cri de mort ; » et cette phrase fut applaudie. Quant à l'aboli-

---

[1] *Moniteur*, an III (1795), numéro 204.
[2] *Ibid.*, numéros 226, 246, 250, 255.
[3] *Ibid.*, numéro 200.

tion de la peine de mort en principe, on renvoya l'examen
de la question aux comités, qui n'eurent garde de la résoudre dans le sens de l'humanité. La contre-révolution
avait besoin du bourreau.

Ce jour-là même, en effet, le nouveau Tribunal criminel s'occupait de juger Fouquier-Tinville et, avec lui,
l'ancien administrateur de police Hermann ; son adjoint,
Lanne ; les juges de l'ancien tribunal révolutionnaire,
Garnier-Delaunay, Naulin, Félix, Bravet, Barbier, Liendon, Sellier, Deliège, Maire, Harny, Foucault ; les ex-
jurés, Trinchard, Leroy, Renaudin, Pigeot, Aubry, Vilate,
Prieur, Chatelet, Brochet, Chrétien, Didier, Gauthier,
Girard, Trey, Ganney et Duplay[1].

Ce procès fut la vengeance que les Dantonistes tirèrent
de la mort de leur chef. L'acharnement qu'ils déployèrent
contre les accusés fut sans bornes, et ils s'étudièrent à
charger un tableau, qui n'était déjà que trop sombre, de
toutes les couleurs propres à le rendre effrayant et à
assurer de la sorte le triomphe de leur animosité. Mais
comme ils ne pouvaient évoquer les noirs souvenirs de la
Terreur sans porter coup à la Révolution qui l'avait enfan-
tée, ils se trouvèrent fournir ainsi aux royalistes un spectacle dont ceux-ci savourèrent l'horreur avec délices. De là
l'immense développement qu'on se plut à donner à la
procédure ; de là l'immense solennité dont on l'entoura.
Le procès ne dura pas moins de quarante et un jours, et
quatre cent dix-neuf témoins furent entendus.

Ce qui résulta de leurs dépositions, nous l'avons déjà
exposé en détail[2]. Les exagérations de la haine en délire,
et des mensonges que nous avons signalés, s'y mêlèrent
à des révélations d'une vérité effroyable. D'un autre côté,

---

[1] *Hist. parl.*, t. XXXIV, p. 291.
[2] Voy. dans le précédent volume, le chapitre intitulé *Régime de la
Terreur*, et, dans le présent volume, le chapitre intitulé la *Terreur à son
apogée*.

ce que des témoins graves vinrent raconter de l'esprit de justice qui animait Naulin, de l'humanité de Sellier quand il n'exerçait pas ses fonctions redoutables, de la sensibilité de Harny et de Maire, des vertus privées de Chatelet[1], et le témoignage éclatant que Réal rendit à l'intégrité courageuse dont Fouquier-Tinville lui-même avait, en certaines circonstances, donné des preuves : quelle source de méditations pour le philosophe! Voilà donc l'effet que peut produire sur des hommes naturellement humains, comme l'étaient Harny et Maire, l'atmosphère que les circonstances les forcent à respirer! Et il n'est pas jusqu'aux natures féroces comme celle d'un Fouquier-Tinville qui ne soient capables de l'acte que Réal, depuis préfet de police sous l'Empire, rappela. Au mois d'avril 1793, les généraux Harville, Boucher, Froissac, ayant été décrétés d'accusation par la Convention, Fouquier-Tinville, après un examen attentif du dossier, reconnut qu'il n'y avait pas lieu à les poursuivre, décida qu'en dépit du décret il s'abstiendrait, et eut le courage de le déclarer dans une lettre publique[2].

Le trait suivant mérite aussi d'être mentionné. Dans une biographie de Fouquier-Tinville, par M. Frédéric Fayot, on lit : « Un de mes vieux amis, brave officier de l'armée des Pyrénées-Orientales, étant accouru à Paris pour rendre compte de faits dont on accusait son général, alla aussitôt chez Robespierre, qui ne put le recevoir, mais qui lui fit dire de se rendre dans la soirée aux Jacobins. Il s'y rendit à l'heure indiquée. Robespierre s'y trouvait déjà. Il était assis au bas du fauteuil du président. Il écouta l'officier avec soin et lui dit qu'il regret-

---

[1] Voy. le procès de Fouquier dans l'*Histoire parlementaire*, t. XXXIV, p. 354, 398, 411, 412, 458, et t. XXXV, p. 5, 6 et 13.

[2] Voy. cette déposition de Réal, dans l'*Hist. parlem.*, t. XXXIV, p. 397 et 398.

tait vivement d'être sans influence depuis un mois, parce qu'il aurait fait examiner cette affaire sans désemparer. « Allez voir demain Fouquier-Tinville, de grand matin ; allez-y de ma part ; dites-lui de revoir les pièces ; qu'il y a là dedans quelque erreur. » Mon ami (c'est M. Pirolle, le savant botaniste) courut au point du jour chez l'accusateur public, qu'il trouva habillé et fort calme, jouant avec un petit enfant posé sur un fauteuil. Fouquier l'écouta poliment et lui dit que, la veille, il avait examiné ce dossier, et qu'en lisant plusieurs pièces il avait eu les mêmes doutes. La dénonciation fut examinée, l'accusé sauvé[1]. »

Et cependant, que Fouquier-Tinville, ainsi que nous l'avons dit, ait été le représentant du génie exterminateur qui se personnifia dans Collot-d'Herbois et Fouché à Lyon, et dans Carrier à Nantes, c'est ce que son procès démontra de reste. La lumière de la justice ne traversa jamais qu'à la façon des éclairs cet esprit farouche, et il ne lui manqua que deux choses pour faire revivre en lui, dans toute sa hideuse vérité, la figure de Jeffreys : l'intempérance et une âme vénale ; car lui, du moins, ne mêla pas, comme le Fouquier-Tinville de l'absolutisme, l'amour du vin à celui du sang, l'amour du sang à celui de l'or. Il sortit de la Révolution plus pauvre qu'il n'y était entré ; et sa famille était son unique patrimoine, lorsque, à la veille de mourir, il s'écria : « Je lègue aux vrais patriotes ma femme et mes six enfants[2]. »

L'attitude de la plupart des accusés fut très-ferme. Le *Moniteur*, quoique rédigé alors sous l'influence du parti vainqueur, avoue que quelques-uns firent de leur vie des tableaux « assez touchants, » qui furent néanmoins très-

---

[1] Frédéric Fayot, *Biographie de Fouquier-Tinville*, dans le *Dictionnaire de la Conversation*.

[2] *Moniteur*, an III (1795), numéro 231.

mal accueillis du public[1]. Renaudin se défendit sans pré-
paration, avec une modération et une simplicité qui
étonnèrent. En parlant de sa moralité privée, de sa fidélité à remplir les devoirs de la piété filiale, de son attachement pour sa femme, il fut pris d'une émotion si vive,
que les sanglots étouffèrent sa voix. Et l'auditoire éclata
en murmures[2], composé qu'il était selon l'esprit du moment. Hermann se défendit aussi avec beaucoup d'éloquence et prononça un discours dont le *Moniteur* lui-
même dit qu'il « renfermait des observations pleines
d'une philosophie profonde[3]. » Mais les Dantonistes
étaient là qui avaient soif de son sang. Il leur fut livré,
à la majorité d'une voix.

Il est à remarquer que, de tous les accusés, le seul
contre lequel on ne put trouver aucune charge fut Duplay, l'hôte de Robespierre. Il fut donc acquitté purement et simplement[4], après une instruction qui ne servit
qu'à mettre en relief la douceur de son caractère, la
bonté de son cœur et son inaltérable probité[5].

Furent acquittés aussi, mais sur l'intention seulement,
non sur le fait : Maire, Harny, Deliège, Naulin, Dela-
porte, Lohier, Trinchart, Brochet, Chrétien, Ganney,
Trey, Guyard et Valagnos[6].

Ceux que le tribunal condamna — et la condamnation
portait peine de mort — furent : Fouquier-Tinville, Foucault, Sellier, Garnier-Delaunay, Leroy, surnommé
Dix Août, Renaudin, Vilate, Prieur, Chatelet, Gérard,

---

[1] *Moniteur*, an III (1795), numéro 250.

[2] *Ibid.*

[3] *Ibid.*

[4] Beausire fut acquitté de la même manière, mais non sans que des
charges sérieuses se fussent produites contre lui dans le cours des débats.

[5] Voy. la déposition de d'Aubigny, l'un des plus fougueux adversaires
du parti auquel Duplay appartenait. *Hist. parl.*, t. XXXIV, p. 412.

[6] Voy. le procès de Fouquier, *Hist. parl.*, t. XXXV, p. 146.

Boyenval, Benoît, Lanne, Verney, Dupaumier, Hermann[1].

Sellier, en faveur duquel s'étaient produits des témoignages favorables et importants[2], s'attendait à être acquitté : le prononcé du jugement le jeta hors de lui. Quand on lut la déclaration du jury qui lui imputait d'avoir agi avec mauvaise intention, il s'écria, furieux : « Ils en ont menti! » Plusieurs voix s'élevèrent des bancs des accusés : « Nous pensons tous de même. » Sellier s'était couvert : un gendarme voulant le contraindre à se découvrir, il jeta son chapeau par la fenêtre avec un mouvement de rage. Affaibli par un état continuel de maladie, il recueillait ce qui lui restait de forces pour éclater en malédictions, et ne cessait de répéter : « Votre tour viendra! votre tour viendra[3]! » Hermann, sans proférer un mot, lança un livre à la tête du président[4]. « Je meurs, dit Renaudin, pour avoir aimé mon pays[5]. » Vilate se plaignant d'avoir été accolé à Fouquier-Tinville, celui-ci se contenta de le regarder avec une indifférence méprisante. S'adressant aux juges : « Tout ce que je demande, c'est qu'on me fasse mourir sur-le-champ, et je vous souhaite de montrer autant de courage que j'en ai[6]. »

Ceci avait lieu le 17 floréal (6 mai) : le lendemain, les condamnés furent menés en place de Grève dans trois charrettes, au milieu des clameurs d'usage. A sa figure pâle, à ses muscles contractés et à la colère qui étincelait dans ses yeux, on distinguait Fouquier-Tinville. Entendant la foule lui crier ironiquement : « Tu n'as pas la

---

[1] Voy. le procès de Fouquier, *Hist. parl.*, t. XXXV, p. 146.
[2] Celui de Réal, par exemple.
[3] *Moniteur*, an III (1795), numéro 251.
[4] *Ibid.*
[5] *Ibid.*
[6] *Ibid.*

parole! » il répliqua : « Et toi, canaille imbécile, tu n'as pas de pain [1]! » faisant allusion à la disette qui troublait en ce moment les fêtes de la guillotine. On l'exécuta le dernier. Puis, le bourreau saisit la tête sanglante et la montra au peuple[2].

Les Thermidoriens ne se sont pas bornés à supprimer, dans leur publication des Papiers trouvés chez Robespierre, les pièces qui auraient pu les compromettre; ils y intercalèrent tout ce qui leur parut propre à rendre odieux ce grand citoyen. Ainsi, à l'appui de cette assertion, — absurde à l'égard d'un homme dont le frère avait demandé à partager le sort, — « Robespierre se fût teint sans scrupule du sang de ses proches, puisqu'il avait déjà menacé de sa fureur une de ses sœurs, » Courtois citait et publiait une lettre de Charlotte Robespierre, adressée, suivant lui, à Maximilien. (Rapport, etc., p. 25 et 178.)

Or, voici ce qu'à cet égard Charlotte Robespierre elle-même écrit dans ses Mémoires (p. 459) : « Robespierre jeune revint à Paris....., il ne vint pas loger dans l'appartement que nous occupions en commun. Il semblait fuir ma présence. Je l'avoue, j'étais indignée contre lui... C'est alors que je lui écrivis la lettre que Levasseur a rapportée dans ses Mémoires. Seulement, je dois dire qu'elle n'était point aussi acerbe et aussi violente, et que très-certainement les ennemis de mes frères y ont ajouté plusieurs phrases et en ont exagéré d'autres pour rendre odieux Maximilien, à qui ils ont supposé que je l'avais écrite. Je dois donc déclarer, premièrement, que cette lettre a été adressée à mon jeune frère et non à Maximilien; secondement, qu'elle renferme des phrases apocryphes que je ne reconnais pas pour les miennes. »

[1] Frédéric Fayot, Dictionnaire de la Conversation.
[2] Moniteur, an III (1795), numéro 254.

FIN DU QUINZIÈME VOLUME

TABLE DES MATIÈRES

LIVRE DOUZIÈME

CHAPITRE VI. — Testament de mort.

CHAPITRE VII. — Le dénoûment.

LIVRE TREIZIÈME

CHAPITRE PREMIER. — Contre-révolution.

CHAPITRE II. — Fin de la campagne de 1794.

CHAPITRE III. — La contre-révolution en Vendée.

CHAPITRE IV. — Histoire du Maximum.

CHAPITRE V. — Marche de la contre-révolution.

FIN DE LA TABLE DU ONZIÈME VOLUME.

Imprimé en France
FROC032024280519
21249FR00013B/247/P